国家社科基金重点项目（项目批准号：14AFX026）

涉外民事关系
法律适用法实施研究

分论编

齐湘泉　齐　宸◎著

中国政法大学出版社

2020·北京

图书在版编目（ＣＩＰ）数据

涉外民事关系法律适用法实施研究. 分论编/齐湘泉，齐宸著. —北京：中国政法大学出版社，2020.12

　ISBN 978-7-5620-9741-9

　Ⅰ.①涉…　Ⅱ.①齐…　②齐…　Ⅲ.①涉外民事法—法律适用—法的实施—研究—中国　Ⅳ.①D923.04

中国版本图书馆CIP数据核字(2020)第225290号

书　　　名	涉外民事关系法律适用法实施研究（分论编）
	Shewai Minshi Guanxi Falü Shiyongfa Shishi Yanjiu（Fenlunbian）
出 版 者	中国政法大学出版社
地　　　址	北京市海淀区西土城路 25 号
邮寄地址	北京 100088 信箱 8034 分箱　邮编 100088
网　　　址	http://www.cuplpress.com（网络实名：中国政法大学出版社）
电　　　话	010-58908289(编辑部) 58908334(邮购部)
承　　　印	保定市中画美凯印刷有限公司
开　　　本	720mm×960mm　1/16
印　　　张	21.75
字　　　数	360 千字
版　　　次	2020 年 12 月第 1 版
印　　　次	2020 年 12 月第 1 次印刷
定　　　价	85.00 元

目 录
Contents

第一章
涉外婚姻家庭法律适用的发展与跨越[*]

　　婚姻是社会的基石，家庭是社会的细胞，婚姻家庭是基本的社会关系。各国婚姻家庭制度受制于本国政治制度和经济制度，一国的自然条件、人口状况、民族习惯、历史传统、宗教信仰、道德观念、公序良俗等对婚姻家庭有着广泛而深刻的影响，致使婚姻家庭制度具有浓郁的民族性和较强的本土性特点。随着国际经济交往的不断扩大和跨国人员流动的日益频繁，涉外婚姻家庭大量涌现，法律冲突不可避免。中国改革开放40年来的重大变化之一就是涉外婚姻从零星的、偶然的发展到如今具有一定规模和数量，广泛存在于社会各阶层。中国的婚姻家庭法律制度与世界其他国家婚姻家庭法律制度存在差异，为解决婚姻家庭法律制度差异产生的法律冲突，2010年《中华人民共和国涉外民事关系法律适用法》（以下简称《法律适用法》）对婚姻家庭各个方面的法律适用做了规定，实践对这些立法进行了检验，总体说来，我国涉外婚姻家庭法律适用立法有了跨越式发展，总体看来适应我国国情，但也存在需要改进之处。

---

　　[*] 《最高人民法院关于适用〈中华人民共和国涉外民事关系法律适用法〉若干问题的解释（一）》中规定，"涉及香港特别行政区、澳门特别行政区的民事关系的法律适用问题，参照适用本规定"；《最高人民法院关于适用〈中华人民共和国民事诉讼法〉的解释》第551条规定，"人民法院审理涉及香港、澳门特别行政区和台湾地区的民事诉讼案件，可以参照适用涉外民事诉讼程序的特别规定。"根据上述规定，涉港澳台民事关系法律适用问题可参照适用中华人民共和国涉外民事关系法律适用相关规定。

第一节　涉外结婚法律适用的求同存异

传统意义上的结婚是指男女双方按照法律规定的条件和程序缔结夫妻关系的法律行为。随着社会的发展，同性婚已为越来越多的国家认同并以法律的形式确定。1989 年，丹麦在世界上第一次通过立法允许同性民事结合，成为第一个承认同性恋合法化国家；2000 年 12 月，荷兰参议院在世界上第一个通过法案，允许同性结婚且可收养子女（2001 年 4 月 1 日荷兰同性婚姻合法化的法案正式生效），成为了第一个承认同性婚姻法律地位的国家。截止到 2019 年底，世界范围内以立法形式承认同性婚姻合法地位的国家和地区已达 30 个，通过立法以民事结合方式调整同性伴侣关系的国家和地区已有 13 个，而这些国家多为欧美发达国家。在法律适用法领域，传统的结婚定义已被突破，根据社会的发展和客观现实，结婚应当重新定义为双方当事人按照法律规定的条件和程序缔结夫妻关系或者伴侣关系的法律行为。

涉外结婚不再局限于异性之间，也包括同性婚姻，但涉外结婚五种情形依旧：①在本国境内本国人与外国人结婚；②在本国境内外国人与外国人结婚；③在外国境外本国人与本国人结婚；④在外国境内本国人与外国人结婚；⑤本国对外国人之间在外国缔结的婚姻的承认。凡涉外婚姻，均涉及法律适用。一国的法律制度对其国民至关重要者，莫过于有关结婚、离婚的条件和方式的规定。[1] 涉外婚姻有效成立，须符合法律规定的条件和程序，满足法律对结婚实质要件和形式要件的要求。在涉外结婚法律适用上，现代国家多区分结婚实质要件、形式要件和结婚效力，分别规定应适用的法律。

一、结婚实质要件法律适用的立法与理论

（一）结婚实质要件法律适用的立法

结婚实质要件是指结婚必须具备的条件和必须排除的条件。多数国家法律规定的结婚必须具备的条件大同小异：①双方自愿；②符合法定婚龄；③双方

---

〔1〕〔英〕J. H. C. 莫里斯：《法律冲突法》，李东来等译，陈公绰、李东来校，中国对外翻译出版公司 1990 年版，第 147 页。

当事人为异性且与他人没有婚姻关系；④男女双方没有近亲关系。结婚必须排除的条件：①患有禁止结婚疾病的人不能结婚，隐瞒病情结婚婚姻可撤销。2020年发布的《中华人民共和国民法典》（以下简称《民法典》）第1053条规定一方患有重大疾病应当在结婚登记前如实告知另一方，不如实告知另一方可以向人民法院请求撤销婚姻。②限制具有特定身份的人与外国人结婚。③多数国家禁止或者限制同性结婚。

结婚实质要件的法律适用，各国立法和实践有所不同。有的国家采用属地原则，适用婚姻缔结地法律。2001年《立陶宛共和国民法典》第1.25条规定："夫妻双方的行为能力及结婚的其他条件，依立陶宛共和国法律"。有的国家采用属人原则，适用当事人属人法。2009年《奥地利关于国际私法的联邦法》第17条第1款规定，"结婚的要件以及婚姻无效与解除婚姻的要件，均依照许婚各方的属人法判定"。有的国家采用混合原则，适用婚姻缔结地法和当事人属人法。2004年《卡塔尔国民法典》第13条规定，"结婚的实质要件，如结婚能力，意思表示的效力以及是否存在禁止结婚的法定情形，适用拟结婚各方在结婚时的国籍国法。如果拟结婚的一方当事人在结婚时为卡塔尔人，只要不涉及婚姻能力要件，仅适用卡塔尔法律"。20世纪下叶以来，结婚实质要件的法律适用发生了明显转变，越来越多的国家抛弃了婚姻缔结地法律的适用转而适用当事人的属人法。

（二）结婚实质要件法律适用的理论

结婚实质要件适用当事人属人法。其因由为一些国家认为婚姻属于人的身份关系。大陆法系国家属人法是国籍国法，结婚适用当事人国籍国法，英美法系国家属人法是住所地法，结婚适用当事人住所地法。婚姻实质要件适用当事人属人法，可以减少"移住婚姻"（migratory marriage）的产生，消除法律规避现象。当事人依属人法在其他国家缔结的婚姻能得到本国或住所地国家的承认和保护，而当事人通常又与自己本国或住所地国家存在较多或固定联系，故适用属人法是合理的。当然，当事人到外国缔结婚姻，适用属人法可能会与缔结地国家的公共秩序发生抵触而对结婚造成障碍；如果本国人已经长期居住在外国，结婚仍然受制于本国法也不适宜。

在采用结婚实质要件适用当事人属人法国家中，其要求不尽相同。①结婚适用当事人双方共同经常居所地法、共同国籍法或共同住所地法，《法律适用法》第21条如此规定。②适用男方属人法。在男权主义国家曾经出现过此类规范，现在采用此规则的国家踪迹难见，女性地位提高，男女平权，此类规范已无市场。③适用当事人双方各自的属人法。男方属人法确定男方是否具备结婚的实质要件，女方属人法确定女方是否具备结婚的实质要件，双方各依其属人法均具备结婚实质要件，可以缔结有效婚姻。1902年海牙《婚姻法律冲突公约》第1条开宗明义规定，"缔结婚姻的权利依当事人各该本国法的规定……"，德国、日本、意大利、罗马尼亚等国家采用这种做法。④同时适用当事人双方的属人法。结婚实质要件须同时符合双方当事人的属人法，缔结的婚姻有效。⑤适用内国法。结婚的当事人有一方为内国公民，或者在内国有住所或习惯居所，适用内国法。

结婚实质要件适用婚姻缔结地法仍为一些国家所采用，其理论依据为：①婚姻是一种契约关系，契约缔结要符合"场所支配行为"规则，故应适用缔结地法律。②各国关于结婚实质要件的规定多具有强制性，适用婚姻缔结地的法律有利于维护该地的公共秩序。③结婚适用婚姻缔结地法律简便易行，方便婚姻当事人了解和适用。④依据婚姻缔结地法有效成立的婚姻，其他国家视为既得权给予承认，体现了对当事人正当权益的保护，有利于婚姻效力的稳定。[1] 结婚适用婚姻缔结地法的弊端是会给当事人提供规避法律的机会，使在本国不能成立的婚姻因移到另一国缔结就可以成为有效婚姻，当事人结婚以后又不在婚姻缔结地定居生活，导致"移住婚姻"的产生。

结婚实质要件混合适用婚姻缔结地法和当事人属人法的目的在于保障婚姻的有效性。采用混合原则又分为两种情况：①结婚重叠适用婚姻缔结地法和当事人属人法，只有同时符合婚姻缔结地法和当事人属人法的婚姻为有效。结婚同时适用婚姻缔结地法和当事人属人法，对结婚实质要件从严掌控，能够有效地避免"跛脚婚姻"（limping marriage），但对婚姻的成立有阻碍作用，与尽量使婚姻有效的社会发展趋势逆悖，已经很少有国家采用该规则。②结婚选择适用婚姻缔结地法和当事人属人法，只有符合婚姻缔结地法或者当事人属人法之一的，婚姻为有效。1987年《瑞士联邦国际私法》第44条规定：在瑞士结婚的实质要件依瑞士法律；外国人之间结婚如果不符合瑞士法律规定的要件，但只要其中一方当事人的住所地法律认为有效，则该婚姻仍可缔结。选择适用婚姻缔结地法或者当事人属人法可能产生"跛脚婚姻"之不足，但能够促进婚姻

---

〔1〕 杜新丽、宣增益主编：《国际私法》（第5版），中国政法大学出版社2017年版，第124页。

的成立，符合社会发展方向，接受这一法律适用规则的国家逐渐增多。实行混合制适用原则的目的在于弥补单纯适用婚姻缔结地法或单纯适用当事人属人法所存在的不足，或者追求结婚的质量或者促使婚姻成立，每一个国家可以根据本国国情作出选择。

二、我国涉外结婚法律适用的立法与理论

（一）我国涉外结婚法律适用的立法

中华人民共和国成立后涉外结婚法律适用立法，大致经历了三个不同的发展阶段。第一个发展阶段从 1950 年到 1986 年，这一阶段采用婚姻缔结地法为主，属人法为辅的混合原则。1950 年 11 月 8 日《中央人民政府法律委员会关于中国人与外侨、外侨与外侨婚姻问题的意见》中规定：中国人与外侨、外侨与外侨在中国结婚或离婚，不仅适用中国的婚姻法，而且在适当限度内照顾当事人本国的婚姻法，但适用当事人的本国的婚姻法以不违反我国的公共秩序、公共利益和目前的基本政策为限。1951 年 10 月 16 日《中央人民政府内务部关于外侨相互间及外侨与中国人间婚姻问题的暂行处理意见》规定：外侨与外侨间或中国人与外侨间，在我国境内结婚或离婚，均应依照我国婚姻法的规定办理。如其本国婚姻法与我国婚姻法有不一致时，为避免婚姻当事人处于不利的境地，可提醒当事人慎重考虑。如当事人仍坚持要结婚或离婚时，则按我国婚姻法的规定办理。1975 年 2 月 4 日，最高人民法院转发公安部、外交部制定的《关于处理外籍人来华同中国公民结婚问题的规定》的函，重申"外籍人来华要求同我国公民结婚，必须遵守我国婚姻法规定"，特别规定"结婚对象不属于我现役军人、外交、公安和机要单位（或岗位）的工作人员"。1983 年8 月 26 日民政部颁布《中国公民同外国人办理婚姻登记的几项规定》，重申中国公民与外国人在中国申请结婚登记必须遵守《中华人民共和国婚姻法》，申明现役军人、外交人员、公安人员、机要人员和其他掌握重大机密的人员；正在接受劳动教养和服刑的人不能与外国人结婚。

上述规范性文件是我国这一历史阶段涉外结婚的法律适用立法，从这些规范性文件中可以看出：①涉外结婚的法律适用，以婚姻缔结地法（中国法律）为主，婚龄可以适用当事人的本国法，但以不损害我国公共秩序和社会利益为限。②涉外结婚的法律适用，在这一历史阶段也是变化的，1950 年采用属地原则为主的混合原则，自 1951 年起则不分结婚实质要件和形式要件，一概采用属地原则。③这一历史阶段涉外结婚完全采用行政性规范调整，我国没有制定调整涉外结婚法律适用的法律。

第二个发展阶段是从 1986 年《中华人民共和国民法通则》（以下简称《民法通则》）颁布到 2011 年 4 月 1 日《法律适用法》施行，这一历史阶段涉外结婚采用属地原则，适用婚姻缔结地法，抛弃了属人原则。1986 年《民法通则》第 147 条规定，"中华人民共和国公民和外国人结婚适用婚姻缔结地法……"该条规定是中华人民共和国成立后第一次以法律的形式规定了涉外结婚法律适用，具有开拓性意义，该条规定简单明了，方便易行。在充分肯定该条规定意义和作用的同时，应当正视该规定存在的不足：其一，涉外结婚采用属地原则，滞后于社会发展。20 世纪下叶，多数国家涉外结婚的法律适用已经采用属人原则或者以属人原则为主兼采属地原则，我国继续沿袭属地原则，不仅反映出立法的保守，也使我国涉外结婚法律适用落后于国际社会发展趋势。其二，调整范围偏窄。前已述及，涉外结婚有 4 种情形和对在外国缔结婚姻的承认，除中国公民和外国人在中国结婚和中国公民和外国人在外国结婚两种情形外，还包括外国人和外国人在中国结婚和中国人与中国人在中国境外结婚两种情形，《民法通则》第 147 条仅调整中国公民与外国人结婚，对其他情形涉外结婚法律适用未做规定，调整范围过窄。其三，连接点单一，缺乏灵活性。涉外结婚涉及实质要件、形式要件、婚姻效力的法律适用以及特殊婚姻的法律适用，这些不同的结婚要素和结婚情形概依婚姻缔结地法调整，并不完全适宜，可能会造成不公正、不合理的结果。其四，未区分结婚实质要件与形式要件分别应适用的法律规定。结婚实质要件的法律适用与结婚形式要件的法律适用有着不同要求，各国对两者在法律适用方面采取不同的规则。结婚实质要件关系到一国的人口素质、民族身心健康以及家庭的稳定等，各国对结婚的法律适用规定较为严格，往往采取重叠冲突规范进行规范，不仅要符合本国法律适用规范所指引的外国法律，也要符合法院地国家的法律规定。结婚形式要件体现结婚外在形式，为了确保婚姻的有效性，应对此作出宽松的规定，一般采取选择性法律适用规范，只要当事人的结婚形式符合法律适用规范中一个国家的法律，婚姻就是合法有效的婚姻。[1] 其五，领事婚姻规定阙如。领事婚姻

---

[1] 林雅："涉外结婚的法律适用比较与我国立法的完善"，载《当代法学》2005 年第 3 期，第 125 页。

是涉外婚姻的一种重要形式，1963年《维也纳领事关系公约》以及我国与其他国家签订的领事条约中大都有领事婚姻的规定。随着跨国人员往来不断增多，采用领事婚姻形式结婚的各国公民越来越多，各国领事婚姻的规定不完全一致，领事婚姻的法律适用应当作出一般规定。

第三个发展阶段是从《法律适用法》施行至今，这一阶段涉外结婚采用属人原则为主、兼采属地原则。2010年《法律适用法》第21条规定："结婚条件，适用当事人共同经常居所地法律；没有共同经常居所地的，适用共同国籍国法律；没有共同国籍，在一方当事人经常居所地或者国籍国缔结婚姻的，适用婚姻缔结地法律"。该规定标志着我国涉外结婚法律适用立法取得了历史性的突破，进入了一个新发展时期，其意义重大且深远。①该规定结束了自1951年以来涉外结婚适用婚姻缔结地法的历史，开创了涉外结婚法律适用以属人原则为主，兼采属地原则新时代。②采用分割制，将涉外结婚的法律适用区分为结婚实质要件的法律适用和结婚形式要件的法律适用，分别规定两个层面应适用的法律，改变了《民法通则》不分实质要件和形式要件"一刀切"的适用同一法律的作法，注重了立法的科学性。③加大连接点"软化"力度，增强法律适用灵活性。该规定在两个方面强力"软化"连接点，精细法律适用，增强法律适用合理性：其一，结婚实质要件涉及当事人的结婚能力，与属人法关系更密切，结婚形式要件涉及缔结婚姻的行为方式，与行为地法有不可分割的联系，二者具有不同的性质，将二者加以区分分别规定法律适用更为合理；其二，结婚条件设立了当事人共同经常居所地、共同国籍国、婚姻缔结地三个连接点，通过三个连接点可援引当事人共同经常居所地法律、共同国籍国法律，结婚在一方当事人经常居所地或者国籍国举行，可适用婚姻缔结地法律。《法律适用法》涉外结婚法律适用的规定，较之原有规则有根本性的改变，连接点的软化使法律选择更为灵活，立法技术亦更为成熟，法律适用更具有针对性和合理性。复数连接点的设定提高了法律的可选择性，契合现代涉外婚姻法律适用立法发展趋势，折射出我国结婚实质要件法律适用理念的变革。

实践中，可能会出现这样一种情况：婚姻双方当事人既无共同经常居所地，又无共同国籍，婚姻缔结地在我国但又不是任何一方当事人经常居所地或者国籍国，超出了《法律适用法》第21条涵摄范围，似乎无法可依。任何国家的立法都不可能涵盖所有的社会关系，立法出现缺漏，没有具体调整涉外结婚法律适用规范情况下，可启用《法律适用法》第2条规定，由法官依据最密切联系原则确定应适用的法律。

（二）我国涉外结婚法律适用理论

结婚实质要件单一采用属地原则或者属人原则各有利弊。采用婚姻缔结地法无须婚姻登记机关了解外国当事人的属人法，节约资源，省时高效，给婚姻的缔结提供了便利；能够保证婚姻缔结地国家强制性和禁止性法律规定得到适用，维护婚姻缔结地的公共秩序，保证婚姻的实质有效性。适用婚姻缔结地法的弊端在于不能保证婚姻的有效成立。本国人在外国缔结婚姻，婚姻实质要件符合婚姻缔结地法律，但不符合本国法律，该婚姻在婚姻缔结地国家成立，在当事人本国并不一定有效成立。

结婚实质要件适用当事人的属人法，符合与人的身份有关的法律关系适用属人法的一般规则，反映出当事人与其国籍或住所之间的内在联系，易于当事人在外国缔结的婚姻得到其本国的承认，同时又能有效地抑制当事人故意挑选婚姻缔结地的法律规避行为，从而增强婚姻关系的稳定性，可以在某种程度上减少"移住婚姻"的现象。[1]

结婚实质要件适用当事人属人法，其弊端在于大陆法系国家与英美法系国家对属人法的规定不同，属人法可能是住所地法，有可能是国籍法，形成法律冲突。在实践中，适用属人法会增加婚姻登记部门的工作难度，对婚姻登记部门的工作量和程序也提出了较高的要求。婚姻实质要件采用当事人属人法，往往会发生当事人属人法中的有关规定与婚姻缔结地的公共秩序相抵触的现象，从而给婚姻的有效成立带来障碍。

比较婚姻实质要件这两种法律适用规则，应该说适用当事人属人法更具有合理性。结婚与人的身份密切相关，与一个人的国籍或住所联系更为紧密。婚姻缔结地只是结婚这一事实行为的发生地，具有很大的偶然性，而当事人的风俗习惯、文化观念及宗教信仰等大多是在其属人法的影响下形成的，因此，结婚的实质要件依当事人的属人法在理论上更有说服力。

为了克服结婚实质要件单一适用婚姻缔结地法或属人法的弊端，《法律适用法》吸纳了婚姻缔结地法和属人法的长处，摈弃其弊端，改变属人法"国籍""住所"这两个连接点，代之以"经常居所地"，辅之以婚姻缔结地，是较为完善的立法。结婚条件适用当事人共同经常居所地法律，消除了国籍国法

---

〔1〕 李双元主编：《国际私法》，北京大学出版社1991年版，第364页。

和住所地法冲突，弥合了大陆法系国家和英美法系国家属人法的对立，肯定了结婚与经常居所地之间的联系，符合最密切联系原则；当事人没有共同经常居所地的，适用共同国籍国法律，该规定认定婚姻关系是一种身份关系，法律适用以属人法为主导；当事人没有共同国籍，在一方当事人经常居所地或者国籍国缔结婚姻的，适用婚姻缔结地法律，该规定考虑了涉外婚姻的特殊性，注意到涉外婚姻与婚姻缔结地国家公共秩序之间的相互影响，以婚姻缔结地法补充婚姻当事人无共同属人法情况下的法律适用。《法律适用法》采用复数连接点，扩大可选择法律的范围，有效地避免了采用单一连接点指引的法律可能产生的影响婚姻关系有效成立的情况。我国涉外婚姻法律适用立法，已经与国际立法接轨。

三、涉外及涉台港澳同性婚姻的承认

婚姻的本质是异性之间的结合，是男女之间感情的社会认同，是人类繁衍的基础。随着社会的发展，婚姻悄然发生异变，同性之间的婚姻在越来越多的国家和地区出现，并为越来越多的国家和地区认可。对于同性婚姻，不同国家和地区、不同民族及不同宗教采取了不同的态度，可分为允许、反对和不认可、不禁止三种情况。允许同性婚姻的多为欧美国家，以丹麦、荷兰为代表；强烈反对同性婚姻的多为伊斯兰教国家和非洲国家，以法律形式规定同性婚姻或者同性恋违法的国家和地区有 76 个，其中沙特阿拉伯、伊朗、毛里塔尼亚、苏丹、也门、尼日利亚、索马里等国家和地区认为同性恋是最严重的犯罪，对同性恋者处以极刑。[1] 孟加拉、马尔代夫、不丹、乌干达等国家和地区认为同性婚姻是犯罪，使用刑罚手段处罚同性恋者。在两个极端之间，存在一个灰色地带，即法律上不承认、实践中不禁止事实同性婚姻，我国即属这种类型国家。

禁止同性婚国家存在是否承认境外同性婚问题。一般而言，在婚姻缔结地合法缔结的有效婚姻，其他国家应予承认，但同性婚有其特殊性，依婚姻缔结地法有效成立的同性婚，反对同性婚国家一般不予承认。2018 年初，俄罗斯一起处罚在哥本哈根缔结同性婚姻当事人的案例反映出这种态度。

2018 年 1 月 4 日，俄罗斯两名男同性恋者沃伊采霍夫斯基和斯托茨克在哥

---

[1] 黄贵杰，龚玲："云南大学生对同性恋现象认可度的研究"，《青春岁月》2012 年第 21 期，第 326 页。

本哈根登记结婚。为使其婚姻在俄罗斯得到承认，两人回到莫斯科后于 2018 年 1 月 25 日向莫斯科一家民政服务中心提交了相关材料，请求确认婚姻效力。工作人员在不到 10 分钟的时间里就在二人护照的婚姻状况一栏上盖章，承认这一同性婚姻。俄罗斯媒体广泛报道了这一事件。1 月 27 日，俄罗斯警方认为同性婚姻违反俄罗斯法律，注销了沃伊采霍夫斯基和斯托茨克的婚姻登记。1 月 28 日，警方以"蓄意破坏证件罪"对两人提起诉讼，法院宣布二人护照失效，罚款 3 万卢布，承办婚姻登记的办事员和直接领导被解雇。

俄罗斯婚姻法没有明文禁止同性婚姻，同性恋者据此主张在国外缔结的同性婚姻并没有违反俄罗斯法律，应该得到承认。莫斯科婚姻登记处认为：俄罗斯婚姻法规定，必须是异性的男女双方在自愿基础上才能登记结婚，该规定是强制性规定，不得违反。俄罗斯法律承认的婚姻仅为异性婚姻，而非同性婚姻。这次婚姻登记事件发生后，俄罗斯国家杜马着手修改婚姻法，明确在国外登记的同性婚姻在俄罗斯不予承认。

俄罗斯之所以惩罚沃伊采霍夫斯基、斯托茨克、承办婚姻登记的办事员和民政服务中心领导，是因为该事件当事人利用同性婚姻承认这种方式在国内公开宣传同性恋，严重挑战了俄罗斯法律，严重败坏社会伦理道德，是试图利用这一事件在俄罗斯法律上打开一个缺口，让同性婚姻在俄罗斯实现合法化。俄罗斯坚决反对同性婚姻合法化的另一个重要原因是同性婚会进一步导致人口减少，这对出生率低迷的俄罗斯是灾难。俄罗斯鼓励生育，现实情况是需要增加人口，政府不可能对同性恋持支持态度。宗教也是俄罗斯反对同性婚姻的原因，俄罗斯境内最大的教派东正教是基督教中比较保守的一支，强烈反对同性恋。俄罗斯地域广袤，族群众多，不同地区对同性婚姻态度也有差异，在车臣等地区民风更为保守，存在迫害同性恋人群的地下组织。[1]

我国的立法与俄罗斯相同，明确规定结婚是异性之间的结合，法律上不承认同性婚，实践中不认可同性婚。2014 年，一位在美国旧金山定居的中国男性公民依据美国法律与一位美籍男性公民在加利福尼亚州"同性结婚"。为了在中国购买房产，双方当事人到中国驻旧金山领事馆要求为二人的"结婚文书"进行领事认证。中国不承认"同性婚姻"登记具有法律效力，领事馆拒

---

〔1〕 曲颂、柳玉鹏："违背公序良俗的挑衅？俄首例'合法'同性婚姻当事人被公诉"，载《环球时报》2018 年 1 月 29 日。

绝为其办理领事认证手续。[1] 我国对同性婚的态度比俄罗斯宽容，允许同性恋者在中国境内举行婚礼，2014年9月6日，美国公民张志鹄与英国驻上海总领事戴维绅在英国驻华大使的见证下缔结了婚姻。[2] 英国同性婚合法，2014年3月英国修订的《婚姻法案》规定"同性结婚合法，并与异性结婚享有同等权益"，成为世界上第16个正式承认"同性婚姻"的国家。自2014年6月起，英国在24个国家使领馆开始办理"同性结婚"登记业务，英驻华使馆是其中之一。[3] 我国不承认同性婚，我国驻英国领事馆不能为在英国的中国公民办理"同性婚姻"登记，根据对等原则，英国驻我国领事馆同样不能办理同性婚姻登记，但我国对外国领事在我国见证同性婚未加限制。

我国法律没有规定是否承认境外同性婚，实践中采用变通做法，变相承认。2007年12月，荷兰向中国外交部通报拟派遣外交人员名单，其中一男性在配偶一栏注明配偶为男性，显然该外交官是同性结婚。我国同意派遣该外交官来华，但要求该外交官的配偶不能以配偶身份来华，允许其以该外交官的兄弟身份来华。

同性婚是否应当在法律上得到承认，学界存在不同的观点。力挺同性婚姻的学者李银河多次委托全国人大代表向全国人大会议提交同性婚姻合法化提案，提出同性恋不违反中国法律，同性恋者也有结婚的需求，与其他中国公民一样，应当对婚姻享有同等权利。[4] 在现行法律制度下，此类提案显然不能通过，但提案提出的同性恋者的权益保护问题已不容忽视。婚姻法学者夏吟兰认为"现阶段彻底否定传统婚姻制度，赋予同性婚姻与异性婚姻同等的法律地位不符合我国国情，比较地看，采取民事伴侣制度具备较强的现实性和可行性"。[5] 法学界多数学者认为同性婚姻破坏传统婚姻体系，逆悖几千年流传下来的儒家伦理道德，违反公序良俗和社会秩序，应坚持传统的男女结合的异性

---

〔1〕 任正红："中国不承认同性婚姻的法律效力——以中外领事实践为视角"，载《世界知识》2015年第16期，第72页。

〔2〕 任正红："中国不承认同性婚姻的法律效力——以中外领事实践为视角"，载《世界知识》2015年第16期，第72页。

〔3〕 "英国驻上海总领事与其同性爱人在北京登记结婚"，载 http://bbs.wangjing.cn/thread-1620151-1-1.html，最后访问日期：2018年4月12日。

〔4〕 "2015两会李银河再提同性婚姻提案，称百利而无一害"，载 https://helanonline.cn/archive/article/11966，最后访问日期：2018年3月20日。

〔5〕 夏吟兰："民法分则婚姻家庭编立法研究"，载《中国法学》2017年第3期，第81页。

婚姻。婚姻法学者杨大文认为，婚姻是一男一女异性的结合，而这种结合不能被打破，在我们国家可以对同性恋者更宽容一些，但这并不表示对同性婚姻宽容。[1] 学者李宏认为中国有阴阳之道的传统哲学思想，传宗接代的传统婚姻观念，严格的儒家伦理秩序和根深蒂固的两性婚姻制度，因此我国不应在法律上认可同性婚姻。[2]

台湾地区作为中华人民共和国一个特殊的法域，已经承认同性婚姻合法化。[3] 2017 年 5 月 24 日，台湾公布大法官释字 748 号"释宪"文，改变了不承认同性婚姻的立场，认定现行所谓"民法"中"同性间不能成立法律上婚姻关系"的规定与"台湾地区宪制性规定"第 22 条"保障人民婚姻自由"及第 7 条"保障人民平等权"规定相抵触，要求"立法院"两年内完成相关法律的修正或制定。若逾期未完成，相同性别恋者可直接向台湾地区户政机关办理结婚登记。[4] 2019 年 2 月 21 日，台湾"行政院"通过"'司法院'释字第 748 号解释施行法"草案，成为亚洲第一个承认同性婚姻合法化的地区，台湾地区承认同性婚合法化的法律与不承认同性婚姻的大陆、香港和澳门地区法律形成区际法律冲突。目前，尚未出现台湾与大陆、香港和澳门居民之间的同性婚姻，区际法律冲突呈现法律规定不同的静态层面，但面临着是否承认台湾的同性婚问题。

2018 年 4 月 26 日，泰国政府宣布通过立法将同性民事伴侣关系（Civil Partnership）合法化，这一举措使得泰国成为中国台湾地区之后的亚洲第二个

[1] 佚名："同性恋者如何维护权益——访婚姻法专家杨大文教授"，载《江淮法治》2006 年第 10 期，第 16 页。

[2] 李宏、季路璐："我国同性婚姻之否定的文化根源探析"，载《广西社会科学》2014 年第 9 期，第 182 页。

[3] 历史上，很多国家和地区视同性性行为为犯罪，台湾地区亦是如此。1985 年台湾将同性性行为非犯罪化。1986 年，台湾同性恋者祁家威到台北地方法院公证处第一次申请与同性伴侣公证结婚，被拒绝。祁家威转向"立法院"请愿，"立法院"公文回复："同性恋者为少数之变态，纯为满足情欲者，违背社会善良风俗"，明确表态反对同性婚姻。1994 年，祁家威再次向"内政部"呈请，希望能同意同性婚姻。"内政部"与"法务部"研议后，"法务部"颁布决议，称"现行'民法'所谓之'结婚'，必为一男一女结合关系，同性之结合则非属之"。2013 年 3 月，祁家威与男伴到台北市万华区户政事务所登记结婚被驳回，经行政诉讼后败诉。此后，祁家威与台北市政府共同提出"释宪"。"司法院"大法官就此案于"宪法法庭"进行言词辩论，最终做出大法官释字 748 号，宣告"民法"不允许同性结婚的规定"违宪"，同性婚姻合法化。2017 年 3 月 24 日下午 4 时"司法院"宣布"释宪"结果，认定"未保障同性婚姻为违宪"。

[4] 同性婚姻合法化，台湾成亚洲首个承认'同婚'地区"，载 http://taiwan.huanqiu.com/article/2017-05/10733255.html? from=bdwz，最后访问日期：2018 年 3 月 20 日。

承认同性伴侣关系的国家（地区）。2018年12月25日，泰国政府宣布"经内阁会议商议决定，政府批准同性婚姻合法化"。中国台湾是亚洲第一个通过同性婚姻合法化法律的地区，但台湾"同性婚法案"于2019年5月24日施行，泰国2018年12月通过同性伴侣合法化法律，泰国事实上成为亚洲第一个承认同性伴侣关系的国家（地区）。

我国现行法律制度下给予同性伴侣以合法婚姻地位的条件和时机都不成熟，但我们不能不对同性恋群体的要求给予足够的重视。结婚权利是基本人权，法律应当予以保障。尽管同性恋与社会大多数人的观念格格不入，但给予同性恋者以宽容是基本人权要求。现阶段我国法律规定婚姻是异性之间的结合，间接否定了同性婚姻。我国已经融入了国际社会，在欧美国家同性恋合法化，同性婚姻已为法律承认的国际背景下，应当考虑同性恋群体的婚姻合法化，创设一种既符合国情，又能为同性恋群体接受的法律制度。丹麦创立的同性伴侣模式可以借鉴，这种模式对婚姻法律制度冲击程度较小，易于被社会接受。

对在国外缔结的同性婚姻，不应采用俄罗斯一概否认的处理方式。同性婚姻在境外合法缔结，如果一方当事人为我国公民，法律后果必然及于我国。若均以公共秩序保留、强制性规定法律制度或者法律规避为由拒绝承认在境外合法缔结的同性婚姻，同性婚姻当事人应该得到的权益落空，正当权利遭受侵害时将无处寻求法律救济，这种歧视同性婚恋的做法已不为现代社会所认同。

四、结婚形式要件法律适用的承袭与沿革

（一）结婚形式与法律适用

结婚必须符合法定程序，履行必要手续，满足法律的形式要求。结婚形式要件各国法律规定虽有不同，但概括起来主要有登记主义、仪式主义和事实主义。登记主义要求婚姻当事人必须到婚姻登记机关进行结婚登记，经过登记的婚姻合法有效。登记婚主要是大陆法系国家要求的结婚形式，实践中，各国对登记婚的形式要求也不相同。我国登记婚的形式是审查制，日本登记婚的形式是证人制度，法国登记婚的形式是公示制度。仪式主义要求结婚必须具备一定的仪式，结婚仪式主要有宗教仪式、世俗仪式以及在政府身份官面前举行的宣誓仪式，符合法律规定的结婚仪式婚姻合法有效。仪式婚的主要形式是宗教仪式，伊斯兰国家规定宗教仪式是结婚的必要条件，其他教派对结婚形式亦有不同的要求。西班牙等国家因历史原因既有仪式婚，又有登记婚，允许结婚当事人在登记和宗教仪式这两种方式中任选一种形式结婚；有的国家结婚形式要求严格，既要进行登记又要举行仪式。美国部分州对结婚形式要件不作要求，未进行结婚登记也未举行结婚仪式的男女双方如有以夫妻身份同居的事实，即符合结婚形式要件，婚姻有效。

除上述结婚形式外，尚有特殊的结婚形式：①领事婚姻。在外国的本国人在本国驻外领事馆登记结婚。②兵役婚姻。英国等国家法律规定派遣到国外的军人可在军营内由随军牧师或者军队高级军官为下级军官或者士兵举行结婚仪式，婚姻效力等同于在国内结婚。③船上婚姻。在航程远、航期长的船舶上由船长见证结婚。④极地婚姻。在南北极无主土地结婚或者在靠近极地的国家依据当地的习俗结婚。⑤买卖婚姻。非洲仍有国家视女子为家庭财产，支付买卖双方商定的价款后，婚姻即告成立，结婚的方式是支付货币或者财物。

结婚形式要件的法律适用，各国规定有所不同，主要区别在于有的国家采用婚姻缔结地法作为准据法，有的国家采用属人法作为准据法。①结婚形式要件适用婚姻缔结地法。除少数采用仪式婚国家外，大多数国家规定婚姻形式要件适用婚姻缔结地法。之所以如此，一是结婚作为一种法律行为，须依据"场所支配行为"原则，适用婚姻缔结地法律；二是各国社会传统、风俗习惯不同，结婚必须尊重婚姻缔结地公序良俗，必须符合婚姻缔结地法要求；三是大多数国家规定根据婚姻缔结地法确定结婚形式要件，只要结婚形式要件符合缔结地法的要求，婚姻形式要件即为有效，其他国家承认婚姻效力。②结婚形式要件适用当事人属人法。在宗教居于主导地位国家，仪式婚为主要结婚方式，结婚符合本国法律规定的宗教方式才为有效，本国人在外国结婚，也须采用宗教仪式方式。③选择适用婚姻缔结地法和当事人属人法。结婚形式要件的法律适用，许多国家采取了开放态度，允许当事人在缔结地法和属人法中作出选择，依婚姻缔结地法或者属人法结婚均为有效。允许选择结婚形式要件适用的法律，能够减少婚姻有效性来自结婚形式的障碍，有助于减少"跛脚婚姻"现象，避免出现无效婚姻。

（二）领事婚姻制度

随着跨国流动人员数量的增加，本国公民在外国、外国公民在本国采用领事婚姻（consular marriage）方式结婚的数量日益增长。领事婚姻是在驻在国不反对的前提下，一国允许居住在外国的本国公民到本国驻外国使领馆依本国法律规定的方式办理结婚手续或者举行婚礼缔结婚姻的制度。[1] 领事婚姻是领事制度发展到成熟阶段产生的领事职务。领事一职出现在中世纪中叶意大利沿海城市，充当仲裁或调停人解决商品交换过程中发生的商务纠纷，被称为"商人仲裁领事"。伴随着数量众多的意大利工商业者随着征服者在中东建立起固定的贸易客栈，形成了市场。为管理商务，商人本国政府与商人经商地国家签订协议，由商人本国派遣官吏承担"商人仲裁领事"使命。12世纪末，意大利威尼斯共和国向耶路撒冷王国派驻了人类历史上第一个官方领事，时称子爵，后改名巴优洛。领事权限主要为管理商务活动，保护侨民权益和生命财产，充当外交使节。17世纪后，国与国之间出现了常驻大使，外籍商人失去外交豁免权，领事地位下降，职权渐缩至解决商事争议。19世纪，国际贸易蓬勃兴起，领事制度的价值被重新认识，各国开始制定领事法律。1825年，英国率先通过了领事法，规定领事主要职权为促进本国与驻在国之间的工商业联系、监督航务、保护侨民和公证。[2] 19世纪，伴随着领事职权的扩张，领事婚姻制度建立。领事婚姻是国内婚姻登记方式在国外的延伸，是在国外办理本国公民婚姻登记的一种变通方式，创制领事婚姻的目的是方便境外的本国公民结婚，消除适用婚姻缔结地法产生的困难或障碍。

　　领事婚姻制度既有国际法依据，又有国内法依据。国际法依据既有多边国际条约，又有双边国际条约。1961年《维也纳外交关系公约》和1963年《维也纳领事关系公约》以多边国际条约形式对领事婚姻作出了规定：领事职务包括"民事登记员及类似之职司，并办理若干行政性质之事务，但以接受国法律规章无禁止之规定为限"。[3] 国家之间签订的双边领事条约（协定）多以领事关系公约为蓝本规定了领事在驻在国为本国公民办理领事婚姻的职权。承认领事婚姻国家的国内法大都对领事婚姻作出了规定，1972年《塞内加尔家庭法》第843条第2款"不论本国国民还是外国人，结婚方式依婚姻缔结地法；结婚同样可以依照外交或领事机构所属国的法律，以外交或领事方式办理"的规定可谓代表。无论是以国际条约为依据，还是以本国法律规定为依据缔结的领事婚姻，在派遣国、驻在国和第三国具有法律效力。领事婚姻登记违反驻在

---

〔1〕　杜新丽、宣增益主编：《国际私法》（第5版），中国政法大学出版社2017年版，第126页。
〔2〕　林世："领事的由来"，载《人才资源开发》2012年第7期，第38页。
〔3〕　1963年《维也纳领事关系公约》第5条第6项。

国法律，在驻在国不发生法律效力，只有经驻在国表示同意，派遣国领事才能在驻在国的使领馆为本国国民办理领事婚姻。

领事婚姻存在属地管辖和属人管辖的对立和协调。本国公民在外国，要接受所在国的属地管辖，而婚姻登记主体在本国驻外使领馆登记结婚，接受的是属人管辖。领事婚姻的属地管辖权优于属人管辖权，国际条约、双边领事条约（协定）和各国法律都规定"以接受国法律规章无禁止之规定为限"。从领事婚姻实践来看，属地管辖优越属人管辖。一国领事机构收到婚姻登记申请，首先要审查驻在国法律对领事婚姻登记有无禁止性规定，在驻在国法律无禁止性规定的情况下，使领馆才能审查申请人是否适格等问题。驻在国法律不禁止的领事婚姻，如果违反本国法律规定，领事机构不能予以登记。不论是在法律上还是在实践上，领事婚姻都要受到驻在国的属地管辖和派遣国的属人管辖，要同时符合两国法律要求。[1]

领事婚姻并非是所有国家都实行的法律制度，美国等国家认为，大使馆、领事馆是国家派出机构，代表国家行使公权力，不能参与私范畴的民事事务。公民结婚是私范畴事务，使领馆官员不应参与其中，所以，美国驻外国使领馆不为本国在驻在国公民办理领事婚姻。根据同等原则，各国驻美国使领馆不能为在美国的本国公民办理领事婚姻。在采用和承认领事婚姻制度的国家中，对领事婚姻主体的规定有所不同，有的国家条件宽松，有的国家有所限制。德国、巴西、日本、比利时等国家要求结婚的双方当事人都必须是本国在驻在国的公民；意大利、瑞典、挪威、丹麦、葡萄牙、澳大利亚等国家要求当事人中一方是派遣国公民即可；法国规定本国驻外使领馆只办理男方当事人为本国公民的领事婚姻。

具有双重或多重国籍的自然人在理论上可以得到多国的领事和外交保护，可以在取得的国籍国中选择一个国籍国驻外使领馆申请领事婚姻登记。是否给予具有本国国籍的双重或多重国籍自然人领事婚姻登记，由当事人申请的国籍国驻外使领馆决定。无国籍人没有任何国家承认其具有本国国籍，享受不到任何国家的领事保护或外交保护。无国籍人不愿在居住国婚姻登记，在居住国法律不禁止领事婚姻情况下，能否在居住国的某国领事机构申请领事婚姻登记，

---

　　〔1〕　史旭亮："浅析领事婚姻制度与国家的管辖权"，载《改革与开放》2010 年第 20 期，第 18 页。

这是需要探讨的法律问题。理论上，任何国家驻外使领馆没有为无国籍人进行领事婚姻登记的义务，实践中，无国籍人领事婚姻登记的申请不被接受。曾经有一个案例：居住在某国的无国籍但具有伊斯兰教信仰的人申请在居住国境内的某伊斯兰信仰国家的领事机构进行婚姻登记，理由是其居住国的法律并未尊重其宗教信仰，而其申请进行婚姻登记的领事机构的所属国在法律上更加符合他的宗教信仰和生活习惯。该无国籍人的领事婚姻登记遭到了被申请国家领事机构拒绝，理由是领事机构进行领事婚姻登记是基于国家对本国公民的属人管辖权，而属人管辖的确定依据就是国籍。[1]

（三）我国涉外、涉港澳台结婚形式要件的法律适用

1. 相关结婚形式要件行政性法律规定

1986 年《民法通则》颁布前，涉外婚姻形式要件的规定散见于行政部门的规章之中。1983 年 8 月 26 日经国务院批准、民政部发布的《中国公民同外国人办理婚姻登记的几项规定》，1983 年 3 月 10 日民政部发布的《关于华侨同国内公民、港澳同胞同内地公民之间办理婚姻登记的几项规定》，1983 年 12 月 27 日外交部、最高人民法院、民政部、司法部、国务院侨务办公室联合发布的《关于驻外使领馆处理华侨婚姻问题的若干规定》，1983 年 12 月 9 日民政部发布的《关于办理婚姻登记中几个涉外问题处理意见的批复》对涉外婚姻形式要件作出了规定。1986 年《民法通则》颁布，该法对涉外结婚形式要件规定模糊，因此，涉外结婚形式要件的法律适用仍然以行政规章的规定为主。1988 年 3 月 31 日由民政部、中央对台工作领导小组办公室、外交部、公安部、司法部联合发布的《关于台湾同胞与大陆公民之间办理结婚登记有关问题的通知》、1997 年 5 月 8 日由民政部与外交部联合发布的《出国人员婚姻登记管理办法》、1998 年 12 月 10 日民政部发布的《大陆居民与台湾居民婚姻登记管理暂行办法》、2003 年国务院颁布的《婚姻登记条例》，这些行政法规对涉外婚姻形式要件与法律适用作出了规定。

我国调整涉外婚姻行政规章的主要内容为：①中国公民和外国人在中国境内结婚，申请结婚登记的男女双方必须遵守《中华人民共和国婚姻法》和相关法律规定。②外国人和外国人在中国境内登记结婚，符合《中华人民共和国婚

---

〔1〕　史旭亮："浅析领事婚姻制度与国家的管辖权"，载《改革与开放》2010 年第 20 期，第 18 页。

姻法》（以下简称《婚姻法》）的规定，可予办理结婚登记。为了保证婚姻登记的有效性，婚姻当事人需要提供本国法律关于在国外办理结婚登记有效的法律文本或者主管部门出具的婚姻登记效力证明。外国人之间在我国境内缔结婚姻，其实质要件和形式要件均须符合我国的法律规定。③在条约或互惠基础上，我国承认领事婚姻，外国人在其本国驻华使、领馆成立的婚姻为有效。但在我国境内办理领事婚姻，并不免除当事人双方遵守我国《婚姻法》和其他法律的义务。④华侨、港澳台同胞同内地公民在内地登记结婚，适用《婚姻法》和《婚姻登记条例》，需要提交证件和证明材料。⑤申请结婚的男女双方均为华侨，符合我国法律规定的结婚条件，驻在国法律允许，我国在驻在国的使领馆可为他们办理结婚登记。⑥在国外合法居留6个月以上未定居的中华人民共和国公民，居住国承认领事婚姻的，可到我国驻该国使领馆申请登记结婚，适用我国法律。出国人员中的现役军人、公安人员、武装警察、机要人员和其他掌握国家重要机密的人员，不得在我国驻外使领馆和居住国办理结婚登记。⑦外国人和外国人在中国境外结婚，其婚姻效力的承认，重叠适用我国法律和当事人本国法。

2. 相关结婚形式要件法律适用立法

我国涉外结婚法律适用立法起始于1986年《民法通则》第147条的规定，该条规定没有明确适用范围，没有明确调整的对象除涉外结婚实质要件外是否涵盖形式要件。学者们在学理上对该条规定进行了扩张解释，认为结婚实质要件和形式要件均适用婚姻缔结地法律符合立法本意。中国公民和外国人结婚包括在中国境内结婚和在中国境外结婚两种情况，在中国境内结婚适用中国法律，按照对等原则，在外国结婚可以推论出适用婚姻缔结地法律。

《民法通则》第147条规定周延性不足，对涉外婚姻的法律适用仅规定了"中华人民共和国公民和外国人结婚"一种情况，未能覆盖其他类型的涉外结婚，存在立法缺漏，需要进行完善。2010年《法律适用法》弥补了《民法通则》的不足，对涉外结婚形式要件法律适用作出了规定，"结婚手续，符合婚姻缔结地法律、一方当事人经常居所地法律或者国籍国法律的，均为有效"。[1]该规定较《民法通则》的规定有了长足的进步：首先，涉外结婚形式要件法律适用与涉外结婚实质要件法律适用分割，不再二者不分适用同一规

---

〔1〕《法律适用法》第22条。

则，增强了法律适用的针对性。其次，在袭用属地原则基础上增加了属人原则。"结婚手续"指的是结婚程序或者结婚方式，结婚手续适用婚姻缔结地法律，符合"场所支配行为"规则。《法律适用法》扩大了婚姻形式要件的法律适用范围，对婚姻形式要件符合一方当事人经常居所地法律或者国籍国法律的，我国均认定具有法律效力。最后，在婚姻形式要件法律适用上，采用无条件选择性法律适用规范，规定复数连接点指引准据法，只要符合3个连接点指引的法律之一的，结婚手续即为合法有效。

3. 中国的领事婚姻

我国驻外使领馆与世界多数国家驻外使领馆一样，为本国在驻在国公民办理领事婚姻。我国驻外使领馆办理领事婚姻的依据是《维也纳领事关系公约》、双边领事条约和国内法的规定。1979年7月3日，中国政府向联合国交存"未附保留条款"的《维也纳领事关系公约》加入书，该公约同年8月1日对中国生效。自1959年1月27日中国政府与德意志民主共和国签订第一个领事条约起，[1] 至2018年底，中国政府与外国政府签订了48个双边领事条约（协定），除与德国、美国、伊拉克、加拿大、尼日利亚5国签订的条约（协定）未涉及领事登记外，与其他43个国家签订的条约（协定）均有"婚姻登记"的规定。例如，《中华人民共和国和印度共和国领事条约》第10条第1款第4项规定：领事官员在领区内有权"根据派遣国法律为双方均为派遣国国民者办理结婚手续和离婚注册，但以不违反接受国法律规章为限"。我国尚未以法律形式对领事婚姻作出规定，国内立法主要是行政规章，例如，2003年10月1日施行的《婚姻登记条例》第19条规定，"中华人民共和国驻外使（领）馆可以依照本条例的有关规定，为男女双方均居住于驻在国的中国公民办理婚姻登记"。

我国领事婚姻采用以下原则：

第一，对等原则。各国对领事婚姻持不同态度，世界上有80多个国家允许领事婚姻登记，近40个国家不承认领事婚姻，20多个国家附条件承认领事婚姻。我国对领事婚姻采取对等原则，若外国承认领事婚姻，我国驻该国使领馆办理领事婚姻登记，允许该国在我国开展领事婚姻业务，反之，我国驻外使领馆不办理领事婚姻登记。对在不承认领事婚姻国家办理的领事婚姻登记，实

---

〔1〕《中华人民共和国与德意志民主共和国领事条约》1991年因东德和西德统一终止。

践中与该国协商解决。

第二，国籍国原则。我国驻外使领馆办理领事婚姻登记，原则上要求双方当事人均为我国公民。我国驻外使领馆是否办理中国公民与第三国公民之间的领事婚姻登记，现行立法和领事婚姻实践抵触。《维也纳领事关系公约》对领事婚姻当事人是否必须都是派遣国公民未做具体规定，我国对外签订的48个中外双边领事条约（协定）对此规定不一，多数规定领事条约原则上允许"领事有权办理派遣国公民之间的婚姻登记"，中国与匈牙利、朝鲜、玻利维亚签订的领事条约规定申请领事婚姻登记的男女双方须是派遣国公民，中国和意大利领事条约、中国和越南领事条约规定，"领事有权办理派遣国公民之间或派遣国公民与第三国公民之间的婚姻登记"。我国《婚姻登记条例》采取居住地原则，规定中国驻外使（领）馆可为男女双方均居住于驻在国的中国公民办理婚姻登记。根据我国法律规定，在驻在国同意的情况下，我国驻外使（领）馆可以为中国公民之间或中国公民与第三国公民之间办理婚姻登记。我国领事婚姻登记的实践与我国立法并不一致，实践中，我国驻外使（领）馆仅为双方当事人均是中国公民的申请人办理婚姻登记。

我国驻外使（领）馆不受理我国公民与驻在国公民之间的领事婚姻申请，我国有条件地承认外国驻华使（领）馆办理的一方为派遣国公民，另一方为第三国公民的结婚登记，对一方为派遣国公民，另一方为中国公民的领事婚姻不予承认。

五、我国涉外及与香港地区有关婚姻法律适用的实践

从司法实践看，单纯的婚姻实质要件和婚姻形式要件产生的争议不多，多是涉外、涉台港澳继承领域产生纠纷，婚姻效力成为先决问题。广东省珠海市香洲区人民法院审理的毛某诉陈某婚姻无效案可谓典型案例。该案中，毛某与庞某1954年8月29日在香港按当地习俗举行婚礼，婚后在香港共同生活，生育5名子女。后庞某与陈某在广州市民政局登记结婚，婚后在广东省共同生活。2013年6月15日庞某去世，毛某提起诉讼，要求判决庞某与陈某的婚姻关系无效。

香洲区法院在案件审理过程中首先对本案准据法进行了确定。法院认为，庞某虽系香港居民，但生前与陈某的共同经常居住地在中国内地，根据《法律适用法》第21条规定，确认庞某与陈某之间婚姻关系的效力应适用中国内地

法律。毛某与庞某 1954 年 8 月 29 日在香港按习俗举行婚礼，双方当时的共同经常居所地为香港，根据《法律适用法》第 21 条规定，庞某与毛某之间婚姻关系的认定应适用香港地区法律。庞某与陈某之间婚姻效力，根据《法律适用法》第 22 条"结婚手续，符合婚姻缔结地法律、一方当事人经常居住地法律或者国籍国法律的，均为有效"的规定，适用香港地区法律。香港《婚姻制度改革条例》第 7 条规定，"旧式及新式婚姻①就本条例而言，凡于指定日期（1971 年 10 月 7 日）前按照中国法律与习俗在香港举行婚礼者，即构成旧式婚姻。②凡于指定日期前在香港所举行的婚礼，如按照以下地方当时接受为举行婚礼的适当传统中国习俗而举行，则该婚礼须当作符合中国法律与习俗——a）在香港内举行婚礼的地方……；③现宣布受中国法律与习俗约束人士所缔结的旧式婚姻为有效婚姻"，根据上述规定，毛某与庞某系合法夫妻。庞某与毛某婚姻关系存续期间，庞某明知自己有配偶又与陈某登记结婚，到婚姻登记机关骗领了结婚证，违反我国一夫一妻的婚姻制度和公序良俗，是重婚行为，婚姻无效。[1]

陈某不服一审法院判决，提起上诉。上诉法院审理认为，毛某作为庞某的合法妻子，要求判决庞某与陈某婚姻关系无效的请求，理由正当，一审法院判决认定事实清楚，适用法律正确，应予以维持。[2]

司法实践中，涉外婚姻实质要件和形式要件法律适用存在的主要问题是简单引用法律条文，引用后大都未展开论述，缺乏充分说理。

第二节　涉外夫妻关系法律适用及理论探讨

夫妻关系是指当事人双方依法定程序结婚，自婚姻关系成立至婚姻关系终止期间配偶之间的权利义务关系。夫妻关系包括人身关系和财产关系。各国政治体制、经济制度、婚姻立法、文化传统、社会风俗及宗教信仰不同，决定了涉外夫妻关系人身关系和财产关系必然存在差异性，不可避免地产生法律冲突，需要援引法律适用规范确定准据法，确定夫妻之间的权利义务关系。

---

〔1〕　广东省珠海市香洲区人民法院民事判决书，（2014）珠香法湾民一初字第 305 号。

〔2〕　广东省珠海市中级人民法院民事判决书，（2015）珠中法审监民提字第 7 号。

一、夫妻人身关系法律适用的理论与立法

夫妻人身关系是指夫妻双方基于夫妻关系依法具有与人身不可分离而没有直接财产内容的关于人格、身份、地位以及生育等方面的权利义务关系。[1]夫妻人身关系经历了夫妻一体主义到夫妻别体主义变迁。中国封建社会、欧洲中世纪至19世纪，夫妻关系呈现一体主义，夫妻互为一体，人格互相吸收；资本主义制度在欧洲建立后，夫妻关系随着社会发展发生了本质性变化，别体主义为近现代资产阶级立法所标榜，主张夫妻在婚姻关系中各为独立体，人格平等。[2]现代社会调整夫妻关系的法律多采用夫妻别体主义，经济欠发达国家和地区仍采用夫妻一体主义。

夫妻人身关系的基础是人身权，人身权由人格权和身份权两大类权利组成。人格权是指民事主体具有法律上独立人格必须享有的民事权利，是每个公民与生俱来毫无例外终身享有的权利。人格权包括生命权、身体权、健康权、姓名权、名称权、肖像权、名誉权、隐私权、信用权。身份权是指公民依一定行为或相互之间的关系所发生的一种民事权利，身份权作为一种民事权利，既为权利人利益而设立，同时也是为相对人利益而设立，因此，权利人依法行使各项身份权利的同时，必须履行相应的法定义务。身份权主要有配偶权、亲权、亲属权（监护权）、荣誉权、知识产权中的身份权（著作权、发明权、专利权、商标权等）。夫妻人身关系与夫妻双方的人格、身份相联系，通常包含夫妻姓氏权、名誉权、同居义务、忠实义务、相互帮助义务、住所决定权、夫妻就业权、家庭事务管理权、日常家事代理权、家庭生活方式决定权、妻子的公民权等内容。

各国立法对夫妻人身关系所涉范围的规定大同小异，但对每一项具体权利涵盖内容的规定多有不同。除法律规定外，习惯对夫妻人身关系有着重要影响。姓名权是人格权的重要内容，也是夫妻在家庭中有无独立人格和地位的一种标志。对于妻子的姓氏权，有的国家规定妻随夫姓，结婚后妻取得夫的姓氏，1907《瑞士民法典》第161条规定，"妻从夫姓并取得夫的身份权"；《意

---

〔1〕 徐茜："我国社会转型时期夫妻人身关系出现的突出问题及法律对策"，载《淮南职业技术学院学报》2001年第1期，第35页。

〔2〕 李志敏主编：《比较家庭法》，北京大学出版社1988年版，第99页。

大利民法典》第 143 条附加条规定，"妻子在自己的姓氏前面加上丈夫的姓氏并且在孀居期间保留该姓氏直到再婚时为止"。[1] 有的国家坚持夫妻姓氏独立，夫妻的姓氏不因婚姻关系的改变而改变，我国《婚姻法》规定夫妻双方都有各自使用自己姓名的权利，姓氏权不因结婚而改变。有的国家规定夫妻姓氏随约定，《日本民法典》第 750 条规定，"夫妻可以依结婚时所定，称夫或妻的姓氏"，实践中，妻子婚后随夫姓在日本已成习惯。

住所决定权各国规定的也不相同，瑞士等国家采用丈夫权利主义，1907《瑞士民法典》第 160 条第 2 款规定："夫决定婚姻住所并应以适当的方式抚养妻及子女。"英国等国家采取丈夫义务主义，规定丈夫有义务为妻子提供住所，妻子享有在该住所居住的权利；瑞士、法国、罗马尼亚等国家采取协商一致主义，法律规定婚姻住所由配偶双方协商一致确定；中国、俄罗斯等国家采取自由主义，法律规定夫妻各方都有选择住所的权利。中国《民法典》第 1050 条规定："登记结婚后，按照男女双方约定，女方可以成为男方家庭的成员，男方可以成为女方家庭的成员"，男女双方平等决定婚后住所。同居义务是婚姻的重要内容，几乎所有国家的法律都规定夫妻有同居义务，只是我国有学者主张夫妻关系存续期间违背妻子意志发生性行为构成强奸犯罪，我国法院也有婚内强奸判例。在从事职业和社会活动方面，各国法律规定和实践差异明显。我国法律规定夫妻有平等的从事职业和社会活动的权利，日本、韩国等国家法律规定亦是如此，但实践中，日本、韩国等国家妻子婚后的主要职责是相夫教子，不再参加工作，法律虽然没有剥夺已婚妇女自由选择职业的权利或就业的权利，但习俗认可男主外、女主内的社会分工。

夫妻人身关系与人的身份联系最为密切，适用当事人属人法当仁不让，身份关系历来就归属人法支配。各国属人法的规定不同，用于调整夫妻人身关系的属人法因规定不同分别为当事人的本国法、住所地法、经常居所地法。从整体上看，各国都规定夫妻关系适用当事人属人法，从具体规定上看，各国规定还是存在差异。在夫权居于主导地位的国家，法律规定的属人法是丈夫的国籍国法。有的国家为了更好地保护本国公民的利益，规定适用具有本国国籍一方当事人属人法。约旦、阿拉伯联合酋长国、埃及等国家法律作出了如上规定，夫妻人身关系法律适用按先后顺序分别适用结婚时具有内国国籍一方当事人本

---

〔1〕　费安玲、丁玫译：《意大利民法典》，中国政法大学出版社 1997 年版，第 51 页。

国法或结婚时丈夫本国法。现代社会多数国家为了体现男女平等，夫妻同权，规定夫妻人身关系适用双方当事人共同属人法，或先概括规定夫妻人身关系适用当事人属人法，然后再规定没有共同属人法时应该适用的法律。1966 年《葡萄牙民法典》第 52 条规定："①夫妻关系适用其共同本国法；②夫妻没有共同国籍的，适用其共同惯常居住地法；没有共同惯常居住地的，适用丈夫的属人法"。

尽管多数国家规定夫妻人身关系适用当事人属人法，而且界定属人法为夫妻双方共同国籍国法或者共同住所地法，但涉外婚姻多为不同国籍自然人之间的结合，婚后也没有建立共同住所地，共同属人法不存在或者不宜适用。为解决此类问题，近年来，一些国家引入最密切联系原则解决夫妻人身关系法律冲突，适用最密切联系原则确定夫妻人身关系应适用的法律。也有国家规定在没有当事人共同属人法适用时，适用法院地法，或者婚姻举行地法。

二、我国夫妻人身关系法律适用的理论与立法

我国夫妻人身关系法律适用的规定与国际社会发展趋势相一致，以属人法为首要。《法律适用法》第 23 条规定："夫妻人身关系，适用共同经常居所地法律；没有共同经常居所地的，适用共同国籍国法律。"我国的属人法是经常居所地法，适用经常居所地法是因为夫妻关系与经常居所地联系密切，没有共同经常居住地的，适用共同国籍国法律来补充。

《法律适用法》第 23 条存在立法不周延问题：①涉外婚姻多数是本国人与外国人结婚，结婚时当事人双方很难有共同经常住所地或者共同国籍，该条规定的共同经常住所地或者共同国籍不存在，共同经常住所地法或者共同国籍国法更是无从谈起。夫妻人身关系的法律适用在婚姻缔结时就产生了，例如，夫妻姓氏权，男女双方结为夫妻时就需要确定是随夫姓还是保留原姓氏，而此时，并无夫妻共同经常住所地法或者共同国籍国法，适用《法律适用法》第 23 条的结果是无法可依。有的国家规定夫妻人身关系适用属人法，为防止属人法落空，规定属地法为补充，这种立法值得借鉴。2014 年《多米尼加共和国国际私法》第 42 条规定，"夫妻之间的人身关系适用婚后夫妻共同住所地法。如果夫妻没有共同住所的，应适用夫妻结婚时共同国籍国法律；无共同国籍的，适用婚姻举行地法律"。该条规定很好地解决了属人法适用落空问题，当事人无共同属人法，婚姻举行地法律作为属人法的补充。②婚姻当事人双方没有共同经常居所地或共同国籍，可以适用《法律适用法》第3条，依据意思自治基本原则由当事人双方选择法律，当事人没有选择法律，可以适用《法律适用法》第2条由法官依据最密切联系原则确定应适用的法律。一般说来，男女双方结婚或者婚后，与某些地域的联系都具有偶然性，强行以"最密切联系原则"选择法律，往往导致法院地法的适用，这并不符合《法律适用法》第23条本意。③《法律适用法》第23条本意是夫妻人身关系适用当事人属人法，为体现夫妻地位平等，男女同权，规定适用夫妻共同属人法无可厚非。但夫妻共同属人法往往通过配偶一方归化为另一方国家的公民才能实现，这需要很长的时间，甚至可能出现婚姻存续期间没有共同属人法的情况。因此，夫妻人身关系的法律适用，在规定适用共同属人法前提下，应当作出补充性规定，即无共同属人法，适用一方当事人的经常居所地法、住所地法或者国籍国法。这既反映了《法律适用法》第23条立法精神，也便于法院的司法操作。

三、夫妻财产关系的法律适用

夫妻财产关系派生于夫妻身份关系，是指"夫妻之间由夫妻人身关系所引起的直接体现一定经济内容的权利义务关系"[1]。夫妻财产关系的本质是夫妻财产法律制度及如何确认和保护夫妻财产。

各国法律对夫妻财产制度规定的不同，其法律制度可以归纳为法定财产制、约定财产制、共同财产制和分别财产制四种类型。法定财产制，是指在婚姻当事人婚前或婚后未约定财产采用何种制度时依法律规定确定夫妻财产的归属。约定财产制，是指婚姻当事人婚前或婚后对财产归属进行了约定，按约定方式确定婚姻财产关系的制度。共同财产制，是指根据法律规定或者当事人约定，夫妻的全部或部分财产归双方共同所有。共同财产制有五种不同的形式：①婚后完全共同财产制。即夫妻共同财产的范围及于婚姻期间取得的一切财产。科特迪瓦法律规定，夫妻双方的工资、收入和所获得的任何财产，都是夫妻双方共有的财产，并由丈夫单独管理；只有在法律规定需征得其妻子同意才能处理的情况下，才须征求妻子的意见。玻利维亚和委内瑞拉两国也采取完全共同制，规定丈夫管理所有的婚姻财产。②婚后部分财产共有制。夫妻共有财产的范围仅限于婚姻关系存续期间所获得的财产（不包括赠予或继承的财产）。

---

〔1〕　华倩：《夫妻财产关系法律适用研究》，法律出版社2015年版，第5页。

保加利亚法律规定，夫妻双方在婚后获得的财产属共同的财产，双方对该财产的占有、使用、处分享有平等权利。但夫妻婚前所有的财产以及婚后赠与或继承所得财产，则归个人所有。③婚前婚后动产共有制。夫妻结婚前拥有的和婚姻关系存续期间获得的收益和动产，双方婚姻关系存续期间通过工作或职业获得的财产，都属于共有财产。夫妻婚前不动产或婚姻关系存续期间通过继承或赠与所得不动产为夫妻各自财产。比利时和智利等国家采用这一制度。④迟延的共同财产制。夫妻婚姻存续期间各自所得财产归个人所有，婚姻关系消灭时，一方对他方的财产享有一半的权利，这种制度盛行于斯堪的纳维亚半岛的某些国家。⑤夫妻财产共有制。无论夫妻婚前财产还是婚后财产，无论动产还是不动产，一律属于共同财产，夫妻共有。1907《瑞士民法典》第 194 条第 1 款规定："夫妻财产合并制，系指配偶双方在结婚时各自所有的财产，以及在婚姻存续期间继承或通过其他方式取得的财产，合并为夫妻财产"；第 2 款规定："妻的特有财产不属于上述财产。"[1] 分别财产制，是指夫妻双方约定无论婚前财产还是婚后财产，无论动产还是不动产，分别归各自所有，各自管理、用益及自由处分个人财产。英国、澳大利亚等英美法系国家实行分别财产制，夫妻双方婚前各自财产归个人所有，婚姻关系存续期间各自所得财产同样为个人所有。各国夫妻财产关系法律制度不同，必然导致法律冲突的产生。对夫妻财产关系的法律冲突，各国主要采用以下法律适用规则解决。

夫妻财产关系适用的法律由当事人协商选择。1525 年，法国学者杜摩林（Dumoulin）在回答加涅夫妇咨询夫妻财产适用什么法律调整时提出，适用夫妻共同住所地习惯法，因为婚姻是契约，共同住所地是夫妻双方合意选择，故适用共同住所地法。杜摩林视夫妻关系视为契约关系的观点已为现代社会多数国家认同，尤其对于夫妻财产权的法律适用，多数国家主张私权自治，实行约定财产制。根据意思自治原则，当事人既然可以约定夫妻财产关系的内容，同样可以约定适用于夫妻财产关系的法律。

1978 年 3 月 14 日，第 13 届海牙国际私法会议通过的《夫妻财产制法律适用公约》在推动夫妻财产关系适用当事人意思自治选择的法律做出了巨大努力，该公约第 3 条规定："夫妻财产制受配偶双方婚前所指定的国内法调整。

---

[1] 《瑞士民法典》，殷全根译，艾棠校，法律出版社 1987 年版，第 45 页。《瑞士民法典》1907 年制定，后经修订，删除了夫妻地位不平等条款。

夫妻双方仅可指定下列法律之一：①指定时夫妻一方国籍国的法律；②指定时夫妻一方惯常居所所在国的法律；③夫妻一方婚后设定新惯常居所的第一个国家的法律……"《夫妻财产制法律适用公约》在夫妻财产关系法律适用上引入了意思自治原则，对大陆法系国家产生了重大影响，许多国家借鉴该公约的规定在本国法中规定夫妻财产关系适用根据意思自治原则选择的法律。1987 年《瑞士联邦国际私法》第 52 条规定，夫妻财产关系，依照夫妻双方所选择的法律；夫妻双方可以选择双方住所所在的国家或者婚后将在其境内有住所的国家的法律，或者其中一方的本国法律。1978 年《奥地利国际私法》规定，婚姻财产制，依照当事人明示选择的法律判定，如无此种法律选择，则依照结婚时支配婚姻人身效力的法律。

当事人没有选择夫妻财产关系适用的法律时，依属人法。夫妻财产关系具有身份性与财产性的双重属性，一些国家从夫妻人身关系角度考虑夫妻财产关系的法律适用，认为夫妻财产制度是从夫妻人身关系派生出来的，夫妻财产关系与夫妻人身关系适用同一法律，以当事人属人法作为夫妻财产关系的准据法。2005 年《保加利亚共和国关于国际私法的法典》第 79 条第 3 款规定夫妻之间的财产关系，依适用于其人身关系的法律。夫妻相互间人身关系，该条第 1 款规定适用夫妻共同本国法，第 2 款规定具有不同国籍的夫妻之间的人身关系，依其共同惯常居所地国法，若无共同的惯常居所地，则依与夫妻双方均有最密切联系的国家的法律。

夫妻财产关系适用属人法，各国首选是夫妻双方共同属人法，没有共同属人法，各国规定的法律适用不同。瑞士规定如果夫妻双方没有选择适用的法律，则适用夫妻双方同时住在一起的国家的法律，或者适用夫妻双方最后的共同住所所在国的法律；如果他们没有共同的住所，则适用他们共同的本国法；如果夫妻双方在同一个国家没有住所，也没有共同的国籍，则适用瑞士的分别财产制。斯洛文尼亚等国家规定适用与夫妻财产关系有最密切联系的法律，突尼斯、立陶宛等国家规定适用最先设立的共同住所地或婚姻契约缔结地法律，土耳其等国家规定适用财产所在地法律。

夫妻财产关系属人法发生变更，适用变更前的属人法还是变更后的属人法，有可变主义和不变主义之别。1987 年《瑞士联邦国际私法》第 55 条规定，"夫妻双方移居其他国家的，适用他们新的住所地法律。新法的效力溯及至婚姻缔结之时……"，该规定体现了夫妻财产关系准据法的可变主义。《欧盟关于婚姻财产制事项的管辖权、法律适用和判决承认与执行的第 2016/1103 号条例》规定，夫妻双方可以改变作出的法律选择，除非夫妻双方有相反的意思表示，否则关于法律适用的改变不溯及既往，即便夫妻双方同意变更的法律具有溯及力，但这种溯及力仍不影响先前法律适用时第三人的权利。欧盟采取不变主义，这种规定对于稳定婚姻安全、促进婚姻家庭良好运转无疑是必要和有效的。由此可以看出欧盟婚姻财产制条例的立法内容逻辑缜密又不僵硬机械，顺应了世界各国在夫妻财产制法律适用立法的趋势。

多数国家立法未对夫妻财产关系属人法变更是采用可变主义还是不变主义作出规定，实践中采用不变主义的国家居多。对准据法的变更是采取可变主义还是不变主义，均存在赞同或反对意见。反对可变主义的国家认为准据法可变会纵容法律规避，使已经确定的权利义务关系发生改变；赞同可变主义的国家认为当事人既然改变与其婚姻生活有密切联系的国籍或住所，适用新的属人法更符合他们的意愿和利益。可变主义和不变主义的对立促使自由主义产生，2005 年《保加利亚共和国关于国际私法的法典》第 80 条第 3 款采用自由主义规定了，"法律选择可在结婚前或结婚后作出。夫妻双方可以变更或者废除法律选择。如果法律选择系在结婚后作出，则该法律选择自结婚时发生效力，但当事人另有约定的除外"。夫妻财产关系适用的法律由当事人约定是解决可变主义与不变主义冲突的有效方法，符合契约精神，应予倡导。

夫妻财产关系的法律适用还有同一制和分割制的区分。夫妻财产关系法律适用同一制是指夫妻财产不区分动产与不动产，适用同一法律。同一制主张夫妻财产关系是指夫妻拥有的所有财产，并将这些财产概括性地看作一个整体，[1] 既然是一个整体，就不能将其割裂适用不同的准据法。从司法实践的角度看，经济全球化加速了家庭财富的积累、跨国不动产投资日益增多，一个家庭在多个国家拥有不动产的情况已属常态，坚持动产与不动产分割，动产适用属人法，不动产适用不动产所在地法，这将导致同一夫妻的财产适用不同的法律，位于不同国家的不动产适用不同的法律，形成一种法律上的割裂化。[2] 采用同一制，适用夫妻共同属人法，可以避免法律适用混乱，降低司法成本，

---

〔1〕 Jürgen Basedow, Giesela Rühl, Franco Ferrari and Pedro de Miguel Asensio eds. , *Encyclopedia of Private International Law*, Edward Elgar Publishing, 2017, p. 1235.

〔2〕 Dicey, Morris, Collins, *The Conflict of Laws*, 14th ed. , Sweet & Maxwell, 2006, p. 1287.

符合当事人双方的合理期待和现实需要，保障夫妻财产关系法律适用的统一。

分割制是指区分夫妻财产为动产和不动产，动产适用夫妻共同属人法，不动产则适用不动产所在地法。采用分割制调整夫妻财产关系罕见于大陆法系国家，多见于英美法系国家。土耳其是大陆法系国家，2007 年《土耳其共和国关于国际私法与国际民事诉讼程序法的第 5718 号法令》第 15 条第 2 款规定，夫妻财产关系"不动产财产的分配，适用该财产所在地国法"。[1] 美国、英国等国家采用分割制。美国《冲突法重述（第二次）》第 258 条第 2 款规定，"如配偶双方未作有效的法律选择，确定何州法适用时，动产取得时配偶的住所地州通常较之任何其他因素将予优先考虑"。第 234 条第 1 款规定，"婚姻对婚姻存续期间配偶任何一方所取得的土地权益的效力，依土地所在地法院将予适用的法律"，而土地所在地法院适用的法律多为财产所在地法。英国未以成文法规制夫妻财产关系，司法判例中的法律适用并不统一。在 Welch v. Tennent 案中，法院判决不动产适用不动产所在地法，[2] 在 Re De Nicols 案中，法院又判决夫妻财产中的不动产适用当事人的婚姻住所地法。[3] 对这两个相互冲突的判决，有学者作了如此解释：英国法院将不动产区分为境内不动产和境外不动产，不动产位于英国境内的，适用婚姻住所地法；不动产位于英国境外的，则适用不动产所在地法。[4]

夫妻财产关系法律适用的同一制与分割制，各有优势，亦各有缺陷。同一制的优势主要是对夫妻财产不作动产和不动产区分，无论婚姻存续期间不动产位于何国、何地，都能适用同一法律，保证了法律适用的统一性；方便法院审理，不论不动产位于何国，适用同一法律，简便易行；符合社会发展要求。经济全球化下的人员跨国流动越来越频繁，本国人与外国人结婚在本国或在外国安家置业的现象越来越多，夫妻财产中不动产所占比重越来越大。夫妻财产在

---

〔1〕 邹国勇译注：《外国国际私法立法精选》，中国政法大学出版社 2011 年版，第 271 页。

〔2〕 该案中，丈夫和妻子的住所地为苏格兰，婚后妻子将其在英格兰的不动产出售并将所得交给了丈夫，后来妻子依据苏格兰法起诉丈夫归还该不动产的所得，英国上议院的法官认为该不动产的权利归属应适用不动产所在地法即英国法，从而判决妻子败诉。[1891] AC 639.

〔3〕 该案中，一对法国夫妻在法国结婚后移居至英国，并在英国购置了房产，法院最终判定该房产应适用夫妻婚姻住所地法即法国法，而不是该房产所在的英国的法律。[1900] 2 Ch 410.

〔4〕 Chris Clarkson, Jonathan Hill, Mark Thompson, Study on Matrimonial Property Regimes and the Property of Unmarried Couples in Private International Law and Internal Law, National Report of England for EU Commission, JAI/A3/2001/03, 2001, p. 25.

夫妻关系中具有重要地位，隶属于夫妻人身关系，与夫妻双方有着深刻的联系，适用夫妻共同属人法更加科学合理。同一制的缺陷主要体现在存在法院判决不能在域外得到承认与执行的可能性。夫妻财产中涉及的不动产位于境外，该不动产所在地国家法律规定不动产专属管辖或者强制适用不动产所在地法，不动产所在地以外法院所作判决的承认与执行就可能遭遇阻碍。

分割制的优势在于符合不动产适用不动产所在地法这一传统法律适用法理念。自巴托鲁斯（Bartolus de Saxoferrato）创立法则区别说以来，不动产始终适用不动产所在地法，已经成为法律适用原则，为世界各国广为接受，深入人心。"不动产适用不动产所在地法的理由就在于不动产的不可动性，不动产是一国领土的组成部分，同该国有着永久的和密切的联系，因此一切关于不动产权利的重心自然也就存在于该国"[1]，"关于不动产权利的一切问题，都由不动产所在地法决定"[2]。分割制有利于内国法院判决在不动产所在地国家得到承认与执行。各国为维护本国司法主权，对外国法院判决的承认与执行多持消极和抵触的态度，适用不动产所在地法可能在一定程度上缓解和消除这种抵触性，提高内国法院判决在不动产所在地国家法院得到承认与执行的概率。分割制的缺陷在于夫妻在多个国家拥有不动产，一起案件适用多国法律，结果是造成夫妻财产关系法律适用的支离破碎。案件审理过程中，法官要逐一查明涉案的不动产所在地法，导致案件的复杂程度大增，进而使案件耗时漫长，费用增加，司法成本高昂。此外，夫妻财产中的不动产仅因为地理位置不同就受制于不同的夫妻财产制，适用不同国家的法律，有损当事人的正当期待和预期利益。

比较同一制与分割制的利弊，无疑同一制符合社会发展方向，更胜一筹。"时下全球化已成为世人的口头禅，人、物及行为的流动性正在以前所未有的速度增大，国际冲突法问题与日俱增，在此背景下，过度执着于主权概念，无疑与时代背道而驰"[3]。经济全球化必然寻求深度国际司法合作，创建和谐的司法环境，要求法律制度的统一，构建人类命运共同体。2005 年《选择法院协议公约》集中反映出缔约国相互承认与执行法院判决的愿望，如果各国夫妻

---

〔1〕 ［英］马丁·沃尔夫：《国际私法》，李浩培、汤宗舜译，法律出版社 1988 年版，第 720 页。

〔2〕 ［英］马丁·沃尔夫：《国际私法》，李浩培、汤宗舜译，法律出版社 1988 年版，第 721 页。

〔3〕 Friedrich K. Juenger, *Selected Essays on the Conflict of Laws* viii, Transnational Publishers, 2001.

财产关系法律适用均实行同一制，法院判决跨国承认与执行的难题就有了解决的基础。

四、我国夫妻财产关系法律适用立法与理论的完善

（一）我国夫妻财产关系法律适用立法与理论

《法律适用法》颁布前，我国夫妻财产关系法律适用领域立法空白，1986年《民法通则》未对涉外夫妻人身关系和夫妻财产关系的法律适用作出规定，为弥补《民法通则》的立法不足，1988年《最高人民法院关于贯彻执行〈中华人民共和国民法通则〉若干问题的意见（试行）》（以下简称《民通意见》）第188条规定"我国法院受理的涉外离婚案件，离婚以及因离婚而引起的财产分割，适用我国法律"。该条解释将夫妻财产关系作为涉外离婚的一个附属问题，采用与涉外离婚相同的准据法解决夫妻财产分割关系的法律适用，显然存在不合理之处，忽视了夫妻财产作为一种财产关系所具有的独立性。涉外离婚适用法院地法是合理的，离婚虽然是解除夫妻间的身份关系，但这种身份关系的解决涉及一国民族的传统的伦理道德观念，涉及一国的公共利益，所以，离婚诉讼适用法院地法并无不妥。涉外离婚案件中涉及的财产，可能位于法院地国家，也可能位于法院地以外的其他国家，当夫妻财产位于法院地以外的国家，该财产与法院地国家之间并不存在必然、合理的联系，强制要求适用法院地法律可能会影响婚姻当事人的合法权益，法院作出的判决很难得到财产所在地国家的承认及执行。正因为如此，各国立法几乎没有规定夫妻财产关系适用法院地法的。

我国立法机关显然已经意识到夫妻财产关系适用法院地法的弊端，注意到夫妻财产关系适用属人法的发展趋势，2010年制定《法律适用法》时抛弃了夫妻财产关系适用法院地法的属地主义，采用夫妻财产关系法律适用自由主义和属人主义。《法律适用法》第24条规定："夫妻财产关系，当事人可以协议选择适用一方当事人经常居所地法律、国籍国法律或者主要财产所在地法律。当事人没有选择的，适用共同经常居所地法律；没有共同经常居所地的，适用共同国籍国法律。"该条由两部分法律适用规范组成，第一部分法律适用规范是无条件选择性法律适用规范，当事人可以在一方当事人经常居所地法律、国籍国法律或者主要财产所在地法律中择一适用。第二部分法律适用规范是有条件选择性法律适用规范，只能按照法律规定的顺序适用。当事人没有选择夫妻

财产关系应适用的法律的，首先适用共同经常居所地法律；没有共同经常居所地的，适用共同国籍国法律。第一部分和第二部分之间构成有条件选择性法律适用规范关系，当事人适用第一部分选择了夫妻财产关系应适用的法律，第二部分法律适用规范则不适用。

《法律适用法》第 24 条规定借鉴了当代各国的立法经验，将意思自治原则引入夫妻财产关系领域，反映了夫妻财产关系的立法趋势。《法律适用法》在引入意思自治原则的同时，对当事人选择法律的范围加以限制，将当事人选择法律的范围限定在经常居所地法律、国籍国法律或者主要财产所在地法之内，避免了当事人对意思自治原则的滥用，控制当事人在与案件有实际联系的法律中选择。在当事人没有合意选择适用法律时，适用属人法确定夫妻财产关系应适用的法律。在具体规定上，当事人共同经常居所地优先于共同国籍国法适用，从当事人的角度来看，涉及夫妻间财产关系问题时，当事人与经常居所地联系比与国籍国的联系更密切，这样规定，实现了夫妻财产关系法律适用原则性与灵活性的结合，达到了立法目的与实践的有机统一，有助于提高案件审理的审判效率，具有科学性和实用性。

《法律适用法》第 24 条一个突出的立法特点是采用阶梯式重叠方式规定夫妻财产关系的法律适用，采用阶梯式重叠型的方式既确保了该法律关系的有效性，又避免了该法律关系法律适用落空的情形。[1] 在重叠的可选择的法律中，经常居所地连接点援引的法律成为夫妻财产关系法律适用的首选，可以说顺应了社会发展的潮流，体现出我国涉外夫妻财产关系法律适用立法的进步。

（二）立法不足之处的探讨与解决

《法律适用法》第 24 条吸收了先进思想与理念，取得了许多突破性的成果，较之我国以前的相关规定有着长足的发展与进步。但是不可否认的是，这条规定对于夫妻财产关系的规定仍有一些不足之处，需要讨论与完善。

1. 夫妻财产关系变迁如何确定准据法缺失

涉外夫妻财产关系法律适用法立法都是根据夫妻身份成立时的连接点确定应适用的法律，夫妻关系存续期间连接点发生改变，适用新的法律还是继续适用原来的法律调整夫妻双方财产关系，关系到婚姻家庭的稳定和第三人利益的

---

〔1〕 洪莉萍："中国涉外民事法律关系适用法评析"，载《中国政法大学学报》2012 年第 5 期，第 109～110 页。

保护乃至整个社会秩序的和谐。夫妻财产关系中的准据法变迁是一个无法避免的事实问题，在高速运行的社会中，跨国经济流转与人员往来越来越频繁，迁徙和移民的数量日益增长，当事人的住所地、经常居所地以及国籍发生变更，必然引起准据法变迁。连接点改变后准据法是否随之变更，学界存在可变主义与不变主义两种截然相反的观点，传统理论大多持不变主义，连接点变更对夫妻财产关系的法律适用不产生影响；当代理论多支持可变主义，认为夫妻财产关系所适用的法律应当随着连接点的更改而相应的变化。

我国立法从未涉及夫妻关系存续期间连接点发生改变是否引发准据法变更的问题，《民法通则》及其《民通意见》，《法律适用法》以及《最高人民法院关于适用〈中华人民共和国涉外民事关系法律适用法〉若干问题的解释（一）》（以下简称《司法解释（一）》）都采取了回避态度。在人类社会形成共同体，跨国婚姻数量急剧上升，迁徙和移民成为社会常态情况下，夫妻双方由于经常居所地、住所和国籍等连接点的变更导致调整夫妻双方财产关系准据法改变已是司空见惯，采用不变主义还是采用可变主义确定准据法调整当事人财产纠纷，维护当事人合法权益，便成为一个十分重要且不可忽视现实问题。《法律适用法》第24条对夫妻财产关系法律适用作出的规定，应当说有了长足的发展和进步，但在夫妻财产关系法律适用规定上应当说前瞻性欠缺，在制定法律适用规范的时候没有充分考虑到社会发展的趋势，来满足社会现实和社会发展的需要。[1] 弥补这一不足的方法是修法时明确夫妻财产关系采用可变主义还是不变主义，或者采用司法解释的方法作出规定。

2. 意思自治原则的适用应当全面放开

《法律适用法》第24条借鉴了国际上一些国家法律适用法立法的经验，将意思自治原则引入婚姻家庭领域，这是夫妻财产关系法律适用立法的巨大进步，但不可否认的是，在允许夫妻双方自由选择连接点之时，又对其进行一定的限制，实无必要。国内有学者支持夫妻财产关系领域引入意思自治原则，但认为《法律适用法》第24条规定失之过宽，应当进行限定，因为夫妻财产关系不同于合同领域的财产关系，它是家庭关系中的一个重要部分，涉及伦理道德、善良风俗、家庭与社会的稳定，如果允许当事人任意选择法律，难以保护

---

〔1〕　陈苇主编：《外国婚姻家庭法比较研究》，法律出版社2006年版，第267页。

处于弱势地位的妇女的合法权益，造成社会秩序的不稳定。[1] 这种观点在理论上难以成立。首先，婚姻是一种契约，既然是契约，就应当允许当事人合意选择应适用的法律。其次，《法律适用法》第 3 条规定的意思自治原则是贯穿整部法律的基本原则，《法律适用法》第 37 条规定动产物权当事人可以无限意思自治选择法律，涉外夫妻财产关系，除具有人身属性外，还具有物权属性，完全可以一以贯之法律适用法立法宗旨，不加限制地允许当事人选择法律。再次，允许当事人选择法律不可能产生违反公序良俗的社会后果，《法律适用法》规定了公共秩序保留制度、强制性规定法律制度，保障法律适用不与社会公共利益抵触，当事人选择的法律违反公序良俗，可通过这些法律制度排除违反社会公共利益法律的适用。最后，允许当事人意思自治选择法律，仅是赋予当事人一种权利，该权利是否行使，凭当事人意志决定。一方当事人提出适用某国法律，另一方当事人有同意或者否定的权利，因此不可能产生"难以保护处于弱势地位的妇女的合法权益，造成社会秩序的不稳定"的情况，夫妻财产关系法律适用完全可以由当事人自主决定。

3. 适当增加连接点以满足实践需要

法律适用规范中的连接点如同路标和桥梁，立法者以连接点方式设立路标，通过连接点这座桥梁，指引法官寻找具体涉外案件应适用的法律，法官只需要沿着连接点这一路标前行，就能迅速准确地确定应适用的法律。社会的发展使国际关系日趋复杂，涉外民事关系相应地也变得复杂起来，同一种类的涉外民事关系或涉外民事案件也存在着一定程度上的不同，要求法官在审理具体案件的过程中选择适用准据法的思维应当根据案件的不同情形灵活变化。在涉外夫妻财产关系的领域内，《法律适用法》第 24 条规定当事人未选择适用法律的情况下可以适用当事人共同经常居所地法律，没有共同经常居所地的则适用共同国籍国法律。该规定一定程度上借鉴了 1978 年海牙《夫妻财产制法律适用公约》相关规定，顺应了涉外夫妻财产关系的发展趋势，较之此前的法律规定有了很大的进步。1978 年海牙《夫妻财产制法律适用公约》虽然在夫妻财产制法律适用领域调和国籍原则和住所原则煞费苦心，但从迄今为止的缔约国

---

[1] 许军珂："论当事人意思自治原则在《涉外民事关系法律适用法》中的地位"，载《法学评论》2012 年第 4 期，第 52 页。

数量来看，公约是极不成功的。[1] 同样，《法律适用法》对《夫妻财产制法律适用公约》的借鉴也是不成功的。实际生活中，夫妻双方在结婚时甚至在离婚时没有形成共同经常居所地或共同国籍国的情况并非罕见，出现这种情况时，法律选择落空，补救办法只能是适用《法律适用法》第2条规定采用最密切联系这一连接点，将法律选择权交给法官。改变这一情形的办法是增加《法律适用法》第24条的连接点，规定当事人没有选择法律情况下适用当事人共同经常居所地法律，没有共同经常居所地适用共同国籍国法律；当事人没有共同经常居所地又无共同国籍国，适用一方当事人经常居所地法律或者国籍国法律。

4. 应当重视第三人权利的保护

夫妻财产关系主要体现为夫妻之间的内部关系，但现实生活中，夫妻财产关系的纠纷往往涉及第三人，会产生第三人利益保护问题。婚姻关系当事人在为财产行为时，往往会同第三人发生各种各样的联系，其行为的性质及后果关系到第三人的利益。法律制度的设置，不仅要考虑夫妻财产权益的保障，而且要关注善意第三人利益的保护。[2] 涉外婚姻关系中，夫妻一方与第三人进行财产交易或者夫妻双方财产分割之时，适用夫妻双方选择的法律可能妨碍或者规避第三人合法权利的取得，损害市场交易制度的安全。第三人在与夫妻一方进行交易时不可能知晓夫妻之间的财产约定，夫妻双方选择的法律可能导致第三人的预期利益不能实现，对于这种情况，法律应当对第三人合法权益的保护作出规定。许多国家已经注意到夫妻财产中的第三人利益保护问题，在立法中作出明确规定以防止损害第三人利益情形的发生。2001年《立陶宛共和国民法典》第1.28条第3款规定，"通过协议选择的准据法，若第三人对协议的事实已经知晓或者理应知晓，则对第三人适用"。[3] 该规定体现了对第三人利益的保护，夫妻一方进行财产交易时，如果第三人无法知晓对方夫妻财产约定，这种约定对第三人不发生法律效力。《法律适用法》对第三人合法权益的保护无迹可寻，司法实践中对夫妻双方和第三人之间的法律适用不尽如人意，这对夫妻双方之间及夫妻双方与第三人之间的权利保护都是极为不利。《法律适用

---

〔1〕 焦燕：《婚姻冲突法问题研究》，法律出版社2007年版，第158页。
〔2〕 王静："夫妻财产处分与第三人利益的法律保护"，载《唯实》2007年第12期，第76页。
〔3〕 邹国勇译注：《外国国际私法立法精选》，中国政法大学出版社2011年版，第51页。

法》第 24 条规定了夫妻财产关系的规制，缺失涉及第三人时的法律适用，使第三人合法权益遭受不法侵害时无适当法律维护自身的利益，无法实现夫妻双方与第三人之间实体正义与程序正义的平衡，因此，《法律适用法》第 24 条应当增加保护第三人合法权益的条款，进一步完善涉外夫妻财产关系的法律适用。

第三节　涉外父母子女关系法律适用及理论探讨

父母子女关系又被称作亲子关系，涉外亲子关系是指具有涉外因素的基于血缘、收养等法律事实产生的父母与子女之间的权利义务关系。父母子女关系包括两个方面：一是父母子女之间的人身关系，二是父母子女之间的财产关系。父母子女之间的人身关系分为四种类型：一是基于子女出生这一法律事实产生的自然血亲关系，主要指在涉外婚姻存续期间所生子女以及在婚姻存续期间怀孕而在婚姻解除后所生的父母与婚生子女关系，涉及婚生推定、婚生否定法律问题；二是基于子女出生这一法律事实产生的自然血亲关系，主要指在男女之间不存在婚姻关系因同居产生的父母与非婚生子女关系，涉及认领、准正法律问题；三是基于再婚及抚养教育关系形成的继父母和继子女关系；四是基于外国人或无国籍人在中国境内收养中国公民的子女和中国公民收养外国人、无国籍人子女形成的法律认可的人为设定的拟制父母子女关系。

父母子女财产关系主要有作为未成年人抚养人的父母与作为被抚养人的未成年子女之间的财产关系；作为赡养人的成年子女与作为被赡养人的父母之间的财产关系；父母或子女之间因各种原因形成的经济承担及父母子女之间的财产继承。概括起来，父母子女关系一般包括四项内容：父母对未成年子女的抚养义务，成年子女对父母的赡养扶助义务，父母与子女相互之间的经济支持和照顾义务，父母子女相互继承的权利。[1]

世界各国立法对父母子女关系成立要件、婚生推定标准、婚生否认条件、非婚生子女保护程度、非婚生子女认领及准正要求、父母对子女的抚养义务、

---

〔1〕　杨立民："比较法视角下我国涉外身份关系中的弱者保护原则评析——以《涉外民事关系法律适用法》为中心"，载《理论界》2016 年第 5 期，第 74 页。

子女对父母的赡养义务等规定不同，存在诸多法律冲突。分析涉外父母子女关系法律冲突，明确法律冲突背后所蕴含的文化理念及其价值取向，妥善解决涉外亲子关系法律冲突，对涉外婚姻家庭关系的稳定十分必要。

一、各国确定父母子女关系准据法的法律适用规则

父母子女人身关系主要有子女婚生推定和婚生否定、父母与亲生子女关系、父母与非婚生子女关系、非婚生子女的准正和认领、收养、扶养等，父母对子女的权利主要是保护教育权、惩戒权、法定代理权、居所指定权；父母子女财产关系，主要有父母对子女财产的管理权、处分权、收益权及子女给付父母经济帮助等。父母子女关系准据法的确定，各国主要采用属人法原则，同时辅之以其他法律适用规则。

（一）父母子女关系适用属人法

父母子女关系亲权关系，多数国家认为这种亲权主要由父母行使，所以父母子女关系应适用父母的属人法。有些国家认为父母子女关系重在保护子女利益，应当适用子女的属人法。尽管多数国家规定了父母子女关系适用属人法，但在具体规定上还存在差异，分别规定了不同的法律适用规则。

父母子女关系中，父母居于主导地位，承担子女抚养、照顾义务，许多国家规定适用父母属人法。父母子女关系适用父母属人法国家中，又有适用父的属人法和适用母的属人法的不同。①适用父或母一方属人法。子女婚生的确定，1946年《希腊民法典》第17条规定"……适用子女出生时其母之夫的本国法……"而《法国民法典》第311条第14项规定子女是否婚生由子女出生时生母属人法决定。非婚生子女与父母的关系，1980年《多哥家庭法典》第710条第1款规定适用母亲本国法，塞内加尔等国的规定与多哥相同。非婚生子女准正，1982年《土耳其国际私法和国际诉讼程序法》第16条规定"……适用准正时父亲的本国法。依父亲本国法无法准正时，适用母亲的本国法或子女的本国法"。非婚生子女的认领，1939年《泰国国际私法》第31条规定"子的认知，依认知时父之本国法；如父已死亡，依父死亡时本国法"；1995年《意大利国际私法制度改革法》第35条第2项规定"父母一方认领非婚生子女的资格应由其本国法支配"。②适用父母共同属人法。"子女婚生的要件及因此而生的争议"，1978年《奥地利国际私法》第21条规定"……依该子女出生时配偶双方的属人法，如子女出生前婚姻已经解除，依解除时配偶双方的属人法……"。父母与非婚生子女关系，1966 年《葡萄牙民法典》第 59 条第 2 项规定"父母与非婚生子女的关系适用父母的共同本国法。没有共同本国法的，适用其共同习惯居所地法。如果父母的习惯居所不在同一国家的，适用子女的属人法"。"非婚生子女因事后婚姻而准正的要件"，1978 年《奥地利国际私法》第 22 条规定"……依父母属人法。父母属人法不同时，依其中更有利于准正的法律"。③分别适用父母各自属人法。对承认、确定或否认父亲身份或母亲身份，1982 年《南斯拉夫国际冲突法》第 41 条规定，应依被承认、确定或否认其父亲身份或母亲身份的那个人在子女出生时的本国法。

20 世纪下叶以来，父母子女关系的法律适用逐渐由父母本位向子女本位发展，为数不少的国家为了保护子女的利益，规定父母子女关系的确定适用子女的属人法。1995 年《意大利国际私法制度改革法》第 33 条第 1 项规定"子女的身份应由子女出生时的本国法决定"。1987 年《瑞士联邦国际私法》第 68 条规定，亲子关系的确立，包括司法认定和对亲子关系的存在提出异议，适用子女的习惯居所地法。父母与非婚生子女关系，1978 年《奥地利国际私法》第 25 条第 2 项规定"……依其属人法"，法国的规定与此相同。1986 年《联邦德国关于改革国际私法的立法》第 20 条第 2 项规定"……依子女习惯居所地国家的法律"。非婚生子女的认领，1984 年《秘鲁民法典》第 2085 条规定"……依其住所地法"。1992 年《罗马尼亚关于调整国际私法法律关系的第 105 号法律》第 28 条规定，非婚生子女的亲子关系的确定，由子女出生时的本国法支配，该法尤其适用于对子女的认领及其效力以及取消对子女的认领等。

父母子女关系的法律适用，涉及父母、子女各方当事人的利益，一些国家认为各方当事人的利益应当得到平等保护，主张适用父母子女共同属人法。1984 年《秘鲁民法典》第 2084 条规定，"对婚姻外亲子关系的确认及其效力和拒绝承认，依父母和子女的共同住所地法。如果没有共同住所地，则适用对该子女有一定身份的父或母的住所地法……"1987 年《瑞士联邦国际私法》第 68 条规定，亲子关系的确立适用子女习惯居所地法，父母与子女具有共同国籍的，则适用他们的共同本国法。"非婚生子女和母亲的关系"，1946 年《希腊民法典》第 19 条规定"……适用他们的最后共同本国法；如无共同国籍，适用子女出生时母亲本国法"。1984 年《秘鲁民法典》第 2084 条规定，婚姻外亲子关系的效力依父母和子女的共同住所地法，如果无共同住所，则适用对该子女有一定身份的父或母的住所地法。

为有利于非婚生子女的准正和认领，一些国家规定选择适用父母一方属人法或子女属人法，这种做法增加了连接点的数量，扩大了准据法的选择范围。"因婚姻而准正"，1995年《意大利国际私法制度改革法》第34条第1项规定"……应受准正时的子女本国法或父母一方本国法支配"。2006年《日本法律适用通则法》第30条第1款规定"子女于准正要件事实完成，依父母一方或子女的本国法成立准正时，子女取得婚生子女身份"。认领非婚生子女，2006年《日本法律适用通则法》第29条规定，子女认知依认知时父的本国法或母的本国法或子女的本国法。1995年《意大利国际私法制度改革法》第35条第1项规定，"认领非婚生子女的条件应由子女出生时的子女本国法支配，或在更为有利的情况下，由认领发生时的认领人本国法支配"。1987年《瑞士联邦国际私法》第72条第1款规定，对瑞士境内子女的认领，只要符合子女的习惯居所地法或本国法，或者符合父母一方的住所地法或本国法，认领即为有效。认领的日期具有决定性作用。

（二）属人法之外的法律适用规则

父母子女关系适用属人法已是国际社会共识。属人法之外，一些国家出于弱者利益保护考虑，或是出于追求法律适用公正性目的，或是统筹法律适用的一体性，在充分肯定父母子女关系适用当事人属人法前提下，根据本国情况规定了其他法律适用规则。

对于子女是否婚生的认定，一些国家从保护子女利益出发，规定适用有利于子女婚生的法律。1991年《加拿大魁北克民法典》第3091条规定，亲子关系的成立，适用子女住所地法或子女本国法或子女出生时父母一方住所地法或子女出生时父母一方的住所地法或本国法中最有利于子女的法律。该条规定确定父母子女关系适用属人法，以有条件选择性法律适用规范的范式强制性规定必须选择所列属人法中最有利于子女的法律，保护子女利益的立法意图表达强烈。1980年《多哥家庭法典》做了类似规定，该法第710条第2款及第3款规定，"子女与所谓的父母具有不同国籍的，适用子女本国法。在确认亲子关系时，如子女的国籍发生改变，则适用最有利于子女的法律"。奥地利把适用有利于子女婚生的法律作为父母双方没有共同属人法时的补充规则，1978年《奥地利国际私法》第21条在规定子女婚生的要件适用配偶双方属人法，配偶双方的属人法不同时，依其中更有利于子女婚生的法律。

最密切联系原则创立以来，适用范围不断扩展，已经渗透到父母子女关系领域，已有国家立法规定父母子女关系适用与父母子女有最密切联系的国家或地区的法律。1971 年美国《冲突法重述（第二次）》第 287 条第 1 款规定，子女是否婚生，可适用与子女和父母有最密切联系的州的法律。瑞士也引最密切联系原则入父母子女关系领域，1987 年《瑞士联邦国际私法》第 68 条第 2 款规定，确定亲子关系的案件如果与子女或双亲的本国有更为密切的联系，也可以适用该国的法律。

欧洲一些国家认为父母子女关系源于父母婚姻，父母子女关系应适用支配婚姻效力的法律。1982 年《土耳其国际私法和国际诉讼程序法》第 15 条规定，"子女的婚生，适用子女出生时调整其父母婚姻效力的法律"，罗马尼亚、德国等国家亦有此类规定。土耳其等国家规定父母子女关系适用支配婚姻效力的法律，这一法律多为属人法，其实质仍然是父母子女关系适用属人法，这与规定子女婚生依父母属人法的国家只是形式上差别，本质并无不同。

二、父母子女之间财产关系的法律适用

涉外父母子女之间财产关系主要表现为父母对子女的抚养，次之是子女对父母的赡养。各国立法大都规定了扶养的法律适用，通过扶养法律适用规则确定准据法解决抚养和赡养争议，未对扶养法律适用立法的国家适用父母子女之间的法律适用规则解决父母子女之间财产关系争议。父母子女关系中，父母抚养的子女大都年幼，很少有属于个人的独立财产，因此，罕见有国家单独规定父母子女之间财产关系法律适用，各国大都规定父母子女之间人身关系的法律适用，适用父母子女人身关系法律适用规范调整父母子女之间财产关系。父母与子女人身财产关系的法律适用，各国规定的法律适用规则主要有：

（一）适用父母一方或父母双方的属人法

父母子女关系中，父母承担抚育子女的所有义务，子女享受父母抚育的全部权利，父母居于家庭主导地位，故多数国家主张适用父母的属人法。1980 年《布隆迪国际私法》第 7 条第 3 款规定，"婚姻对子女的人身效力，适用子女出生时父亲的本国法"。1966 年《葡萄牙民法典》第 57 条规定，"①父母与婚生子女的关系适用父母共同本国法。没有共同本国法的，适用其共同习惯居所地法。②如果父母的习惯居所不在同一国家的，适用父亲的属人法。如果是由母亲单独行使亲权的，可适用母亲的属人法"。

（二）适用子女属人法

父母子女关系中，子女处于弱势，一些国家强调对弱势群体的保护，故主张适用子女属人法。1979 年《匈牙利国际私法》第 45 条第 1 款规定"父母子女间的家庭法律关系，特别是子女的姓名、保护、监护、法定代理、扶养和财产管理，适用子女的属人法，但对父母的赡养除外"。1987 年《瑞士联邦国际私法》第 82 条第 1 款、2011 年《波兰关于国际私法的法令》第 19 条第 1 款规定，父母与子女的关系，适用子女的习惯居所地法律。

（三）适用父母子女共同属人法

少数国家认为父母子女关系，既关涉父母权利，又涉及子女利益，应当平等予以保护，不应厚此薄彼，故规定适用父母子女共同属人法。1946 年《希腊民法典》第 18 条规定，父母和子女的关系适用父亲和子女的最后共同本国法，如无共同国籍，适用子女出生时父亲的本国法。在父亲死亡以后，这种关系适用母亲和子女的最后共同本国法，如无共同国籍，适用父亲死亡时母亲的本国法。

三、我国父母子女关系法律适用立法

我国实行改革开放政策后，放开了对涉外婚姻的限制，中国公民与外国人通婚的数量越来越多，涉外父母子女关系随之增加。从中华人民共和国成立到 2010 年《法律适用法》颁布之前，我国没有进行父母子女关系法律适用立法，实践中出现的涉外父母子女关系争议，凡在中国法院提起诉讼，一律适用中国法律。2010 年《法律适用法》对父母子女关系的法律适用作出了规定，填补了我国涉外父母子女关系法律适用立法的空白，完善了我国法律适用法法律体系。

《法律适用法》第 25 条规定，"父母子女人身、财产关系，适用共同经常居所地法律；没有共同经常居所地的，适用一方当事人经常居所地法律或者国籍国法律中有利于保护弱者权益的法律。"该条规定与其他国家规定的父母子女关系法律适用有所不同，该条规定的父母子女关系，既有父母与子女的人身关系，又有父母与子女的财产关系，把父母子女之间的财产关系从父母子女之间的人身关系分离出来，实现了法律的细化，强化了法律适用的针对性。尽管《法律适用法》规定父母子女人身关系与父母子女财产关系适用相同的法律适用规定，但这种区分是有意义的，增强了法律适用的确定性，不再需要扩张解释父母子女关系包括财产关系，体现了立法的完整性。其他国家规定父母子女

关系法律适用，多局限于人身关系，未涉及财产关系，实践中推定财产关系依附于人身关系，父母子女财产关系适用调整父母子女人身关系的法律。这种推定虽然可以解决父母子女财产关系法律适用问题，针对性不足显而易见。

《法律适用法》第 25 条规定父母子女人身关系和财产关系适用属人法，与国际社会业已形成的父母子女关系法律适用共识相一致，有利于父母子女关系法律冲突的解决，也亦为其他国家所认可。各国虽然都规定父母子女关系适用属人法，但各国保护的利益侧重点不同，因而出现了适用父的属人法、母的属人法、父母共同属人法、子女的属人法、父母子女共同属人法的区别。《法律适用法》扬弃了各国属人法的规定，不再以国籍国法、住所地法为首选，而以当事人的共同经常居所地法律为首选法律，注重父母子女之间与共同经常居所地的联系，符合国际社会法律适用法立法趋势。《法律适用法》规定"父母子女人身、财产关系，适用共同经常居所地法律"，体现了平等保护各方当事人；当事人"没有共同经常居所地的，适用一方当事人经常居所地法律或者国籍国法律中有利于保护弱者权益的法律"，以保护弱者权益为宗旨，允许选择一方当事人经常居所地法律或者国籍国法律适用，为法律适用的公平、公正提供了条件。父母子女关系中，一般而言，子女大都未成年，不具有行为能力或者不具有完全行为能力，应当属于弱者，然并不尽然，在子女为非婚生情况下，其弱者是忠实于家庭、忠实于婚姻的父或母。因此，《法律适用法》有关涉外父母子女关系适用有利于弱者利益的规定，可圈可点。

《法律适用法》规定的父母子女关系法律适用存在的需要探讨的问题是该法未对婚生子女与婚生子女进行区分，适用统一的法律适用规则，这与多数国家父母子女关系法律适用规定相悖。各国关于父母子女关系的法律适用，首先要区分子女是否为婚生，在确定子女为婚生子女前提下，规定父母子女关系法律适用。我国《婚姻法》等实体法律规定非婚生子女与婚生子女具有同等法律地位，享有同等权利，《法律适用法》立法受实体法立法影响，未对非婚生子女与婚生子女法律地位进行区分，直接规定适用相同的法律。我国实体法立法缺位，没有规定婚生推定制度和婚生否定制度，这是因为改革开放之前我国实行计划经济，实行按劳分配，社会资源分配大体均等，收入平均，婚姻家庭关系是稳定的，婚外情、婚外恋的情况很少，偶然出现的非婚生子女问题不足以采用法律手段调整，因此，法律没有规定婚生推定制度和婚生否定制度的必要。改革开放以后，我国实行市场经济政策，国民经济获得了前所未有的发展，外资涌入，中资出国，资本参与社会分配，社会出现贫富差距，道德出现滑坡，婚外情、婚外恋已经成为一种社会现象，非婚生子已不再是社会个别现象，建立婚生推定制度和婚生否定制度实属必要。《法律适用法》亦应规定婚生推定和婚生否定的法律适用，在此基础上规定父母子女关系的法律适用规则，把父母与婚生子女的法律适用和父母与非婚生子女法律适用区分开来，分别规定，与各国父母子女关系法律适用的规定接轨。

四、我国父母子女关系法律适用实践

对于父母子女关系的法律适用，《法律适用法》第 25 条作了规定，我国各级法院审理父母子女关系争议时大都能依据该规定确定应适用的法律，但也存在需要探讨的法律问题。

（一）婚生推定与婚生否定法律适用的实践

涉外及涉港澳台的婚生推定和婚生否定案件在我国出现的概率很低，许多争议当事人通过协商方式解决。此类案件法律适用并不复杂，我国法院审理此类案件能够准确适用法律。2016 年 3 月 11 日，广东省珠海横琴新区人民法院受理的高某甲与王某婚姻家庭纠纷一案中，涉及未婚同居所生子女的父亲认定问题。本案的案情为：2007 年，台湾居民王某与大陆居民高某乙认识并交往，2008 年 10 月 3 日，高某乙生下高某甲。2015 年 12 月 17 日，高某乙委托广东科登法医物证司法鉴定所进行亲子鉴定，鉴定结论认定高某乙与王某为受检者高某甲的生物学父母，高某甲诉请法院依法确认王某与高某甲父女关系。法院审理认为，本案被告王某为台湾地区居民，属于与台湾有关的确认亲子关系纠纷，应参照民事诉讼法相关规定进行审理。本案当事人的经常居所地均在我国大陆，根据《法律适用法》第 25 条规定应适用经常居所地法律。本案鉴定结论支持原告与被告之间存在亲生关系，法院依据经常居所地法律判决原告高某甲与被告王某为亲生父女关系。[1]

1996 年四川省成都市锦江区人民法院审理的台湾居民邬洪峰与大陆居民苏艳丽离婚纠纷一案中涉及子女婚生否定的法律适用，该案案情为：1994 年 2 月，经苏艳丽的父亲介绍，台湾居民邬洪峰与大陆居民苏艳丽开始通信往来。1994 年 4 月 4 日，邬洪峰来蓉与苏艳丽见面并于当日至 4 月 10 日同居 7 天。

---

〔1〕　广东省珠海横琴新区人民法院民事判决书，（2016）粤 0491 民初 170 号。

1994 年 7 月 8 日，苏艳丽与邬洪峰在成都市民政局登记结婚。1994 年 12 月 28 日，苏艳丽在成都生一女，起名邬 XX。邬洪峰与苏艳丽婚前了解不够，婚后常因家庭琐事发生矛盾，相处不和睦，邬洪峰于 1996 年 6 月向四川省成都市锦江区人民法院提起离婚诉讼。本案审理过程中，邬洪峰对邬 XX 系婚生表示怀疑，要求进行亲子鉴定。苏艳丽答辩不同意作亲子鉴定，不同意离婚。法院接受了邬洪峰的请求，委托成都市中级人民法院法庭科学技术研究所进行亲子鉴定，鉴定结论为"邬 XX 与邬洪峰不存在亲子血缘关系"。法院根据《民法通则》第 147 条规定，确定本案适用中华人民共和国法律。法院依据相关法律调解结案。[1]

（二）抚养费追索案件适用第 25 条还是适用第 29 条确定准据法

我国法院审理的未婚同居所生子女抚养费追索案件，有的法院适用《法律适用法》第 25 条规定确定准据法，有的法院适用该法第 29 条规定确定准据法，广东省广州市中级人民法院审理的秦某、耿某 1 抚养纠纷案即为典型案例，可以一窥此类案件法律适用全貌。该案案情为：耿某 1 与秦某生育非婚生女儿耿某 2，为耿某 2 的抚养权归属、抚养费数额确定、探视权的安排问题，耿某 1 于 2013 年 11 月 28 日向广东省广州市天河区人民法院提起诉讼。天河区法院作出判决，秦某不服提起上诉。二审法院依据《法律适用法》第 25 条规定确定内地法律为准据法，依内地法律作出判决。秦某向广东省高级人民法院提起申诉，广东省高级人民法院指定广州市中级人民法院再审。秦某申诉理由除对法院实体判决不服外，对本案准据法的适用也提出异议。秦某认为：二审判决未考虑有利于保护被扶养人的法律，适用法律错误。《法律适用法》第 29 规定，扶养，适用一方当事人经常居所地法律、国籍国法律或者主要财产所在地法律中有利于保护被扶养人权益的法律。本案中，就经常居所地而言，耿某 1 经常居所地及主要财产都在香港地区，耿某 1 和耿某 2 均为香港居民，且从有利于被抚养人的权益角度而言，本案适用香港法律更有利于被抚养人。二审判决没有考虑准据法的适用，也没有查明香港相关法律，其做法不利于贯彻充分保护未成年被扶养人的原则。[2]

广州市中级人民法院再审认为，《法律适用法》第 25 条规定，父母子女人

---

〔1〕 四川省成都市锦江区人民法院民事判决书，（1996）锦民初字第 93 号。

〔2〕 广州市中级人民法院民事判决书，（2014）穗中法少民终字第 120 号。

身、财产关系，适用共同经常居所地法律；没有共同经常居所地的，适用一方当事人经常居所地法律或者国籍国法律中有利于保护弱者权益的法律。另，《司法解释（一）》第19条规定，"涉及香港特别行政区、澳门特别行政区的民事关系的法律适用问题，参照适用本规定。"本案中，抚养人耿某1与被抚养人耿某2虽为香港居民，但耿某2随其母秦某长期在广州生活，耿某1出入境记录情况反映其自2011年至2016年以来每年超出三分之二时间在中国内地生活，足以认定耿某1在内地已经连续居住一年以上且内地是其生活中心。二审判决适用内地法律审理抚养权及抚养费纠纷实体问题并无不当，二审判决查明事实清楚，适用法律正确，本院再审予以维持。[1]

秦某、耿某1抚养纠纷案的主要争议是抚养费的承担，同时涉及非婚生子女法律地位，子女探视权法律问题，既有父母子女财产关系内容，又有父母子女人身关系的定夺，适用《法律适用法》第25条规定确定准据法无可非议。本案定性抚养纠纷不十分贴切，因为需要法院裁断的事项还有与人的身份密切相关的探视权，本案应当以父母子女关系为案由，以便涵盖所涉财产关系和人身关系。但2011年2月18日发布的《最高人民法院关于修改〈民事案件案由规定〉的决定》将人格权纠纷和婚姻家庭纠纷分立为两个案由，[2] 法院立案只能根据案情以主要争议作为案由立案，不能兼顾其他。本案立案案由存在的问题并非承办本案法院失责，而是最高人民法院制定的《民事案件案由规定》存在着缺漏和不足，应当由最高人民法院在修订《民事案件案由规定》时完善。

审理抚养费追索案件，有的法院适用《法律适用法》第25条确定准据法，[3] 有的法院适用该法第29条确定准据法，[4] 究竟应当适用第25条还是适用第29条确定准据法，或是可以任择第25条或第29条确定准据法，司法实践提出了这样一个需要解决的法律问题。抚养费追索案件，适用第25条还是适用第29条确定准据法不能一概而论，应当根据案件具体情况酌定。案件仅涉及抚养权争夺、抚养费给付，应当适用《法律适用法》第29条确定准据

---

〔1〕　广东省广州市中级人民法院民事判决书，（2016）粤01民再131号。

〔2〕　《最高人民法院关于修改〈民事案件案由规定〉的决定》（法〔2011〕41号）。

〔3〕　福建省福州市中级人民法院民事判决书，（2017）闽01民终1156号；广东省珠海市中级人民法院民事判决书，（2016）粤04民终470号；等等。

〔4〕　重庆市第五中级人民法院民事裁定书（2017）渝05民辖终196号；浙江省杭州市中级人民法院民事判决书，（2016）浙01民终593号；等等。

法；案件涉及抚养权归属、抚养费给付外，还关涉父母子女人身关系的，应当适用《法律适用法》第 25 条确定准据法。就《法律适用法》第 25 条和第 29 条关系而言，《法律适用法》第 25 条为一般性规定，第 29 条是特别规定，特别规定优先于一般规定适用。案件仅涉及抚养纠纷，适用特别规定，适用特别规定不足以涵盖案件所有争议，则适用一般规定。

第四节　跨国代孕产生的父母与子女关系的承认

一、跨国代孕的由来

现代医学技术的发展创造了人工生殖辅助技术，人类自身繁衍进入了人工可以操控的时代。20 世纪下叶以来生命科学领域最受瞩目的成果之一是"借腹生子"成为现实。人工生殖技术在增进人类福祉的同时，也引发了一系列伦理与法律问题，给人类社会带来了前所未有的挑战。[1] 俗称的"借腹生子"在现代医学称之为代孕，通俗解释代孕就是代为怀孕生子。代孕有多种情形，国内外学者对代孕的理解也不同，从法理学上给代孕作出能为社会各界普遍接受的定义是困难的事情。一般认为，委托方将夫妻的精子和卵子或者至少一方的配子在体外受精，合成为合子或者胚胎后，与代孕母亲订立合同，将受精卵或者胚胎植入代孕母亲体内，由代孕母亲孕育受精卵或者胚胎成子，代孕子女与代孕母亲不形成法律上父母子女关系的法律行为。[2] 对于妻子同意，丈夫与代孕母亲发生性行为或者不发生性行为，用代孕母亲的卵子受孕并生产的所谓基因型代孕，即借腹又借卵的借腹生子，有学者认为这并不是严格法律意义上的代孕。同理，丈夫同意，妻子与丈夫以外的男性发生性行为或者不发生性行为，用妻子的卵子受孕并生产的所谓基因型代孕，也不是严格法律意义上的代孕。此外，委托方委托医疗机构将夫妻以外的第三方精子和卵子体外受精，合成为合子或者胚胎后，与代孕母亲订立合同，将受精卵或者胚胎植入代孕母

---

〔1〕 刘长秋："权利视野下的代孕及其立法规制研究"，载《河南大学学报（社会科学版）》2015 年第 4 期，第 2 页。

〔2〕 杨立新："适当放开代孕禁止与满足合法代孕正当要求——对'全国首例人体冷冻胚胎权属纠纷案'后续法律问题的探讨"，载《法律适用》2016 年第 7 期，第 39 页。

亲体内，由代孕母亲孕育受精卵或者胚胎成子，代孕子女与代孕母亲不形成法律上父母子女关系的行为是否属于代孕，亦无定论。

现代意义上的代孕，是基于试管婴儿技术发展起来的。1978 年 7 月 25 日，在英国奥德海姆中心医院（Oldham General Hospital）诞生了人类有史以来第一位试管婴儿路易斯·布朗，揭开了人类辅助生育技术的序幕。继英国之后，试管婴儿技术在欧美及各国得到传播。1996 年我国首例"试管婴儿"在北京出生。试管婴儿生殖辅助技术将丈夫的精子与妻子的卵子通过人工授精，然后将受精卵植入妻子的子宫，由妻子孕育生子。试管婴儿只是人工合成了受精卵，不涉及家庭伦理和道德问题，因而这种生殖辅助技术得以推广并为立法所认可。试管婴儿技术发展过程中出现了这样的情况——人工生殖辅助技术将丈夫的精子与妻子的卵子进行人工授精，而妻子因患疾无法孕育生子，于是寻找代孕母亲通过合同形式确立代孕权利义务，由代孕母亲代孕生子，于是产生了代孕。

发明代孕技术的初心是要通过医学手段帮助不孕症患者实现为人父母的梦想，然其在发展过程中被演化为商业运作。20 世纪 80 年代出现在美国加利福尼亚州的 Baby-M 案既是美国第一例代孕争议案件，[1] 也是世界上首例代孕

─────────

〔1〕 美国 Baby-M 案案情：William Stern 的妻子 Elizabeth Stern 患有多发性硬化症，若怀孕生子则将面临失明、瘫痪的危险。Stern 渴望一个带有自己基因的子女，因此决定以代孕的方式生下孩子。在纽约不孕症中心（Infertility Center of New York）的安排下，William Stern 与 Mary Beth、Richard Whitehead 夫妇签订了代孕契约。该协议约定：Mary Beth 提供自己的卵子与 William Stern 的精子通过人工生殖技术生成受精卵，植入 Mary Beth 子宫孕育，孩子出生后交给 William Stern 夫妇抚养，终止 Mary Beth 对孩子的亲权。William Stern 支付 Mary Beth 一万美元。经过数次人工授精后，Mary Beth 终于怀孕，并于 1986 年 3 月 27 日产下一名女婴，Mary Beth 夫妇为其取名为 Melissa，后被人们称为"Baby-M。"孩子出生后，Mary Beth 倾注了全部母爱，并违约拒绝把孩子交给 William Stern 夫妇抚养。在之后几周里，William Stern 夫妇恳求 Mary Beth 履行承诺，出于无奈，Mary Beth 还是将孩子交给了 William Stern 夫妇。孩子被抱走的当晚，Mary Beth 痛苦悲伤，不吃不喝，William Stern 夫妇唯恐 Mary Beth 想不开自杀，于是把孩子交给 Mary Beth 代管。Mary Beth 夫妇利用这一机会带着 Baby-M 逃到佛罗里达州，终被私家侦探发现。William Stern 夫妇向当地法院申请命令后，警察强行带孩子回新泽西州并交还给 William Stern 夫妇。William Stern 夫妇提起诉讼，请求法院强制 Mary Beth 履行契约。一审中，William Stern 主张拥有孩子的监护权，代孕契约具有强制力，Mary Beth 的亲权应被终止；Mary Beth 则主张代孕契约因违反新泽西州的公序良俗应无效，其拥有主要监护权，William Stern 只享有探视权。一审法院判决代孕契约有效，Mary Beth 的亲权被终止，孩子的监护权交由 Willlam Stern。Mary Beth 上诉至二审法院，在二审法院作出判决前，新泽西州高等法院命二审法院将该案移送高等法院审理。新泽西州高等法院最终判决代孕契约因违反新泽西州法令和公序良俗而无效，但法院仍判定孩子的监护权归 William Stern 夫妇，理由是依据最有利于孩子抚养和成长的父母标准来判定监护权的归属。See Direct Testimony of Willlam Stern（Jan. 5 1987）in Baby M Case: The Complete Trial Transcripts（1988），pp. 61-62；Carol Sanger，"Developing Markets in Baby-Making in The Matter of Baby M"，*Harvard Journal of Law & Gender*，Vol. 30，2007，p. 69.

争议案。该案发生后引发了法学家、伦理学家、女权主义者、神学家以及立法者关于代孕的法律、伦理和现实意义等方面的辩论，代孕浮出水面成为一个社会热点问题。[1]

代孕兴起之初仅是允许代孕国家的国内事务，由国内法调整。对于代孕，各国法律规定不同，甚至截然相反。2000 年美国修改了 1973 年通过的《统一亲子法》，认可代孕有偿合法，并对代孕行为下出生的孩子的身份作出了规定。2002 年，美国再次修订《统一亲子法》，对代孕当事人要件、代孕合同效力、代孕亲子身份认定作出明确规定。美国除华盛顿特区等 5 个州绝对禁止代孕外，其他州不同程度地承认代孕。美国加利福尼亚州代孕立法最为完备，代孕机构和代孕设施最为完善，建立了精子银行、卵母库、生殖中心、中介公司等代孕服务机构，已有律师事务所以代孕法律服务为主业，加利福尼亚州法院成立了专门受理代孕争议的部门，形成了完整的产业链。乌克兰被誉为代孕之都，俄罗斯、格鲁吉亚、希腊等国家不禁止代孕，任何形式的代孕都是合法的。与此相反，日本、法国、德国、意大利、西班牙等国家完全禁止代孕，1990 年德国颁布了《胚胎保护法》，规定执业医生不能实施代孕手术，不允许捐卵的辅助生殖方式的运用，法国甚至将以牟利为目的的代孕认定为犯罪，违者处于刑罚。比利时、荷兰等国家区分代孕为非商业代孕和商业代孕，禁止商业代孕，以防剥削妇女、拐卖儿童等事件发生。多数国家对是否允许商业代孕未作规定。[2] 英国、印度、泰国、柬埔寨等国家对代孕的态度近年发生了不同的转变。1989 年《英国人类生殖与胚胎研究法》实施之前禁止商业代孕行为，对于自愿代孕不作限制，认为合理正当，1989 年《英国人类生殖与胚胎研究法》实施后，对代孕行为逐渐放开。印度、泰国、柬埔寨曾经是允许商业代孕的国家，现已颁布法令禁止商业代孕。以印度为例：2002 年印度商业代孕就已合法化，跨国代孕一度成为繁荣的产业，每年创收 10 亿美元，被称为"世界造婴工厂"或"子宫出租集中地"。2015 年 10 月 28 日，印度内政部颁布法令，停止向寻求代孕的外国人颁发签证，禁止跨国商业代孕，之所以如此，一是为了保护贫困女性，避免其遭受中介机构剥削，维护妇女权益；二是代孕母亲难产而死，以及婴儿被外国人遗弃等事件严重损坏了印度的国际形

---

〔1〕 李宗录："从美国 Baby-M 案看中国代孕合法化"，载《社科纵横》2015 年第 4 期，第 65 页。

〔2〕 严红："跨国代孕亲子关系认定的实践与发展"，载《时代法学》2017 年第 6 期，第 98 页。

象。泰国、柬埔寨、尼泊尔先后禁止跨国商业代孕的原因大抵如此。

一国是否允许商业代孕的规定是国家性的，而代孕的需求是国际性的。各国都有需要商业代孕的群体，本国不允许商业代孕，势必寻求他国的商业代孕，跨国代孕应运而生并很快形成国际市场，跨国代孕已经成为世界性问题，成为法律适用法调整的社会关系。

二、父母与代孕子女关系的法律适用

父母与代孕子女的法律关系极其复杂。在代孕关系中，代孕子女的父亲可能是以下三者之一：基因母亲的丈夫（婚生推定）、基因父亲（精子捐赠者）和意向父亲（代孕委托人）；母亲可能是以下三者之一：代孕母亲（生母）、基因母亲（卵子提供者或者捐赠者）和意向母亲（代孕委托人）。各国法律对代孕子女父母确认的规定不同，2015 年《爱尔兰儿童和家庭关系法案》规定代孕母亲是代孕子女的母亲，不考虑代孕子女的基因因素。2015 年波兰实行的试管婴儿技术和其他辅助生殖技术登记规则规定委托父母是代孕子女的法定父母。各国代孕子女父母确认法律规定不同可能导致代孕子女有两个父亲或者两个母亲。

各国法律对代孕子女父母关系规定不同，学者认定代孕父母子女关系理论也存在差异。有学者主张契约说，跨国代孕以合同为基础，委托父母与代孕中介机构签订代孕协议，委托父母支付全部代孕费用，中介机构寻找代孕母亲，通过医疗机构植受精卵入母体，代孕母亲孕育生子。代孕子女的出生是履行代孕协议的结果，委托父母出资是义务，获得代孕子女父母身份是权利，应当尊重当事人之间的代孕协议，在法律上确认委托父母为代孕子女的父母。有学者主张基因说，以代孕子女的遗传基因确定父母身份，卵子提供者为母亲，精子提供者为父亲。有学者主张分娩说，按照罗马法"谁分娩，谁为母"的原则确定代孕子女与父母的关系，孕育代孕子女的代孕母亲应被视为代孕子女法定母亲，不论代孕母亲与代孕子女之间是否有生物学上的联系。有学者主张子女利益说，现代社会已不再视子女为父母的私产，不再完全以血缘来确定父母子女关系，应以现代亲子法的"子本位"为基础，由法院根据客观事实，以儿童的最大利益为首要因素来确定代孕子女的父母。有学者主张婚生推定说，推定代孕母亲是代孕子女的法定母亲，代孕母亲的丈夫为代孕子女的法定父亲。[1]有学者主张收养说，依照自然法学的观点，代孕违反自然规律，违反社会公德，代孕者出租自己的子宫以及孕期，就像妓女出卖自己的性器官一样。代孕行为的产生是父权体制之下男性特权的主宰制以及女性生殖功能的被动性所致，这一行为将会导致压迫、剥削、异化、工具化、商品化以及生殖行为的商业化等结果。[2]因此，代孕行为违背公序良俗系违法行为，代孕合同违反公共秩序系无效合同，代孕子女只能通过收养与收养人建立收养关系。

跨国代孕法律关系的复杂性决定了跨国代孕法律适用立法的艰巨性。跨国代孕涉及代孕合同的效力、代孕子女的国籍、代孕子女与委托父母、代孕母亲及精子、卵子提供者的关系、领养、收养、抚养等一系列法律问题，对这一系列法律问题，国际社会尚无统一实体法规范也无统一法律适用法规范。目前，国际社会对跨国代孕的规制停留在政策调整层面，2001 年海牙国际私法会议开始关注跨国代孕，启动了以确定亲子关系为主要内容的公约制定工作。海牙国际私法会议关注各国跨国代孕情势调查，截至 2017 年底，已经公布了 5 份以跨国代孕亲子关系问题为核心内容的调查报告。2017 年 1 月 3 日至 1 月 31 日，海牙国际私法会议召开专家组会议，专题讨论跨国代孕问题。2015 年联合国儿童权利委员会开始结合一些国家的调查报告讨论跨国代孕问题。对跨国代孕公开表态的区域性国际组织只有欧盟，2015 年底欧洲议会发布《人权和民主的年度报告》决议，谴责代孕，认为损害妇女尊严，把孕母的身体和生育功能作为商品利用，是为救济利益对人体的生殖功能进行开发和利用，尤其是对于发展中国家处于弱势的妇女，应该作为一个紧急事项予以禁止。

迄今为止，各国立法尚未对跨国代孕法律适用作出专门性的规定，司法实践中，各国法院审理的跨国代孕争议案件，多以默示方式选择应适用的法律，尚无明确通过法律适用规则选择准据法。

跨国代孕合同虽是近年来出现的一种新型合同，但其法律适用同样遵循合同法律适用的一般原则，由当事人合意选择应适用的法律。跨国代孕合同法律适用有其特殊性，多为双方当事人默示选择的代孕行为地法，而且只能选择代

---

〔1〕 严红："跨国代孕亲子关系认定的实践与发展"，载《时代法学》2017 年第 6 期，第 101 页。

〔2〕 李斌："代孕：在法理与伦理之间——兼及公序良俗原则的社会变迁"，载《湖南公安高等专科学校学报》2010 年第 2 期，第 114~115 页。

孕行为地法。这是因为跨国代孕出现的重要原因是各国对代孕的法律规定不同，有的国家允许代孕，有的国家禁止代孕，禁止代孕国家的委托父母要到允许代孕国家寻找代孕母亲代孕，只有适用代孕行为地法才能保证代孕合同合法、有效，当事人权利的维护和义务的履行才能有法律保障。

跨国代孕的目的，是委托父母以跨国代孕方式获得代孕出生的子女，之后将代孕子女作为自己的子女带回其国籍国或者居所地国共同生活，在法律上建立委托父母与代孕子女之间的亲子关系。委托父母与代孕子女之间的亲子关系不仅要得到代孕子女出生地法律的认可，同时还必须获得其国籍国或者居所地国家国内法的认可，否则，必然出现"跛足亲子关系"，代孕子女无法进入委托父母国籍国或者居所地国，或者进入委托父母国籍国或者居所地国后无法建立亲子关系，从而影响代孕子女诸多权利的取得。跨国代孕中，代孕子女与委托父母之间的亲子关系要受到代孕行为地法和代孕子女接受国法的双重约束。

各国法律对跨国代孕规定的不同，导致委托父母与代孕子女亲子关系认定的做法有着本质性差异。承认跨国代孕合法化的国家，依据法院地国家法律适用规范或者跨国代孕行为地国家法律适用规范援引实体法，以该实体法来认定跨国代孕亲子关系。跨国代孕行为地国通常是代孕母亲的国籍国、经常居所地国、代孕子女出生地国，澳大利亚（维多利亚等州）、哥伦比亚等国家通常适用这些连接点指引的属人法确定代孕父母与代孕子女之间的关系。

禁止跨国代孕国家的委托父母通常采用请求承认外国法院判决的方式确定其与代孕子女之间的关系。在禁止代孕国家，代孕行为非法，但在禁止代孕国家，同样有代孕的需求，于是出现本国人到国外寻找代孕母亲代孕子女，子女出生后带回本国的现象。为使代孕子女在本国获得法律认可的亲子地位，委托父母大都在代孕行为地国家获得一个确认亲子关系的法院判决，然后回国申请本国法院承认外国法院判决。外国法院作出的委托父母与代孕子女之间存在父母子女关系的判决显然违反本国法律，应以承认外国法院判决违背本国公共秩序为由不予承认。拒绝承认外国法院判决，代孕子女成为无国籍人或者外国人（代孕行为地国家给予代孕子女国籍），本国给予儿童的权益其无法得到，这对代孕子女不公平，因此，维护本国公共利益与儿童利益最大化始终处于博弈之中。在这场博弈中，保障儿童利益最大化最终胜出，许多国家认为承认外国法院作出的委托父母与代孕子女之间存在父母子女关系的判决不违反本国公共秩序。德国柏林法院、上诉法院和最高法院就承认美国加利福尼亚州最高法院作出的确认德国委托父母与美国代孕母亲所孕育的代孕子女存在法律上的父母子女关系所作出的三份判决，真实地反映出博弈的状况。[1] 不仅在德国，在日本也出现了同样的现象。2014 年，日本公民重田光时在泰国寻找代孕母亲生育了 13 个孩子，为把这些孩子带回日本抚育，重田光时在泰国曼谷中央少年法庭提起诉讼，请求法院确认其与 13 个代孕子女具有亲子关系。2018 年，泰国法院认可重田光时提供的证据，认为重田光时家族有足够的财力抚养这 13 名由泰国代孕母亲孕育、在泰国出生的儿童。在所有的代孕母亲放弃母子权利之后，曼谷中央少年法庭确认重田光时享有唯一的孩子的监护权。法院判决做出后，重田光时将 13 个代孕子女带回日本抚养。[2]

除通过司法程序确认委托父母与代孕子女之间的亲子关系外，法国等国家直接认可代孕子女出生地国出具的证明亲子关系的文件，德国等国家允许委托父母以收养方式收养具有委托父母基因的代孕子女。

三、跨国代孕在我国应否得到承认

（一）代孕在我国的争议

我国是跨国代孕大国，是寻求外国代孕母亲代孕子女的主要国家。对于委托父母与代孕子女之间的关系，我国既无立法，也无相关的实践，对此只能进行理论探讨。

---

〔1〕 德国公民 A 与德国公民 B 是在德国登记的同性生活伴侣，定居柏林。2010 年 8 月，A、B 与美国 J 姓女子在加利福尼亚州订立了代孕协议，约定 A 提供精子，匿名捐赠者提供卵子，J 女子代孕；孩子的法定父母为 A、B。同年 11 月，A 和 J 在德国驻旧金山总领事馆承认胎儿为两人子嗣。2011 年 4 月，经 A、B 申请，加州最高法院做出认定 A、B 为 J 女子胎儿法定父母的判决。同年 5 月 J 产下双胞胎，依协议交由 A、B 带回德国抚育。A、B 带领双胞胎去民政局补办登录出生信息，柏林民政局以"代孕子女并非 A、B 子女"为由拒绝登记。A、B 向柏林地方法院起诉，请求承认加州高等法院判决，判定该代孕双胞胎为 A、B 子女，判令民政局登记该亲子关系。柏林地方法院认为，德国国内法禁止人工辅助生殖（《德国胚胎保护法》规定实施者以及中介人员最高可获 3 年以下有期徒刑），《德国民法典》规定身孕母亲是代孕子女的法定母亲，美国加州法院判决违反德国强制性规定及公共政策，故不予承认，驳回 A、B 的所有诉讼请求。A、B 向柏林高等法院提起上诉，上诉法院裁定维持一审法院判决，A、B 又诉至德国联邦最高法院。联邦最高法院直接改判，要求柏林地方民政局将 A、B 二人共同登记为代孕子的法定父母。联邦最高法院通过比较承认外国判决后果和国内法制度内的相似后果，尤其是考虑儿童利益之后，认定承认海外代孕建立的亲子关系并不违背德国公共秩序。See BGH BeschlussAkz. XII ZB 463/13.

〔2〕 "世界第五富豪在泰国代孕了 13 名子女！"，载 http://k.sina.com.cn/article_6422155090_17eca4f52001004qtp.html? from=baby，最后访问日期：2018 年 6 月 12 日。

我国是允许代孕还是禁止代孕，由于立法不明确，理论上一直存在争议。2001 年 2 月 20 日卫生部发布的《人类辅助生殖技术管理办法》第 3 条规定，"……禁止以任何形式买卖配子、合子，胚胎。医疗机构和医务人员不得实施任何形式的代孕技术。"根据该规定，学界主流观点是现阶段中国完全禁止代孕行为。《人类辅助生殖技术管理办法》只是一个行政规章，调整范围受到限制，只能禁止医疗机构及医务人员实施任何形式的代孕，不能对医疗机构之外的组织和自然人实施的代孕行为进行规范，这为医疗机构之外的组织和自然人实施代孕提供了可乘之机，形形色色的代孕机构四处招摇，五花八门的代孕网站遍布网络，地下代孕产业悄然兴起。缺乏法律规制的地下代孕放任对代孕母亲的盘剥，代孕母亲成为代孕中介机构赚钱的工具，现行的生育制度无法为代孕母亲提供医疗保障，增加了代孕母亲妊娠和分娩中的风险，代孕子女出生后的身份确定无章可循，代孕契约的效力无相应法律调整。杂乱无序的地下代孕扰乱了社会秩序，2012 年全国人大会议上人大代表秦希燕提出在刑法中增设"非法代孕罪"的建议，呼吁尽快将代孕立法入刑。[1] 自 2013 年起，国家多次开展打击非法代孕专项行动，但收效甚微，代孕黑市屡禁不止。

代孕在我国能够悄然兴起，有社会基础和实际需求。环境污染加剧，空气质量恶化，电子设备辐射增加，农药残留食物，工作强度提升，生活节奏加快，精神压力加大，疾病高发以及人身意外等原因，使不孕不育夫妇在育龄夫妇中的比例逐年增高，2013 年，中国人口协会公布的调查数据显示，我国不孕不育人数已超过了 4000 万，约占育龄人口的 12.5%，形成一个庞大的群体。此外，我国还有庞大的同性恋群体，这一群体中的许多人也希望以代孕方式获得子女。总之，生育障碍不解决，代孕不可避免。

代孕兴起有其法律基础。1974 年联合国布加勒斯特世界人口会议通过的《世界人口行动计划》规定了公民的生育权，1992 年《中华人民共和国妇女权益保障法》第一次以法律形式规定了生育权。关于代孕的直接立法，全国人大代表一直有不同的意见，2012 年全国人大会议有代表提出采用刑法手段规制代孕，2013 年有代表提出有限放开代孕。2015 年 12 月 23 日，十二届全国人大常委会第十八次会议分组审议人口与计划生育法修正案草案时，多名全国人

---

〔1〕 "人大代表建议刑法增设非法代孕罪遏制借腹生子"，载 http://zt.rednet.cn/c/2012/03/08/2542484.htm，最后访问日期：2018 年 6 月 15 日。

大常委会委员提出对于代孕不应一棒子打死，"禁止代孕"可改为"规范代孕"，致使 2015 年 12 月 27 日表决通过关于修改《中华人民共和国人口与计划生育法》（以下简称《人口与计划生育法》）的决定时删除了"禁止代孕"的相关条款。此后的全国人大会议上，禁止代孕与适当放开代孕，打击猖獗的黑色代孕利益链条与不应剥夺不孕夫妻通过代孕技术获得子女的权利一直是争议的议题。

代孕兴起有其理论支撑。赞成代孕的学者认为代孕是实现生育权行为，在自愿公平原则基础上，通过代孕为不孕不育家庭提供生育子女的路径，并未违反法律。法律没有要求生育子女的方式，生育权作为一项个人私权，夫妻可自主选择，当事人选择的生育方式不违背社会公德，不损害他人利益，应予肯定。代孕是代孕母亲利用子宫的生育功能和妊娠功能来帮助委托父母实现生育权，有存在的正当性基础，应当得到法律的支持。反对代孕的学者主张法律对生育权的保护并不意味着对生育方式的保护，权利的合法性并不等同于权利实现的合法性。权利如以非法方式实现，这项权利的正当性基础就会颠覆，从而失去合法性。代孕生育方式为我国法律明令禁止，因此，建立在代孕这一违法生育方式之上且只有通过这种违法方式才得以实现的所谓生育权是一种伪权利，无法获得也不应当得到法律支持。[1] 也有学者持中庸立场，认为缺乏理性思考盲目禁止代孕不能产生良好的法律效果，而且容易导致地下代孕行为的泛滥。既然法律不能禁止代孕，就应寻求不危害社会又不违反社会发展规律的解决方法，公正对待正当性的代孕行为。[2]

代孕在我国有需求，然而代孕在我国不具有合法性，于是有代孕需求的中国人瞄准了国际代孕市场，到允许代孕的国家寻找代孕母亲，实施跨国代孕。

（二）确认亲子关系的外国法院判决或者证明文件的承认

中国公民作为委托父母国外寻求代孕，需要寻找允许代孕的国家并与该国的代孕机构或者代孕母亲签订代孕协议，该代孕协议只能适用代孕行为地国家的法律，这样才能确保代孕协议的有效性。代孕子女出生后，委托父母通过诉讼程序从代孕行为地国家法院获得确认亲子关系判决，或者从政府机构、医疗

〔1〕 张月萍："浅析完全代孕的有条件合法化"，载《安徽广播电视大学学报》2009 年第 3 期，第 7 页。

〔2〕 李华思："我国代孕行为的合法性研究"，载《东南大学学报（哲学社会科学版）》2013 年第 S1 期，第 65 页。

机构获得出生证明，将代孕子女带回国内。

中国公民作为委托父母到国外寻求代孕显而易见具有规避中国法律的故意，如果中国法律允许代孕，中国公民岂能不远千里万里到异国他乡支付高昂的费用、承担各种风险国外寻求代孕？中国的委托父母与国外的代孕机构或者代孕母亲签订代孕协议，选择适用外国法，这一法律选择同样具有规避中国法律的故意，因为选择适用中国法律则代孕协议无效。外国法院判决或者政府机构、医疗机构出具的出生证明，是依据代孕协议作出的，毋庸置疑违反了中国法律。

中国的委托父母在中国法院提出承认外国法院判决确认的亲子关系或者承认外国政府机构、医疗机构作出的出生证明，我国法院能否以外国法院判决或者外国出生证明违反我国公共秩序为由不予承认，这是需要探讨的理论问题。在进行理论探讨之前，有必要关注有关国家及我国的实践。

纵观外国的实践，承认和不予承认外国法院判决确认的亲子关系或者外国政府机构、医疗机构作出的出生证明的案例均存在。德国有承认乌克兰法院确认德国委托父母为法定父母判决的实践：一对德国委托父母提供精子和卵子，在乌克兰寻求一代孕母亲代孕。孩子出生后，德国夫妇在乌克兰法院获得确定委托父母为代孕子女法定父母的裁决。德国夫妇回国后向德国弗莱堡（Friedberg）家庭法院提出申请，请求承认该裁决。法院援引《欧洲人权公约》第8条认为拒绝承认该乌克兰裁决将对代孕子女造成伤害。本案中，委托母亲也是孩子的基因母亲，委托母亲提出不应违背代孕母亲意愿，迫使代孕母亲成为孩子的法定母亲。对于法定父亲，法院认为若代孕母亲未婚或者代孕母亲丈夫否认自己的父权，那么确定委托父亲为法定父亲的裁决就不违反德国公共秩序。[1] 2013年德国弗莱堡家庭法院承认了乌克兰法院确认德国委托父母为法定父母的裁决。与此相反，日本法院不予承认委托父母为代孕子女法定父母的美国法院判决。日本艺人向井亚纪因子宫切除无法生育，但其想要一个孩子，于是，她于2003年赴美国内华达州寻找代理孕母，通过代孕生育了一个孩子。为使代孕的孩子能够顺利回到日本，向井亚纪在美国法院获得一个其与代孕子女为亲子关系的判决。2007年，向井亚纪向日本法院申请承认美国法院判决，

---

〔1〕 HCCH, A Study of Legal Parentage and the Issues Arising From International Surrogacy Arrangements, Preliminary Document No. 3C, 2014.

日本法院拒绝承认该判决在日本具有法律效力。

代孕子女出生证明承认的情况与外国法院判决承认的情况如出一辙。2009年荷兰一对男同性恋在美国加州委托代孕母亲代孕，签订代孕协议，代孕的孩子出生后，加州法院颁发了登记有同性恋父亲姓名的出生证书，荷兰法院以代孕协议和亲子关系的认定违反内国公共秩序为由拒绝承认亲子关系的证明。法国与之相反，2011年法国法院裁决承认在印度代孕出生的代孕子女的出生证明。[1] 而西班牙法院的做法与荷兰法院的做法相一致，均以代孕效力和亲子关系认定违反内国公共秩序为由拒绝承认。2006年西班牙颁布了《人工生殖法》，明确规定任何代孕行为引发的法律关系都为无效。[2] 2010年10月，西班牙政府颁发的一个指引文件规定，委托父母向西班牙法院申请承认在外国认定的跨境代孕亲子关系的效力，必须是外国法院作出的确定判决，外国法院的判决不能违反西班牙的公共秩序，外国的出生证明、外国民事机关的出生登记以及根据外国法律认定的亲子关系（不涉及司法机关）都不被西班牙法院予以承认。

我国虽然是国外寻求代孕大国，但迄今为止尚无请求承认外国法院判决确认的亲子关系或者承认外国政府机构、医疗机构作出的出生证明的实践，亦无不予承认的实践，其原因是委托父母担心中国法院以公共秩序保留拒绝承认外国法院的亲子关系判决或者出生证明，因而采用各种变通方式解决亲子关系确认问题。事实上，我国法院对合理的跨国代孕表现出极大的宽容性，所作判决很人性化，并非想象中的冷若冰霜。从我国媒体披露的两起跨国代孕案中可以一窥我国法院对跨国代孕的态度。

国内媒体广为报道的"去世小夫妻遗留受精胚胎，四老人寻求代孕最终产子"案即为典型的跨国代孕案例。2013年3月20日，一场车祸夺走了沈杰、刘曦的生命，沈杰、刘曦去世前在南京市鼓楼医院留有4枚冷冻胚胎。2014年9月17日，无锡市中级人民法院判决沈杰、刘曦双方父母沈新南夫妇和刘金法夫妇共同监管和处置这4枚冷冻胚胎。收到法院判决后，沈新南迫不及待地来到鼓楼医院要求取出胚胎。医院提出两个条件：一是法院执行庭人员必须同

---

〔1〕 Katarina Trimmings, Paul Beaumont, *International Surrogacy Arrangements: Legal Regulation at the International Level*, United Kingdom: Hart Publishing Ltd., 2013, pp. 122–127.

〔2〕 Ley 14/2006 of May, Human ART no. 126, 127.

来；二是胚胎只能由医院转给医院。中国法律严禁医疗机构参与代孕，国内没有医院敢接受胚胎实施代孕，无奈之下，只好寻求跨国代孕。2016 年 6 月，沈新南从老挝一家医院开出代孕证明。2016 年 12 月 20 日，死者双方父母、2 名代孕机构员工、3 名宜兴法院执行庭工作人员来到医院进行胚胎交接，医院实验室工作人员从液氮罐中取出受精胚胎导管放入沈新南等人带来的进口液氮罐，沈新南克服重重困难运送胚胎到老挝，在老挝找到代孕母亲坤达代孕。为避免代孕子女出生后入境可能产生的困难，在坤达分娩前，代孕机构为其办理了旅游签证来到中国。2017 年 12 月 9 日，坤达在广州产下一男婴，取名甜甜，两个失独家庭再获天伦之乐。〔1〕另一起案例是 2018 年 5 月南京市玄武区人民法院审理的冷冻胚胎遭废弃请求损害赔偿案，该案中，丈夫王某长年居住美

---

〔1〕 2010 年沈杰、刘曦夫妇结婚，婚后刘曦迟迟未能怀孕。2012 年，夫妻俩到南京市鼓楼医院做了人工授精。2013 年 3 月 20 日下午，医院通知沈杰、刘曦人工授精胚胎发育良好，5 天后可以进行胚胎移植手术。2013 年 3 月 20 日深夜，沈杰、刘曦遭遇车祸先后死亡。沈杰、刘曦去世后，双方父母四位失独老人难以从痛苦中解脱出来。偶然机会沈杰父亲沈新南得知沈杰、刘曦生前在医院存放人工授精胚胎一事，便到医院询问，得知儿子儿媳生前在医院一共储存了 4 枚冷冻胚胎。沈新南把这件事情告诉亲家刘金法，没想到在胚胎归属上两家发生争执，都主张有继承权，互不相让。争执不下，双方决定先从医院将胚胎取回，再决定由谁继承。鼓楼医院拒绝取回胚胎的要求，因为冷冻胚胎只能用来代孕，医疗机构参与代孕要担责。沈新南、刘金法信誓旦旦保证取走胚胎绝不立即找人代孕，等到政策允许时再考虑代孕，医院不为所动，沈新南求助律师，律师建议先通过法律途径确定胚胎继承权。2013 年 11 月，沈新南夫妇在江苏省宜兴市法院起诉刘金法夫妇，要求获得儿子、儿媳遗留的冷冻胚胎的监管和处置权。法院追加鼓楼医院为第三人。2014 年 5 月 15 日，宜兴市法院开庭审理此案。庭审中，原告、被告、第三人就胚胎能否成为民事权利的客体、胚胎能否被继承展开激辩。法院审理认为，受精胚胎具有发展为生命的潜能，是含有未来生命特征的特殊之物，不能像一般物那样转让或继承，不能成为继承的客体。权利的行使必须符合我国人口和计划生育相关法律，不违背社会伦理和道德。本案中沈杰、刘曦均已死亡，通过手术达到生育的目的已无法实现，遗留胚胎所享有的受限制的权利不能被继承。原告提出的应由其监管处置胚胎的诉请不予支持，驳回原告诉讼请求。沈新南夫妇和刘金法夫妇均不服判决，向无锡市中级人民法院提起上诉，称：我国法律未将受精胚胎定性为禁止继承的物，沈杰、刘曦死亡后，其生前遗留的受精胚胎，理应由上诉人继承，上诉人享有监管、处置权利。2014 年 9 月 17 日，无锡中院改判沈新南夫妇和刘金法夫妇共同监管和处置 4 枚冷冻胚胎。法官认为，我国现行法律对胚胎的法律属性没有明确规定，结合本案实际，应从伦理、情感、特殊利益保护方面确定涉案胚胎的相关权利归属。受精胚胎具有潜在的生命特质，含有沈杰、刘曦的 DNA 等遗传物质，含有两个家族的遗传信息，双方父母与涉案胚胎亦具有生命伦理上的密切关联性；本案中四位老人暮年遭丧独子、独女，沈杰、刘曦遗留的胚胎成为双方家族血脉的唯一载体，承载着哀思寄托、精神慰藉、情感抚慰等人格利益。胚胎由双方父母监管和处置，既合乎人伦，亦可适度减轻其丧子失女之痛楚；特殊利益保护方面，胚胎是介于人与物之间的过渡存在，具有孕育成生命的潜质，比非生命体具有更高的道德地位，应受到特殊尊重与保护。在沈杰、刘曦意外死亡后，其父母不但是世界上唯一关心胚胎命运的主体，而且亦应当是胚胎之最近、最大和最密切倾向性利益的享有者。当然，权利主体在行使监管权和处置权时，应当遵守法律且不得违背公序良俗和损害他人利益。

国，妻子孙某居住在中国，在妻子不知情的情况下，丈夫单方废弃了受孕胚胎，妻子请求精神损害赔偿。法院认为，妻子的生育利益应该受到尊重，丈夫单方废弃冷冻胚胎，侵犯了妻子的生育知情权和可期待利益，构成侵权，应当承担赔偿责任，判决王某支付孙某精神损害抚慰金 3 万元。[1]

从这两起案例可以看出，司法机关对合理的代孕和可能进行的合理代孕都给予了一定程度的支持，充分体现了司法的公正性，符合国情，体恤民情，因而受到社会的肯定和赞誉。中国特殊的国情，涌现出一个庞大的有着代孕需求的群体，这一群体的代孕需求如同一股洪流，只能提供畅通的渠道进行疏导，不能人为设闸，横加拦截。对合理的代孕需求采用国家强制力绞杀，结果必然走向反面，一是迫使其寻找歪门邪道，遁入地下，二是迫使其离家出走，寻找国外代孕。因此，代孕只能规制，不能禁止，即使禁止，也难以奏效。

对于中国公民作为委托父母在国外代孕生子后通过诉讼程序获得外国法院认定亲子关系的判决或者通过行政程序获得外国政府机构、医疗机构颁发的出生证明，我国法院应否予以承认，这是一个现实的需要解决的而法学界尚未触碰的法律问题。从我国的立法和实践来看，有条件地承认确认亲子关系的外国法院判决或者证明文件较为适宜。

第一，我国立法并没有禁止代孕。原卫生部颁布的《人类辅助生殖技术管理办法》第 3 条规定禁止买卖配子、合子、胚胎，禁止医疗机构和医务人员实施代孕技术，该条规定被扩张解释为禁止代孕。该规定出台的时间是 2001 年，当时我国实施的是严格的计划生育政策，一对夫妇只允许生育一个孩子。随着我国人口老龄化的出现，我国人口政策已经进行了调整，《人类辅助生殖技术管理办法》中的一些规定已经不适应当前的现实，需要修改，2015 年全国人大代表通过关于修改《人口与计划生育法》的决定时删除了"禁止代孕"条

---

〔1〕 王某与孙某离婚诉讼中因冷冻胚胎遭废弃请求损害赔偿案案情：原告王某系中国公民，经常居所地在美国宾夕法尼亚州；被告孙某系中国公民，经常居所地位于南京市。原被告系山东老乡，曾就读于南京同一所大学。原被告读书期间于返校途中相识，2004 年 3 月 19 日确定恋爱关系。2009 年，原告到美国留学。2010 年 9 月 19 日，原告回国与被告登记结婚，婚后，被告到美国陪读。2014 年底，夫妻合意在美国某州立医院做了辅助生殖手术，医院从被告身上提取了 13 个卵子，经人工受精存活 6 个胚胎，移植了其中的 1 个胚胎于母体，因被告流产而未能怀孕成功。其余 5 个胚胎，双方委托美国某州立医院储存保管。2015 年 2 月，被告离开美国回到国内工作，双方开始分居。2016 年，王某起诉离婚未获法院准许。2017 年 6 月，王某再次起诉要求离婚。孙某提出反诉，称王某在婚姻关系存续期间单方废弃胚胎，造成其精神损害，请求赔偿。法院合并审理。经审理，法院准许王某与孙某离婚，认定王某废弃胚胎构成对孙某的精神损害。

款实质上是对《人类辅助生殖技术管理办法》中禁止代孕的否定。我国法律和行政法规未对代孕做出明确的禁止性规定，相反，2015 年我国《人口与计划生育法》实行了鼓励生育政策，该法第 17 条规定公民有生育的权利，第 18 条规定国家提倡一对夫妻生育两个子女。公民的生育权是法定权利，一对夫妻采用何种方法生育两个子女，法律并未作出限制性规定，公民享有选择权。夫妻患有不孕不育疾病，采用代孕方法生育子女，并不违反法律规定。

第二，跨国代孕并不必然构成对公共秩序的违反。我国公民跨国代孕，原因有多种，其中最主要的原因是患疾不育。跨国代孕满足了患疾不育家庭生育需求，为不孕不育家庭带来了天伦之乐，对缓解我国人口老龄化有所帮助，因此，跨国代孕是造福社会、惠及国民的益事。从法理上讲，跨国代孕并不构成对我国公共秩序的实质性违反，不应适用公共秩序保留排除外国法的适用。适用公共秩序保留排除外国法的适用，有主观说和客观说两种观点。主观说强调外国法的有害性或者邪恶性，不注重外国法的适用是否真正损害本国利益，只要外国法的规定与本国法不同，就排除外国法的适用。客观说强调外国法的适用是否对本国造成实质性损害，不注重外国法的规定与本国法是否不同，若外国法的适用并不损害本国利益，即使外国法的规定与本国法抵触，也不排除外国法的适用。公共秩序保留制度的适用，各国普遍采用客观说，我国学界赞同客观说，即使采用最为严格的法律标准，认定外国法院判决或者出生证明所适用的法律与《人类辅助生殖技术管理办法》第 3 条相抵触，根据客观说理论，也不能不承认其效力，因为外国法院判决或者出生证明对我国公共利益不存在损害。

第三，儿童利益最大化是衡量是否承认外国法院判决或者出生证明的准绳。儿童利益最大化是新近形成的儿童利益保护的法律准则。1989 年 11 月 21 日，联合国通过了《儿童权利公约》，1990 年中国政府签署了该公约，成为第 105 个签约国，《儿童权利公约》1992 年 4 月 2 日对中国生效。《儿童权利公约》确立了无差别歧视原则、最大利益原则、生存与发展原则、参与原则四项基本原则，其中最为重要的是儿童最大利益原则。[1]《儿童权利公约》所规定

---

〔1〕《儿童权利公约》第 3 条第 1 款和第 2 款规定：①关于儿童的一切行为，不论是由公私社会福利机构、法院、行政当局或立法机构执行，均应以儿童的最大利益为一种首要考虑。②缔约国承担确保儿童享有其幸福所必需的保护和照料，考虑到其父母、法定监护人或任何对其负有法律责任的个人的权利和义务，并为此采取一切适当的立法和行政措施。该规定是儿童利益最大化的法律依据。

的儿童权利包括姓名权、国籍权、受教育权、健康权、医疗保健权、被抚养权、娱乐权、闲暇权、隐私权、表达权等几十种，概括起来可为四大类，即儿童的生存权、发展权、受保护权和参与权。对于《儿童权利公约》规定的儿童享有的权利，缔约国负有将这些权利通过立法转化为国内法法定权利的义务，通过实施转化为儿童实有的权利。中国公民作为委托父母跨国代孕，在代孕子女出生地国家获得法院亲子认定判决，或者获得外国政府机构、医疗机构颁发的出生证明，此时代孕子女不仅已经出生，而且已被委托父母带回国内。代孕子女具有委托父母的基因，根据《中华人民共和国国籍法》的规定及国籍确定的血统原则，[1] 我国应给予代孕子女中国国籍；根据《儿童权利公约》，我国应给予代孕子女姓名权等权利，而国籍和权利的给予以我国法院承认外国法院判决或者出生证明为前提条件，因此，我国应当承认外国法院所作的亲子关系认定判决或者出生证明，确保实现儿童利益最大化。

第四，外国经验的借鉴。美国审理的 Baby-M 案中，虽然新泽西州高等法院最终判决代孕契约因违反新泽西州法令和公序良俗而无效，但法院仍判定孩子的监护权归 William Stern 夫妇，理由是这最有利于孩子的成长。在德国公民 A 与德国公民 B 申请承认美国加利福尼亚州最高法院认定 A、B 为 J 女子胎儿法定父母判决案中，柏林地方法院认为承认美国加州法院判决违反德国强制性规定及公共政策，柏林高等法院作出了与柏林地方法院相同的认定，而德国联邦最高法院比较了承认外国判决后果，尤其是考虑儿童利益之后，作出承认美国法院判决与德国公共秩序并不抵触的判决。美国是英美法系国家的代表，德国是大陆法系国家的代表，美国、德国均以儿童利益最大化作为判决依据，值得借鉴。

第五节　涉外离婚法律适用及理论探讨

离婚是夫妻双方生存期间依法律规定的条件和程序解除婚姻关系的行为。19 世纪以前，各国一般都禁止离婚，经过 100 多年的发展，现在只有极少数实

---

〔1〕《中华人民共和国国籍法》第 5 条规定，父母双方或一方为中国公民，本人出生在外国，具有中国国籍。

行天主教教会法或受天主教影响的国家（如马耳他、菲律宾、爱尔兰、巴拉圭、安道尔、圣马力诺）禁止离婚，约旦等国家禁止妻子提出离婚，其他国家对离婚持自由主义态度。离婚的法律效力不仅在于解除夫妻之间的人身关系，还涉及财产分割，子女的抚养、监护等问题，对家庭、亲属乃至社会都会产生一定影响，各国都以法律形式对离婚制度做了规定。涉外离婚，涉及本国人的切身利益及财产的归属，各国都力图对本国人提供最有效的法律救济，加之历史文化、风俗习惯等方面的差异，各国离婚法律存在着深刻的分歧，不可避免地产生涉外离婚法律冲突，需要适用法律适用规范确定准据法。

一、涉外离婚的法律冲突

涉外离婚法律冲突首先表现为离婚案件管辖权冲突。对于离婚案件，各国都主张管辖权，甚至扩大本国的管辖权，一些以地域作为管辖权确立标志的国家，在离婚案件上，也采取属人管辖，只要当事人一方是本国人，不论其是被告还是原告，本国法院都主张对案件享有管辖权。

涉外离婚形式要件因各国法律规定的不同存在法律冲突。离婚形式要件是指婚姻关系合法解除的方式，即离婚程序。离婚程序大致可分为诉讼离婚和协议离婚。诉讼离婚是指婚姻当事人通过诉讼，由法院判决解除婚姻关系。诉讼离婚是各国认可的不存在争议的离婚方式，除诉讼离婚外，少数国家允许协议离婚，认可婚姻双方通过协商采用行政方式解除婚姻关系。协议离婚是指婚姻行政主管机关受理当事人的离婚请求，查明离婚理由符合法律规定，发给申请人离婚证书解除婚姻关系，这种离婚方式也称为行政离婚。各国法律规定的离婚形式要件主要采取两种模式：①兼采协议离婚与判决离婚两种方式，这是目前部分国家的通常做法。《日本民法典》第763条规定，"夫妻可以以其协议离婚"，丹麦、挪威等国家承认协议离婚。[1]但各国对于协议离婚的因由，协议离婚需要履行的具体手续规定不尽相同。②部分国家法律规定诉讼离婚是离婚的唯一方式，不承认协议离婚的效力，德国、法国、意大利、瑞典等国家属于此类国家。

离婚实质要件各国的法律规定不尽相同，存在法律冲突。涉外离婚实质要

---

〔1〕 万鄂湘主编：《〈中华人民共和国涉外民事关系法律适用法〉条文理解与适用》，中国法制出版社2011年版，第191页。

件是指法律规定的准予离婚的条件。绝大多数国家对离婚采取自由主义原则，允许当事人提出离婚，并将婚姻无法挽回作为离婚的重要依据。各国在离婚实质要件具体规定上有所不同，有三种模式：①概括主义。法律不具体列举离婚理由，而是以婚姻破裂无可挽回、夫妻关系确已无法维系为概括性的离婚理由，如《美国统一结婚离婚法》中的规定。②列举主义。法律明文列举具体条件作为准予离婚的理由，如通奸、重大暴行、虐待、受刑事处分、双方无法共同生活等事由为离婚的法定理由。法国采用这种方式。③合并主义。融概括性规定与列举性规定为一体，既列举可以提起离婚之诉的具体理由，又概括规定一个相对抽象的弹性条款，《日本民法典》对离婚理由如是规定。

二、涉外离婚的法律适用

涉外离婚的法律适用，近年来发生了很大的变化。20 世纪下叶之前，各国主要采用单一的双边法律适用规范确定准据法，其准据法主要是：①法院地法。适用法院地法的主要理由是离婚法律制度具有强制性，婚姻关系的解除会影响法院地的公序良俗和社会秩序，因而应适用受理离婚案件的法院所在地法律。②当事人属人法。欧洲一些国家以当事人属人法为离婚准据法，适用属人法的理由主要是离婚涉及人的身份关系，故应受属人法支配。当事人属人法有可能是外国法律，如依属人法判决允许离婚或判决不允许离婚违反法院地公共秩序时，属人法将被排除适用。

20 世纪下叶以来，涉外离婚法律适用发生了以下变化：①涉外离婚的法律适用，不再以法院地法为主，而是以属人法为主，强调离婚的人身属性。②不再以单一的双边法律适用规范规定涉外离婚只能选择单一的准据法，而是以有条件选择性法律适用规范的形式规定了数个可供选择的法律，可依序选择，增强了法律适用的确定性。③注重对本国公民的保护，离婚一方当事人为本国公民，适用本国法。2001 年《韩国国际私法》第 39 条规定，"……如果夫妇中一方在大韩民国有惯常居所且为大韩民国国民，则离婚适用大韩民国法律。"④支配婚姻效力和离婚适用同一法律。2010 年《德国民法施行法》第 17 条第 1 款规定，"离婚适用进入离婚请求诉讼程序时支配婚姻一般效力的法律"。1978 年《奥地利国际私法》第 20 条规定与此相同。⑤夫妻共同属人法普遍适用并成为首选法律。1998 年《突尼斯国际私法典》第 49 条规定："离婚和分居由提出诉讼时有效的双方共同本国法支配；双方没有共同国籍的，由他们的最后共同住所地法支配……"⑥区分协议离婚和诉讼离婚，分别规定应适用的法律。⑦有限意思自治引入离婚领域，允许当事人在国籍国法、经常居所地法中进行选择。⑧适用有利于离婚的法律。一些国家规定了离婚可以适用的若干法律，在这些法律中，如果出现有的法律不允许离婚，有的法律允许离婚的情况，适用允许离婚的法律，以利于当事人解除婚姻关系。1987 年《瑞士联邦国际私法》第 61 条规定，离婚双方有共同外国国籍且其中一方居住在瑞士的，离婚和别居适用他们的共同本国法；如应适用的外国法不允许离婚，或对离婚做出非常严格规定的，只要夫妻一方具有瑞士国籍或在瑞士居住满 2 年以上，可以依瑞士法律处理离婚问题。⑨重叠适用当事人属人法和法院地法。少数国家限制离婚，规定离婚重叠适用当事人属人法和法院地法，只有同时符合属人法和法院地法规定的离婚条件，才能解除婚姻关系。1979 年《匈牙利国际私法》第 40 条第 1 款规定离婚的要件依起诉时夫妻共同属人法；第 41 条第 2 款与第 3 款又分别规定，即使依外国法存在完全充分的离婚理由，也要审查夫妻关系是否无可挽回地完全破裂；离婚不能以有过失为根据。这是当事人属人法和法院地法重叠适用的一种形式。

三、我国涉外离婚法律适用立法与实践

（一）我国涉外离婚法律适用立法

我国涉外离婚法律适用的立法最早见之于 1986 年《民法通则》，该法第 147 条规定，"中华人民共和国公民和外国人……离婚适用受理案件的法院所在地法律"。该条规定改变了涉外离婚无法律适用规范可循的局面，但仅规定了中国公民和外国人离婚的法律适用，没有对涉外离婚法律适用作出全面的规定，较为粗糙、简陋，立法有缺漏，并不完善。1988 年，最高人民法院印发了《民通意见》，对《民法通则》第 147 条作了必要的解释和补充，《民通意见》第 188 条规定，"我国法院受理的涉外离婚案件，离婚以及因离婚而引起的财产分割，适用我国法律。认定其婚姻是否有效，适用婚姻缔结地法律。"《民通意见》扩展了涉外离婚的主体，不再将涉外离婚限制在中国公民和外国人之间，只要是我国法院受理的涉外离婚案件，不区分是中国公民和外国人之间的离婚，还是外国人与外国人之间的离婚，或者华侨与国内居民的离婚，概适用受理案件的法院所在地法律。

《民法通则》第 147 条规定存在缺漏：①对离婚实质要件和形式要件不作

区分，统一使用一个法律，这样的规定缺乏针对性，法律规定与所调整的社会关系之间存在偏离，涉外离婚实质要件很少有国家规定适用法院地法；②离婚只规定适用法院地法，过分强调离婚对法院地国家公共秩序的影响，忽视了离婚是人身关系这一本质特征，排除了属人法的适用，这种立法背离了国际社会离婚立法的主流趋势。

2010 年《法律适用法》在总结我国立法和实践经验的基础上，对涉外离婚法律适用作出了新的规定，该法第 26 条规定，"协议离婚，当事人可以协议选择适用一方当事人经常居所地法律或者国籍国法律。当事人没有选择的，适用共同经常居所地法律；没有共同经常居所地的，适用共同国籍国法律；没有共同国籍的，适用办理离婚手续机构所在地法律。"该法第 27 条规定，"诉讼离婚，适用法院地法律。"《法律适用法》关于涉外离婚法律适用的规定较《民法通则》的规定有所进步，但仍然存在需要探讨的法律问题。

（二）涉外离婚法律适用需要探讨的法律问题

1. 采用行政方式协议离婚是否适宜

《法律适用法》将离婚形式分为协议离婚和诉讼离婚两种，分别规定了各自的法律适用，这种做法在世界上并不多见。我国允许涉外离婚采用行政方式或许是我国国情使然。我国国内离婚实行"双轨制"，协议离婚和诉讼离婚是法定的两种方式。涉外离婚，《法律适用法》颁布前实行"单一制"，凡中国公民与外国人在我国境内要求离婚的，不论是双方自愿离婚，达成离婚协议，还是一方要求离婚，双方未达成离婚协议，一律采用诉讼程序办理。《法律适用法》改变了离婚"单轨制"做法，把国内离婚与涉外离婚的形式统一起来，允许涉外离婚采用行政方式，承认协议离婚的效力，将协议离婚作为解除涉外婚姻关系的一种方式。

协议离婚作为涉外离婚一种方式的规定在学界引发了一些争议，部分学者认为"国际社会尚未认可协议离婚方式"，而且"允许协议离婚的国家也不主张涉外离婚的当事人采取协议离婚的方式"，协议离婚是"产生跛脚婚姻"的温床。婚姻关系破裂诉至离婚，"几乎总是一方当事人处于主动而另一方处于被动，要么不想离婚，要么对财产分割、子女抚养等问题无法达成统一意见，这种状况下希望当事人对法律选择达成协议无异于水中捞月"[1]。协议离婚与诉讼离婚分别适用不同的法律使"涉外离婚准据法的不统一，变得复杂"，认为我国没有必要单独规定协议离婚的法律适用规则。[2] 支持协议离婚的学者认为，涉外离婚分为协议离婚和诉讼离婚，协议离婚允许当事人就所适用的法律作出选择，这在国际社会是较为超前的规定。将意思自治原则引入离婚的法律适用领域，是为了克服传统冲突规范僵硬、机械的弊端所采取的一种改进措施。[3]

《法律适用法》第 26 条关于协议离婚的规定利弊参半。其利在于：①实现了中国离婚制度的内外统一。国内离婚实行诉讼离婚和协议离婚并举，协议离婚是当前主要的离婚方式。[4] 把国内离婚方式与涉外离婚方式统一起来，促进了我国法律制度的统一。②意思自治原则被引入离婚领域。《法律适用法》第 26 条规定了协议离婚的法律适用，第 27 条规定了诉讼离婚的法律适用，这两条规定构成离婚程序意思自治，当事人可以在协议离婚和诉讼离婚两种方式之间进行选择。《法律适用法》第 26 条规定了协议离婚实体法的有限意思自治，当事人可以协议选择适用一方当事人经常居所地法律或者国籍国法律。这种规定衡平了法律适用的灵活性和确定性，顺应涉外离婚国际发展趋势，与各国离婚法律适用保持了一致。③方便当事人。诉讼离婚旷日持久，协议离婚方便快捷，当事人离婚意思表示一致，财产分割、子女抚养达成协议，即可离婚。④离婚程序简化，节约离婚成本，有利于实现离婚。⑤协议离婚是行政方式离婚，可节省司法资源，缓解法院诉讼压力。

协议离婚的弊端在于：①离婚证书的效力难以得到承认。协议离婚是通过行政程序解除婚姻关系，民政部门是协议离婚主管机关。当事人向当地民政局提出离婚申请，民政局审查符合离婚条件，准予离婚，发给当事人离婚证书。离婚证书是行政文书，不具有域外效力，没有国家承认经行政程序获得的离婚

---

〔1〕　彭思彬："涉外婚姻家庭关系法律适用若干争议评析"，载《成都理工大学学报（社会科学版）》2011 年第 6 期，第 84 页。

〔2〕　汪金兰："中欧涉外离婚法律适用法的新趋势"，载《中国国际私法与比较法年刊》2012 年第 1 卷，第 163 页。

〔3〕　乔雄兵："涉外离婚的法律适用：传统、变革及发展——兼评《涉外民事关系法律适用法》有关规定"，载《江汉学术》2013 年第 6 期，第 41 页。

〔4〕　汪晶、刘仁山："我国涉外离婚法律适用立法之完善——兼论《罗马Ⅲ》对我国相关规定的借鉴"，载《湖南社会科学》2013 年第 6 期，第 90 页。

证书的效力，而且相关离婚证书无法通过外国法院判决与执行程序得到承认。《法律适用法》颁布前，为了确保离婚的有效性，最高人民法院曾规定我国对涉外离婚一律采用诉讼程序解决，当事人协议离婚，也需要经过法院判决，以利离婚判决获得外国法院承认。《法律适用法》改变了以往的做法，把协议离婚从诉讼离婚中独立出来，成为一种离婚方式。世界上许多国家不允许涉外离婚采用协议离婚方式，1997 年《德国民法施行法》第 17 条第 2 款规定，"在德国只能通过法院判决离婚"；法国、荷兰、意大利、瑞士、奥地利、比利时、瑞典等国不允许协议离婚，强制规定离婚必须经过法院批准或裁决。英美法系国家也不允许涉外离婚采用协议离婚方式，澳大利亚法律规定，离婚是一个司法过程，必须到法院申请并由法院判决方能生效。英国、加拿大等国家和澳大利亚的规定相同。我国行政机关作出的离婚文书在外国得不到承认及执行是协议离婚的最大障碍，对此需要作出妥善安排，不然的话，将产生大量的"跛脚婚姻"，当事人的婚姻关系在我国已经解除，但该婚姻在外国依然是合法有效婚姻，这对当事人、国家、社会都会产生影响。②协议离婚具有局限性。协议离婚只适用于没有财产争议、子女抚养争议的案件，适用于夫妻人身关系的解除。有财产争议、子女抚养争议的离婚案件，只能由法院裁断，不能由行政机关决定。协议离婚的弊端使得这一离婚方式在实践中很少被适用。

协议离婚利弊参半，就目前而言，弊大于利，因为无论通过诉讼程序还是行政程序解除婚姻关系，其终极目的是判决或者离婚证书得到承认，否则就是一纸空文。协议离婚获得的离婚证书得不到承认，婚姻关系没有完全解除，这并非当事人期待的结果。尽管如此，我们不能完全否定协议离婚的合理性和正当性。《法律适用法》规定了两种离婚方式，采用何种方式离婚，凭借当事人意思自治，当事人选择了协议离婚，就应当预见可能产生离婚证书在外国得不到承认的法律后果。一国规定何种离婚制度，应当基于本国国情。协议离婚已被实践证明是行之有效、广为使用的国内离婚方式，《法律适用法》将这种离婚方式扩展至涉外离婚，实现了我国离婚方式的统一，应当予以肯定。至于协议离婚和诉讼离婚会导致涉外离婚准据法的不统一，从而导致法律规避的产生的观点更不足取，因为意思自治原则已广泛适用于涉外民事关系各领域，相同的民事关系适用不同的法律是正常的法律适用现象，这在立法时已经被充分地考虑并被允许其出现。在法律允许范围内"规避"法律，是一种睿智的表现，不应非议，况且协议离婚和诉讼离婚所导致涉外离婚准据法的不统一并不必然导致法律规避的产生。

2. 诉讼离婚法律适用存在的问题

《法律适用法》第 27 条规定"诉讼离婚，适用法院地法律"，适用法院地法的原因在于有助于维护法院地国社会公共利益；利于保护当事人尤其是法院地国当事人的合法权利；可以避免适用外国法所带来的查明外国法的困难，免除当事人举证外国法的责任，减少或降低外国法错误适用可能带来的司法不公，无论对于法院或对于离婚当事人，都会带来诉讼上的便利。[1]

大陆法系国家诉讼离婚的法律适用，经历了从属人法到法院地法（或者重叠适用属人法和法院地法），再从法院地法到当事人选择的法律、属人法、法院地法并举这样一个过程。在法则区别说时期，与人的身份有关的民事关系适用人法，人法具有域外效力的规则就已形成。19 世纪末 20 世纪初，法律适用法进入成文法时期，这一时期离婚诉讼适用属人法或者重叠适用属人法和法院地法。1896 年《德国民法施行法》第 17 条规定"离婚适用丈夫的本国法"。1898 年《日本法例》第 16 条规定"离婚依其原因事实发生时丈夫之本国法"。1902 年海牙《离婚及分居法律冲突与管辖冲突公约》第 1 条规定"夫妻非依其本国法及起诉地法均有离婚规定时，不得提出离婚的请求"，第 3 条规定"如起诉地法规定或允许依本国法时，则可不顾第 1 条和第 2 条的规定，而仅适用本国法"。1918 年《法律适用条例》第 11 条规定，"离婚，依其事实发生时夫之本国法，及中国均认为其事实为离婚原因者，得宣告之"。海牙离婚公约和民国时期《法律适用条例》以属人法为主，兼采法院地法。

离婚适用法院地法源于萨维尼（Friedrich Carl von Savigny）的倡导。萨维尼认为，与离婚相关的法律依赖于婚姻的道德性并因此而使之具有严格的实在法特征。离婚与财产相关的法律制度是有区别的。因此，对于离婚，法官只应遵从其本国的法律……[2]在萨维尼法律关系本座说影响下，大陆法系国家和英美法系国家都出现了离婚适用法院地法的规定。

20 世纪下叶，意思自治原则不断扩张适用范围并进入离婚领域。1981 年《荷兰国际离婚法》较早地将意思自治原则引入离婚领域，该法第 1 条规定：

---

〔1〕 于飞："意思自治原则在涉外离婚领域的适用"，载《厦门大学学报》2011 年第 1 期，第 50 页。

〔2〕 ［德］弗里德里希·卡尔·冯·萨维尼：《法律冲突与法律规则的地域和时间范围》，李双元等译，法律出版社 1999 年版，第 183 页。

①关于是否可以提出解除婚姻和同居关系的请求及其基于的理由应依照以下法律决定：a）当事人有共同国籍国法的，依据该法；b）当事人无共同国籍国法的，依据他们的共同经常居所地法；c）当事人既无共同国籍国法，也无共同经常居所地法的，依据荷兰法。②关于前款规定的适用，当事人无共同国籍国法等同于指其中一方当事人与该共同国籍国显然无真正的社会联系。在该种情形下，若当事人共同选择该法或一方当事人选择该法且未有异议，则仍应适用该法。③若当事人有多重国籍（多于一个国家的国籍），其国籍国法应是指其拥有该国国籍且在各种（任何）情况下都与之有最密切（强）联系国家的法律。④尽管有前述各款规定，但若当事人共同选择本法或一方当事人选择且未有异议，则将使用荷兰法。荷兰的立法受到大陆法系国家的推崇，比利时等国家仿而效之。2010 年 12 月 20 日欧盟通过《关于在离婚与司法别居的法律适用领域实施强化合作的第 1259/2010 号（欧盟）条例》（以下简称《罗马条例Ⅲ》）将意思自治原则在离婚领域的适用推至巅峰。《罗马条例Ⅲ》第 5 条第 1 款规定，配偶双方可以一致同意选择以下法律适用于离婚和分居：①签订协议时夫妻习惯居所地法；②夫妻最后习惯居所地法，只要夫妻一方在协议签订的时候仍然在该地居住；③夫妻任何一方签订协议时的国籍国法；④法院地法。该条第 2 款规定，只要不与第 3 款冲突，夫妻双方都可以在法院受理案件前选择适用的法律或修改所选择的法律。该条第 3 款规定，只要法院地法允许，夫妻双方可以在诉讼程序进行中指定适用的法律。《罗马条例Ⅲ》规定的涉外离婚法律适用可归纳为：属人法为主，法院地法为属人法的补充，当事人在诉前选择的法律或修改所选择的法律、在诉讼程序中指定适用的法律。

通过以上阐释可以看出，属人法在涉外离婚的法律适用中一直处于主导地位，法院地法的适用只是插曲，当下当事人意定选择的法律在涉外离婚法律适用中异军突起，成为新秀。反观《法律适用法》第 27 条诉讼离婚适用法院地法律的规定，不能不汗颜地承认相对落后，与多数国家立法相比，有一段需要追赶的距离。除此之外，《法律适用法》第 27 条的规定与该法第 23 条、第 24 条、第 29 条、第 30 条规定还有协调问题。第 27 条规定诉讼适用法院地法，而第 23 条、第 24 条、第 29 条、第 30 条分别规定了夫妻人身关系、夫妻财产关系、扶养、监护的法律适用，离婚诉讼中出现的夫妻人身关系解除、夫妻财产关系分割、扶养权、监护权归属争议，是适用第 27 条规定确定法院地法为准据法，还是适用第 23 条、第 24 条、第 29 条、第 30 条规定确定准据法？这是立法、司法和理论上尚待解决的问题。

3. 夫妻财产分割法律适用存在的问题

夫妻财产分割法律适用是争议最为激烈，实践中最为纷杂的法律问题。夫妻财产分割可以分为离婚诉讼中财产分割和离婚之后的财产分割，离婚诉讼中财产分割和离婚之后的财产分割是适用同一法律，还是适用不同的法律，学界有不同的观点。有学者主张离婚诉讼中财产分割和离婚之后的财产分割适用不同的法律，《法律适用法》第 27 条 "适用于离婚所产生的夫妻人身关系、财产分割、子女抚养等关系"，第 23 条、第 24 条等规定调整 "婚姻关系存续期间所产生的权利义务"，调整 "夫妻在存续期间的财产归属问题"。[1] 有学者不同意离婚诉讼中财产分割和离婚之后的财产分割适用不同的法律，认为如果按照上述观点，"法院能够真正适用《法律适用法》第 24 条的案件一定少之又少，这有可能让夫妻财产关系中的意思自治原则变得毫无意义"[2]。有学者提出《法律适用法》第 27 条是诉讼程序法律适用的规定，还有学者认为第 27 条规定诉讼适用法院地法，是对离婚准据法的适用范围作出明确规定，将其限定为解决离婚的条件和理由。[3]

《法律适用法》第 27 条与第 24 条、第 36 条的适用范围以是否离婚这一时间节点进行划分的观点是不足取的，不符合立法本意，也为实践所否定。第 27 条是诉讼离婚法律适用一般性规定，可在离婚案件中适用，也可以在离婚后财产分割案件中适用。《法律适用法》"婚姻家庭" 一章中的其他各条，相对于第 27 条而言是特殊性规定，特殊性规定先于一般性规定适用，特殊性规定不足以调整的法律关系时，适用一般性规定。

夫妻财产关系与夫妻人身关系紧密相连，夫妻离婚及离婚之后的财产分割涉及物权，涉外离婚与法院地公共秩序息息相关，因此，对于涉外离婚财产关系准据法的确定，国内外的做法不一，适用夫妻财产关系法律适用规范的有之，适用物权法律适用规范的有之，适用离婚法律适用规范的有之。在我国直

---

〔1〕 万鄂湘主编：《〈中华人民共和国涉外民事关系法律适用法〉条文理解与适用》，中国法制出版社 2011 年版，第 205 页。

〔2〕 王姝："意思自治原则在涉外婚姻司法实践中的困境与出路——兼评《中华人民共和国涉外民事关系法律适用法》第 24、26 条"，载《法律适用》2017 年第 23 期，第 113 页。

〔3〕 汪金兰："关于涉外婚姻家庭关系的法律适用立法探讨——兼评《涉外民事关系法律适用法》（草案）的相关规定"，载《现代法学》2010 年第 4 期，第 165 页。

接选择《法律适用法》第 27 条规定确定准据法，选择对涉外离婚与夫妻财产纠纷一并处理的为多。[1] 从以下案例中，可窥我国涉及不动产分割的涉外离婚法律适用的概况。

黄明姝与张查理房屋产权确认争议案，黄明姝提起诉讼时，其与张查理存在夫妻关系。A 市法院立案后，对本案的法律适用形成三种不同意见。第一种意见认为，黄明姝和张查理虽然均为美籍华人，但本案性质为不动产确认之诉，应当根据《民法通则》第 144 条"不动产的所有权，适用不动产所在地法律"之规定，适用中国法律。第二种意见认为，根据《法律适用法》，应当适用当事人本国法中关于夫妻财产制的规定认定涉案房屋的产权是否属于夫妻共同财产。如果双方当事人选择适用美国法律，应当从实体上驳回黄明姝的诉讼请求。第三种意见认为，双方当事人均为美国公民，对案件的实体判决需要适用美国法。黄明姝没有向受诉法院提供美国法律，其要求适用中国法确认涉案房屋为夫妻共同财产的做法明显具有规避其本国法适用的目的，应当以证据不足为由驳回黄明姝的诉讼请求。一审法院采纳了第二种意见从实体上驳回了黄明姝的诉讼请求。黄明姝不服一审判决提起上诉，二审法院采纳第三种意见维持了一审判决。[2]

刘女士与杨先生财产纠纷案是一起离婚后财产分割案件。[3] 法院审理认为，根据《法律适用法》第 36 条规定，本案房屋及地下车位属于不动产物权，应适用不动产所在地法律，该法律为中国法律。依我国婚姻法规定，夫妻关系

---

〔1〕 王姝："意思自治原则在涉外婚姻司法实践中的困境与出路——兼评《中华人民共和国涉外民事关系法律适用法》第 24、26 条"，载《法律适用》2017 年第 23 期，第 113 页。

〔2〕 黄明姝与张查理确认房屋产权争议案案情：黄明姝与张查理均为第二代美籍华人，2001 年在美国登记结婚。2002 年，张查理在公司派驻中国期间，于中国 A 市购得外销商品房一套，房产证上记载的产权人为张查理本人。2007 年，黄明姝在中国 A 市法院起诉，请求依据中国法律确认张查理所购商品房为夫妻共同财产。黄明姝提供了起诉时二人仍为夫妻以及张查理所购房屋的产权证复印件、付款凭证等证据。张查理委托律师到庭应诉，对黄明姝所述情况均予认可，但提出双方均为美国人，婚姻缔结地在美国，在中国无固定住所，认定夫妻共同财产应当根据国际私法的属人原则，适用当事人国籍国法律，而不应适用中国法。不同意黄明姝的诉讼请求。

〔3〕 刘女士和杨先生均为美籍华人，在中国没有共同经常居所地。2010 年双方在美国离婚。2012 年 1 月，刘女士向上海市长宁区法院起诉，要求适用中国法律分割杨先生在上海银行个人名下存款 10 万美元及婚姻存续期间购买的位于长宁区黄金城道上的一套房屋及地下车位。杨先生认为，他与刘女士均为美籍华人，且在美国离婚，财产分割应当按照美国法律进行处理。美国法律规定，从提出离婚之日起所得的财产属于个人财产。本案所涉房屋及地下车位是他提起离婚诉讼后购买的，应属于他的个人财产。

存续期间取得的财产属于夫妻共同财产，尽管涉诉地下车库的购买时间在杨先生提出离婚诉讼之后，但这时双方婚姻关系尚未解除，地下车位依法应当属于杨先生和刘女士的夫妻共同财产，原告刘女士有权要求分割。本案所涉上海银行个人名下存款 10 万美元，原、被告没有协议选择适用一方当事人经常居所地法律、国籍国法律或者主要财产所在地法律。原、被告在中国没有共同经常居所地，根据《法律适用法》第 24 条规定，应适用原、被告共同国籍国法律，即美国婚姻家庭准据法。原、被告所在州夫妻财产制度为个人财产制，因此，原告刘女士无权要求分割被告上海银行个人名下 10 万美元存款。

C 某（张振权）与石某财产纠纷案是一起离婚后财产分割案件。一审法院界定本案讼争法律关系为夫妻财产关系，认为应当根据《法律适用法》第 24 条规定确定准据法。本案中，张振权与石某没有协议选择准据法，亦无共同经常居住地或共同国籍国，在第 24 条范围内准据法无法确定。法院根据《法律适用法》第 2 条第 2 款的规定，确定适用与本案夫妻财产关系有最密切联系的中华人民共和国法律。二审法院支持一审法院对准据法的选择。[1]

朴某某诉金某某财产纠纷案同样是离婚后财产分割案。法院认为，本案属涉外民事纠纷案件。根据《法律适用法》第 24 条规定，当事人可以协议选择适用一方当事人经常居所地法律、国籍国法律或者主要财产所在地法律。当事人没有选择的，适用共同经常居所地法律；没有共同经常居所地的，适用共同国籍国法律。根据该法第 36 条"不动产物权，适用不动产所在地法律"的规定，不动产所在地法可为准据法。本案双方当事人诉争的标的物系不动产，是因离婚引起的财产分割纠纷，朴某某主张中国法律为准据法，且双方争议的不动产所在地为中国，故本案应适用中华人民共和国法律进行调整。法院根据

---

[1] C 某（张振权）与石某财产纠纷案案情：张振权，男，新加坡籍；石某，女，中国辽宁省辽阳人。张振权与石某于 2003 年相识，后于新加坡登记结婚。2014 年双方在辽阳市白塔区人民法院诉讼离婚，离婚判决未对两人的共有财产进行处理。2015 年张振权向广东省珠海市香洲区人民法院提起诉讼，请求确认登记于石某名下位于珠海市的涉案房屋为夫妻共同财产并依法分割。C 某（张振权）与石某离婚后财产纠纷民事判决书，广东省珠海市中级人民法院（2016）粤 04 民终 2814 号。

《法律适用法》第36条规定确定了准据法。[1]

王某与佟某离婚纠纷上诉案，该案中，法院对王某与佟某离婚纠纷和财产争议一并解决。一审法院在审理本案过程中没有进行法律选择，没有阐释法律适用依据，直接适用中国法律，判决王某与佟某离婚；判决在中国的房产归佟某所有，在美国的房产由王某所有。二审法院依据《法律适用法》第27条规定认定佟某在北京居住，双方共同财产在北京，虽然王某长期在美国生活，但其在我国法院提起离婚诉讼，故因离婚争议引起的纠纷适用我国法律。对于房屋的价值，王某在一、二审期间均未能提交有效证据予以证明，对此其应承担不利后果。综合考虑，北京的住房归佟某，美国的房产相关权利由王某所有。[2]

程某某与邹某离婚纠纷案，该案中，法院对离婚纠纷和财产争议一并解决。原告程某某起诉被告邹某，邹某在答辩中称程某某在意大利以86 000欧元购买的住房系夫妻共同财产，目前价值为100 000欧元，主张原告一次性补偿其50 000欧元，房屋所有权归原告所有，邹某提供了房产证复印件及认证材料。法院审理认为：邹某提供的房屋产权证据形成于国外，经过使领馆认

---

〔1〕 朴某某诉金某某财产纠纷案案情：朴某某，女，住中国吉林省延吉市；金某某，男，大韩民国公民。朴某某与金某某于2007年7月2日登记结婚，婚后朴某某个人出资购买了位于延吉市建工街336号汇金园3单元1302号的房屋，缴纳了全部购房费用。2015年，朴某某以金某某不顾家事及离家出走等理由向大韩民国水原地方法院提起离婚诉讼，2015年8月25日判决双方离婚。经朴某某申请，延边朝鲜族自治州中级人民法院于2015年10月10日作出（2015）延中民三初字第956号民事裁定承认大韩民国水原地方法院（2015）第3539号判决。法院审理认为，本案所涉房屋系朴某某个人出资所购得，其所有权的取得符合《婚姻法》第18条第5项规定，故原告诉请判令其所购买的房屋应认定为个人财产的主张成立，法院予以支持。吉林省延边朝鲜族自治州中级人民法院民事判决书，（2015）延中民三初字第973号。

〔2〕 王某与佟谋离婚纠纷上诉案案情：王某与佟某于1978年在中国结婚，1994年王某到美国留学，并在美国工作至今。2014年王某在北京市海淀区人民法院提起诉讼，提出离婚并分割位于北京市海淀区住房一套。佟某主张王某在美国购买了一套住房和两辆轿车，双方在中国和美国的财产归各自所有。一审庭审王某拒绝向法院提供其在美国的财产情况，提出在美国的财产应适用美国法律。一审法院审理认为，王某与佟某分居长达20年，致夫妻感情淡漠，现双方均表示离婚，准许离婚。考虑双方各自生活现状，根据便利于生活的原则进行分割，在中国的房子归佟某所有，在美国的房产由王某所有。王某不服一审判决上诉到北京市第一中级人民法院，并在二审期间提交了关于美国房产的相关证据，二审法院认为，王某与佟某在北京登记结婚，佟某在北京居住，双方共同财产在北京，虽然王某长期在美国生活，但其在我国法院提起离婚诉讼，故因离婚案件而引起的法律纠纷，适用我国法律。对于房屋的价值，王某在一、二审期间均未能提交有效证据予以证明，对此其应承担不利后果。综合考虑，北京的住房归佟某，美国的房产相关权利由王某所有。北京市第一中级人民法院民事判决书，（2015）一中民终字第01007号。

证，形式、来源合法，予以认定。但邹某要求分割的房产在意大利，因诉争房产系国外不动产，根据《法律适用法》第 36 条之规定，不动产物权，应适用不动产所在地法律，故本案不予处理。[1]

从以上案例可以看出，夫妻财产分割的法律适用大致分为以下几种情形：①对夫妻财产进行动产与不动产区分，不动产适用《法律适用法》第 36 条确定准据法，动产适用第 24 条确定准据法。②适用《法律适用法》第 24 条规定选择法律，以当事人属人法为准据法。穷尽《法律适用法》第 24 条规则仍然无法确定准据法，适用《法律适用法》第 2 条规定的最密切联系原则确定准据法。③对中国境内和国外的不动产不作区分，适用《法律适用法》第 27 条一并处理。④对中国境内和国外的不动产进行区分，中国境内的不动产适用《法律适用法》第 36 条规定适用中国法律，位于国外的不动产不作处理，告知当事人另行起诉。⑤《法律适用法》第 24 条和第 36 条一并适用。

现代社会国家的法制应当是统一的，法制统一的标志之一是相同的案件适用相同的法律作出相同的判决。我国涉外离婚夫妻财产分割的法律适用极不统一，其原因既有立法方面，也有理论方面，还有司法实践方面。从立法方面来看，《法律适用法》未对第 24 条、第 27 条、第 36 条适用范围作出明确界定，三规则之间的边际未以法律的方式予以明晰，这是这三条规则被越界适用的基础；从理论上看，我国夫妻财产关系法律适用是采用的同一制，即不区分动产和不动产，适用同一法律，还是采用的区别制，即不动产适用不动产所在地法，动产适用当事人属人法，并没有作出令人信服的阐释，对夫妻财产关系中不动产物权属性是应当敛抑还是应当张扬并没有给予合理的解释，致使三条规则的适用缺乏必要的理论指导。立法缺漏和理论缺失造成司法实践中法官自由裁量的泛滥，法官凭借个人的法律意识选择法律适用规则援引准据法，并以此确定当事人之间的权利义务。

涉外离婚诉讼涉及不动产物权分割，首要问题是识别，案件性质是定性为夫妻财产关系还是定性为不动产权属争议，在夫妻财产关系与不动产权属争议竞合情况下，只能选择一个诉因，或是夫妻财产关系，或是不动产权属争议，不能在同一诉讼中，将案件所涉及的法律问题都列为诉因。当定性案件性质为夫妻财产关系时，夫妻财产关系中的不动产物权属性即被夫妻财产关系所吸

---

[1]　浙江省青田县人民法院民事判决书，（2011）丽青温民初字第 15 号。

收，成为夫妻财产关系的组成部分。夫妻财产关系中的不动产物权具有强烈的身份性，应由夫妻财产关系的法律适用规范调整而非物权法律适用规范调整。司法实践中，并非所有法官都未认识到夫妻财产关系中的不动产物权属于夫妻财产关系的一部分，但出于对不动产特殊性的畏惧心理，保守地认为不动产适用其所在地法律支配更为妥当，因而将不动产从夫妻财产关系中分离出来，放弃《法律适用法》第24条的适用，成为"不动产所在地法原则"的拥趸。

我国立法虽然没有明示夫妻财产关系采用同一制，不区分动产与不动产，适用同一法律，但结合《法律适用法》相关法条来解读，不难发现《法律适用法》采用夫妻财产关系适用同一法律的立场。以涉外继承法律适用为例，世界各国采用同一制与采用区别制平分秋色，各据半壁江山，《法律适用法》态度明确，第31条规定采用区别制。而《法律适用法》第24条只字未提夫妻财产关系中的不动产的法律适用，在法律解释上只能理解为我国立法对于夫妻之间的财产关系是统一适用法律，而非分割适用法律。[1]

充分肯定夫妻财产关系中不动产物权具有身份的从属性，是夫妻之间的内部物权关系，应当由支配夫妻财产关系的法律适用规范支配，符合夫妻财产关系法律适用国际立法趋势。1978年海牙《夫妻财产制法律适用公约》第3条第1款规定，婚姻财产制度由夫妻双方婚前指定的"①指定时夫妻一方国籍国的法律；②指定时夫妻一方惯常居所所在国的法律；③夫妻一方婚后设定新惯常居所的第一个国家的法律"调整。第2款规定，"据此指定的法律适用于他们的全部财产"。第3款规定，但夫妻双方不论有无依照上述各款指定法律，均可以指定不动产的全部或一部适用该不动产所在地法律，也可以指定适用以后可能取得的任何不动产所在地法律。该公约第4条规定，"如果夫妻双方婚前未指定适用的法律，其婚姻财产制度应当适用夫妻双方婚后共同设立的第一个惯常居所所在国的国内法"。《夫妻财产制法律适用公约》对夫妻财产关系的法律适用规定得十分明确，即夫妻财产关系首先适用当事人选择的法律，该法律适用范围及于夫妻全部财产；当事人可以协商采用区别制，不动产选择适用不动产所在地法律；当事人未选择应适用的法律，适用婚后第一个惯常居所地法律，该法律同样适用于夫妻所有财产。《法律适用法》第24条是借鉴

---

[1] 宋连斌、陈曦："《涉外民事关系法律适用法》第24条的司法应用——基于48份公开裁判文书的分析"，载《国际法研究》2018年第1期，第91页。

《夫妻财产制法律适用公约》制定的，由此可以得出符合逻辑的推定，我国夫妻财产关系的法律适用采用的是同一制。

第六节　涉外收养法律适用及理论探讨

涉外收养又被称为跨国收养或国际收养，是指收养人和被收养人具有不同国籍，或者住所、经常居所地位于不同国家，收养人将被收养人领养为自己的子女，从而建立拟制的父母子女关系的法律行为。跨国收养的兴起源于第二次世界大战以后加拿大收养英国的战争孤儿，后来发展成为民间收养。一般情况下，收养都是成年人收养儿童，随着老龄化社会的来临，日本等国家已经允许收养老年人和成年人，收养的外延不断扩展。如今跨国收养已经成为一种普遍的现象，除葡萄牙、巴拉圭、危地马拉及某些伊斯兰国家禁止涉外收养外，世界上大多数国家允许涉外收养，并建立了涉外收养制度。

世界各国政治、经济、文化及伦理观念、风俗习惯和地理环境等方面的不同，收养的实体法规定也千差万别，在涉外收养过程中不可避免地会产生法律冲突。涉外收养冲突的解决，英美法系国家主要从管辖权入手，由有管辖权的法院判决或由行政主管机关适用法院地法或行政机关所在地法裁决，这种做法通常称为"管辖权的处理方式"。与此种模式相反，大陆法系国家采用"冲突法的处理方式"，通过法律适用规范来解决跨国收养的法律适用或准据法问题。[1]

一、涉外收养法律冲突

涉外收养可分为收养成立、收养效力和收养关系解除三个方面。涉外收养成立必须符合法律规定的形式要件和实质要件。涉外收养的形式，国际社会通行的方式是机构送养，有的国家允许个人送养，有的国家采用机构送养和个人送养混合制度。收养的实质要件包括收养人条件、被收养人条件和送养人条件，其中以收养人条件为首要。有的国家要求收养人无子女，包括未婚无子女、已婚因生理缺陷无子女和尚未生育子女，有的国家无此要求；各国都要求收养人必须具备抚养被收养人的经济能力，具有良好的品行，但具体要求又有

---

〔1〕　蒋新苗："国际收养准据法的选择方式"，载《法学研究》1999 年第 1 期，第 40~41 页。

所不同；收养人的年龄，多数国家要求在 30 周岁至 40 周岁之间，总体看来各国有降低收养人年龄的发展趋势；收养人与被收养人之间的年龄差，各国法律都作了规定，从 10 岁到 30 岁不等。《法国民法典》第 344 条规定年龄差为 15 岁，被收养人为其配偶子女时，相差 10 岁亦可；瑞士法律规定年龄差为 16 岁以上；德国法律规定年龄差为 18 岁以上；英国法律规定年龄差为 21 岁以上；有的国家要求无配偶的男性收养女童，收养人与被收养人的年龄差须在 40 岁以上，有的国家无此要求。被收养人的条件各国法律也都作了规定，主要是因各种原因失去亲生父母，或被亲生父母遗弃，或因生父母无抚养能力的婴幼儿童，被收养人被收养的年龄上限，有的国家作了规定，有的国家不作规定，《中华人民共和国收养法》（以下简称《收养法》）规定被收养人为不满 14 周岁的未成年人。

涉外收养，收养人和被收养人都有一个相互适应的心理过程，因此，近年来一些国家对涉外收养的成立提出了新的标准，不仅要求需符合法定条件，还要求给收养当事人留出适当的试养期，英国、美国和少数拉丁美洲国家对此已付诸实践。这些国家在立法中将收养分成两个阶段：第一阶段由法院决定儿童是否适合于收养；第二阶段是被收养人与预期养父母共同生活，经过一段时间磨合，被收养人与收养人彼此适应，收养关系正式成立。试养期的期限各国规定的不等，通常为 6 个月到 1 年，少数国家规定为 2 年，由于试养期制度的设立需要耗费大量的人力、物力和财力，一些发展中国家因经济条件的限制难以维持，从而使该机制的推广受到了来自儿童送养国的强大阻力。我国是当今世界少数坚决反对实行试养期的国家之一。

收养效力是指涉外收养有效成立后收养人、送养人及被收养人之间具有的身份及权利义务关系。中国、日本等国家实行完全收养制，收养关系有效成立后，养子女与其生父母的关系随之解除；法国、意大利、罗马尼亚、阿根廷等一些国家除规定完全收养制以外，还采用不完全收养制，收养关系成立以后，养子女与其生父母之间仍保留一定的权利义务关系，当事人可以选择采用完全收养制或不完全收养制。

收养关系的解除分为协议解除和法定解除。协议解除是指双方当事人协商解除养父母与养子女之间的收养关系。被收养人为无民事行为能力人或者限制民事行为能力人，由其送养人作为法定代理人作出收养终止的意思表示。法定解除是指一方当事人要求解除收养关系，另一方当事人不同意解除，提出解除收养关系一方当事人提起诉讼，法院根据法律规定依法解除。法定解除收养关系的原因主要是收养人不履行收养义务，虐待、遗弃被收养人，侵害被收养人的合法权益；养父母与养子女关系恶化，无法共同生活。

二、涉外收养的法律适用

（一）形式要件的法律适用

涉外收养形式要件法律适用，多数国家根据"场所支配行为"原则适用收养成立地法；少数国家认为收养与人的身份密切相关，主张收养形式要件适用属人法。有的国家不区分收养的实质要件与收养形式要件，规定适用同一法律，如 1939 年《泰国国际私法》第 35 条规定，养亲与养子女同一国籍时，收养依其本国法，不同国籍时，收养的能力及要件，依各当事人本国法。1998 年《突尼斯国际私法典》第 53 条规定，收养的要件由收养人和被收养人各自的属人法支配。有的国家规定适用收养人本国法，本国法不允许收养，适用收养地法律，如 1964 年《捷克斯洛伐克国际私法及国际民事诉讼法》第 26 条规定，收养适用收养人本国法，收养人双方国籍不同时，适用收养人各自的本国法，收养人本国法不准收养或收养条件严格时，如收养人夫妇双方或一方长期居住在捷克斯洛伐克社会主义共和国境内，适用捷国法。有的国家规定收养适用收养人本国法，兼顾被收养人、送养人、收养成立地法律，如 2006 年《日本法律适用通则法》第 31 条规定，收养依收养当时的养父母的本国法。如果养子女本国法规定，收养关系成立以养子女或第三人的承诺或同意、公机关的许可或其他处分为要件时，则应具备其要件。

（二）收养实质要件的法律适用

多数国家法律规定收养实质要件适用当事人属人法，但具体规定有所不同。①适用收养人属人法。收养关系成立后，收养人承担抚养、教育被收养人的责任和义务，收养人的利益应予保护，故依收养人属人法决定收养的实质要件。2004 年《比利时国际私法典》第 67 条规定，通过收养建立的亲子关系适用收养人在收养关系建立时的本国法或收养人夫妇双方在收养关系建立时具有相同国籍的国家的法律。②适用被收养人属人法。收养制度是为保护被收养人利益设立，依被收养人属人法有利于保护被收养人的利益。1991 年《加拿大魁北克民法典》第 3092 条第 1 款规定，"对收养子女的同意与批准的有关规则，应依该子女的住所地法确定"。③分别适用收养人和被收养人各自属人法。

收养关系的成立同时影响收养人和被收养人的身份和利益，适用他们各自或双方的属人法，这样对双方的情况都能顾及，还能收减少"跛足收养"之效。从实际情况看，采用该原则的国家居多。1982 年《土耳其国际私法和国际诉讼程序法》第 18 条第 1 款规定，"收养的能力和条件适用收养时当事人各自的本国法律"。④重叠适用收养人和被收养人双方的属人法。跨国收养涉及收养人和被收养人权益，应当从严掌握。1980 年《多哥家庭法典》第 711 条第 1 款规定："收养的条件分别适用收养人和被收养人的本国法。双方都涉及对方国家法律的，应同时满足对方国家法律的要求"。

收养实质要件适用法院地法。英美法系国家多规定应依法院地法决定收养的条件。1926 年英国颁布收养法，承认跨国收养，跨国收养由英国法院管辖时，法院发出收养命令，收养适用英国法。如果收养人不在英国，法院无权发出收养命令。收养人的住所和居所均应在英国，如果仅其住所在英国，居所在外国，法院无管辖权。1975 年，英国法院收养管辖权的确定宽松了一些，只要收养人或被收养人在申请收养时在英国，英国法院就有管辖权，可以发布收养令。[1] 1971 年美国《冲突法重述（第二次）》第 289 条规定，"法院适用其本地法决定是否准许收养"。

收养实质要件适用支配收养人婚姻效力的法律。一些国家对于夫妻一方或双方收养子女，规定适用支配其婚姻效力的法律。2010 年《德国民法施行法》第 22 条规定，子女的收养适用收养人在收养时的所属国法律，通过夫妻一方或双方进行的收养，适用第 14 条第 1 款所规定的依支配婚姻一般效力的法律。法国、罗马尼亚、塞内加尔、多哥等国家与德国一样，都将属人法规定为支配婚姻效力的法律。

（三）收养效力的法律适用

涉外收养效力的法律适用，各国立法、理论学说与实践中的主要分歧是适用收养人属人法还是适用被收养人属人法抑或适用法院地法。[2] ①适用收养人属人法。收养关系成立后被收养人要到收养人国籍国或住所地国与收养人共同生活，适用收养人属人法，能有效保护收养人的利益。1978 年《意大利民法典》第 20 条规定，收养人和被收养人之间的关系，适用收养人收养时的本

---

〔1〕 左银刚："论涉外收养的法律适用"，载《湖北警官学院学报》2013 年第 8 期，第 78 页。
〔2〕 唐表明：《比较国际私法》，中山大学出版社 1987 年版，第 273~275 页。

国法。1979年《匈牙利国际私法》第44条规定，收养的法律效果适用收养时的收养人属人法，如果养父母收养时的属人法不同，适用他们最后的共同属人法，如果不曾有过共同属人法，则适用收养时的共同住所地法，如果没有共同住所，适用法院地法或其他机构所在地法。②适用收养人和被收养人各自或者共同属人法。1998年《委内瑞拉国际私法》第25条规定："收养有效性的实质要件，适用收养人与被收养人各自住所地法"。③适用支配收养人婚姻效力的法律。法国、德国、奥地利、罗马尼亚、多哥、土耳其等国家规定，夫妻双方共同收养子女的效力，依支配其婚姻效力的法律，这些国家支配婚姻效力的法律大都是属人法。

（四）涉外收养关系解除的法律适用

涉外收养关系解除出现的概率很小，因而很多国家立法未规定涉外收养解除的法律适用，理论研究对此问题很少关注。涉外收养关系解除是涉外收养的组成部分，研究其法律适用实有必要。在制定涉外收养关系解除法律适用的国家中，多数国家规定适用属人法，也有规定以属人法为主，辅之以其他法律。涉外收养关系解除之所以适用属人法，其原因与涉外离婚如出一辙，认为这是一种身份关系的解除。各国虽然规定涉外收养关系解除适用属人法，但适用何种属人法，存在差异。①适用收养人属人法。2001年《韩国国际私法》第43条规定，"收养及其解除适用收养当时养父母的本国法"。②适用收养人与被收养人各自的属人法。2009年《奥地利关于国际私法的联邦法》第26条规定，收养及终止收养关系的要件，依照收养人各自的属人法及被收养人子女的属人法判定。③适用收养人与被收养人的共同属人法。1999年《斯洛文尼亚共和国关于国际私法与诉讼的法律》第46条第1款规定，"收养与终止收养的前提条件，依收养人与被收养人的共同属人法"。④涉外收养的解除适用与涉外收养成立和支配婚姻效力相同的法律。2005年《保加利亚共和国关于国际私法的法典》第84条第6款规定，"收养的解除，依第1款、第2款和第4款规定的适用于收养条件的法律"；[1] 第7款规定，"除第6款规定的解除收养外，

----

〔1〕 2005年《保加利亚共和国关于国际私法的法典》第84条规定，①收养的条件，依提出收养申请时收养人和被收养人的国籍国法。②如果收养人和被收养人国籍不同，适用其中一方的本国法。③如果被收养人为保加利亚国民，收养应取得司法部的许可。颁发同意由外国人收养保加利亚国民的许可证的条件和程序，依司法部的有关规定。④如果被收养人为保加利亚国民，惯常居所所在另一国家的（具有保加利亚或外国国籍）收养人但其也必须满足该另一国法律规定的收养条件。

收养终止的原因，依第 5 款规定的适用于收养的效力的法律"。[1] ⑤意思自治原则和最密切联系原则被引入涉外收养解除领域。新近出现了这种独树一帜的立法。

三、我国的涉外收养与涉外收养的法律适用

（一）我国涉外收养的立法与实践

中国近代大规模的涉外收养发生在抗日战争结束后，5000 多名战争遗孤为勤劳善良的中国人收养。这次大规模的收养未有法律依据，未经法律程序，形成事实收养。[2] 中华人民共和国成立初期，出现过少量的涉外收养，对于这些收养案件，主要适用国家政策、内部指示以及参考最高人民法院有关涉外收养的司法解释办理，类推适用 1950 年《婚姻法》第 13 条、1980 年《婚姻法》第 20 条规定。

1978 年以前，我国严格限制外国人在华收养子女。实行改革开放政策以后，涉外收养工作逐步展开。1985 年，中国首次批准一位来华旅游者在广东收养一名女婴，之后，打开了外国公民来华收养的大门。自 1989 年以后，中国的涉外收养呈现突飞猛进的势头，收养人不仅有在中国居住的外籍教师、留学生和工作人员，更多的是居住在国外的外国人来华收养中国儿童，中国的涉外收养数量迅速增加，最高年份送养量接近 2 万人。在涉外收养数量不断增加的同时，收养人的范围也不断扩大，美国、加拿大、瑞典、挪威、丹麦、芬兰、荷兰、英国、比利时、西班牙、澳大利亚和新加坡（中国 1991 年颁行《收养法》后，新加坡因与中国法律有冲突不允许办理新加坡人收养中国儿童的涉外收养，2004 年 4 月 1 日重新恢复中国与新加坡之间的收养）等国家的公民有在中国收养的实践。美国是领养中国孤儿最多的国家，美国国务院统计的数据显示，从 1999 年到 2020 年，美国家庭收养的中国儿童接近 10 万人，其中 85% 是女孩。

为了规范涉外收养秩序，我国开始了涉外收养的法制建设。1982 年司法部制定了《办理收养子女公证试行办法》，规范了涉外收养公证工作。1991 年 12

---

[1] 2005 年《保加利亚共和国关于国际私法的法典》第 84 条第 5 款规定，收养的效力，依收养人和被收养人的共同本国法。如果其国籍不同，适用其共同的惯常居所地国法。

[2] 蒋新苗："中国涉外收养法律适用问题探析"，载《环球法律评论》2005 年第 6 期，第 738 页。

月 29 日《收养法》颁布，初步建立起我国的收养制度，改变了涉外收养无法可依的状态。1993 年 11 月 10 日，司法部、民政部发布的《外国人在中华人民共和国收养子女实施办法》，具体规定了外国人在我国收养子女的程序。1998 年全国人大常委会对《收养法》进行了修订，1999 年民政部对上述《实施办法》进行修订，并将其更名为"外国人在中华人民共和国收养子女登记办法"，进一步完善了我国的涉外收养制度。

2005 年，中国收养中心成立，该中心受中国政府委托，负责涉外收养具体事务，承担社会福利机构儿童养育和国内收养部分具体工作。

2005 年 9 月 17 日，中国代表团向《跨国收养方面保护儿童及合作公约》保存国（荷兰）外交部正式递交了中国政府批准加入海牙公约的文书，并于 2006 年 1 月 1 日正式成为第 67 个成员，进一步扩大中国在公约基础上与世界其他各国在跨国收养方面的合作力度和范围。我国目前已经与澳大利亚、比利时、加拿大、丹麦、芬兰、法国、冰岛、爱尔兰、新西兰、荷兰、挪威、新加坡、西班牙、瑞典、英国、美国和意大利 17 个国家建立了涉外收养合作关系。

（二）我国涉外收养法律适用立法与实践

1. 我国涉外收养法律适用立法

随着我国涉外收养规模扩大，数量增加，涉外收养法律适用立法提到议事日程。1998 年《收养法》首次以法律的形式规定了"外国人依照本法可以在中华人民共和国收养子女。外国人在中华人民共和国收养子女，应当经其所在国主管机关依照该国法律审查同意"[1]。1993 年 11 月 10 日，经国务院批准由司法部、民政部发布的《外国人在中华人民共和国收养子女实施办法》（现已失效）又以行政规章形式规定："外国人在中华人民共和国境内（以下简称在华）收养中国公民的子女适用本办法。收养人夫妻一方为外国人的，在华收养中国公民的子女，也应当依照本办法办理"（第 2 条）；"外国人在华收养子女，应当符合收养法的规定，并不得违背收养人经常居住地国的法律"（第 3 条）。我国以法律的形式规定允许外国人在我国收养子女，要求重叠适用我国法律和收养人经常居住地国法律，平等保护收养人和被收养人权益。1999 年民政部修订《外国人在中华人民共和国收养子女实施办法》，将第 3 条修改为："外国人在华收养子女，应当符合中国有关收养法律的规定，并应当符合收养

---

[1]《收养法》第 21 条。

人所在国有关收养法律的规定；因收养人所在国法律的规定与中国法律的规定不一致而产生的问题，由两国政府有关部门协商处理。"该条做了两处修改，一是"收养人经常居所地国"修改为"收养人所在国"，变更了连接点。这一修改受到学者的批评，"不仅毫无进步，甚至还是一种倒退。因为'所在国'这一非法律术语含混不清，使人难以把握"。[1] 二是我国与外国的法律冲突通过政府之间的协商解决。

2010 年《法律适用法》对涉外收养的法律适用作出了较为全面的规定，该法第 28 条以 3 句话对收养的形式要件、实质要件、收养效力和收养关系解除作了规定，"收养的条件和手续，适用收养人和被收养人经常居所地法律。收养的效力，适用收养时收养人经常居所地法律。收养关系的解除，适用收养时被收养人经常居所地法律或者法院地法律"。《法律适用法》沿袭了《外国人在中华人民共和国收养子女实施办法》的规定，不区分涉外收养的形式要件和实质要件，重叠适用收养人和被收养人所在国法律。该款规定在属人法的适用上与各国立法保持了一致，但收养条件和手续以重叠性法律适用规范作出规定还是罕见。2020 年发布的《民法典》第 1109 条再次采用重叠性法律适用规范对涉外收养法律适用作出规定，"外国人依法可以在中华人民共和国收养子女。外国人在中华人民共和国收养子女，应当经其所在国主管机关依照该国法律审查同意"。我国之所以对涉外收养法律适用作出了严格规定，是因为我国的涉外收养基本上是外国人收养中国儿童，中国是世界上最大的儿童送养国，中国人收养外国儿童的情况属于特例。为了维护被收养人的切身利益，涉外收养从严控制。

收养效力适用收养时收养人经常居所地法律的规定有其合理性。收养关系成立后，被收养人要跟随养父母生活，多数被收养人要跟随养父母到外国生活，适用收养时收养人经常居所地法律，收养人的利益能够得到维护，体现了法律适用的公正性。

收养关系的解除，适用收养时被收养人经常居所地法律或者法院地法律，有利于维护被收养人的利益，符合《法律适用法》保护弱者利益原则。我国《收养法》第 26 条第 1 款规定："收养人在被收养人成年以前，不得解除收养

---

〔1〕 蒋新苗："中国涉外收养法律适用问题探析"，载《环球法律评论》2005 年第 6 期，第 741 页。

关系，但收养人、送养人双方协议解除的除外，养子女年满十周岁以上的，应当征得本人同意。"该条规定的立法意图十分明确，就是要确保收养关系的稳定性，涉外收养关系一经成立，不可轻易解除。

2. 我国涉外及与台湾地区有关的收养法律适用实践

我国的涉外、涉台收养限于未成年人，实行完全收养，收养关系一经成立，被收养人大都被收养人带回本国（地区）或者带到其生活中心所在地，与送养人的联系中断，因此很少发生争议，即使发生争议，通过诉讼程序解决的也很少，实践未给理论研究提供足够的案例。现在收集到的案例也是发生在《法律适用法》实施之前。

在台湾地区居民宋万福解除收养关系案中，[1] 收养人宋万福否定收养关系成立，送养人主张收养关系成立，收养人与送养人持不同观点，除利益因素外，适用何法域法律作为准据法也是重要原因。本案发生时，大陆尚无相关收养法律适用规范，实践中在大陆成立的收养关系适用我国法律，故受案法院认为，收养人、送养人系成年人，被收养人系未成年人，符合法律规定的收养条件。收养人已经履行了收养法定手续，收养关系已正式成立，具有法律效力，应予以确认。宋万福以台湾地区有关规定为依据否定收养关系的存在。1953年台湾地区发布的"涉外民事法律适用法"第 54 条第 2 款规定"收养及其中止之效力，依收养者之本国法"，根据这一规定，应当适用台湾地区有关规定。本案中法院没有明晰适用何法域的规定，但从法院对收养关系成立的论证来看，本案适用的是我国法律。

---

〔1〕 台湾居民宋万福收养案案情：台湾省居民宋万福的原籍在辽宁省抚顺市农村，1949 年随国民党军队撤至台湾，后在台湾定居、结婚。宋万福婚后无子女，其妻在台湾病逝后，宋万福孑然一身。1991 年，宋万福回大陆探亲时经人介绍收养一子，并在养子所在地的民政部门办理了收养手续。宋万福带养子回到台湾，发现其有先天性心脏病，遂反悔，否认他与养子之间的收养关系成立。为此，宋万福与养子的亲生父母发生争执，诉至法院。法院经调查认为，收养人、送养人系成年人，被收养人系未成年人，符合我国法律规定的收养条件。收养人已经履行了收养法定手续，收养关系已正式成立，具有法律效力，应予以确认。宋万福否定收养关系存在，与事实不符，有悖法律。但送养人未向收养人如实告知其儿子的身体情况，隐瞒被送养人患有心脏病，亦是事实。法院从实际情况出发，对本案予以调解，解除了宋万福与养子之间的收养关系。

王良辉请求解除与收养人王善满夫妇收养关系案，[1] 涉及应否立案、法律适用等问题。王善满夫妇买下王良辉抚养成人这一事实是否构成收养关系，不能脱离历史条件来判定。本案中，没有送养人，没有收养协议，没有履行收养手续，不具备收养的形式要件和实质要件，不构成法律上的收养，所形成的是事实收养。事实收养是否受法律保护，应当适用 1947 年的法律做出判断。

王良辉提出解除收养关系是采取不变主义适用收养关系成立时的法律，还是采取可变主义立场，将本案比照涉外案件，依据法律适用规范确定准据法，依据准据法作出裁决，这是需要解决的法律问题。本案虽然没有选择法律过程，从法院判决来看，采取的可变主义，适用了我国法律。

王良辉提起诉讼时，本案中的收养人已经死亡，法院依特别程序受理案件。法院是否应当依特别程序受理涉外收养案件是争议的焦点之一，因为《中华人民共和国民事诉讼法》对适用特别程序的案件范围有明确规定。本案的立案、法律适用、审理程序等环节，都是法官行使自由裁量权作出的决定，其目的是为王良辉亲属赴台铺平道路，为台胞创造团聚的条件，本案的政治意义远远超过法律意义。事实上，本案不必过度使用自由裁量权，法院裁定不予立案即可。在阐述不予立案的理由时，说明王良辉的养父母已经去世，收养关系已自行终止，无须解除。这样既符合我国的法律规定，维护了我国法律的严肃性；又阐明了本案的法律事实，满足了台湾当局对王良辉随迁子女的程序要求，解决了王良辉的实际困难。

---

〔1〕 王良辉原名叫赖运顺，出生于台湾省彰化县员林镇三格里三桥街。1947 年夏，时年 6 岁的王良辉被人口贩子从彰化县拐卖到大陆，由原福建省晋江县石狮镇宽仁街王善满、蔡殊治夫妇买下作养子。收养人王善满、蔡殊治夫妇先后于 1973 年 9 月 9 日、1976 年 8 月 1 日分别去世。1988 年，王良辉获知幼时被拐卖至大陆的身世。1991 年间，经海峡两岸有关部门的批准，王良辉夫妇偕同长子、次女一行四人返台湾省故里定居，尚留长女（已婚）及外孙在大陆。台湾省当局要求王良辉须持有由大陆人民法院裁定许可申请人终止与原养父母的收养关系的法律文书，方准其尚在大陆的子女等其他直系血亲去台定居。故王良辉向石狮市人民法院提起诉讼请求终止收养关系。石狮市人民法院审理认为，收养人已去世，收养人王善满、蔡殊治与被收养人王良辉之间收养关系也即消失，不再发生收养关系解除、终止的问题。石狮市人民法院依照《中华人民共和国民事诉讼法》第 137 条第 1 款第 4 项的规定裁定本案终结诉讼。福建省石狮市人民法院民事判决书，（1996）狮法特字第 001 号。

第七节　涉外扶养法律适用及理论探讨

一、涉外扶养的法律冲突与法律适用

扶养是指基于身份关系，在一定的亲属间，强者给予弱者经济上扶助、生活上照料和精神上慰藉的法律制度。广义的扶养包括父母子女之间的扶养、夫妻相互之间的扶养以及其他有扶养关系的人之间的扶养；狭义的扶养多指父母对未成年子女的抚养。扶养关系诸要素之一具有涉外因素，即是涉外扶养。

（一）涉外扶养法律冲突

涉外扶养法律冲突表现在多个方面，从扶养主体范围来看，夫妻之间相互扶养、父母对未成年子女抚养和子女对老年父母赡养古往今来为扶养通例，直系血亲、直系姻亲及旁系血亲之间如何确定扶养主体范围则带有明显的地域性和历史性。我国法律规定的扶养主体是夫妻之间、父母子女之间、祖孙之间及兄弟姐妹之间；扶养义务除配偶、父母子女、祖父母、外祖父母和孙子女、外孙子女互负抚养和赡养的义务外，有负担能力的兄姐对未成年弟妹也有扶养的义务。美国、英国等国家法律规定扶养义务限于父母子女、夫妻之间，不适用姻亲关系及其他亲属，扶养主体范围较窄。

各国法律对涉外扶养成立的条件、被扶养人的年龄大小、经济状况、精神状况以及扶养人的经济条件等事项规定的都不相同，尤其对成年被扶养人，有些国家规定被扶养人须既无劳动能力又无生活来源，有些国家规定被扶养人须生活困难，但不要求丧失劳动能力。

扶养义务人或扶养权利人为数人时，法律规定了履行扶养义务或行使扶养权利的先后顺位。在亲属关系中，一个人的身份角色往往是多重的，置身在不同的亲属关系中，必然在不同方位或享有受扶养的权利，或要承担扶养义务。法定的扶养主体范围多是一个混合的复数结构，一个扶养义务人可能面对多个扶养权利人，一个扶养权利人也可能面对多个扶养义务人，或者多个扶养权利人面对多个扶养义务人。针对这种客观存在的扶养主体复合结构，各国以不同的法律形式规定了扶养顺序。①概括模式。法律对扶养权利人、扶养义务人的顺序只作原则性规定，不作具体规定。《日本民法典》规定，扶养顺序由当事

人自行协议，协议不成或不能协议时由家庭法院确定。②列举模式。法律上对扶养权利人、扶养义务人的顺序分别给予具体明确的规定。《德国民法典》规定扶养义务人的顺序为：配偶；直系卑亲属；直系尊亲属；近亲先于远亲承担义务；同亲等的扶养义务人有数人时，依收入和财产状况分担义务。该法对扶养权利人的顺序规定为：配偶与未成年的未婚子女；未成年的未婚子女先于其他子女；子女先于其他直系卑亲属；直系卑亲属先于直系尊亲属。③法律不作明文规定，根据具体情况确定。法国等国家在亲属法上对扶养顺序采取回避态度，对扶养权利人、扶养义务人的顺序不作直接规定，在操作上则主要依据财力及其婚姻家庭的具体情况，由当事人自行协商，或由法院决定。我国现行法律对扶养顺序在表面上似乎没有规定，但在法条表述和相关条件设置上已潜在规定了顺位内容。

各国法律对扶养程度规定的不同。扶养程度是指扶养义务人给予扶养权利人提供的扶养水平或标准。各国法律规定，扶养程度主要由扶养权利人的需要和扶养义务人的经济能力及身份决定。由于各国的经济发展水平、社会生活水平不同，各国法律规定的扶养程度标准也不同，主要有以下几种规定：①确定性规定。1979 年《德国民法典》第 1610 条第 2 款规定，扶养包括供给全部生活的必需费用，包括学会某项职业所必需的培训费用，以及需要受教育者的教育费用、医疗、护理费用等。②概括性规定。《德国民法典》第 1610 条第 1 款规定，应给予的扶养标准，按贫困者的生活地位确定之，即适当的扶养；《法国民法典》第 208 条规定，扶养义务应斟酌扶养需求人的需要与扶养人的资力适当履行。③依协议确定扶养的程度，必要时由法院最后裁决。《日本民法典》第 879 条规定，关于扶养的程度，依当事人协议，协议不成或不能协议时，由家庭法院考虑扶养权利人的需要、扶养义务人的资力及其他有关情况予以确定。

各国法律规定的扶养方式有两种：一是直接扶养，即被扶养人同扶养义务人共同生活；二是间接扶养，扶养人定期支付扶养金，或提供实物以及定期的体力上的扶助，精神上的慰藉等。用何种方式进行扶养，主要由当事人自行协商，达不成协议时，才由法院确定。有少数国家还规定，有特别理由时，扶养义务人可以请求以其他方法进行扶养，《法国民法典》第 210 条规定，如扶养义务人证明其无力支付扶养费时，法院在了解原因后，得判令其接纳扶养请求人在其住所扶养。我国《婚姻法》对于扶养方式没有作出专门规定，只规定对不履行扶养义务的义务人，权利人有要求其履行义务的权利。

各国法律通常规定了扶养的法定终止和自然终止条件，但具体内容有很大差别。《德国民法典》规定权利人再婚、建立同性生活伴侣关系和权利人死亡为扶养请求权终止的三种原因，还规定了扶养请求权恢复的条件，确实保障生活困难一方的利益。我国 2001 年《婚姻法》第 42 条规定了"离婚时，如一方生活困难另一方应从住房等个人财产中给予适当帮助"的离婚经济帮助原则，最高人民法院对该条规定作了严格的司法解释，"一方经济困难"是指"依靠个人财产和离婚时分得的财产无法维持当地的基本生活水平"，"一方离婚后没有住处的，属于生活困难"。[1] 由于离婚经济帮助条件严苛，实践中很少适用。对于扶养请求权恢复制度，立法阙如。

（二）涉外扶养的法律适用

扶养与人的身份有密切联系，各国多依据属人法解决涉外扶养法律冲突。各国普遍认为设立扶养制度的目的在于维护被扶养人的利益，多数国家规定扶养适用被扶养人属人法。1979 年《匈牙利国际私法》第 47 条规定："亲属互相扶养的义务、条件、程序和方法，应依扶养请求权享有人的属人法确定"。有的国家以选择性法律适用规范规定扶养的法律适用，要求适用有利于被扶养人得到扶养的法律。1998 年《突尼斯国际私法典》第 51 条第 1 款、第 2 款规定："扶养义务由权利人的本国法或住所地法支配，或者由义务人的本国法或住所地法支配。法官应适用其中对权利人最有利的法律"。有的国家认为扶养制度的本体是扶养，适用扶养人属人法有利于扶养义务的履行。1982 年《土耳其国际私法和国际诉讼程序法》第 21 条规定："扶养义务适用义务人本国法"。

扶养纠纷多由离婚引起，因此有国家规定适用支配离婚的法律。1998 年《突尼斯国际私法典》第 51 条第 3 款规定："配偶间的扶养义务由离婚的准据法支配"。罗马尼亚、德国、加拿大魁北克等国家或地区，也规定离婚夫妻之间的扶养关系适用支配离婚的法律。

涉外扶养法律适用值得注意的问题是意思自治原则在该领域的渗透，国内外已有适用当事人选择的法律作为争议解决准据法的案例。1997 年荷兰高等

---

〔1〕《最高人民法院关于适用〈中华人民共和国婚姻法〉若干问题的解释（一）》第 27 条第 2 款。

法院在一个扶养案件中采纳了当事人意思自治。[1] 杭州市余杭区人民法院审理的切尔西·蒋、弗兰克·蒋诉被告蒋某抚养费纠纷案，双方当事人约定适用中国法律。法院审理认为，本案系涉外抚养费纠纷案件，蒋华与黄川（切尔西·蒋、弗兰克·蒋的监护人）在离婚协议书中约定了子女抚养费支付的相关内容及适用中华人民共和国法律，故根据《法律适用法》第 3 条、第 29 条之规定，以中华人民共和国法律为本案准据法。[2] 蒋华不服一审判决，提起上诉。浙江省杭州市中级人民法院审理认为，"原审判决认定事实清楚，适用法律准确，实体处理恰当"，驳回上诉，支持了一审法院适用《法律适用法》第 3 条选择法律的做法。[3]

二、我国涉外扶养法律适用的立法与实践

（一）我国涉外扶养的法律适用立法

我国涉外扶养法律适用的立法首见于 1986 年《民法通则》，该法第 148 条规定，"扶养适用与被扶养人有最密切联系的国家的法律"，该条规定高度概括，十分抽象，赋予法官高度的自由裁量权。为维护法制的统一，1988 年最高人民法院《民通意见》第 189 条对"有最密切联系"进行了司法解释，"父母子女相互之间的扶养、夫妻相互之间的扶养以及其他有扶养关系的人之间的扶养，应当适用与被扶养人有最密切联系的国家的法律。扶养人和被扶养人的国籍、住所以及供养被扶养人的财产所在地，均可视为与被扶养人有最密切的联系。"

从上述规定可以看出：①扶养适用最密切联系原则确定准据法，这与各国规定的适用当事人属人法的普遍做法显然不同，在立法上是一个创新。与扶养关系当事人有最密切联系的国家的法律，在很多情况下就是其属人法，但它又不限于当事人属人法，包括当事人住所地法、供养被扶养人的财产所有地法，可供法律选择的范围扩大。②《民法通则》第 148 条规定的"扶养"是指广义的扶养，涵盖父母子女相互之间的扶养、夫妻相互之间的扶养以及其他有扶养关系的人之间的扶养。将抚养、扶养和赡养作为统一的整体来规定应适用的

---

〔1〕 肖永平：《法理学视野下的冲突法》，高等教育出版社 2008 年版，第 434 页。
〔2〕 浙江省杭州市余杭区人民法院民事判决书，（2012）杭余民初字第 2827 号。
〔3〕 浙江省杭州市中级人民法院民事判决书，（2013）浙杭民终字第 3686 号。

准据法，操作起来简单、方便。③扶养适用与被扶养人（而不是扶养人）有最密切联系的国家的法律，使有利于被扶养人的法律能够得到适用，体现出对被扶养人利益的特殊保护。④《民通意见》第189条列举了与被扶养人有最密切联系的连接点包括扶养人和被扶养人的国籍和住所地，以及供养被扶养人的财产所在地，并未穷尽所有连接点，实践中可根据具体情况以与案件有最密切联系的连接点确定应适用的法律。

2010年《法律适用法》第29条在总结我国涉外扶养立法和实践经验的基础上对扶养的法律适用作出了规定，"扶养，适用一方当事人经常居所地法律、国籍国法律或者主要财产所在地法律中有利于保护被扶养人权益的法律"，使涉外扶养的法律适用明确、具体。与此前规定相比，可以看出该规定具有以下发展：①扩大了法律选择范围，被扶养人、扶养人的经常居所地法律、国籍国法律或者主要财产所在地法律均为可选择的法律；②将"与被扶养人有最密切联系地国家的法律"细化为"经常居所地法律、国籍国法律或者主要财产所在地法律"，限制了法官的自由裁量权；③认定涉外扶养是与人的身份密切联系的法律关系，法律适用应以属人法为主，与各国涉外收养法律适用接轨；④将意思自治原则引入涉外扶养领域，以有限意思自治方式允许在"一方当事人经常居所地法律、国籍国法律或者主要财产所在地法律中"选择法律；⑤以意思自治方式选择法律不是任意的，须以"有利于保护被扶养人权益"作为选择法律标准；⑥将扶养作为一个整体，统一适用一个法律，使操作灵活、方便，适应了扶养法律适用的发展趋势。

（二）我国涉外扶养的法律适用实践

《法律适用法》颁布后，我国各级法院审理涉外扶养案件时大都能通过法律适用规范援引准据法，适用准据法确定当事人之间的权利义务，这是我国涉外扶养案件司法的可喜进步。分析从中国裁判文书网和北大法宝网收集的30个涉外扶养案例，不无遗憾地说，难以见到案件定性准确、法律选择规范、法律适用充分说理、判决结果令人信服的案例。如此断言，基于以下剖析：

1. 扶养权与监护权混同，以抚养权代替监护权

扶养权与监护权是联系密切而性质不同的两种权利，二者的共同之处是基于亲权产生的具有身份性质的权利义务关系，二者的区别之处在于扶养权重在扶养权人对被扶养人的养育和扶助，监护权重在监护人对被监护人人身权利、财产利益和合法权益的监督、管理和保护。扶养权是指一定范围的亲属间相互

供养和扶助的法定权利义务，没有身份之分、辈分之别。平辈亲属间的扶养是指配偶之间及兄弟姐妹等平辈亲属之间相互供养和扶助的法定权利义务。我国的司法实践中，扶养权纠纷多为夫妻离异子女抚养权之争，致使扶养权事实上被理解为长辈对晚辈的抚养的权利。监护权是监护人对于未成年人、老年人和精神病人等无民事行为能力人和限制行为能力人的人身权利、财产权益和利益所享有的监督、保护的身份权，是监护人对被监护人合法权益实施管理、保护和养育的法律资格。监护权涵盖抚养权，只有在取得监护权之后才能享有抚养权。父母对子女的监护权是平等的，但夫妻离异之后，监护权只能由父母中的一方行使，另一方享有子女探视权。解决抚养权争议的前提条件是要明确监护权在离异父母之间由哪一方行使，之后再进行抚养权的分配。对于抚养权与监护权的关系，很多学者认为夫妻离异之后，父母对子女的监护权不受父母之间婚姻关系解除的影响，因为父母对子女的监护权是自然权利，属于亲权的一部分，与抚养权没有逻辑关系，丧失抚养权的一方仍然对子女拥有监护权。父母离异之后争夺的是子女的抚养权而不是监护权，父母任何一方对未成年子女都拥有法定监护权。正是由于这种理论指导，实践中抚养权与监护权混同，以抚养权代替监护权成为普遍现象，以致引发儿童诱拐案件。父母作为未成年子女的监护人享有平等的监护权，但监护权的享有与监护权的行使并不一致，夫妻离异之后对未成年子女的监护权只能由父或母一方行使，除非离异夫妻协商共同监护。夫妻离异之后对未成年子女的抚养为共同义务，行使监护权一方直接抚养被监护人，另一方间接抚养被监护人，承担抚养费用。

2. 错误适用法律适用规范现象普遍

涉外扶养的法律适用，《法律适用法》第 29 条作了明确规定，法院审理涉外抚养权或者抚养费争议案件，[1] 应当依据该条规定确定准据法。从收集到的 30 个涉外扶养案例来看，正确适用第 29 条选择准据法的有 10 个，错误适用《法律适用法》第 25 条选择准据法的有 15 个，同时援用《法律适用法》第 25 条和第 29 条选择准据法的有 2 个，同时援用《法律适用法》第 25 条、第 29 条和第 30 条选择准据法的有 1 个，错误援用《法律适用法》第 30 条选择准据法的有 1 个，未适用法律适用规范选择准据法径直适用中国法律的有 1

---

[1] 《法律适用法》实施后我国法院受理的涉外扶养案件，绝大多数是夫妻离异或者非婚同居产生的子女抚养权或者抚养费争议。

个。《法律适用法》第 25 条是解决父母与亲生子女、非婚生子女和养子女人身关系、财产关系的法律适用规范，该条规定与子女抚养有联系，但在《法律适用法》第 29 条对涉外扶养作了明确规定情况下，涉外抚养准据法应当依据第 29 条确定。涉外扶养案件当事人权利义务的确定，只能依据第 29 条选择准据法，不能援用多个法律适用规范选择多个准据法。涉外监护虽然涵盖涉外抚养，但在将案件定性为扶养权争议的情况下，应当援用《法律适用法》第 29 条确定准据法，而不应援用《法律适用法》第 30 条选择准据法。

3. "有利于被扶养人原则" 在实践中未得到落实

《法律适用法》第 29 条立法本意是要求法院在确定扶养案件的准据法时，分别对扶养人和被扶养人的经常居所地法、国籍国法或者主要财产所在地法进行考察和比较，从中挑选出最能够保护被扶养人权益的法律作为准据法，最大限度地维护被扶养人利益。这一立法在很大程度上借鉴了利弗拉尔 "较好的法律规范" 理论，在此基础上确立了 "有利于被扶养人原则"。"有利于被扶养人原则" 的实施对法官司法提出了极高的要求，法官适用这条法律适用规范确定准据法，首先要找出该条规范能够援引的各国法律，然后对不同国家的实体法进行对比，从而找出一个最有利于被扶养人的法律作为案件准据法。第 29 条规定适用 "一方当事人" 经常居所地法、国籍国法或主要财产所在地法中最有利于被扶养人的法律，而不是扶养权利方或者抚养义务方的法律，导致可援引的系属过多。如果双方当事人经常居住地、国籍或主要财产所在地不重合，能够出现六个系属，如果一方当事人是两人或两人以上且具有不同的经常居住地、国籍或主要财产所在地，系属数量将会更多。法官审理一起涉外扶养案件，要查明数个国家的法律，查明之后分别将这些法律适用于同一案件，分别得出不同的结果，之后对这些结果进行比较，从而确定有利于被扶养人的法律。如此法律适用大大增加了法官的工作量，法院也不堪重负。"有利于被扶养人原则" 脱离实际，致使《法律适用法》实施以来我国法院没有一起涉外扶养案件是依据 "有利于被扶养人原则" 确定准据法的。法官审理案件时，不对案件所涉法律进行比较，武断认为中国法律就是有利于被扶养人法律，造成 "有利于被扶养人原则" 在实践中落空。

第八节　涉外监护法津适用及理论探讨

一、涉外监护的法律冲突和法律适用

（一）涉外监护法律冲突

监护是指依法律规定对无行为能力人和限制行为能力人的人身、财产和权益进行监督和保护。监护制度源于《十二铜表法》中设立的监护与保佐制度，监护制度的对象是权利受到限制的自权人，主要为未成年人；保佐制度指对因特定原因而处于限制行为能力状态的人采取的扶助和保护措施，主要对象为精神病人和浪费人。[1] 罗马法中监护制度为各国承继，各国无不以法律形式对监护制度作出规定，各国监护制度有相同之处，也存在差异。早期监护制度的主要功能是为夫妻离婚后的未成年人提供保护，监护的种类为法定监护、指定监护。随着生活的发展，监护制度涵盖了成年人和老年人，监护的种类出现了委托监护、遗嘱监护、协议监护、共同监护以及轮流监护。监护制度虽然发展了，但离婚后未成年人监护仍然是监护制度的核心内容。传统的监护模式从"父位优先"到"母位优先"，本质特征是以父母一方的"单独监护"为主。"单独监护"能够减少父母离婚后因子女监护问题产生的摩擦和冲突，为子女提供稳定的生活环境，不足之处在于不享有监护权的一方无法参与孩子的成长。为克服"单独监护"弊端，20 世纪 70 年代美国创立了共同监护，允许夫妻在离婚后或分居后共同行使父母责任，通过抚养安排，被监护人与父母轮流居住一定的时间，监护不再以亲权为轴心，而由未成年人最佳利益确定，未成年人监护制度完成了从亲本位到子女本位的改变。美国现行的父母离婚后监护权行使方式主要有：①由父或母其中的一方单独行使的"单独监护"；②父母双方同时取得子女的监护权，但在时间上加以分配的"分配监护；"③父母双方同时取得子女的监护权，但在法律与身体监护上加以分配的"共同监护"；

---

〔1〕 王竹青、杨科：《监护制度比较研究》，知识产权出版社 2010 年版，第 1~2 页。

④父母双方各自对不同的子女取得单独监护的"分离监护"。[1] 共同监护出现后，引起广泛的社会关注，在欧洲各国迅速得到推广。以西班牙为例，2005年西班牙通过了《关于修改西班牙民法典和民事诉讼法有关离婚和分居规定的第 15 号法律修正案》，首次在西班牙法律体系引入共同监护，推定父母双方均平等地享有抚育子女的能力。[2] 2017 年《中华人民共和国民法总则》（以下简称《民法总则》）的一个亮点是完善了监护制度，在《民法通则》建立的监护制度基础上增加了遗嘱监护、协议监护、意定监护、临时监护、国家监护、监护撤销与终止等监护内容，从立法层面回应了不同民事主体对监护的需求，从法律上为全面有效地保护被监护人权益提供了法律依据，[3] 略有不足的是未将已被实践证明能够保障子女最佳利益的共同监护纳入法律之中。

各国法律对监护对象的规定可以分为对未成年人的监护和对成年人的监护。未成年人的监护一般是在未成年人被遗弃或父母死亡、宣告死亡、失踪、被剥夺亲权、被宣告为禁治产人、被判刑、患病等不能行使亲权时或在某些事务中无权代理未成年人时设立的监护。对成年人来说，一般不发生监护问题，但如成年人被宣告禁治产、精神病患者、酗酒者、丧失行为能力者、被宣告为无行为能力时，也设立监护。有的国家将对无行为能力人的监督和保护称为监护，对限制行为能力人的监督和保护称为保佐。1992 年 1 月 1 日德国施行《关于改革监护法和成年保佐法的法律》，废除禁治产宣告制度和成年人的监护、保佐制度，代之以"照管制度"，该法第 1896 条第 1 款规定，因"心理上的疾病或身体的、精神上或心灵上的残疾而全部或部分不能处理其事务"者，可以获得一名照管人，照管人的设置由监护法院为之。1999 年 12 月 1 日，日本国会通过四部成年人监护法律，[4] 废除禁治产、准禁治产宣告制度，设立了保护"因精神障碍，经常在欠缺事理认识能力的状态的人"的监护制度、行

---

〔1〕 王丽萍："美国离婚后的子女监护制度及其启示"，载《法学论坛》2008 年第 2 期，第 136 页。

〔2〕 李超："英国、西班牙离婚后子女共同监护制度比较研究及对我国的启示"，载《河南财经政法大学学报》2018 年第 2 期，第 27 页。

〔3〕 吴国平："民法总则监护制度的创新与分则立法思考"，载《中华女子学院学报》2017 年第 5 期，第 19 页。

〔4〕 日本 1999 年 12 月 1 日通过，2000 年 4 月 1 日起施行《关于修改民法的一部分的法律》《关于任意监护契约的法律》《关于伴随施行〈关于修改民法的一部分的法律〉修改有关法律的法律》《关于监护登记等的法律》四部法律。

为能力显然不足的人的保佐制度、行为能力不足的人的辅助制度。[1] 我国 2017 年《民法总则》扩大了被监护人的范围，建立了成年人监护制度，将成年被监护人的范围从《民法通则》规定的精神病人扩大到所有无民事行为能力人和限制民事行为能力人，使智力障碍者、失能老人等能够得到监护制度的保护。

各国法律关于监护人的资格，监护开始、监护内容、监护终止的规定不尽相同，以监护人资格为例，有的国家从否定的角度规定未成年人、禁治产人等不得作为监护人，破产人或处于破产存续期间中的破产者不得为监护人；有的国家从肯定的角度规定个人可以作为监护人，官方机构、社会团体亦可作为监护人。被指定或选定的监护人无正当理由能否拒绝接受担任监护人，各国法律规定不一致。德国法律规定法院选定的每一个德国人均应接受担任监护，被选定的人有接受选任的义务。关于监护人的人数，日本民法规定监护人为 1 人，法国、德国、瑞士等国家的法律没有监护人人数的限制。许多国家设立了监护人监督制度，不履行监护职责、侵犯被监护人合法权益、监护人出现明显失职时，监护监督人应该指正乃至处罚。日本、法国民法中都明确规定监护人在接管被监护人财产后，应对价值较高的动产和不动产进行清查，开列财产目录，并报相关的国家机关备案，以便接受监督。监护人实施一些重大的财产行为和涉及被监护人人身的措施时需要接受国家公权力部门的监督，或者需事先获得国家公权力部门的批准，防止监护权利滥用。我国《民法总则》未规定监护监督、被监护人财产目录制作等已被实践证明行之有效的保护被监护人制度。

（二）涉外监护法律适用

各国对监护制度保护的对象认识不同，因而对涉外监护法律适用规定不同。多数国家认为监护制度是为被监护人的利益所设，被监护人利益的保护为监护制度的初衷，适用被监护人属人法对被监护人的权益保护最为有利，因而主张监护适用被监护人属人法。2006 年《日本法律适用通则法》第 35 条规定，"後见，保佐或者辅助，依被後见人，被保佐人或者被辅助人本国法"。1978 年《奥地利国际私法》第 27 条第 1 款规定："监护与保佐的构成与终止的要件及效力，依被监护人属人法"。一些国家认为监护是一种义务，承担和

---

[1] 刘金霞："德国、日本成年监护改革的借鉴意义"，载《中国青年政治学院学报》2012 年第 5 期，第 119 页。

履行监护义务的监护人利益应当优先得到保护；监护人利益如果得不到有效保护，被监护人的利益保护将无从谈起，因而主张监护适用监护人属人法。1992年《罗马尼亚关于调整国际私法法律关系的第105号法律》第37条规定，接受和履行监护的义务适用监护人本国法。匈牙利、阿根廷等国也有类似规定。

监护除与被监护人和监护人人身密切联系之外，还关涉监护地国家的公共秩序和社会稳定，故有国家主张监护适用法院或监护机构的所在地法律。1972年《加蓬民法典》第39条规定："监护和各种（对个人保护的）措施，以及因此产生的身份与能力问题，均依加蓬法"。1996年《列支敦士登国际私法》第28条规定，"由列支敦士登法院指定的监护与托管及其效力，依列支敦士登法律"。

设立监护制度的初衷在于保护父母离异之后的未成年人特别是儿童的利益，因此多数国家规定适用被监护人属人法。但是，被监护人属人法的适用并不能保证每一起案件都能有效地保护被监护人的利益，实践提出了创新法律的要求。1939年《泰国国际私法》就出现了监护适用有利于被监护人条款，该法第32条第3款规定，"在泰国有住所或居所的外国籍未成年人，依其本国法设立监护组织和监督不能充分保护未成年人利益时，应依泰国法律设定监护"。泰国的立法确保了有利于被监护人法律的适用，因而为许多国家所借鉴。1979年《匈牙利国际私法》第48条第3款的规定是借鉴泰国立法的典型条款，"监护人和被监护人之间的法律关系适用作出监护命令的机关的本国法，如果被监护人居住在匈牙利，且匈牙利法律对被监护人比较有利，则应该适用匈牙利法律"。泰国、匈牙利是以有条件选择性法律适用规范调整涉外监护关系，缺乏灵活性，因此又有国家在泰国法律基础上创新，以无条件选择性法律适用规范规定监护适用有利于被监护人的法律，1998年《突尼斯国际私法典》第50条规定的"监护由离婚准据法支配，或者由儿童的本国法或住所地法支配，法官应适用其中对儿童最有利的法律"就是代表性立法。如今，越来越多的国家采用无条件选择性法律适用规范规定对监护适用有利于被监护人的法律。

二、我国涉外监护法律适用的立法与实践

（一）我国涉外监护法律适用的立法

2010年《法律适用法》颁布前，我国涉外监护法律适用立法阙如。1988年《民通意见》第190条以司法解释形式对涉外监护法律适用作出了规定：

"监护的设立、变更和终止，适用被监护人的本国法律。但是，被监护人在我国境内有住所的，适用我国的法律。"最高人民法院作涉外监护法律适用的司法解释，同大多数国家一样，重在保护被监护人的利益，以适用被监护人属人法为首要。被监护人在我国有住所，监护行为在我国实施，监护义务在我国履行，监护与我国有密切联系，适用我国法律，这有利于对我国社会秩序的维护。

2010年《法律适用法》在借鉴各国涉外监护立法基础上进行了涉外监护法律适用的立法，规定"监护，适用一方当事人经常居所地法律或者国籍国法律中有利于保护被监护人权益的法律"[1]。我国涉外监护法律适用立法，采用了有利于被监护人原则，注重保护被监护人利益，符合涉外监护立法的发展趋势；该条规定采用无条件选择性法律适用规范允许在"一方当事人经常居所地法律或者国籍国法律中"选择适用有利于保护被监护人权益的法律，具有一定的灵活性；该条规定以经常居所地、国籍为连接点援引准据法，与传统的监护准据法确定，既有一致性，也有独到之处。监护制度是对未成年人、成年人的一种保护，以受监护人在一般行为能力上存在缺陷为条件，因此，监护应受支配监护人一般行为能力的法律支配，而支配人的一般行为能力的法律为属人法，因而监护应当适用受监护人的属人法。在监护属人法的确定上，我国与大陆法系国家的国籍主义、英美法系国家的住所地主义不同，采用经常居所地法，这是独到之处。

（二）我国涉外监护法律适用的实践

《法律适用法》实施以来，我国各级法院以涉外监护为案由审理的涉外监护案件寥寥无几，[2]其原因一是涉外监护这类案件数量原本就不多，二是一定数量的涉外监护案件被作为涉外扶养案件处理。从有限的几起涉外监护可以看出：

第一，有利于被监护人原则得到正确适用。在胡某某与余某某申请撤销监护人资格案中，被监护人郑某具有德国国籍，2011年12月16日郑某父母遇车

---

[1]《法律适用法》第30条。

[2] 截至2018年8月1日，通过各种渠道收集的涉外监护案例有：曹凤珍、钟明申请确定监护人案，广东省珠海横琴新区人民法院民事判决书，（2016）粤0491民特1号；郑育正与郭云龙、黄金玉申请确定监护人案，广东省珠海横琴新区人民法院民事判决书，（2015）珠横法民特字第1号；皮某与王某监护权纠纷上诉案，北京市第一中级人民法院民事裁定书，（2016）京01民辖终288号；胡某某与余某某申请撤销监护人资格案，上海市闵行区人民法院民事判决书，（2015）闽民一（民）特字第39号。

祸身亡。郑某自出生后一直随父母与外祖父母共同生活，父母去世后，其生活、学习仍然由外祖父母照料。法院审理认为，本案适用被监护人经常居所地法有利于郑某的权益保护，故依据《法律适用法》第 30 条规定以中国法律作为准据法。[1]

第二，程序与实体不分，监护关系与父母子女关系混同。皮某与王某监护权纠纷上诉案，[2] 双方争议焦点是中国法院对本案有管辖权还是德国法院对案件有管辖权。这本是程序争议，应当适用民事诉讼法的规定确定管辖权归属。本案法官混淆了程序问题与实体问题的界线，援引法律适用规范确定准据法，以实体法解决程序争议。本案的实体争议是涉外监护权在被监护人父母之间的分配以及被监护人抚养费的分担，解决这些争议应适用的法律是《法律适用法》第 30 条法律适用规范援引的准据法，而不是《法律适用法》第 25 条援引的法律，"监护权纠纷属于'父母子女人身关系'纠纷"是定性不准确。

第三，在上诉人蒋华与被上诉人切尔西·蒋（Chelsea Jiang）、弗兰克·蒋（Frank Jiang）抚养费纠纷一案中，提出了离婚协议的准据法能否作为抚养费纠纷和监护纠纷准据法这样一个理论问题。蒋华与黄川协议离婚，离婚协议约

---

〔1〕 上海市闵行区人民法院民事判决书，（2015）闵民一（民）特字第 39 号。

〔2〕 皮某与王某监护权纠纷上诉案案情：2004 年王某与皮某相识，2006 年 5 月 31 日二人的非婚生女儿王某某在德国帕绍市出生。按照德国法律规定，王某（生母）独自拥有非婚生女儿的监护权和抚养权，故王某某一直由王某单独抚养。2009 年王某与皮某同居生活，2011 年 11 月结束。2012 年王某带女儿回北京生活并定居。2012 年德国法院终审判决认定王某拥有王某某的单独监护权。王某与女儿移居北京后，皮某亦定居北京，依据中国法律，其享有了王某某的共同监护权。但皮某享有共同监护权后，不履行监护义务，相反严重侵害王某某的民事权利和出行自由，对王某某的生活成长和身心健康造成了不利影响。王某诉至法院，请求判决王某对王某某拥有单独监护权，王某某由王某单独抚养；皮某每月支付抚养费人民币 10 000 元；支付 2013 年 9 月至今共计人民币 230 000 元抚养费；皮某返还女儿账户中的抚养费共计人民币 28 000 元；诉讼费由皮某承担。皮某对受案法院管辖权提出异议，认为王某及女儿王某某均系德国公民，王某及女儿在中国境内并没有住所，且案件主要事实亦发生在德国，故本案应由德国法院管辖。王某对此异议不予认可，称其与女儿已经在北京居住生活四年，其经常居住地在北京市海淀区，应由受案法院继续审理。北京市海淀区人民法院做出（2015）海少民初字第 377 号民事裁定书，认定该院有管辖权。皮某不服一审裁定，向北京市第一中级人民法院提起上诉。二审本院审查认为：本案的双方当事人均为外国公民，本案依法应认定为涉外民事关系；《法律适用法》第 25 条规定，父母子女人身、财产关系，适用共同经常居所地法律；没有共同经常居所地的，适用一方当事人经常居所地法律或者国籍国法律中有利于保护弱者权益的法律。本案中，王某与皮某之间的监护权纠纷属于"父母子女人身关系"纠纷，且双方当事人没有共同经常居所地，故管辖法院的判定应当适用一方当事人经常居所地法律或者国籍国法律中有利于保护弱者权益的法律。被监护人王某某自 2012 年起一直在北京市海淀区居住，本案应当由北京市海淀区人民法院管辖。一审法院对本案的处理正确，应予维持。裁定驳回上诉，维持原裁定。北京市第一中级人民法院民事裁定书，（2016）京 01 民辖终 288 号。

定因离婚产生的切尔西·蒋、弗兰克·蒋抚养费、监护事宜适用离婚的准据法，当事人双方选择的离婚准据法为中国法律。受案法院将当事人选择的法律一并作为离婚、抚养费和监护争议的准据法。[1] 因离婚引起的抚养费纠纷和监护纠纷与离婚密切联系，适用离婚准据法解决抚养费纠纷和监护纠纷，维护了法律适用的统一性，消除了同一案件分别适用不同国家法律的可能性，也方便了诉讼。本案存在的问题是《法律适用法》具体规定了涉外扶养和涉外监护应适用的法律，在这种情况下是否允许当事人协议选择法律，这涉及法律适用法若干基本理论问题，需要深入探讨。

---

〔1〕 浙江省杭州市中级人民法院民事判决书，（2013）浙杭民终字第 3686 号。

第二章

涉外继承法律适用立法、理论与实践

继承指被继承人死亡之后继承人依据法律规定或被继承人生前立下的有效遗嘱在法定时间内承继被继承人所遗留的个人财产和与财产有关的权利、义务的法律制度。根据"要素说"理论，继承法律关系中主体、客体和内容诸要素之一具有涉外因素即为涉外继承。继承法律制度源远流长，古巴比伦时期的《汉谟拉比法典》、古罗马时期的《十二铜表法》对法定继承、遗嘱继承都作了详细规定。我国继承制度萌芽于原始社会末期，此时期基于血缘关系、婚姻关系的财产转移已经出现。社会发展带来了经济繁荣，私有财产的数量不断增加，继承法律制度得以延续并得到丰富和完善。各国社会制度、经济制度、历史文化、宗教信仰的差异对继承法律制度影响巨大，致使各国继承法律制度明显不同。英美法系国家认为继承在本质上是财产所有权转移的一种方式，适用财产法进行调整；大陆法系国家虽然承认继承是财产转移的一种方式，但认为这种转移是与人的身份关系密切相关的，故将其纳入亲属法范畴，适用亲属法调整；奥地利等国家认为继承的内容与财产密切相关，将其作为一种财产制度纳入物权范畴适用物权法调整。

为了解决继承法律冲突，国际社会经过不懈努力，制定了一系列全球性和区域性国际条约，这些条约多属程序性、法律适用性条约，尚未制定出统一实体法性质的国际条约。

在这些条约中，海牙国际私法会议制定的《死者遗产继承法律适用公约》（以下简称《遗产继承公约》）影响深远，对涉外继承准据法的确定规定的较为完备。我国尚未参加有关继承的多边国际条约，但在海牙国际私法会议制订《遗产继承公约》时派代表团参加了有关会议，向会议提交了书面意见，分别就继承法律适用的范围与限制、被继承人财产的法律适用、继承的国际司法管辖等问题阐述了我国的立场。

涉外继承的法律适用，除由少量国际条约调整外，主要依据各国国内法规制。《中华人民共和国继承法》（以下简称《继承法》）、《民法通则》、《法律适用法》等法律对涉外继承法律适用作出了规定，这些规定是涉外继承理论研究和涉外继承法律适用实践的依据和遵循。

第一节　法定继承法律适用的理论与立法

法定继承（intestate succsesion）又称无遗嘱继承，是指在被继承人死后没有遗嘱或遗嘱无效或被继承人未对全部财产作遗嘱处分或遗嘱继承人拒绝继承时，按照法律规定的继承人范围、继承顺序和遗产分配份额进行继承的法律制度。[1] 法定继承以人身关系为基础，继承人与被继承人之间必须存在血缘关系、婚姻关系或收养关系，法定继承人的范围、继承顺序和继承遗产的份额依法确定。法定继承的特点决定了属人法在法定继承中担当重要角色。

一、法定继承法律适用的理论

（一）继承适用遗产所在地法

涉外法定继承的法律选择，最早出现的规则是适用遗产所在地法，这一规则是从"物权适用物之所在地法"派生而来，反映出封建社会时期生产关系对法律制度的要求。11世纪至12世纪，西欧诸国迈入封建社会，此时涉外民事关系法律适用各国实行严格的属地主义，凡是居于本城邦内的人，不管其是本国人还是外国人，均受本城邦法律支配；凡是位于本城邦内的物，不论为本国人所有还是外国人所有，也不分此物为动产还是不动产，概受本城邦法律约束，涉外法定继承概受遗产所在地法支配。遗产继承适用遗产所在地法在当时的历史条件下具有必然性，封建社会初期生产力低下，遗产主要是土地和房屋等不动产，粮食、衣物等动产在遗产中所占比重很小，在不动产作为遗产主要

---

〔1〕　金彭年："中外法定继承冲突法比较研究"，载《杭州大学学报（哲学社会科学版）》1991年第3期，第29页。

内容，视继承为财产权转移情况下，统治者不会允许外国法染指继承。继承适用遗产所在地法规则在欧洲适用数百年。14 世纪，巴托鲁斯在《法律冲突论》一书中论及："英国有这样一种习惯，年纪最长的儿子继承遗产。现在一个在英国和意大利拥有财产的人死了；问题就在于由何国的法来管辖。雷本那（Ravenna）的詹姆斯（James）和库内奥（Cuneo）的威廉（William）认为对于在英国的财产，判决应根据在英国的习惯办理；然而对于在意大利的财产，他们根据普通法的规定分配遗产，在兄弟之间均分。尽管这里有一个财产的形式，但它并不能在任何地方适用。西努斯（Cinus）同意这种观点。其他人认为应该考虑得到遗产的地方，就像合同成立地一样，因为在合同案件中我们要考虑签订合同的地方。"[1] 从这段论述可以看出：① 14 世纪意大利等国家适用习惯法调整涉外继承关系，根据习惯法，继承适用遗产所在地法律；②学者们在理论上普遍认为继承适用遗产所在法律；③继承适用遗产所在法律规则遇到挑战，已有学者提出"它并不能在任何地方适用"，这为继承适用属人法开辟了道路。

社会发展，时代变迁，遗产种类增多，动产数量增大，继承不再被单纯视为财产权转移，而更多地被视为人格权转移，或者被视为财产权和人格权的"总括继承"，继承适用遗产所在地法规则的用武之地不断萎缩，在绝大多数国家退出了历史舞台，现在只有少数北美、南美等国家仍然坚持奉行继承适用遗产所在地法。1941 年《乌拉圭国际私法》第 2400 条规定死者遗留的财产按财产所在地法律规定行使法定继承权或遗嘱继承权；[2] 2007 年《土耳其共和国关于国际私法与国际民事诉讼程序法的第 5718 号法令》第 20 条第 2 款规定，遗产继承的开始、遗产的取得和分割，依遗产所在地法。2015 年制定的《巴拿马共和国国际私法典》依然坚持继承适用财产所在地法律，[3] 明确反对适用属人法，继承适用遗产所在地法规则仍然占有一定的市场。

（二）法定继承法律适用的区别制

区别制又称分割制，是指在涉外继承中，将被继承人的遗产区分为动产和

---

〔1〕［意］巴托鲁斯："法律冲突论"，齐湘泉、黄希韦译，载《武大国际法评论》（第 12 卷），武汉大学出版社 2010 年版，第 334~335 页。

〔2〕1941 年《乌拉圭国际私法》第 2400 条规定，"对死者遗留的财产，完全按其死亡时财产所在地的法律规定行使法定继承权或遗嘱继承权。"

〔3〕2015 年《巴拿马共和国国际私法典》第 52 条规定："继承作为所有权转移的全过程，适用财产所在地法律，即使被继承人死亡时住所地在外国"。

不动产，分别适用不同的法律适用规则，动产适用被继承人的属人法，不动产则适用物之所在地法。区别制作为一种法律选择方法，其理论渊源可以追溯到 14 世纪意大利法则区别说创始人巴托鲁斯的弟子巴尔特（Bardus），巴尔特提出根据法则区别说理论，动产继承应当归入"人法"范畴，适用死者的属人法，不动产继承应当列入"物法"范畴，适用物之所在地法。[1] 16 世纪，区别制得到了法国学者杜摩林的支持、推崇和倡导，盛行于西欧，为大陆法系国家普遍接受。区别制是在不触动封建社会赖以存在的土地私有制基础情况下对继承适用遗产所在地法的改良，一方面维护与封建主统治息息相关的土地继承继续适用财产所在地法，另一方面赞同获得外国住所的臣民的动产受外国法律的约束。这一时期动产适用属人法与动产数量较少、价值有限、多为生活必需品、随人所至而带在身边、无法与不动产同日而语密切相关。

18 世纪，发源于大陆法系国家并为大陆法系国家广泛适用的区别制选法方法被以德国为代表的大陆法系国家放弃，它们转而采用同一制选法方法，法国以及深受法国法影响的奥地利、比利时依然坚守传统，至今仍然采用区别制，成为以同一制为主要选法方法的大陆法系国家的例外。[2] 与大陆法系国家放弃区别制相反，英国、美国等英美法系国家顽强地坚持区别制直至当下。

（三）法定继承法律适用的同一制

法定继承法律适用区别制相对应的法律选择方法是同一制。同一制又称单一制，是指在涉外法定继承中，对死者的遗产不问其所在国家或者地区，不区分动产与不动产，一概适用被继承人的属人法。"继承适用被继承人属人法"同样是一条历史悠久的古老法律适用规范，源于古代罗马法的"普遍继承"制度。按照古代罗马法的观点，继承是被继承人人格的延伸，继承人在法律上取得被继承人的地位，继承除了继承人继承与被继承人人身相联系的权利义务之外，继承人还要总括地继承被继承人的一切财产性权利和义务，概言之，继承是对被继承人财产和身份的总括继承。总括继承要求一个人或者几个人共同继承被继承人全部的权利和义务，被继承人全部财产转移给继承人，继承人在法律人格上取代被继承人，同时被继承人超越人生命极限的意志效力通过继承人

---

〔1〕 金彭年："中外法定继承冲突法比较研究"，载《杭州大学学报（哲学社会科学版）》1991年第 3 期，第 34 页。

〔2〕 ［德］弗里德里希·卡尔·冯·萨维尼：《法律冲突与法律规则的地域和时间范围》，李双元等译，法律出版社 1999 年版，第 163~164 页。

得以延伸和扩张。[1]

19 世纪，法定继承法律选择的同一制得到萨维尼的极力倡导。萨维尼认为继承的本质在于财产所有者逝世时转移财产给他人，意味着人的权利的人为扩张，继承过程表象是财产由被继承人转移到继承人，实质发生的是人的权利的转移，而不是有形的财产的转移，因此有关继承的法律是人法而不是物法。法定继承法律适用同一制经萨维尼的倡导得以弘扬。

（四）法定继承法律适用的思考

涉外法定继承法律适用出现以来，产生了遗产继承适用遗产所在地法规则和区别制、同一制两种法律选择方法，这些规则和方法各有利弊，各国根据本国的历史传统和具体国情作出适宜的选择，并无良莠之分。遗产继承适用遗产所在地法这一古老的法律适用规则，已有近千年的历史，南美、北美一些国家仍然适用。我国学界对这一法律适用规则嗤之以鼻，视之为僵死、没落、毫无生命力的规则，所有的教科书、专著和论文涉及该规则时不是一笔带过，就是予以鞭笞，认为"继承依财产所在地法"这个古老的法律适用规则是封建社会属地主义原则的表现。商品经济的发展带来财产比例变化，动产在财产中的份额越来越大，作用也愈加重要。"一个人的财产包括动产和不动产，往往分散在不同的国家，一概适用财产所在地法将使一个人的财产继承受多种法律的支配，给法律适用带来困难，现在采用此种原则的国家极为少见。"[2]

许多学者斥之为严格属地法时代产物的"继承依财产所在地法"规则有着顽强的生命力。1998 年《突尼斯国际私法典》第 54 条采用选择型法律适用规范，规定涉外继承任择适用被继承人死亡时的本国法，最后住所地所在国法或遗产所在地国法。2015 年《巴拿马共和国国际私法典》第 52 条更是逆袭区别制、同一制法律选择方法，明确规定"即使被继承人死亡时住所地在外国"继承也要适用财产所在地法律，这促使我们不得不重新审视遗产继承适用遗产所在地法规则。南美、北美一些国家在理论上认为继承是所有权转移的过程，是物权变更，否认继承是被继承人人格权的延伸，继承既然是纯粹的物权关系，适用财产所在地法律理所当然。南美、北美多数国家经济不发达，土地等财产

---

〔1〕　［德］弗里德里希·卡尔·冯·萨维尼：《法律冲突与法律规则的地域和时间范围》，李双元等译，法律出版社 1999 年版，第 160 页。

〔2〕　朱子勤："对我国法律关于法定继承法律适用规定的思考"，载《河南省政府管理干部学院学报》2004 年第 3 期，第 111 页。

构成国家经济赖以存在的基础，关涉国家主权和社会公共利益，以继承方式转移财产，只能适用财产所在地法规制，遗产继承适用遗产所在地法符合这些国家国情。继承适用遗产所在地法具有确定性，当事人能够预知继承适用的法律，有利于法律关系的稳定性。继承适用遗产所在地法能够使判决获得最大限度的承认与执行，因为涉外继承诉讼多在遗产所在地提起，法院对遗产能够实际控制，有效执行。

区别制这种法律选择方法的优势在于承认不动产所在地国家对不动产的主权控制，不悖深入人心的不动产法律关系适用不动产所在地法的观念，最大限度地尊重不动产所在地法对不动产权利转让（包括生前遗赠转让和继承的死因转让）的优先支配权，允许动产继承适用被继承人属人法以促进人员跨国流动和资本跨境转移，有效地平衡财产所在地国家和继承人之间的利益，所作判决容易在外国得到承认和执行。

区别制并非完美无缺，其存在的弊端不容忽视。首先，采用区别制选法需要对遗产进行识别，以对遗产中动产和不动产进行定性，各国对动产和不动产的划分不同，识别动产、不动产本身常常引发争议。其次，被继承人的财产由动产和不动产组成并且位于几个国家时，采用区别制将使法律适用问题变得复杂。再次，一起案件适用不同国家法律，需要查明外国法，陡增法官工作量，增加法院审理案件的难度，对法院审判能力提出了更高的要求。[1] 最后，不同国家法律的适用，可能导致不合理的审判结果。遗产继承适用一国法律，各继承人利益一般能有效取得平衡，除非准据法不公正。采用区别制，遗产分割必然适用数个国家法律，即使每一国家法律都是公正的，叠加效果极有可能使部分继承人获得所涉国家法律都没有允诺的继承利益，致使另一部分继承人相应地失去了或许应得的继承利益，遗产分配偏离了公正轨道。[2]

同一制这种选法方法的最大优点是法律适用上的快捷和简便。同一制以继承为人格权转移为理论原点，认为继承的本质是属人性，而不是属物性，从属人立场出发视遗产为一个整体，以人的因素为连接点确定适用被继承人的属人法，而不以物的因素为连接点适用物之所在地法。不论遗产所在地在国内还是

〔1〕 邹龙妹：“俄罗斯涉外继承的法律适用”，载《黑龙江省政法管理干部学院学报》2006 年第 5 期，第 118 页。

〔2〕 宋晓：“同一制与区别制的对立及解释”，载《中国法学》2011 年第 6 期，第 150 页。

在国外，不依财产性质区分遗产为动产和不动产，不考虑不动产物权适用不动产所在地法的强制性，涉外遗产继承概适用被继承人属人法。与区别制相比，同一制选法不需要进行动产和不动产的识别，避免了识别纷争；被继承人的财产无论在多少个国家对法律适用不再产生影响，被继承人属人法对所有遗产一并调整，法律选择简单化；一起继承案件适用一个国家法律，该法律如果是法院地国家法律，法官不需要启动查明外国法程序，即使准据法为外国法，需要查明的外国法只有一个，而采用区别制查明外国法的机率显著高于同一制，需要查明的外国法有时是数个外国法，采用同一制能够减少法官工作量，降低法院审理案件难度；遗产继承适用一国法律，各继承人利益一般能够得到有效平衡，保证了法律适用形式上的公正。

同一制的弊端在于被继承人遗产中的不动产位于被继承人国籍国或住所地国以外的国家，被继承人国籍国或住所地国不动产继承实体法与遗产所在地国的法律存在实质性差别，依据被继承人属人法作出的判决在不动产所在地国家难以得到承认和执行。同一制带来了法律适用上的便利，但又导致了适用法律的单一性、机械性，逆悖现代法律选择方法强调的灵活性、公正性，与法律适用的实质正义价值取向背道而驰，同一制以形式公正掩盖了实体上的不公正。各国继承法规定的继承人的范围、继承的数额不同，适用同一制选择的法律，可能使依不动产所在地法律有继承权的继承人丧失继承权，或者可以继承较多遗产的继承人减少继承份额，损害不动产所在地国家继承人的利益。对于继承人之外的权利人，同一制选法同样存在个案公正性缺失的问题。同一制基于同一标准对债权人在同一层次上予以保护，但对于一项特定的财产来说，被继承人既可能设定债权，也可能按照财产所在地法律设定了他物权，尤其是在不动产上设定他物权。物权法定原则决定了不动产物权的内容和实现受制于不动产所在地国家的物权法律制度，不动产遗产的处置和分配，如果强调保护债权人利益适用统一标准，就会损害不动产遗产之上的物权人的利益。物权人与被继承人生前进行交易，依照的是不动产所在地法，同一制排除了物之所在地法的适用，物权人无法预测最终适用的法律和可能产生的法律后果，交易安全无法得到保证，物权人对正当利益的信赖和期待处于不确定性，终会损害不动产所在国的财产交易制度和经济流转秩序。[1]

正是由于法定继承准据法确定上的多样性和存在的多变因素，无论依据遗产所在地法还是采用区别制、同一制选法方法，在具有相对优势的同时都存在自身的缺陷和不足，为避免继承法律适用规则和选法方法可能造成的不公正，国际条约以及许多国家立法在涉外继承方面都接受反致和转致，寻求被继承人属人法与不动产所在地法二者之间的协调。

二、法定继承法律适用的立法

法定继承法律适用的立法可分为国际立法和国内立法：国际立法形式有多边国际条约、区域性国际条约和双边国际条约，国内立法是各国及地区制定本国及地区涉外继承法律适用规则。涉外继承法律适用的国际立法和国内立法，大都不区分法定继承和遗嘱继承，适用同一法律适用规则，这与我国区分法定继承和遗嘱继承分别规定不同的法律适用规则明显不同。

（一）国际立法

国际社会一直致力于制定统一的涉外继承法律适用公约，海牙国际私法会议为此付以持之以恒的努力，1988 年通过的《遗产继承公约》可谓取得的丰硕成果。1984 年第 15 届海牙国际私法会议决定起草《遗产继承公约》，成立了起草小组。经过系统研究，全面比较了各国立法，吸收了各国涉外继承法律适用理论合理内核，总结了各国涉外继承法律适用实践，协调了不同法系国家涉外继承法律适用立法，完成了公约起草工作。1988 年海牙国际私法会议讨论公约草案时，与会 54 个国家的代表中 27 个赞同同一制，27 个赞成区别制，势均力敌，平分秋色。经过代表们激烈的讨论，相互之间讨价还价以及经过妥协与让步，公约最终获得通过。《遗产继承公约》比较集中地体现了各国涉外继承法律适用的立法、司法实践和惯例，是海牙国际私法会议在涉外继承法律适用领域取得的重要成果。

《遗产继承公约》采用附加了限制性条件的同一制，试图在对立的法律选择方法中取得均衡。该公约第 3 条对涉外继承法律适用作出了规定，原则上适用被继承人死亡时的惯常居所地国家的法律，同时要求死者死亡时具有该国国

---

〔1〕 王克玉："国际遗产继承中的同一制和区别制辨析及对我国的立法启示"，《吉林师范大学学报（人文社会科学版）》2005 年第 4 期，第 47 页。

籍，或者在该国已至少居住了 5 年。如果被继承人死亡时与其本国有更密切的联系，则适用其本国的法律。如果被继承人死亡时与其他国家有更密切联系，继承适用与其有更密切联系的国家的法律。《遗产继承公约》虽然规定继承适用被继承人死亡时其惯常居所地国法律，但也规定了限制性条款，限制同一制法律选择方法的适用。该公约第 6 条规定当事人可以指定一国或多国的法律来用于特定部分遗产的继承，允许意思自治选法。该公约第 15 条规定采用同一制方法选择准据法，并不妨碍某一国家因为经济、家庭和社会原因在继承制度中规定某些不动产、企业或某类特殊财产的继承适用物之所在地国家的法律，任何加入公约的国家都可以根据本国的实际情况明确规定继承采用区别制。公约第 18 条规定依公约规定选择的准据法明显违背社会公共秩序的，可以排除适用。公约第 24 条规定被继承人配偶或子女所在的缔约国如果认为被继承人依据同一制选择的准据法全部或实质性地剥夺被继承人的配偶或子女的继承权时，可以按照公约的规定提出保留。为了弥合同一制和区别制分歧，公约以"惯常居所地"作为属人法，将"最密切联系原则"引入涉外法定继承领域，以平衡各国的利益权衡与追求，弥补同一制的缺陷。

　　《遗产继承公约》制定过程中除了需要协调同一制与区别制的矛盾之外，还必须解决大陆法系国家与普通法系国家在属人法方面的冲突，消除本国法和住所地法尖锐对立对同一制选法方法形成的障碍。公约为此煞费苦心地设计了极为烦琐的法律适用规则，出发点是消弭本国法和住所地法之间的抵触，结果事与愿违，适得其反，这些规则为公约的适用制造了困境，大陆法系国家和英美法系国家均不认可，只有荷兰批准了公约成为缔约国，阿根廷、卢森堡和瑞士签署了公约但未批准，公约至今尚未生效。

　　区域性国际条约在规制涉外继承法律适用方面发挥着重要作用。1928 年第 6 届泛美会议通过《布斯塔曼特国际私法典》，1928 年 11 月 25 日生效。批准该法典的有巴西、智利、哥斯达黎加、古巴、多米尼加共和国、玻利维亚、厄瓜多尔、危地马拉、海地、巴拿马、秘鲁、洪都拉斯、尼加拉瓜、萨尔瓦多、委内瑞拉 15 个拉丁美洲国家。该法典第 144 条规定，"法定继承和遗嘱继承，包括继承顺序、继承权利的数量和处分的内在效力，不论遗产的性质及其所在地，均受权利所由产生的人的属人法支配"，采用同一制，以属人法为继承准据法。15 个公约缔约国的属人法并不一致，古巴、海地、多米尼加共和国、巴西（1942 年以前）属人法为本国法；智利、秘鲁、委内瑞拉、厄瓜多尔、萨尔瓦多采用混合制，对本国人适用本国法或部分地适用本国法，对外国人适用住所地法；其他国家属人法为住所地法。对属人法的本国法主义与住所地法主义的分歧法典不予介入，由各缔约国根据本国情况自行确定属人法，有效地解决了属人法冲突。

1934 年订立于哥本哈根的《丹麦、芬兰、冰岛、挪威、瑞典关于遗产继承和清理的公约》规定采用同一制法律选择方法确定准据法，"缔约国国民死亡时在其他缔约国内设有住所者，其继承权应按其住所地国家的法律决定。但如其死亡时不在该住所地国居住已达 5 年，而遗产继承人或受遗赠人根据死者本国法请求继承时，应适用其本国法律"。[1] 但如依死者本国法认为此项遗产应收归国有时，则对此项请求不予受理。

2012 年 7 月 4 日，欧盟通过了《欧洲议会和欧盟理事会关于继承问题的管辖权、法律适用、判决的承认与执行和公文书的接受与执行以及创建欧洲继承证书的 2012 年第 650 号（欧盟）条例》（以下简称《欧盟继承条例》），统一了欧盟遗产继承法律适用规则、遗产继承诉讼规则，创立了欧洲遗产继承证书制度。《欧盟继承条例》第 21 条是核心条款，规定了涉外继承的法律适用："①除本条例另有规定外，适用于继承整体的法律应为死者死亡时的惯常居所地国法；②作为例外，如果所有情况表明死者在死亡时与上述第 1 款所确定的所属国之外的国家有更密切联系，则适用该更密切联系国的法律"。

欧盟在涉外继承领域放弃区别制，采用同一制，适用"死者死亡时的惯常居所地国法"是历史性的进步，目的在于避免"继承的破碎"。在欧盟国家中，英国（2020 年 1 月 31 日脱欧）、法国、比利时、卢森堡、匈牙利、罗马尼亚等国家涉外继承采用区别制，其他国家采用同一制，在采用同一制的国家中，荷兰、意大利、西班牙、德国、葡萄牙、希腊等国家适用死者本国法，丹麦适用死者的住所地法。《欧盟继承条例》制定过程中充分考虑了这些因素，努力兼顾各国法律传统，平衡各国利益。《欧盟继承条例》第 21 条第 1 款规定继承采用同一制，第 2 款规定了例外条款，通过最密切联系原则矫正"死者死亡时的惯常居所地国法"适用产生的偏差；第 22 条规定了意思自治，允许当事人选择在其作出选择之时的国籍国法律支配继承整体事项；第 30 条规定"在特定不动产，特定企业或其他特殊财产类别所在国法律包含为家庭、经济

[1] 《丹麦、芬兰、冰岛、挪威、瑞典关于遗产继承和清理的公约》第 1 条。

或社会考量而施加涉及或影响关于这些财产继承的限制的特殊规则的情形下，这些特殊规则应当适用于继承，只要根据该国法律这些规则是不用考虑继承准据法而可适用的"，承认各国法律中强制性规定条款的强制力，认可强制性规定条款优先适用的效力。例外条款、意思自治规则和强制性规定有效解决了欧盟各国之间的同一制和区别制的矛盾，消弭了以本国法为属人法和以住所地法为属人法国家之间的抵触，使得该体例能为不同继承制度的国家接受，是一次成功的立法，受到广泛赞誉。

（二）国内立法

调整涉外继承法律适用的国内立法数量庞大，各国及地区都对涉外继承的法律适用作出了规定。归纳各国及地区涉外继承法律适用的规定，可分为以下几种不同的类型：

第一，区别制。美国、英国、英联邦国家、法国、比利时、卢森堡、俄罗斯、白俄罗斯、立陶宛、摩尔多瓦、吉尔吉斯、亚美尼亚、哈萨克斯坦、保加利亚、土耳其、泰国、加蓬、哥斯达黎加、玻利维亚、危地马拉、洪都拉斯、尼加拉瓜、中国等国家采用区别制方法确定涉外继承的法律适用。

第二，同一制。同一制又分为适用被继承人本国法、适用被继承人住所地法和适用被继承人死亡时经常居所地法三种情况。德国、意大利、奥地利、荷兰、西班牙、葡萄牙、希腊、瑞典、日本、韩国、中国台湾地区、古巴、海地、多米尼加共和国、巴西（1942年以前）、阿尔及利亚等国家或地区适用被继承人的本国法；挪威、丹麦、冰岛、秘鲁、尼加拉瓜、哥伦比亚、阿塞拜疆、委内瑞拉等国家则采用被继承人的住所地法；2011年《罗马尼亚民法典》第2633条规定继承适用被继承人死亡时经常居所地法。

第三，分别制。智利、秘鲁、委内瑞拉、厄瓜多尔、萨尔瓦多、瑞士等国家采用分别制。分别制不同于区别制，区别制是区分遗产为动产和不动产，分别规定应适用的法律。分别制是区分被继承人的国籍或者住所地，对被继承人具有本国国籍的继承或者被继承人死亡时住所地在本国的继承，适用本国法或部分地适用本国法，对外国人或者被继承人死亡时住所地在外国的继承，适用外国法或者被继承人死亡时的住所地法。瑞士即为典型的采用分别制国家，1987年《瑞士联邦国际私法》第90条第1款规定："最后住所在瑞士的人，其遗产继承适用瑞士法律"；第91条第1款规定："最后住所在外国的人，其遗产继承适用其最后住所地国家的冲突法所指引的法律"。

第四，遗产所在地法。继承适用遗产所在地法是最为古老的法律适用规则，是近代、现代同一制选择法律的先驱，随着社会发展，继承适用遗产所在地法逐渐被适用被继承人本国法、被继承人住所地法和被继承人死亡时经常居所地法所替代，只有乌拉圭、也门等国家仍然沿用这一法律适用规则，而巴拿马2014年之前采用区别制，2014年巴拿马修改了国际私法，抛弃了区别制，转用遗产所在地法。

20世纪下叶至今，国际社会法律适用法立法处于高发期，数十个国家制定了或者修改了本国的法律适用法。从新近制定或者修改的法律适用法来看，涉外法定继承的法律适用呈现多元化趋势，中国等国家承袭传统继续实行区别制，俄罗斯等十几个新近制定法律适用法的国家也采用区别制，欧盟通过区域性条约统一了成员国立法，十几个采用区别制的国家改变了规则转向同一制，采用分别制和遗产所在地法规则的国家虽然不多，但仍是一种法律适用选择，在关注区别制和同一制两大营垒博弈的同时，不应忽视少数选法方法和选法规则的存在。

第二节　我国法定继承法律适用的立法与理论

一、我国涉外法定继承法律适用立法

我国涉外法定继承法律适用立法可以分为两个历史时期：第一个历史时期是从1949年到1985年，这一时期涉外继承主要是由政策调整，立法形式为外交部或者外交部和最高人民法院颁布遗产继承问题处理原则，在缔结的双边国际条约中订立遗产处理条款。第二个历史时期是从1985年至今，这一时期涉外继承依法调整。1985年《继承法》规定了涉外继承的法律适用，开启了以法律调整涉外继承关系篇章。此后，《民法通则》《法律适用法》相继规定了涉外继承的法律适用，最高人民法院也以司法解释的形式对涉外继承法律适用条款进行了释义。

（一）政策、司法原则和双边条约调整时期

1951年10月9日，外交部就外侨在中国遗产的处理、遗产继承的代管、

外侨遗产和继承等问题之判例致函最高人民法院，[1] 函商处理方法。1951 年 12 月 13 日，《最高人民法院关于对外侨遗产继承的代管处理原则等问题的复函》，[2] 就外交部函商的外侨死亡，其继承人不在我国者，如何通知有继承权之人、遗产代管、无人继承财产处置问题作出答复。

1953 年 1 月 6 日，外交部颁布《中央外交部外侨遗产继承问题处理原则》，对涉外继承法律适用作出规定，"外侨动产不动产继承的处理原则，按一般惯例处理；即不动产按所在地国法处理，动产按所有人国法处理，但必须在互惠的原则下，即对方国家政府亦承认此项原则"。

1954 年 9 月，外交部和最高人民法院联合发布《外人在华遗产继承问题处理原则》，规定外国人在华土地，不属于外国人遗产的范围，其死亡后，任何人不得继承；[3] 外国人在华遗产中的动产，在互惠的原则下，可按被继承人国家的法律处理。[4] 对于不存在互惠关系的国家公民遗留在我国境内的遗产，原则上依我国法律处理。[5]

1955 年 3 月 9 日，《最高人民法院关于转发外交部办公厅"关于'对各地外事处在处理外人在华遗产继承问题中所提出的一些具体问题的答复'的指示"的函》，规定合法继承人与死者不同国籍可准继承其在华遗产；外国人在中国与外国均有妻室子女者，其在华遗产由双方共同享有；无遗嘱者如遗产不多其在华妻室子女可优先继承，遗产数量大，情况复杂者报部处理。

1982 年 6 月 2 日，《最高人民法院复外交部领事司关于外侨的不动产继承问题的函》重申"有关继承问题，应依据我国婚姻法以及有关规定精神处理"。

我国与苏联等国家缔结的双边领事条约也订立了涉外继承法律适用、无人继承财产的处理、死亡通知、财物保管等规范。1959 年《中华人民共和国和苏维埃社会主义共和国联盟领事条约》（以下简称《中苏领事条约》）第 20

---

〔1〕《外交部关于遗产继承问题的函》，发部政字第（51）27 号，1951 年 10 月 9 日。

〔2〕《最高人民法院关于对外侨遗产继承的代管处理原则等问题的复函》："三、外侨死亡如确无继承人，或虽有继承人而已表示放弃继承时，我人民政府即可将其遗产收归国有；如死亡人遗有债务，自应就其遗产予以清理。四、以上问题如两国间有条约规定者，应以条约规定处理。"法编字第 2612 号，1951 年 12 月 13 日。

〔3〕外交部、最高人民法院《外人在华遗产继承问题处理原则》第 2 条。

〔4〕外交部、最高人民法院《外人在华遗产继承问题处理原则》第 7 条。

〔5〕外交部、最高人民法院《外人在华遗产继承问题处理原则》第 7 条。

条规定："缔约的任何一方公民死亡后遗留在缔约另一方领土上的财产，包括动产和不动产，均按财产所在地国家的法律处理。但是动产中的绝产，可以移交给死者所属国家的领事处理。"1980 年《中华人民共和国和美利坚合众国领事条约》第 31 条、第 34 条分别对派遣国国民死亡的通知、死亡国民财产的通知、临时保管派遣国死亡国民的钱物等方面作了具体规定。

上述政策、司法原则和双边条约是我国 1985 年以前处理涉外继承的法律依据。从这些文件可以看出，在这一历史时期我国涉外继承采用区别制，不动产继承必须适用中国法律，动产继承有条件地适用被继承人本国法。中苏两国公民之间的遗产继承适用特殊规则，不论动产还是不动产，概适用遗产所在地法。

（二）法律调整涉外遗产继承时期

1985 年 4 月 10 日全国人大通过了《中华人民共和国继承法》，该法对涉外继承的法律适用作出了规定，我国进入涉外继承关系法律调整时期。《继承法》第 36 条规定："中国公民继承在中华人民共和国境外的遗产或者继承在中华人民共和国境内的外国人的遗产，动产适用被继承人住所地法律，不动产适用不动产所在地法律。外国人继承在中华人民共和国境内的遗产或者继承在中华人民共和国境外的中国公民的遗产，动产适用被继承人住所地法律，不动产适用不动产所在地法律。中华人民共和国与外国订有条约、协定的，按照条约、协定办理。"该条规定在总结新中国成立以来司法实践经验的基础上确立了解决继承法律冲突采用区别制。该条规定存在法律缺漏，未对被继承人的住所加以限定，如果被继承人死亡时存在两个或两个以上住所，或者在不同国家有住所，法律选择将陷入窘境。

为了补正《继承法》的缺陷，1985 年 9 月 11 日最高人民法院发布了《关于贯彻执行〈中华人民共和国继承法〉若干问题的意见》，该《意见》第 63 条解释了《继承法》第 36 条所涉"住所地法律"的含义，认定被继承人住所地法律即被继承人生前最后住所地国家的法律。[1] 最高人民法院的司法解释较《继承法》的规定有了一定的进展，在一定程度上限定了"住所地"范围，但并没有彻底解决《继承法》立法不严谨的问题，被继承人生前有两个最后住

---

[1] 最高人民法院《关于贯彻执行〈中华人民共和国继承法〉若干问题的意见》第 63 条规定，"涉外继承，遗产为动产的，适用被继承人住所地法律，即适用被继承人生前最后住所地国家的法律。"

所地或者没有最后住所地的情形可能存在，最后住所地的积极冲突和消极冲突不能排除。

1986 年我国颁布的《民法通则》对《继承法》的缺漏进行了弥补，规定"遗产的法定继承，动产适用被继承人死亡时住所地法律，不动产适用不动产所在地法律"[1]。《民法通则》明确了被继承人住所地是其死亡时的住所地，在很大程度上提升了住所地的确定性。

2010 年《法律适用法》第 31 条规定了"法定继承，适用被继承人死亡时经常居所地法律，但不动产法定继承，适用不动产所在地法律"。该条规定承袭历史传统，法定继承继续采用区别制。与《继承法》第 36 条、《民法通则》第 149 条不同的是，《法律适用法》第 31 条对被继承人属人法作了变革，由"住所地法""死亡时住所地法"改为"经常居所地法"，强化了法律适用的确定性。

我国在不断加强涉外继承法律适用国内立法的同时，仍然保留了以缔结双边条约方式解决遗产归属的做法。1986 年 8 月 9 日，中国和蒙古在乌兰巴托签订《中华人民共和国和蒙古人民共和国领事条约》（以下简称《中蒙领事条约》），该条约第 29 条第 4 款规定了"派遣国国民死亡后在接受国境内留下的绝产中的动产，应将其移交给派遣国领事官员"，不再通过法律适用规则确定准据法。

二、我国涉外法定继承法律适用理论

涉外继承产生的前提条件是人员能够跨国自由流动和被继承人死亡时留有遗产，研究涉外继承法律适用的先决条件是国家制定了涉外继承法律适用法律，我国实行改革开放以前，这些必要条件都不具备，人员跨国流动受到严格限制，零星的、偶发的涉外继承案件不足以通过立法调整。实行改革开放政策 40 年来，我国已经融入了国际社会，经济高速发展，私人财产迅猛增加，中外通婚屡见不鲜，涉外继承案件层出不穷，法律适用立法迅速跟进，法律适用理论研究蓬勃开展。纵观我国涉外继承法律适用理论研究，清晰可见两条鲜明的主线，一条是法条评析，一条是区别制与同一制法律选择方法的论战。

---

〔1〕《民法通则》第 149 条。

（一）涉外法定继承法律适用立法评析

1985年《继承法》首次以法律形式规定了涉外继承的法律适用，结束了政策、司法原则和双边条约调整的历史。然而，初次立法，经验不足，粗糙和纰漏依然存在。首先，《继承法》第36条适用范围没有明确界定，该条规范调整的是法定继承还是遗嘱继承，或是一并规范法定继承和遗嘱继承没有明晰。其次，《继承法》采用列举式方式规定了四种情形的法律适用，这种立法方法具有局限性，不能穷尽涉外继承的所有类型。有一起典型案例反映出这一问题：华沂与华汶系同胞兄弟，早年丧母，其父华美斋20世纪50年代初即侨居R国。1988年3月，华美斋于R国病逝，未留遗嘱，未作遗赠。华美斋在中国留有遗产四只玉雕古瓶，华氏兄弟请求继承其父在中国境内所留遗产。[1]本案的性质应为涉外继承案件，但此类案件并不为《继承法》第36条列举的四种类型的涉外继承选法范式所涵盖，无法适用《继承法》第36条确定准据法，只能作为国内案件审理，适用中国法律。本案如果定性为涉外案件，根据我国的法律适用规则，应当适用R国法律，而不同国家法律的适用必然对当事人的权利义务确定造成影响。最后，立法严谨性不足，被继承人住所地不具有唯一性，为法律冲突的产生提供了条件。

1986年《民法通则》第149条对涉外法定继承的法律适用再次作出了规定，由于《民法通则》没有废止《继承法》第36条规定，出现了法律竞合。这两条法律规范内容不同，但又可以同时调整同一个涉外继承关系，产生了法律抵触。比较这两条规定，可以看出《继承法》系列举式立法，《民法通则》属概括式立法，二者存在以下不同：①调整范围不同。《继承法》没有明确该法调整的是法定继承还是遗嘱继承，一般认为该法既调整遗嘱继承关系，也调整法定继承关系；《民法通则》明确了其调整范围仅限于法定继承，不涉及遗嘱继承，出现了遗嘱继承争议，仍需适用《继承法》调整。②涵摄的范围不同。《继承法》明确规定了涉外继承的四种类型，因此只能对这四种涉外继承关系进行调整；《民法通则》采用概括式立法，可调整所有涉外法定继承关系。③连接点的设立具有差异性。《继承法》以住所地为连接点；《民法通则》以死亡时的住所地为连接点，这两个连接点可能是重合的，也可能是分离的，重

---

〔1〕 刘红："法律冲突中的法律适用困境及其解决——以《民法通则》第149条与《继承法》第36条之冲突为例展开"，载《湖北警官学院学报》2014年第12期，第53页。

合指向的法律相同，分离则可能指向不同国家的法律，导致同一涉外继承案件因适用不同法律中的法律适用规则选法出现适用不同国家的法律现象。④国际条约的适用条件规定的不同。《继承法》第 36 条直接规定了国际条约优先适用原则，《民法通则》将国际条约优先适用原则和涉外继承法律适用规则分立，该法第 142 条第 2 款规定了我国缔结或者参加的国际条约同国内的民事法律规定不同，适用国际条约。《继承法》和《民法通则》规定的国际条约的适用有差异，《民法通则》规定的是国际条约与我国国内法规定不同优先适用国际条约，《继承法》不设限制，国际条约与国内法二者之间是否存在抵触不予考虑，国际条约当然优先适用。[1]

2010 年《法律适用法》又一次对涉外继承法律适用作出规定，这次立法较前两次立法又有进步：①将法定继承和遗嘱继承进行区分，分别规定了两种不同继承的法律适用，弥补了《继承法》法定继承和遗嘱继承法律适用缺少区分、调整范围不清的问题，也弥补了《民法通则》仅规定法定继承的法律适用，缺漏遗嘱继承法律适用的不足和缺陷，完善了涉外继承法律适用立法。②《法律适用法》采用"被继承人死亡时经常居所地"连接点援引动产法定继承准据法，进一步增强了法律适用的确定性，也与跨国人员流动频繁的趋势相吻合。《法律适用法》第 31 条规定的法定继承法律适用较之此前立法更为科学，主张涉外继承采用区别制的学者认为第 31 条符合国际社会法定继承法律适用的立法与实践的基本趋势。

对《法律适用法》第 31 条褒扬有之，批评亦有之。有学者提出该条规定语言表述晦涩，不符合中文表达习惯，容易造成误解。第 31 条前半部分采用肯定式表述，"法定继承，适用被继承人死亡时经常居所地法律"，这种表述极易让人理解为不管是动产还是不动产的法定继承，均可以适用被继承人死亡时经常居所地法律。肯定表述之后加了但书，规定了"但不动产法定继承，适用不动产所在地法律"，这种前面肯定后面否定的表达不符合中国人的思维习惯和语言表达习惯，法意表达不严谨，语言表述不流畅。《法律适用法》有关法定继承法律适用的表达远不如《民法通则》表述直白、通俗，容易为民众理解。《法律适用法》应当借鉴《民法通则》的表述，修改第 31 条为："法定继承，动产适用被继承人死亡时经常居所地法律，不动产适用不动产所在地法

---

〔1〕　殷湘洋："我国涉外法定继承准据法的确定"，载《新学术》2007 年第 5 期，第 156 页。

律"，如此表述不仅能够体现立法凝练、精准、严谨和惜字如金，而且能使法条更亦理解而不至发生歧义。

（二）区别制与同一制的持续博弈

我国涉外法定继承法律适用，70 年一贯制，未曾变化，采用区别制选法方法确定准据法。对我国涉外继承采用区别制的做法，学者们看法不一，理论上一直争议不断，《继承法》《民法通则》明确了我国涉外继承采用区别制之后，区别制与同一制之间的博弈就拉开了帷幕。

部分学者赞同区别制，肯定我国立法，认为涉外继承领域国际社会历来存在同一制和区别制两种立法、两种理论和两种实践，两种选法方法"各有利弊，而以分割制较为可取"。[1] 相对于同一制，"区别制更能实现个案的公正性和公平性，而且符合冲突法理论的价值发展趋势，海牙《遗产继承公约》旨在对这两种理论的调和而非推行同一制。我国在今后的涉外民事关系法律适用法中应当采用区别制的法律选择理论"[2]。"从立法宗旨上可以看出，目前的分割制在现实中要比单一制能更好地保护我国公民的利益，也更能得到遗产所在国的认同，虽然它也有一定的缺陷，但是法律本身就带有人的意识因素，是不可能至善至美的，比较来说，分割制是利大于弊的"[3]。

拥趸同一制、否定区别制学者在我国以法律形式规定涉外继承采用区别制时就频频发声，阐释采用同一制的必要性。"分割制和同一制虽各有利弊，但相比之下，同一制的优点很突出而分割制的缺陷十分严重。"[4] 区别制的法律适用过程特别复杂，建议我国修订立法，改采用涉外继承的同一制。采用同一制更适合我国国情，与区别制相比，同一制简便易行，同一继承案件只需适用一国法律，不会出现同一案件适用两个或两个以上国家法律的情况。制定《遗产继承公约》时，各国代表经过充分协商和讨论，确定了采用同一制，从侧面说明了同一制在世界范围内得到广泛的认同。因此，在立法上，我国应借鉴1988 年海牙《遗产继承公约》的规定，采用同一制选法方法，以住所和惯常

---

〔1〕 苏一正："涉外继承准据法的'单一制'和'分割制'"，载《法学杂志》1986 年第 4 期，第 34 页。

〔2〕 王克玉："国际遗产继承中的同一制和区别制辨析及对我的立法启示"，载《吉林师范大学学报（人文社会科学版）》2005 年第 4 期，第 47 页。

〔3〕 殷湘洋："我国涉外法定继承准据法的确定"，载《新学术》2007 年第 5 期，第 157 页。

〔4〕 浦伟良："涉外继承法律适用刍议"，载《福建政法管理干部学院学报》1999 年第 1 期，第 18 页。

居所作为主要连结点来规定法定继承的法律适用原则。[1]

《法律适用法》在涉外继承选法方法上没有采用学界呼吁很高的同一制，而是延续了区别制，因而引发了新一轮应当沿用区别制还是改弦易辙采用同一制的讨论，这次讨论不再局限于比较区别制和同一制的优劣，而是注重了区别制和同一制产生的根源以及各国采用不同的选法方法的根源，理论色彩浓郁，评论理性、公正、客观。

《法律适用法》规定的区别制，并非是对《继承法》《民法通则》的沿袭，而是在承继基础上扬弃，赋予区别制新的内涵，较之前的规定有了很大的不同。区别制内在不和谐，动产继承存在适用国籍国法还是适用住所地法差异。《法律适用法》抛弃了我国以往对住所地连接点的采用，创造性地引入经常居所地连接点，化解了区别制的内在矛盾，消弭了国籍国法和住所地法冲突，赋予区别制新内涵，推动了区别制的进步和发展。《法律适用法》改良了区别制，但并没有实现从区别制向同一制的转变，改良是不彻底的、非革命性的，主张同一制的学者认为应当继续完善涉外继承立法，法定继承应当由区别制走向同一制，并对此进行了多方位的理论论证。

从遗产属性来看，遗产是被继承人人格和意志的外在体现，继承与被继承人的人格、意志紧密联系，被继承人的人格和意志一体存在，遗产与之对应也一体存在，作为继承权的客体表现为集合物，其具体组成部分的不同特性在继承法律适用中不应被强调，甚至被强行分离。涉外继承法律适用采用区别制，人为分解法定继承的客体，其价值追求在于不动产所在地法的适用，确实保障不动产在主权国家的法律控制之下，国家在不动产之中的利益不受损害。这种观念视继承的本质和不动产主权控制利益的本质为同质，忽视或者没有意识到两者是彼此独立的两个范畴。继承的本质在于个人所有权的普遍化，在于社会生产方式决定遗产继承人的范围以及继承的份额，是继承人之间的利益平衡与遗产分割。不动产利益的主权控制与继承人之间的遗产分配和利益平衡有关联，但毕竟重在继承人之外的社会利益保护，不动产继承适用属人法并不必然有损于社会利益，国家实无必要过分介入私权领域的继承，强制性规定法律制度、公共秩序保留制度足以承担排除有损于社会利益的外国法适用责任。

---

[1]　朱子勤：“对我国法律关于法定继承法律适用规定的思考”，载《河南省政府管理干部学院学报》2004年第3期，第113页。

从涉外继承法律适用发展历史来看，继承适用遗产所在地法曾几何时是普遍适用的规则，因其不适应社会发展逐渐淡出历史舞台。不动产继承适用不动产所在地法作为继承适用遗产所在地法在新的历史时期的变体，影响力正在逐步削弱。涉外继承领域属人法的适用正在焕发蓬勃旺盛的生命力，适用范围不再局限于动产，已经扩大到了不动产继承领域，继承适用属人法而非财产所在地法将是越来越多国家的选择，在继承法律适用的未来取得支配性地位，与社会发展相适应的同一制终将因其适应现实需要和社会发展规律成为主要的法律选择方法。学界对同一制的责难——"要么根本是伪问题（非继承利益的保护），要么是被无端扩大了（执行难题），要么可以通过设置例外规则而轻易化解（不动产所在地的法定继承人利益之保护）"[1]——并非真实的客观存在。解决区别制、同一制选法争议最本原、最为合理的方式，就是放弃区别制，推行同一制，这与被继承人的一般期望相符。区别制存在着的弊端，最终会因难以克服而让位于同一制。[2]

从遗产存在形式来看，现代社会经济发展与变革促使物权与债权出现了各种形式的转换与融合，物权债权化和债权物权化成为财产权新形态。财产权的变化促进了物权和债权理论的发展，完全采用不动产和动产的概念对财产划分并不完全符合实际，新的财产形式不断出现使得这种划分对许多财产已不合时宜，动产与不动产的界线因二者相互转化变得模糊，信息社会出现的新型财产很难归类为动产或者不动产。将不动产投资形成的各种权益界定为动产或是不动产未必合理，股权、知识产权和证券等无体财产在财产法体系中的地位日趋上升，虚拟财产难以使用动产或者不动产概念界定其属性。这些财产作为遗产被继承时，不应强行作出不动产和动产的区分，更不应刻意寻求难以认定的无形财产、虚拟财产的所在地法，将所有遗产作为一个整体适用被继承人的住所地法更为理性。

从社会发展来看，中国公民的海外投资逐渐加大，可以预见这种海外投资必将不断增长。固守区别制不适合社会发展趋势，实质上也放弃了对中国公民海外资产的法律保护。事实上，采用同一制并不会对我国造成实质性损害，相反可以扩展我国实体法在中国境外不动产的适用。外国法适用于我国境内的不

---

[1] 宋晓："同一制与区别制的对立及解释"，载《中国法学》2011年第6期，第160页。
[2] 李浩培：《李浩培文选》，法律出版社2000年版，第276页。

动产，合理的适用应当予以协助，不合理的适用可通过必要例外程序，运用强制性规定或者公共秩序保留排除极端情况下外国法对位于我国境内不动产的效力，《欧盟继承条例》采用的附加特殊例外的同一制继承准据法选择方法值得我国借鉴。[1]

2012 年《欧盟继承条例》统一了欧盟各国涉外继承的法律适用，采用同一制选法方法选择涉外继承适用的法律，这一立法对涉外继承法律适用产生了重要影响并将被载入史册。欧盟统一涉外继承法律适用在中国学界引起了反响和震动，放弃区别制采用同一制的呼声再次响起。"中国现行国际私法所采取的区别制已然不符合当代国际私法的发展趋势，人为地造成了遗产继承的'碎片化'，尤其在被继承人的不动产遗产散落在数个国家境内时，更是会造成难以克服的法律适用上的困难，这给中国法院在涉外继承方面的司法实践带来诸多困惑与不便，也不利于被继承人的遗产继承之公正与合理的解决"[2]。在世界范围内，跨国人员流动性不断增强，被继承人遗产分布在一个以上国家成为常态，采取同一制不仅可以避免区别制带来的诸多不便，还可以节约大量的司法资源，降低诉讼成本。[3]

正视社会的发展和情势变化，顺应民意，扬弃涉外继承区别制选法方法，借鉴《欧盟继承条例》采用同一制选法方法，辅助以强制性规定和公共秩序保留以排除有损于公序良俗的外国法的适用，在我国势在必行。[4]

第三节 涉外遗嘱继承法律适用及理论探讨

随着跨国婚姻日益增多，跨境人口流动数量增加，海外移民不断涌现，本国人在外国、外国人在我国置产扩张，涉外遗嘱和涉外遗嘱继承纠纷同步增

---

〔1〕 吴小平、欧福永："欧盟 2012 年第 650 号涉外继承条例研究"，载《湖南科技大学学报（社会科学版）》2015 年第 1 期，第 85 页。

〔2〕 周强："《欧盟涉外继承条例》对完善我国《涉外民事关系法律适用法》关于确定遗产继承准据法相应规定的启示"，载《中国公证》2017 年第 12 期，第 27 页。

〔3〕 吴小平、欧福永："欧盟 2012 年第 650 号涉外继承条例研究"，载《湖南科技大学学报（社会科学版）》2015 年第 1 期，第 84 页。

〔4〕 冯爱芳："聚焦一件涉外遗嘱继承案件的管辖和准据法适用"，载《中国公证》2018 年第 9 期，第 71 页。

进。遗嘱是遗嘱人生前在法律允许的范围内依照法律规定的方式对其财产及事务所作的个人处分，并于遗嘱人死亡时发生法律效力的遗产处分行为。遗嘱继承是按照遗嘱人生前所立的符合法律规定的遗嘱，由法定继承人的一人或数人继承全部或部分遗产的行为。遗嘱人通过遗嘱承诺在其死亡后将其财产的全部或一部分赠与法定继承人以外的个人或者组织称为遗赠。

继承制度已经成为每个国家法律体系的重要组成部分，各国都建立起与本国社会制度相适应的继承制度。各国政治、经济、文化、传统、习惯、信仰不同，继承法律制度各异，形成法律冲突。为解决继承法律冲突，各国制定了法律适用规范，以确定涉外继承应适用的准据法。在遗嘱继承领域，涉及立遗嘱人的能力、遗嘱的方式、遗嘱的内容和效力、遗嘱的解释、遗嘱的撤销以及遗赠等事项的法律适用，各国也都作出了规定。

一、遗嘱继承与遗嘱继承法律适用的理论

遗嘱继承的历史同法定继承一样悠久，《汉谟拉比法典》就已出现遗嘱继承规则。[1] 古巴比伦时期遗产继承的原则为父系单线继承，遗产分割为诸子平分。古巴比伦时期女儿没有继承权，为了保护女儿的利益，父母往往以遗赠形式把不动产遗赠与女儿，并为此建立了遗嘱继承制度，允许被继承人根据个人意愿处置自己的财产，[2] 在遗嘱继承契约中，双方的关系绝大多数为父女关系。女祭司作为例外享有继承权，可以与兄弟一起分割遗产，但父亲也经常采用遗赠方式把自己的财产遗赠给身为祭司的女儿。[3] 在欧洲，遗嘱继承制度滥觞于古罗马，公元前 451 年制定的《十二铜表法》已有遗嘱继承的规定。[4] 初始的遗产继承服务于权力的转移，而不是以财产转移为主要目的，遗嘱继承的出发点着眼于被继承人身份的承继而非财产处分，《十二铜表法》

---

〔1〕《汉谟拉比法典》第 179 条规定："父以嫁妆给予神姊、神妻或神妓，并立有盖章之文书，在写给她的文书中，倘载明她得将她身后所遗，任便赠与，许其自由支配，则父死之后，她得将她身后所遗，任便赠与；她之兄弟因此对她不得提出任何控诉。"

〔2〕李海峰："古巴比伦时期家庭财产继承习俗研究"，载《西南大学学报（社会科学版）》2012 年第 6 期，第 150 页。

〔3〕李海峰："古巴比伦时期家庭财产继承习俗研究"，载《西南大学学报（社会科学版）》2012 年第 6 期，第 150 页。

〔4〕《十二铜表法》第 5 表第 3 条规定："凡以遗嘱处分自己的财产，或对其家属指定监护人的，具有法律上的效力。"

时期形成了"遗嘱继承为主，法定继承为辅"的格局。日耳曼人灭亡罗马帝国后，实行分封制及以嫡长子继承制为核心的法定继承制度，遗嘱继承制度日渐式微。中世纪后期，教会法庭支持教徒遗赠动产给教会，动产继承适用遗嘱。后来教徒遗赠给教会的遗产扩展至不动产，罗马式的遗嘱制度全面复活。[1]

资本主义社会建立，私有财产神圣不可侵犯以及个人意志自由深入人心并成为近现代社会基本理念，财产继承被视为私有制度的延伸，这种延伸以血缘、婚姻、家庭为纽带，以维护现存社会关系和生产方式为根本，以家族权利移转和继承权在亲属间的配置为要素，以法律规制为保障。各国立法在规范法定继承的同时，也采用法律形式保障死者按照自己的意愿确定遗产的归属，脱离了身份关系的遗嘱成为一种单纯的财产处分方式。

遗嘱继承赋予财产所有人自由支配个人财产的权利，保护财产私有制和尊重个人意思自治。被继承人依照法定方式作出的遗产安排，在其生命结束之前即可存在，生命结束之时即可成为现实。被继承人可以依法设立、变更、撤销遗嘱，可以指定继承人、遗赠人，可以选择遗嘱执行人，可以决定遗产分配份额、方式。

遗嘱继承赋予被继承人通过遗嘱处理财产的自由，这种自由必须予以适当限制以避免演化为过度的自由，以致权利被滥用。被继承人并非都是情操高尚的理性之人，滥用遗嘱自由，将遗产处理视为纯粹个人事务，割裂遗嘱人与家庭、亲属之间的关联，将遗产继承视为普通的财产流转，抽离继承背后的社会基础，违背人伦道德把财产遗留给法定继承人之外的第三人，致使遗嘱人的父母、子女丧失生活来源，增加社会负担的事例屡见不鲜。绝对的遗嘱自由否认家庭价值，伤害亲属之间的伦理感情，掩盖继承制度背后的伦理道德，会诱发社会不稳定因素，因此必须对遗嘱自由施以必要限制。这种限制表面上是为了保护亲属的个体利益，实则是维护公共利益的强有力手段，它维护家庭成员的利益进而维持社会的稳定。[2]

遗嘱继承的自由和限制二者相辅相成，必须掌控合理的"度"，不可失之偏颇，陷入极端。若继承的法律全部以家庭为根据，个人则完全为家族所吸收，被继承人失其人格，除法定继承外不再存在其他形式的继承；若继承的法

---

〔1〕　魏道明："中国古代遗嘱继承制度质疑"，载《历史研究》2000年第6期，第160页。

〔2〕　陈英："继承权本质的分析与展开"，载《法学杂志》2017年第6期，第102页。

律完全以个人的意志为根据，家庭则被否认，遗嘱人毫无限制地行使权利，放弃应当履行的义务，法定继承的法律被架空，遗嘱继承将囊括一切，[1] 这两种失"度"的极端均不可取，法定继承和遗嘱继承犹如车之两轮，机之两翼，二者协同发展有利于个人、家庭和国家。

各国涉外继承法律适用立法是以继承实体法为基础制定的，各国继承实体法大都规定了法定继承和遗嘱继承两种继承形式，与此相匹配，涉外继承就有了法定继承的法律适用和遗嘱继承的法律适用。各国国情不同，不同的国家对不同的继承形式有所偏重，并非平分秋色。总体说来，英美法系国家多以遗嘱继承为主，大陆法系国家多置法定继承为先。虽然各国规定的遗嘱继承法律适用有所不同，但有一点是相同的，就是都不同程度地将个人意志、家族利益和社会秩序三方面结合起来设计本国涉外继承法律适用法律，确保私权自治，遗嘱自由，并在此基础上进行各方面的利益平衡，要求遗嘱人在法律规定的范围内行使遗嘱权利，以立法手段对遗嘱自由进行必要的限制，[2] 维持家庭关系和谐，维护社会秩序稳定。

二、涉外遗嘱继承法律适用立法

遗嘱继承法律适用立法有着悠久的历史。12 世纪，意大利前期注释法学派已经注意到遗嘱形式要件和实质要件的法律适用问题，并进行了有益的探索。14 世纪，誉满全球的法律适用法先驱巴托鲁斯在已有研究成果的基础上对遗嘱的形式要件、遗嘱的域外效力、遗嘱人以遗嘱方式处分部分财产的效力、遗嘱效力的限制、遗嘱形式要件和实质要件的法律适用作了较为全面、深入的阐释，[3] 为涉外遗嘱继承法律适用立法的发展奠定了理论基础。

巴托鲁斯之后数百年，遗嘱继承法律适用的研究和立法没有实质性突破。历史的车轮驶进 20 世纪，科学技术的发展带动了全球经济的一体化，使得涉外遗嘱继承问题如雨后春笋般地增多，提出了加强涉外遗嘱继承法律适用立法

---

〔1〕 ［意］密拉格利亚：《比较法律哲学》，朱敏章等译，中国政法大学出版社 2005 年版，第541~542 页。

〔2〕 ［英］F. H. 劳登、B. 拉登：《财产法》，施天涛等译，中国大百科全书出版社 1998 年版，第207 页。

〔3〕 ［意］巴托鲁斯："法律冲突论"，齐湘泉、黄希韦译，载《武大国际法评论》（第 12 卷），武汉大学出版社 2010 年版，第 331~335 页。

的要求。虽然各国的继承立法都深受本国政治文化底蕴、历史社会背景及家庭伦理道德的影响，具有民族性、地域性的特点，但在意思自治原则深入人心，渗透到社会生活方方面面的大背景下，通过遗嘱处分财产的情况越来越多，遗嘱继承法律适用立法越来越受到重视并呈现国际化的趋势。

（一）遗嘱继承法律适用的国际立法

遗嘱继承法律适用的国际立法可分为多边条约、区域性条约和双边条约。调整遗嘱继承法律适用的多边条约主要有 1961 年《关于遗嘱处分方式法律冲突的公约》（以下简称《遗嘱处分公约》）和 1988 年《遗产继承公约》。

《遗嘱处分公约》规制遗嘱形式要件的法律适用，该公约第 1 条第 1 款规定遗嘱形式符合"①立遗嘱人立遗嘱时所在地；或②立遗嘱人做出处分或死亡时国籍所属国；或③立遗嘱人做出处分或死亡时的住所地；或④立遗嘱人做出处分或死亡时的惯常居所地；或⑤在涉及不动产时，财产所在地"法律的即为有效。在多法域国家，应适用的法律由该国法律适用规则确定；没有此类规则，由立遗嘱人与构成该法律制度的有效的规则确定；没有此类规则，则由立遗嘱人与构成该法律制度的各种法律中最有实际联系的任何一种法律确定。该公约第 3 条规定不妨碍缔约国现有或将来制定的法律规则承认第 1 条所指法律以外的法律所规定的遗嘱方式。该公约第 6 条规定公约规则的适用排除互惠要求，有关人的国籍或适用的法律不属于缔约国亦予适用。该公约第 7 条规定公约的适用明显地与一国公共政策相抵触方可拒绝适用。公约对遗嘱形式要件的法律适用作出了宽泛的规定，前所未有地规定了 8 个连接点援引准据法，尽可能使遗嘱不因形式要件瑕疵归于无效。公约倡导的尽量使遗嘱有效的法律精神产生了积极的影响，许多国家的立法借鉴了公约的做法规定了数个连接点援引准据法以使遗嘱有效。

《遗产继承公约》规制继承实质要件的法律适用。该公约第 5 条规定允许被继承人生前指定适用于遗产继承的法律，承认当事人意思自治原则适用于涉外继承领域。该公约采用的是有限制的意思自治，要求意思自治在形式上必须明示，在范围上仅限于在死亡时国籍国法或惯常居所地法中选择。该公约第 6 条规定当事人可以指定一国或数国法律调整全部财产中的某些财产的继承，但要求这种指定不得违背强制性规定。该公约第 7 条规定遗嘱继承法律适用采用同一制，被继承人指定的准据法调整全部继承，无论财产位于何处，不论财产是动产还是不动产。

　　调整涉外遗嘱继承的区域性条约主要有 1928 年《布斯塔曼特国际私法典》和 2012 年《欧盟继承条例》。《布斯塔曼特国际私法典》是调整包括遗嘱继承在内的国际私法关系综合性公约，该公约第 144 条规定法定继承和遗嘱继承，包括继承顺序、继承权利的数量及其规定的内在效力，不论遗产性质及其所在地，均受权利所由产生的人的属人法支配。但另有规定的不在此限。公约规定继承采用同一制，遗嘱继承适用被继承人属人法。

　　2012 年《欧盟继承条例》是调整涉外继承关系的专门性公约，该公约第 22 条规定遗嘱人可以选择所立遗嘱适用的法律，遗嘱人可选择的法律是作出选择之时或者死亡时的国籍国法律，遗嘱人选择的法律支配继承整体事项。遗嘱人拥有双重国籍或者多重国籍，可以选择在作出选择之时或者死亡时的任何一个国籍国法律适用于遗产继承。遗嘱人选择的法律应当在以死亡时财产处置为形式的声明中明示作出，或者应当被此财产处置的条款证明。遗嘱人法律选择的行为的实质有效性应当由所选择的法律支配。遗嘱人可以变更或撤销遗嘱，任何对法律选择的变更或撤销都应当符合死亡时财产处置关于变更和撤销的形式要求。

　　《欧盟继承条例》第 25 条规定了继承协议和继承协议的法律适用。第 25 条有 3 款，第 1 款规定一个人的继承协议，在可接受性、实质有效性和对双方当事人拘束力，包括解除条件，应当由根据本条例确定的，若该人在协议缔结之日死亡，将已经被适用到该人的继承关系的法律所支配。第 2 款规定多个人的继承协议，只有在所有根据本条例确定的、若该多人在协议缔结之日死亡，在已支配该所涉所有人的继承的法律均可接受的情形下，应当被接受。根据第 1 款可接受的继承协议，在其实质有效性以及对双方当事人的拘束力，包括其解除条件，应当由在第 1 款所述各法律当中与该协议有最密切联系的法律支配。第 3 款规定，尽管有第 1 款与第 2 款之规定，各当事人方仍可选择涉及其遗产的人或涉及其遗产的多人中的一人根据第 22 条规定的条件选择法律。在可接受性、实质有效性以及对当事人的拘束力，包括解除条件支配他们的继承协议。

　　调整涉外遗嘱继承的双边条约主要表现为投资协议、领事协议、司法协助协议中的法律条款，此类条约数量巨大，不一一枚举。

（二）遗嘱继承法律适用的国内立法

遗嘱继承法律适用立法可以追溯到巴托鲁斯时期，可以说有着悠久的历史，但在数百年的时间里，遗嘱继承法律适用立法只是偶然的、零星的，遗嘱继承法律适用立法进入必然的、普遍的阶段只有百余年的时光。各国国情不同以及重视程度不同，遗嘱继承法律适用立法存在很大的差异。

早期的法律适用立法，对遗嘱继承法律适用并不重视，甚至不作规定，或是与法定继承适用同一规则，或是遗嘱继承的法律适用与法定继承的法律适用几近相同。1896 年《德国民法施行法》是世界上最早的法律适用成文法，该法第 24 条、第 25 条和第 26 条规定了法定继承的法律适用，阙如遗嘱继承法律适用规定，只能推定遗嘱继承适用法定继承法律适用规则。1898 年《日本法例》是继《德国民法施行法》之后的又一部成文法，该法较《德国民法施行法》有了明显的进步，区分法定继承和遗嘱继承，分别规定两种不同形式继承的法律适用。然而这种区分只有形式意义，不具实质价值，因为该法第 26 条规定法定继承适用被继承人的本国法，第 27 条规定遗嘱的成立及效力，依其成立当时遗嘱人的本国法，遗嘱的撤销，依其撤销当时遗嘱人的本国法，法定继承的本国法规定宽泛，遗嘱继承的本国法有所限制，法定继承的本国法涵盖遗嘱继承的本国法且二者多数情况下重合，其结果是两种不同形式的继承适用的是同一法律。这种法定继承与遗嘱继承适用相同法律的做法影响至今，少数国家仍然不对法定继承与遗嘱继承的法律适用进行区分，适用同一法律。2005 年阿尔及利亚的立法即为典型例证，《阿尔及利亚民法典》第 16 条规定，遗产、遗嘱及其他死因处分行为，依遗产人、遗嘱人或处分行为人死亡时的本国法。阿尔及利亚的这种立法虽已罕见，但不失为遗嘱继承法律适用立法的一种模式。

法定继承的基础是血统关系与家产共有，遗嘱继承的基础是财产私有和私权自治，二者产生的基础不同；法定继承权利来源是法律的强制性规定，遗嘱继承的权利来源是被继承人的意思自治，二者的权利来源不同。因此，法定继承和遗嘱继承的法律适用应当有所区别，各国显然已经意识到法定继承与遗嘱继承的不同，在法律适用上对二者进行区分，建立起新的立法模式。新近的涉外继承立法，在立法模式上有了突破，除极少数国家仍然坚持不对法定继承和遗嘱继承进行区分，而合体规定法律适用外，大多数国家采用法定继承和遗嘱继承分立模式，区分法定继承和遗嘱继承，分别规定各自的法律适用，这种立法模式可称之为并列式。[1] 此外，还有一种立法模式也很盛行，就是一般条款加特别条款方式，先规定涉外继承的法律适用，这种规定被作为一般条款，法定继承和遗嘱继承均可适用，再以特别条款方式规定遗嘱继承的法律适用，遗嘱继承首先适用特别条款确定准据法，特别条款不足以调整涉外遗嘱继承关系时，再适用一般条款确定准据法。

遗嘱继承法律适用较之法定继承法律适用更为复杂，法定继承依据法律适用规则援引准据法，依准据法处分遗产即可，遗嘱继承的依据是遗嘱，被继承人的遗嘱系个人意志表达，从形式到内容千差万别，法律适用要针对遗嘱的不同行为分别规定。

（三）遗嘱方式的法律适用

遗嘱方式即遗嘱的形式，遗嘱是一种要式行为，必须具有一定的形式，不符合法律要求形式的遗嘱是无效遗嘱。遗嘱有公证遗嘱、自笔遗嘱、代书遗嘱、口头遗嘱、打印遗嘱、录音录像遗嘱六种形式，每个国家对遗嘱形式有不同的要求。多数国家要求遗嘱必须采用书面形式，新加坡等国家规定在国外订立的遗嘱除采用书面形式外，必须经过公证才有效。一般来说，英美法系国家无遗嘱公证要求，法国、日本、瑞士等国家无代书遗嘱的规定，录音遗嘱的效力除中国和韩国承认外，其他国家均不认可，德国等国家对遗嘱的形式要求严格，规定"被继承人只能亲自立遗嘱"。[2]

遗嘱人设立多份遗嘱，有自书遗嘱、代书遗嘱、公证遗嘱等多种形式，且遗嘱之间存在抵触的，有国家规定，公证遗嘱效力高于其他遗嘱。多份遗嘱采用同一方式，后设立的遗嘱效力高于前设立的遗嘱。

随着网络的发展和普及，近年来出现了网络遗嘱。网络遗嘱是将遗嘱的复印件或复制件存储于网络上，以证明遗嘱的存在。网络遗嘱的效力尚无法律规定，一般认为，网络遗嘱不能以完整原件形态存储于网络，存储的只能是复印件或复制品，复印件或复制品不能发生遗嘱的效力。即便遗嘱人将自己的遗嘱内容保存在网络遗嘱的保管箱内，遗嘱人故后有关人员取得了网络保管箱中的遗嘱，该遗嘱在现行法律制度下仍然不具有法律效力，法律尚未规定网络遗嘱

---

[1] 余小凡："我国涉外遗嘱继承法律适用之实证分析——以我国法院判决的19份裁判文书为研究对象"，载《宿州学院学报》2017年第8期，第36页。

[2] 杜景林、卢谌译：《德国民法典》，中国政法大学出版社1999年版，第482页。

为遗嘱形式。

遗嘱方式的法律适用，少数国家仍然采用区别制，区分动产与不动产分别规定法律适用，不动产的遗嘱方式适用不动产所在地法，动产的遗嘱方式适用遗嘱人国籍国法，或适用立遗嘱人的住所地法，或适用立遗嘱地法。韩国遗嘱方式采用区别制，2001年《韩国国际私法》第50条第3款规定，"遗嘱方式适用下列各项中任何一个法律：①遗嘱者遗嘱当时或死亡当时国籍所属国家的法律；②遗嘱者遗嘱当时或死亡当时的惯常居所地法；③遗嘱当时行为地法；④涉及不动产的遗嘱的方式时，该不动产所在地法"。

多数国家不区分动产和不动产，遗嘱形式采用同一制，统一适用立遗嘱人属人法或立嘱行为地法。适用遗嘱行为地法国家多认为"场所支配行为"原则属于强行法范畴，应当严格遵循。适用遗嘱人属人法国家认为遗嘱制度要求遗产处分上充分尊重遗嘱人的意思表示，而且立遗嘱本身也是一种准身份行为，不是纯粹的一种财产行为，因而应当适用遗嘱人属人法。

1961年《遗嘱处分公约》宽泛地规定了遗嘱形式要件的法律适用，集中地反映了当代遗嘱形式要件法律适用发展趋势，即遗嘱方式准据法的选择越来越宽、越来越灵活，无论是立遗嘱时还是死亡时的属人法，还是遗嘱人的本国法、住所地法甚至是习惯居所地法等都可以适用，尽力使遗嘱有效，尽量不使遗嘱因其方式与法律规定相悖归于无效。《遗嘱处分公约》已为许多国家所承认，美国、英国、法国、日本、德国、瑞士、比利时、荷兰、奥地利、波兰、匈牙利等国家都先后批准了该公约，并将该公约的内容在本国立法中予以体现。比利时更是该公约的忠实拥趸者，2004年《比利时国际私法典》第83条规定"遗嘱及遗嘱撤销的形式适用1961年10月5日在海牙缔结的《关于遗嘱处分方式法律冲突的公约》。这一公约可以适用于公约调整范围以外的遗嘱"，直接将公约的内容纳入本国法。遗嘱形式要件的法律适用并非所有国家都持宽松立场，少数国家还是严格限制法律选择，2015年《巴拿马共和国国际私法典》第53条就规定"遗嘱的形式要件适用遗嘱订立地的法律"，排除其他法律适用的可能性，这种机械、单一的选法规则与开放、灵活的发展趋势格格不入，但也体现了遗嘱形式要件法律适用的多样性。

（四）遗嘱能力的法律适用

遗嘱能力是指遗嘱人依法设立遗嘱的能力，是遗嘱有效成立的实质要件。遗嘱能力指的是遗嘱人是否达到法定立遗嘱年龄、心智是否健全、精神是否健康。大陆法系国家认为遗嘱人的立遗嘱能力与自然人从事其他法律行为的行为能力无异，独立于遗嘱继承其他事项，统一适用自然人的属人法。各国对属人法理解不同，做法也并不一致，主要有以下几种立法方式：①适用遗嘱人立遗嘱时的本国法。日本、波兰等国家采用这一原则。1982 年《土耳其国际私法和国际诉讼程序法》第 22 条第 5 款规定："立遗嘱的能力，适用立遗嘱人立遗嘱时的属人法。"②适用遗嘱人立遗嘱时或死亡时的本国法。2009 年《奥地利关于国际私法的联邦法》第 30 条第 1 款规定："立遗嘱的能力……依死者为该法律行为时的属人法；如该法不认为有效，而死者死亡时的属人法认为有效时，以后者为准"。③选择适用遗嘱人的本国法或住所地法。1987 年《瑞士联邦国际私法》第 94 条规定："根据立遗嘱人的住所地法律、习惯居所地法律或其本国法的规定，立遗嘱人有行为能力的，其所作的遗嘱即为有效"。英美法系国家并无抽象的行为能力的法律适用规则，涉外民事关系各领域的行为能力适用各自领域的准据法，遗嘱继承领域遗嘱人的立遗嘱能力采用区别制，遗嘱人处分动产的能力适用被继承人死亡时的住所地法，处分不动产的能力适用不动产所在地法。法国等少数大陆法系国家同英美法系国家一样，对遗嘱能力采用区别制。区别制难免导致遗嘱人在部分问题上有立遗嘱能力而在部分问题上却无立遗嘱能力，不如大陆法系规则那么合乎情理。[1]

（五）遗嘱效力的法律适用

遗嘱效力指的是遗嘱合法有效，具有执行力。立遗嘱是一种民事法律行为，同其他民事法律行为一样，有效成立需要符合法律规定的条件。遗嘱要件包括形式要件和实质要件，形式要件指的是遗嘱的形式，遗嘱的形式符合法律规定方能有效。遗嘱实质要件指的是遗嘱的内容，遗嘱内容合法有效方能产生法律效力。

遗嘱效力主要指的是遗嘱内容合法，遗嘱内容包括：①遗嘱人须有遗嘱能力。遗嘱能力指自然人依法享有的设立遗嘱、自由处分财产的行为能力。遗嘱为民事行为，遗嘱人必须具有设立遗嘱能力。对于设立遗嘱能力，各国的法律规定并不相同，中国等国家规定自然人设立遗嘱能力与一般民事能力相同，具有完全民事行为能力的人才有设立遗嘱的能力。日本、法国等国家规定设立遗

---

〔1〕 宋晓："同一制与区别制的对立及解释"，载《中国法学》2011 年第 6 期，第 159 页。

嘱的年龄低于成年人年龄，《日本民法典》规定"已满 15 岁者，可以立遗嘱"[1]；法国法律规定，年满 16 周岁、精神正常的人，都可以立遗嘱。日本、法国等国家不具有完全民事行为能力的人具有遗嘱能力，与中国等国家的法律规定相抵触。②遗嘱必须是遗嘱人处分其财产的真实的意思表示，受胁迫、欺骗所立的遗嘱无效；伪造的遗嘱无效；遗嘱被篡改，篡改的内容无效。③遗嘱人只能就个人的合法财产以遗嘱方式作出处置，遗嘱人以遗嘱处分属于国家、集体或者他人的财产，遗嘱无效。④遗嘱必须对缺乏劳动能力又没有生活来源的继承人保留必要的遗产份额。各国法律都强行性规定，遗嘱不能剥夺缺乏劳动能力又没有生活来源的继承人的继承权，这在大陆法系国家被称为"特留份"制度。法国等国家规定遗嘱受"特留份"的严格限制，违背"特留份"规定的遗嘱无效。德国、日本、意大利等国家法律规定"特留份"主体包括被继承人的直系卑亲属、父母及配偶，"特留份"份额一律确定为遗产总额的半数。英美法系国家没有直接、明确的"特留份"制度，但其成文单行法和司法判例中含有"特留份"制度的内容。1938 年 7 月 13 日颁布《英国家庭供养条例》前英国主张绝对的遗嘱自由，被继承人以遗嘱损害继承人利益的情形时有发生，为遏制这种现象，英国法律规定，被继承人死亡时未对配偶、未婚女子、未成年男子或其他无生活能力男子之抚养在遗嘱中作出适当安排的，法院经权利人申请可命令从继承人的遗产中取得相当抚养的金额。美国适用《美国统一继承法》的州都赋予被继承人的配偶、未成年子女和独立生活的子女享有宅园特留份、豁免财产、家庭特留份的权利。⑤遗嘱不得违反社会公共利益和公序良俗。违反社会公共利益和公序良俗，损害了社会公共利益或者社会公德的遗嘱无效。

遗嘱效力的法律适用，大陆法系国家多采用同一制，适用立遗嘱人的属人法。日本、埃及、奥地利、波兰、匈牙利等国家规定适用立遗嘱人的本国法，泰国、阿根廷等国家规定适用立遗嘱人的住所地法。英美法系国家多采用区别制，区分动产和不动产分别规定应适用的法律。在英国，动产遗嘱、遗嘱人能力由遗嘱人立遗嘱时住所地法律决定，遗嘱的内容或实质有效性由遗嘱人死亡时住所地法支配；不动产遗嘱的内容和实质有效性由不动产所在地国家的法律

---

〔1〕 王书江译：《日本民法典》，中国法制出版社 2000 年版，第 175 页。

支配。[1]

遗嘱效力适用遗嘱人属人法还存在适用何时的属人法这一问题。日本、波兰、匈牙利等国家规定适用立遗嘱人立遗嘱时的属人法；埃及、泰国、美国、英国、法国等国家规定适用立遗嘱人死亡时的属人法；奥地利、阿根廷等国家规定不论遗嘱人立遗嘱时还是其死亡时的属人法，其中任何一个认为遗嘱有效者皆可作准。[2]

巴拿马、乌拉圭、巴拉圭等国家遗嘱效力采用同一制，由遗嘱人死亡时遗产所在地法确定。《巴拿马共和国国际私法典》第 51 条第 2 款规定，"在巴拿马共和国拥有财产且在巴拿马共和国居住的人及外国人自由订立遗嘱的规定，以及对立遗嘱人资产进行保护的制度，适用巴拿马法律"。

《遗产继承公约》引意思自治原则入遗嘱继承领域，允许被继承人生前指定适用于遗产继承的法律。公约采用有限意思自治原则，要求选法形式上必须明示，范围上仅限于死亡时国籍国法或惯常居所地法。瑞士是较早将遗嘱继承引入意思自治的国家，1987 年《瑞士联邦国际私法》第 90 条规定，"被继承人死亡时最后住所地在瑞士的，遗产继承适用瑞士法律。立遗嘱的外国人可以选择其本国法来调整继承关系……"瑞士在遗嘱继承引入意思自治原则的做法已为很多国家所借鉴，越来越多的国家允许遗嘱人意思自治在有限范围内选择法律，允许被继承人选择法律已成为遗嘱继承法律适用新的发展趋势。

（六）遗嘱解释的法律适用

遗嘱解释指的是解释主体根据法定权限和法律规定对遗嘱的概念、术语、内容、效力等进行的说明和释义。各国法律观念和传统习惯不同，遗嘱解释的法律规定不同，法律冲突难以避免，需要援引法律适用规范确定遗嘱解释的准据法。遗嘱解释的法律适用，多数国家并未对其作出专门的法律适用规定，实践中遗嘱的解释适用遗嘱内容和效力的准据法，也有的国家明确规定遗嘱的解释适用与遗嘱效力相同的法律。《泰国国际私法》第 41 条规定："遗嘱的效力与解释以及遗嘱全部或部分无效，依立遗嘱人死亡时住所地法"。《阿根廷国际

---

〔1〕 ［英］J. H. C. 莫里斯主编：《戴西和莫里斯论冲突法》，李双元译，中国大百科全书出版社 1998 年版，第 920~931 页。

〔2〕 2009 年《奥地利关于国际私法的联邦法》第 30 条第 1 款规定，设立遗嘱的能力以及遗嘱、继承合同或者放弃继承的合同的其他有效要件，依照被继承人实施该法律行为时的属人法判定。如果依照该法为无效，而依照被继承人死亡时的属人法为有效时，以后者为准。

私法》则规定遗嘱条款的解释适用立遗嘱人立遗嘱时的住所地法。《比利时国际私法典》第 84 条规定，遗嘱及其遗嘱撤销的解释适用立遗嘱人依据第 79 条的规定选择的法律。这一选择必须是明示的，或是能够依据被继承人的遗嘱或其撤销遗嘱的行为明确推定的。如果不存在这一选择，对遗嘱及其撤销的解释适用与其有最密切联系的国家的法律，除非有相反证据，该最密切联系地推定为遗嘱成立或撤销时，立遗嘱人的惯常居所地。[1]

英美法系国家大都制定了专门适用于遗嘱解释的法律适用规则。英国法律规定遗嘱解释应适用遗嘱人指定的法律，在无相反规定的情况下，应适用的法律是遗嘱订立时遗嘱人的住所地法。美国《冲突法重述（第二次）》规定了遗嘱解释的法律适用，第 240 条规定："①处分土地权益的遗嘱，其条文的解释，适用遗嘱为此目的所指定的州的解释规则。②遗嘱无指定时，其解释适用土地所在地法院将予适用的解释规则"。[2] 该法第 264 条规定，动产遗嘱的解释应适用立嘱人自主选择的那个法律。美国《1990 年统一遗嘱验证法典》第 2-703 条规定了动产遗嘱的法律适用，被继承人可以在遗嘱中选择适用于遗嘱解释等的法律，只要所选择的法律与有关州的公共政策不相抵触或未规避有关州的强制性法律，比如关于保留份额和家庭保护的规定。

各国允许被继承人选择遗嘱解释适用的法律，但仅限于遗嘱人本国法或住所地法，所以，遗嘱解释适用的法律多为遗嘱人本国法或住所地法。

（七）遗嘱撤销的法律适用

遗嘱人立遗嘱后，可以因主观原因撤销遗嘱，也可因遗嘱丢失、焚毁或撕毁等客观原因撤销遗嘱。实践中，遗嘱撤销多为新遗嘱废除旧遗嘱。对于遗嘱撤销，各国多主张适用新遗嘱成立地法。新遗嘱如欲撤销旧遗嘱，立嘱人可作出明确的意思表示，如立嘱人虽然没有明确表示这种意思，但在新遗嘱中使用了"最后遗嘱"这样的字眼，或新遗嘱跟旧遗嘱明显抵触，应受新遗嘱设立时立嘱人的住所地法支配。[3]

---

〔1〕《比利时国际私法典》第 79 条规定，"被继承人可以选择适用其所有财产的法律。被选择的法律只能是被继承人选择法律时或其死亡时的惯常居所地法或本国法。但是，被继承人选择的法律不能剥夺根据本法第 78 条确定的准据法赋予继承人的特留份额。被继承人必须采取遗嘱的形式选择法律或撤销该选择。"

〔2〕韩德培主编：《国际私法新论》，武汉大学出版社 1997 年版，第 358 页。

〔3〕J. H. C. Morris, *The Conflict of Law*, 2nd ed., London：Stevens, 1980, p 384.

21 世纪许多国家对遗嘱撤销的法律适用作出了规定。2001 年《韩国国际私法》第 50 条第 2 款规定，遗嘱的变更或撤回适用变更或撤回当时遗嘱者的本国法。2010 年《德国民法施行法》第 26 条第 1 款规定，遗嘱的撤销只要符合以下法律之一规定的在形式上有效：①被继承人设立遗嘱时或者死亡时的所属国法律；②被继承人设立遗嘱地法律；③被继承人设立遗嘱时或者死亡时的住所地或者惯常居所地法律；④所涉及的不动产所在地法律；⑤适用于因死亡而发生的权利继承的法律或者设立遗嘱时应适用于继承的法律。遗嘱撤销法律适用立法与遗嘱形式要件法律适用相一致，呈现宽松态势，彰显设立遗嘱自由与遗嘱撤销自由具有同等价值，实为社会进步。

英美法系国家，特别是英国和美国，遗嘱撤销由于撤销情况的不同而适用不同的准据法，并无统一的规定。

（八）遗赠的法律适用

遗赠是遗嘱人用遗嘱的方式将个人财产的一部或全部于死后赠给国家、集体或法定继承人以外的人的一种法律制度。遗赠是遗嘱人以遗嘱处分遗产的一种方式，起源于罗马继承法，现为各国继承立法所普遍采用，成为遗嘱制度中的重要内容。人类文明的发展，财富传承嵌入了更多的社会性，许多事业成功，获得巨额财产的有识之士不再囿于家庭范围内的子女继承，而是恢廓大度地回馈社会、慈善民众，遗赠财产给社会公众事业。当然，就目前而言，更多的遗赠是遗赠人遗赠财产给继承人以外的人。

随着跨国遗赠的出现和数量的增加，已有国家开始对遗赠法律适用立法，比利时、多米尼加共和国等国家是先行者。《比利时国际私法典》第 80 条规定，对遗赠人适用继承准据法，即其可以选择适用其所有财产的法律，被选择的法律只能是遗赠人选择法律时或其死亡时的惯常居所地法或本国法。《多米尼加共和国国际私法》订立了遗赠法律适用条款，该法第 57 条规定，"遗赠适用遗赠人遗赠时的住所地法律。遗赠人可以明示选择适用其住所地法律。遗赠的形式只要符合支配其内容的法律即为有效，若不符合该法律，则只要符合遗赠作出地国法律亦为有效"。对遗赠法律适用作出规定的国家还是少数，多数国家适用遗嘱法律适用规则确定遗赠的准据法。

（九）遗嘱和遗嘱人选法的限制

商品经济社会是契约社会，契约社会倡导私权自治、契约自由，契约自由反映在涉外继承领域则为允许遗嘱人以遗嘱方式处分财产和选择遗嘱适用的法律。各国在允许遗嘱人采用遗嘱方式处分财产，选择遗嘱适用的法律的同时，对遗嘱人立遗嘱和选法行为又进行了必要的限制：①遗嘱必须采用明示方式设立；②遗嘱人只能在法律规定的范围内选法，采用有限的意思自治；③不得剥夺准据法赋予继承人的特留份额。除上述普遍性限制外，一些国家还作出了特别限制。巴拿马、也门规定在巴拿马、也门设立的遗嘱必须适用设立地法律，2014 年《多米尼加共和国国际私法》第 54 条第 2 款规定，被遗嘱人可以通过遗嘱的形式明示选择继承适用经常居所地法律。巴拿马还规定外国船舶在公海航行时，可以根据船舶登记国法律订立遗嘱。

三、我国涉外、涉港台遗嘱继承法律适用的理论、立法与实践

（一）我国涉外遗嘱继承法律适用的理论

遗嘱继承在封建社会已存在。封建社会等级森严，继承权由身份决定。中国封建社会的继承分为身份继承和财产继承，身份继承只能限于特定一人，财产继承人范围广泛，诸子、诸孙、在室女、出嫁女、归宗女、寡妻、妾、赘婿等均在继承序列，旁系血亲的财产继承权被绝对排除。财产继承一般实行"诸子均分"的原则。唐律已有"应分田宅及财物，兄弟均分，妻家所得财产，不在分限，兄弟亡者，子承父分"规则。[1] 明清律典承袭此前规定，"嫡庶子男，除有官荫先尽嫡长子孙，其分析家财田产不问妻妾婢生，止以子数均分"。[2] 中国封建社会这种不平等继承内的"相对平等"继承在一定程度上杜绝了家产雄厚之大家出现，削弱家族对抗国家的能力，降低了对皇权的威胁。此外，男女不平等在继承上体现得极为明显，女性在财产继承上地位低，继承权多受限制。[3]

中国的遗嘱继承在汉代已出现，名曰遗令或者先令书。"性清廉，妻子不至官舍。数年，卒。疾病，召丞掾作先令书"。[4] 颜师古注："先为遗令也"。汉后各朝代，也偶见遗嘱继承法令。诸身丧户绝者，所有部曲、客女、店宅、资财，并令近亲（亲依本服，不以出降）转易货卖，将营葬事及量营功德之外，余财并与女（户虽同，资财先别者亦准此）。无女均入以次近亲，无亲戚

---

〔1〕《唐律·户令》。

〔2〕《大清律例·户律·卑幼私擅用财》。

〔3〕 沈玮玮、江怡："中国古代继承之原则"，载《民主与法制时报》2018 年 7 月 15 日，第 6 版。

〔4〕《汉书·何并传》。

者，官为检校。若亡人在日，自有遗嘱处分，证验分明者，不用此令。[1] "诸财产无承分人，愿遗嘱与内外缌麻以上亲者，听自陈"。[2] 元、明、清亦如此，只有户绝的人家无男子继承家业时，在室女才可通过遗嘱继承财产。[3] "中国古代继承制度，男性后代为第一顺序法定继承人，无男性后裔时才可适用遗嘱，遗嘱人无权变更法定继承顺序，法定继承的效力高于遗嘱继承"[4]，这并非现代意义上的遗嘱继承制度。

中国现代遗嘱继承制度源于 1930 年 12 月 26 日颁布的《民法·继承编》，该编分为遗产继承人、遗产的继承和遗嘱继承三章，遗嘱继承章规定了遗嘱自由原则，遗嘱效力，遗嘱方式和种类，遗嘱见证人，受遗赠权的丧失，遗嘱与遗赠的生效、失效、无效，遗嘱的执行，遗嘱的撤销，特留份的比例，遗赠的扣减等内容。

中国遗嘱继承法律适用立法早于现代遗嘱继承实体法立法，1918 年《法律适用条例》规定了遗嘱继承的法律适用。中华人民共和国成立后，废除了民国时期的法律，遗嘱继承法律适用立法在 1949 年至 1985 年出现了一段时间的空白，这段空白期的出现除法律虚无主义思潮外，还有社会原因。改革开放之前，我国实行计划经济，生产资料和重要的生活资料（例如房屋）均属国家所有，国家实行低薪制，劳动者的工资收入仅够维持家庭的日常开支，几乎没有剩余财产。对外关系上，限制中外通婚，不具备产生涉外继承的条件。对历史遗留的零星的涉外法定继承和涉外遗嘱继承案件，采用政策调整或者最高人民法院通过个案的"批复""答复"进行指导，没有进行涉外遗嘱继承法律适用立法的需求。

实行改革开放政策之后，中国由计划经济走向市场经济，国有经济与私有经济并存，生产资料和生活资料允许私有，劳动者的各项收入大幅度提高，居民有了财富积累。对外关系上，打开国门，鼓励外国人来华投资，允许中国人海外投资，跨国人员往来日益频繁，异国居住司空见惯，中外通婚不受限制，数量不菲，涉外继承法律适用立法条件成熟。在这样一个大背景下，1985 年

---

〔1〕《刑统·婚户律》。

〔2〕 宋代《户令》。

〔3〕 鲁晟珲、麦义珠："浅谈中国古代继承制度的演进"，载《天津职业院校联合学报》2016 年第 9 期，第 39 页。

〔4〕 魏道明："中国古代遗嘱继承制度质疑"，载《历史研究》2000 年第 6 期，第 161 页。

《继承法》规定了涉外继承的法律适用，2010 年《法律适用法》区别法定继承和遗嘱继承，分别规定了各自的法律适用，遗嘱继承终于有了独立的法律适用立法。

《法律适用法》规定了涉外遗嘱继承的法律适用，弥补了遗嘱继承法律适用立法空白，为我国涉外遗嘱继承案件审判的法律适用提供了法律依据。学者们一致肯定《法律适用法》规定涉外遗嘱继承法律适用是我国法律适用法立法的一大进步，但对具体的规定，仁者见仁智者见智，学者们存在不同的理论观点。

第一，遗嘱继承法律适用规定的周延性问题。《法律适用法》细化了涉外继承的法律适用，既有一般性规定，又有具体的遗嘱继承规则，进步显著。但涉外遗嘱继承法律适用的规定仅有两条规定，内容单薄，实为不足，对遗嘱解释、撤销、变更的法律适用应当予以明确。

第二，遗嘱形式要件法律适用规定的繁简问题。《法律适用法》第 32 条规定了遗嘱方式的法律适用，对该规定，一种观点认为范围过窄，该法规定立遗嘱时或者死亡时的经常居所地、国籍和遗嘱行为地五个连接点，只要符合任何一个连接点所指向的法律，遗嘱形式即为有效，但这一范围仍旧是小于海牙继承公约规定的范围，[1] 应当进一步拓宽遗嘱形式要件法律适用范围。另一种观点认为，不应盲目照搬照抄国际条约和外国立法，过多设立连接点，会造成法律选择的不确定性，带来司法实践的困扰。现代社会个人流动性增大，国籍可变动性增强，立遗嘱人立遗嘱时经常居所地、死亡时经常居所地以及立遗嘱时国籍国、死亡时国籍国可能都不一样，势必导致一个案件可能存在多个可以适用的连接点，而这些连接点无先后之别、主次之分，不可避免地造成一个案件有多个可适用法律。这种无条件选择性法律适用规范虽使遗嘱能够有效，却给实践操作带来极大不便，"不仅难以解决多个连接点所指引的法律规定不同甚至相反的实践问题，甚至还会导致法官因难以抉择连接点而最终选择适用法院地法，加强法院地主义倾向"。[2]

第三，遗嘱继承法律适用应当引入限制性意思自治原则。遗嘱是个人意思

---

〔1〕　周强："《欧盟涉外继承条例》对完善我国《涉外民事关系法律适用法》关于确定遗产继承准据法相应规定的启示"，载《中国公证》2017 年第 12 期，第 27 页。

〔2〕　张思懿："我国涉外遗嘱继承法律适用：现状、问题及对策"，载《黑龙江省政法管理干部学院学报》2018 年第 3 期，第 123 页。

自治产物的体现，意思自治原则引入遗嘱继承领域，有助于解决多个客观连接点指引准据法带来的法律适用不确定性。在涉外遗嘱继承领域引入意思自治原则已是成熟的做法，1988 年《遗产继承公约》第 5 条和第 6 条规定，被继承人生前可以指定适用于遗产继承的法律，明确承认涉外继承领域的当事人意思自治。许多国家立法允许被继承人选择遗嘱适用的法律，比较早的而且有代表性的是 1987 年《瑞士联邦国际私法》，该法第 90 条第 2 款规定，"外国人可通过遗嘱或继承合同使其遗产继承受其任何一个本国法支配"。从国际条约和各国国内立法来看，遗嘱继承采用有限制的意思自治，要求形式上必须明示，范围上仅限于被继承人死亡时国籍国法或惯常居所地法。

　　意思自治原则引入涉外继承领域是我国大多数学者的主张，[1]《法律适用法（草案）》第一稿第 96 条、第二稿第 86 条、第三稿第 74 条、第四稿第 74 条、第五稿第 39 条都制定了相同的规定：遗嘱内容和效力，适用立遗嘱人明示选择的其立遗嘱时或死亡时的本国法、住所地法或者惯常居所地法。立遗嘱人没有选择法律的，适用上述法律中最有利于遗嘱成立的法律。不无遗憾的是第六稿删除了意思自治选法条款，第七稿袭用了第六稿草案。

　　《法律适用法》颁布后，学者们普遍认为遗嘱继承应当允许被继承人选法，同时认为应当予以必要的限制：①选法方式限制。选法应采用明示方式，在满足《司法解释（一）》第 8 条第 2 款条件下可以默示选择。②选择范围限制。借鉴《法律适用法（草案）》第一稿至第五稿的规定，对意思自治选法范围作出明确规定。③适用范围的约束。被继承人选择的法律应当适用于全部财产，不论其财产位于境内还是境外。限制被继承人选择某一法律支配部分财产，防止利用选法的权利规避法律。④强制性规定强制适用。意思自治不得规避强制性规定，一国法律中的类似"特留份"的强制性规定立遗嘱人必须遵守，以保护合法继承人利益。[2]

　　第四，最密切联系原则的引入。2012 年欧盟颁布了《欧盟继承条例》，该条例第三章始终贯彻最密切联系原则，充分体现了遗嘱继承的实质正义，增强了司法实践中准据法的选择范围。《欧盟继承条例》第 21 条为"一般规则"，

----

〔1〕 胡沁熙、舒智勇："涉外继承中分割原则与统一原则的解读"，载《长春教育学院学报》2015年第 2 期，第 10 页。

〔2〕 张思懿："我国涉外遗嘱继承法律适用：现状、问题及对策"，载《黑龙江省政法管理干部学院学报》2018 年第 3 期，第 124 页。

该条有两款，第 1 款规定了遗产继承准据法的一般规则，除该条例另有规定外，"适用于遗产继承的法律应当是死者死亡时拥有惯常居所的国家的法律"；第 2 款是"例外条款"规定，"从案件的适用情况来看，死者在死亡时不是与根据第 1 款其法律将得以适用的国家，而是与另一国家具有明显的更密切联系，在此种情况下，继承准据法应当为该另一国家的法律"。《欧盟继承条例》在涉外继承领域引入最密切联系原则的做法在我国学界引起了一定的反响，有学者认为，《欧盟继承条例》考量法律背后的政策利益，将最密切联系原则引入涉外继承领域，已成为一项国际性规则。我国涉外遗嘱继承应当借鉴《欧盟继承条例》，引入最密切联系原则，把法律适用的灵活性与确定性结合起来。也有学者认为超过限度的自由裁量必然导致法律的不确定性，应当限制最密切联系原则的适用，将其作为例外条款，只有在当事人未选择法律，确定性连接点无法援引准据法时才可考虑此原则的适用。在确定"最密切联系地"时应综合考虑各种因素，充分考虑被继承人的意愿与正当利益期望，确保准据法确定实质上的公平与正义。

第五，创设中国的区域继承证书制度。《欧盟继承条例》创设了区域继承证书制度，这是欧盟涉外继承法律适用立法重要的创新成果。该条例第 62 条至第 73 条详细地规定了这一制度，其中第 62 条第 1 款规定设立欧洲遗产继承证书，第 68 条列出了继承证书应包含的特殊信息的清单，第 69 条要求证书应当在所有成员国产生效力，无须被要求履行任何特殊程序。证书应当被推定为准确证实了根据继承准据法或任何其他特定要素的准据法被确立的要素。[1]继承证书制度极大地简化了跨国继承程序，继承人继承欧盟国家境内遗产只需启动统一申请程序申请，成功后在所有成员国产生效力。继承证书制度反映出欧盟成员国之间相互让渡司法主权以及相互间的司法信任。中国是"一国两制三法系四法域"国家，区际法律冲突突出，其解决异常困难。有学者建议借鉴欧盟继承证书制度经验，海峡两岸暨香港、澳门建立相互的司法信任，最终通过共同缔结文件创设类似于"欧洲继承证书"之类的证书，适应海峡两岸暨香港、澳门日益频繁的民商事交往的需要。[2]

---

〔1〕　吴小平、欧福永："欧盟 2012 年第 650 号涉外继承条例研究"，载《湖南科技大学学报（社会科学版）》2015 年第 1 期，第 82 页。

〔2〕　周强："《欧盟涉外继承条例》对完善我国《涉外民事关系法律适用法》关于确定遗产继承准据法相应规定的启示"，载《中国公证》2017 年第 12 期，第 28 页。

（二）中国涉外遗嘱继承法律适用立法

中国是世界上较早规定涉外继承法律适用的国家之一，可谓立法的先驱者。1918年《法律适用条例》采用一般规定与特别规定相结合的方式，先是概括性规定"继承，依被继承人之本国法"[1]，接着特别规定"遗嘱的成立要件及效力，依成立时遗嘱人之本国法。遗嘱之撤销，依撤销时遗嘱人之本国法"[2]。强化遗嘱继承法律适用的确定性。《法律适用条例》不区分动产与不动产概适用被继承人本国法的同一制，一般性规定继承的法律适用，特别规定遗嘱继承法律适用的立法方式为许多国家借鉴并采用。

中华人民共和国成立后，以颁布政策和个案指导的方式调整涉外遗嘱继承法律关系。1954年9月28日，最高人民法院、外交部颁发《外人在华遗产继承问题处理原则》，该原则第2条规定，根据政务院"一律不承认外人在华土地所有权"内定原则，外人死后任何人不得继承土地，为中华人民共和国所有。第3条规定，外人在华遗产继承人范围与中国人遗产之继承人范围相同。外人用遗嘱遗赠在华遗产给非合法继承人者，其遗产一般准由中国人受赠。用遗嘱遗赠房屋及巨额动产，须报外交部批准。第4条规定，外人在华遗赠财产不与第3条相抵触，可按遗嘱执行；但遗嘱人不得剥夺其未成年子女之应继份。遗嘱遗赠对象如与第3条相抵触则遗嘱无效，遗产应仍由合法继承人继承。遗嘱无效或无遗嘱者，其遗产在合法继承人间的继承顺序、应继份可与中国人遗产的继承顺序、应继份同。第5条规定，外人在华所立遗嘱，在继承开始前，应经我国法院认证。外人在国外所立遗嘱，如系建交国人所立，在继承开始前，应经我驻外使领馆或国内外事机构认证。如系未建交国人所立，在继承开始前，应转经我驻建交国家使领馆或国内外事机构认证。从最高人民法院、外交部颁布的一系列司法原则和继承政策来看，新中国成立后至1985年这段时间里，涉外继承法律适用采用区别制，不动产继承适用我国法律，动产继承在互惠原则基础上适用所有人国法。[3] 法定继承和遗嘱继承法律适用采用分别制，法定继承适用遗产所在地法，遗嘱形式要件适用立遗嘱地法，遗嘱实质要件适用遗产所在地法。遗嘱须经司法机关、外交部门或者外事部门认证

---

〔1〕《法律适用条例》第20条。

〔2〕《法律适用条例》第21条。

〔3〕 外交部《关于外侨遗产继承问题处理原则》（1953年1月6日）。

方能产生效力。遗赠的受赠人必须是中国公民、企业或者国家，外国人在我国不能接受遗赠。

1985年《继承法》结束了我国涉外继承法律适用立法空白状态。《继承法》第36条列举了中国公民继承境内、境外遗产，外国人继承中国境内、境外遗产四种情况，分别规定了应适用的法律。第36条是未区分动产继承与不动产继承法律适用的概括性规定，未对遗嘱继承法律适用作出具体规定，此种情况下只能推论第36条包含遗嘱继承在内，遗嘱继承适用第36条调整。

1986年《民法通则》第149条明确规定了法定继承的法律适用，未规定遗嘱继承法律适用，这一缺漏在当时的条件下适用《继承法》第36条弥补。

2010年《法律适用法》区分法定继承和遗嘱继承，分别规定了各自的法律适用，我国遗嘱继承终于有了独立的法律适用立法，结束了遗嘱继承法律适用"寄人篱下"推定适用《继承法》第36条的局面。《法律适用法》规定了遗嘱方式和遗嘱效力的法律适用，"遗嘱方式，符合遗嘱人立遗嘱时或者死亡时经常居所地法律、国籍国法律或者遗嘱行为地法律的，遗嘱均为成立"[1]。"遗嘱效力，适用遗嘱人立遗嘱时或者死亡时经常居所地法律或者国籍国法律"[2]。《法律适用法》遗嘱继承法律适用的规定有可圈可点之处，亦存在进一步完善的余地。

当今社会，各国都允许财产所有人以遗嘱方式处分遗产，遗嘱自由理念深入人心，遗嘱形式要件适用的法律由本国法或者住所地法或者立遗嘱地法扩展到与遗嘱有一定联系的法律，符合其中之一即为有效，最大限度地保证不因遗嘱形式上的些许瑕疵就否定遗嘱人的意思表示。《法律适用法》遗嘱继承形式要件法律适用规定的宽泛，与《遗嘱处分公约》接轨，与各国新近遗嘱法律适用立法融合，反映出国际社会立法趋势。

《法律适用法》一改我国传统的动产适用属人法、不动产适用不动产所在地法的做法，不再对遗嘱做动产遗嘱、不动产遗嘱的区分，采用同一制，适用同一法律。遗嘱形式要件法律适用采用同一制，以适用遗嘱人属人法为主，兼采立遗嘱地法，表明我国在立法上倾向于遗嘱继承是被继承人人格延伸而不是单纯的财产转移。采用同一制简便易行，避免出现一份遗嘱因涉及动产和不动

---

〔1〕 《法律适用法》第32条。
〔2〕 《法律适用法》第33条。

产适用两个或者多个准据法的情形，避免出现同一遗嘱人的财产分别为不动产所在地法和属人法的分割支配的情况，保护遗嘱人意思表示的完整性，不因不动产所在地法的强行适用减弱遗嘱人的主观意志性，避免了同一遗嘱被不同的准据法分别认定为有效和无效的尴尬。

我国遗嘱继承主要采用经常居所地这一连接点确定准据法，这符合社会发展规律和我国国情。《遗嘱处分公约》规定遗嘱形式要件适用经常居所地法的目的在于协调大陆法系国家和英美法系国家属人法冲突，我国遗嘱继承适用经常居所地法除借鉴国际社会立法成果外，更深层次的考虑是在国籍弱化和跨国居住呈现常态化的情况下，住所的取得需要履行法定程序，取得相对困难，而经常居所地的设立条件相对宽松，只要具有一定时间的居住事实即可，在这种现实情况下，采用经常居所地连接点确定准据法符合社会发展客观规律，有利于社会秩序稳定。我国有 5000 万华侨分布于世界各地，华侨与经常居所地国家的联系往往密切于国籍国，适用经常居所地法有利于保护华侨的利益。

《法律适用法》遗嘱继承法律适用的规定存在以下需要探讨的问题：

第一，立遗嘱的年龄条件应适当放宽。1989 年联合国《儿童权利公约》规定 18 岁为成年人，[1] 我国《民法典》规定的成年人年龄与《儿童权利公约》规定的一致。[2] 我国《继承法》第 22 条规定无行为能力人或者限制行为能力人所立的遗嘱无效。最高人民法院《关于贯彻执行〈中华人民共和国继承法〉若干问题的意见》第 41 条规定："遗嘱人立遗嘱时必须有行为能力。无行为能力人所立的遗嘱，即使本人后来有了行为能力，仍属无效遗嘱。遗嘱人立遗嘱时有行为能力，后来丧失了行为能力，不影响遗嘱的效力。"根据上述法律规定，在我国遗嘱人必须是成年人，成年人才具立有遗嘱能力，以遗嘱设立时自然人是否成年为准。反观其他国家，成年的年龄条件高于我国，设立遗嘱的年龄条件低于我国，设立遗嘱并不要求必须成年。我国遗嘱人遗嘱能力的规定势必造成依我国法律遗嘱人无遗嘱能力，而依遗嘱人本国法或者住所地法或者财产所在地法有遗嘱能力的困境，限制了遗嘱的有效性。社会生活水平的提高使越来越多的未成年人拥有个人财产，未成年人通过遗嘱处分个人财产的权利不应受到限制，我国应适当降低遗嘱人能力的年龄条件，不应将自然人一

---

〔1〕《儿童权利公约》第 1 条。
〔2〕《民法典》第 17 条。

般民事行为能力的规定套用到自然人遗嘱能力，对遗嘱能力应当作出特别规定。

第二，应当增加遗嘱人意思自治指定准据法规则。涉外继承法律适用国际社会流行"双自治"，即财产所有人是否采用遗嘱方式处分遗产的意思自治，以及财产所有人采用遗嘱方式处分遗产，指定遗嘱准据法的意思自治。我国遗嘱继承法律适用立法落后于国际社会及各国立法，《遗产继承公约》采用有限意思自治允许遗嘱人指定死亡时国籍国法或惯常居所地法为准据法，《欧盟继承条例》允许遗嘱人指定选择法律时或者死亡时国籍国法为准据法，瑞士、罗马尼亚等国家规定遗嘱人可以指定适用本国法。近年来一些国家立法扩大了遗嘱人指定法律的范围，除允许选择本国法外，还允许指定选择法律时或者死亡时惯常居所地法。[1] 我国历史遗留的传统和习惯决定了现阶段法定继承是继承的主要方式，家庭伦理和道德观念要求被继承人将其财产传给一定范围内的亲属，为子女的基本生活提供保障。为维持传统的伦理关系长期而稳定的存续，对内遗嘱继承条件规定得相当严苛，对继承人的范围严格限制，对外强制规定遗嘱继承适用的法律，禁止遗嘱人指定遗嘱准据法。改革开放40多年来，中国发生了翻天覆地的变化，人民生活水平大幅度提高，法律意识不断增强，家庭伦理观念逐渐重塑，人权与自由渐入人心，涉外继承法律适用不再囿于法定继承，遗嘱继承法律适用借助《法律适用法》的出台浮出水面。肯定遗嘱人意思自治选择涉外继承方式体现了中国法律适用法立法的进步，但这一进步幅度有限，仍然落后于社会发展，我国有必要进一步强化遗嘱继承法律适用立法，允许当事人意思自治指定涉外遗嘱继承适用的法律，使我国遗嘱继承法律适用立法与国际社会和各国立法保持同步。

第三，遗嘱解释和遗嘱撤销的法律适用应当作出规定。《法律适用法》未对遗嘱变更或撤销和遗嘱解释的法律适用作出规定，立法缺乏完整性。

遗嘱变更或者遗嘱撤销是指遗嘱人以意思表示或其他行为对原来所立的遗嘱予以修改或者废止，使尚未发生法律效力的遗嘱发生改变或者不因遗嘱人的死亡而生效的行为。遗嘱变更或者撤销是遗嘱自由不可分割的组成部分，遗嘱人既然有设立遗嘱的权利，就应当有变更或撤销遗嘱的自由。遗嘱变更或者撤

---

〔1〕 邹国勇译："2013年黑山共和国《关于国际私法的法律》"，载黄进等主编：《中国国际私法与比较法年刊》（2016年第19卷），法律出版社2017年版，第422页。

销与遗嘱效力有着密切关系，许多国家适用遗嘱效力的准据法解决遗嘱变更或者撤销的法律适用。遗嘱变更或者撤销适用遗嘱效力的准据法不尽合理，遗嘱变更或者撤销属程序性事项范畴，遗嘱效力主要考察遗嘱内容的合法性，属实体法范畴，遗嘱变更或者撤销的法律适用应独立于遗嘱效力的准据法，单独作出规定。

遗嘱解释是指依据法律规定对遗嘱形式、遗嘱内容进行释义，探求遗嘱人的真实意思。各国遗嘱形式要件和实质要件立法存在差异，适用不同国家的法律解释遗嘱，遗嘱可能面临不同的命运。以录音遗嘱为例，以中国法律、韩国法律解释遗嘱的形式，遗嘱的形式要件符合法律要求，以中国、韩国以外的国家的法律解释遗嘱的形式要件，遗嘱则归于无效，适用何国法律解释遗嘱对遗嘱的有效性至关重要。各国要求遗嘱人的意思表示必须采用公开方式，通过工具和载体形成记录。语言文字通常是记录遗嘱的载体，"语言还是一种随着时代发展而不断变化的、具有适应能力的、常常充满着歧义的表达工具"。[1] 涉外遗嘱往往使用不同的文字设立，各国语言表达习惯不同，需要进行必要的解释。遗嘱人立遗嘱的原因千差万别，所立遗嘱的内容迥然相异，遗嘱的内容是否合法，有待通过遗嘱解释确认。遗嘱人水平参差不齐，遗嘱中文字的内涵不确定、外延不周全等现象时有发生，错别字、漏字乃至标点符号使用不当等亦非少见。这样无疑影响了对遗嘱内容真实含义的把握，[2] 需要通过遗嘱解释确定遗嘱的效力。

遗嘱解释的主体和形式具有多样性，法官审理涉外遗嘱继承案件过程中依据遗嘱解释准据法所作的中立性、合法性、权威性的解释具有法律效力。建立完善的遗嘱解释体系事关遗嘱人遗愿能否顺利实现，也体现了国家对遗嘱自由的尊重，[3] 因此，有必要对遗嘱解释的法律适用作出专门性的规定，不应套用遗嘱效力的准据法。

（三）中国涉外及与中国台湾、香港地区有关的遗嘱继承法律适用实践

1. 最高院"批复"在司法实践中起着重要作用

中华人民共和国成立至 1985 年《继承法》颁布之前这一时期，我国没有

---

〔1〕［德］卡尔·拉伦茨：《德国民法通论》（下册），王晓晔等译，谢怀栻校，法律出版社 2013 年版，第 456 页。

〔2〕张岳："浅议遗嘱解释"，载《人民司法》2000 年第 7 期，第 26 页。

〔3〕龙翼飞、窦冬辰："遗嘱解释论"，载《河南财经政法大学学报》2017 年第 2 期，第 96 页。

制定遗嘱继承法律适用法律，实践中采用案件层递至最高人民法院，由最高人民法院作出批复，受案法院依据批复作出裁决的做法。1951 年，波侨言马瓦西列夫斯卡以遗嘱方式遗赠房产给中国人林有良，该遗赠是否有效，林有良能否接受遗赠？1951 年 4 月 24 日，山东省人民法院向最高人民法院提交鲁法行字第 724 号报告请示。最高人民法院提出案件处理意见并征询上海市人民政府外事处意见，上海市人民政府外事处 1951 年 6 月 2 日作出发沪外（51）四字第 1551 号函复。1951 年 6 月 14 日，最高人民法院华东分院作出批复，[1]"准贵院一九五一年五月十七日东法编字第〇二二四八号函"。复函指出：外国人以遗嘱自由支配遗产，如果未有意识地剥夺女子继承权或剥夺无劳动生产能力继承人的继承权等类情形，不加以干涉，承认遗嘱效力。如遗嘱内容与政府法令相抵触，可宣布抵触部分无效或全部无效。从最高人民法院复函来看，新中国成立初期我国遗嘱实质要件适用遗产所在地法。

1985 年《继承法》第 36 条规定能否适用于遗嘱继承，学术界、司法界有不同意见。1988 年最高人民法院在比斯阔·维克托尔·帕夫洛维赤（以下简称"比斯阔"）财产遗赠案批复中明确第 36 条适用于遗嘱继承。[2] 最高人民法院批复作出后理应平息该条规定适用范围的争议，但由于最高人民法院对比斯阔财产遗赠案的批复没有及时公开，《继承法》第 36 条是否适用于遗嘱继承在学术界还是争议了很长时间。

比斯阔财产遗赠案的审理过程如下：1987 年 6 月 13 日，宁俊华向哈尔滨市中级人民法院提起诉讼，要求确认比斯阔遗嘱有效，裁决由其接受比斯阔的

---

〔1〕《最高人民法院华东分院关于波侨财产遗赠中国人应否有效问题的批复》，东法编字第 2842 号，1951 年 6 月 14 日。

〔2〕 1973 年宁俊华之夫李成海经人介绍与苏侨比斯阔相识，并向其学习修理乐器技术，往来密切。比斯阔身体不好，宁俊华夫妇给予多方照顾，帮助料理家务。1987 年 5 月 17 日晚，比斯阔突然发病，宁俊华夫妇送其往医院并一直陪护。比斯阔病危，清醒时口述遗嘱："我屋子里小铜盒给你（指宁），外事科政府不要看，这个给你（将存有 7014 元存折和手戳给宁），房子给你（比斯阔住的是公产房，没有处分权利），修理乐器活的东西你要（指李成海）。"比斯阔立遗嘱时哈尔滨市第四医院值班医生谷阳、保健室医生张素琦在场见证。比斯阔口头遗嘱由李成海用俄文书写纸记录下来。1987 年 5 月 18 日凌晨，比斯阔在哈市第四医院患急性心肌梗塞死亡。1987 年 5 月 18 日，宁俊华将情况报告派出所和市公安局外事科。哈市公安局外事科委托宁俊华夫妇安葬比斯阔。同年 6 月 1 日，宁俊华夫妇与哈市公安局外事科等有关人员对比斯阔遗产进行了清点登记。比斯阔遗产计有 5 个金元宝、5 块金币、2050 元人民币现金。这些遗产先是交由哈市道里区工程办事处保管，后由哈市公安局外事科保管。哈市外事科将比斯阔生前住处查封，宁俊华起封居住至今。1987 年 6 月 13 日，宁俊华向哈尔滨市中级人民法院提出诉讼，请求继承遗产。

遗赠。法院审理认为，比斯阔所立遗嘱符合中国法律规定，应认定遗嘱有效。但哈市外事办不同意接受办理此项事务，故哈尔滨市中级人民法院报请黑龙江省高级人民法院请示本案应由法院管辖还是由公证机关处理、是否应适用特别程序审理本案、应采用何种形式的法律文书、遗赠之外的遗产法院是否一并处理、诉讼费如何收取问题。

黑龙江省高级人民法院审查请示报告后认为，本案系中国公民继承在中华人民共和国境内的外国人遗产案件，依照《继承法》第 36 条"动产适用被继承人住所地的法律"的规定，应适用中国法律审理此案并由法院主管。比斯阔口头遗赠个人财产，宁俊华、李成海接受遗赠，依据《继承法》第 16 条第 3 款、第 17 条第 5 款之规定，该遗赠部分有效，比斯阔遗赠公产房屋产权的行为应认定无效。本案性质应为确认遗赠有效之诉，应当参照特别程序审理此案，判决确认遗赠部分有效。比斯阔遗嘱未处分的遗产，按《中苏领事条约》第 15 条保护遗产的措施中第 4 项规定由有关部门移交苏领馆官员处理。[1] 黑龙江省高级人民法院以上述意见为基础请示最高人民法院对该案的处理意见。

1989 年 6 月，最高人民法院审判委员会第 404 次会议讨论了比斯阔财产遗赠案，法院认为，比斯阔遗赠个人财产给宁俊华、李成海符合我国继承法的有关规定，宁、李二人领受遗赠财产的请求应予允许，遗产代管部门不得阻碍公民合法权利的实现。人民法院审理遗赠案件应按普通程序进行，适用继承法的有关规定。[2]

哈尔滨中级人民法院审理比斯阔财产遗赠案过程中提出的 5 个法律问题是当时我国法律未作明确规定而实践中又亟待解决的问题，黑龙江省高级人民法院提出了解决意见，最高人民法院进行了讨论并作出批复，明确了遗嘱继承的法律适用及审理遗赠案件的程序规则，使该案得以公正审理。

2. 意思自治选法事实上获得认可

《法律适用法》第 32 条、第 33 条分别规定了遗嘱形式要件和实质要件的准据法依客观连接点的指引选择，排除了依被继承人主观意志选法。司法实践中，遗嘱继承法律适用已经突破了现行法律规定，数起案件中被继承人意思自

---

〔1〕《黑龙江省高级人民法院关于中国公民宁俊华申请接受苏侨比斯阔·维克托尔·帕夫洛维赤遗赠案件的请示报告》，(1988) 民复字第 13 号，1988 年 12 月 9 日。

〔2〕《最高人民法院关于中国公民宁俊华申请接受苏侨比斯阔遗赠案件的批复》，(88) 民他字第 26 号，1989 年 6 月 12 日。

治选法，法院认同选法行为，并且适用了被继承人选择的法律。

被继承人意思自治选法大致有以下五种情形：①被继承人明确选择遗嘱形式要件和实质要件适用的法律。在黄某1诉谢某等遗嘱继承纠纷案中，被继承人黄某1在遗嘱中选择了准据法："本人以香港为永久居留地，本遗嘱系应根据香港法律处理"。法院审理认为，"本案立遗嘱人是香港常住居民，死亡时也在香港，根据《法律适用法》等法律规定，本案所涉遗嘱的效力及形式均应适用香港法。"[1] ②被继承人仅选择了遗嘱形式要件准据法，未选择遗嘱实质要件适用的法律。在谭仁凤诉易晓华遗赠纠纷上诉案中，遗赠人李某7根据台湾地区有关规定于2009年5月29日在台北市以代笔遗嘱形式立遗嘱一份，并认为该遗嘱符合台湾地区民事有关规定代笔遗嘱旨规定。结合遗嘱前后内容分析，遗赠人意指遗嘱形式要件合法，并未涵盖遗嘱实质要件的法律适用。一审法院将被继承人选择的法律适用于整个案件，认定李某7所立代书遗嘱符合台湾地区有关规定，且不违反我国法律基本原则及社会公共利益，应为有效。二审法院认定一审判决适用法律正确。[2] ③遗嘱形式要件准据法适用法律适用规范援引确定，遗嘱实质要件准据法由当事人选择。在张仕英与潘惠远、朱海波遗嘱继承纠纷中，法院认为，遗嘱人立遗嘱时在我国大陆，故遗嘱形式要件适用我国法律；本案双方当事人同意上述法律适用，故实体处理应当适用我国法律。[3] ④当事人庭审中选择遗嘱形式要件和实质要件适用中国法律。在李京玉诉李文虎遗嘱继承纠纷一案中，法院认为"本案双方当事人在庭审过程中均同意选择适用国籍国法律即中华人民共和国法律解决争议，故本院确认中华人民共和国法律为审理本案的准据法"。[4] 广东省广州市中级人民法院审理的一起涉外遗嘱继承案同样适用了当事人选择的法律。法院认为，各方当事人合意本案适用中华人民共和国法律，故本院确认中华人民共和国法律作为解决本案争议的准据法。[5] ⑤默示意思自治选法。在裴某1与裴某2等遗嘱继承纠纷案中，一审法院没有适用《法律适用法》第32条和第33条确定遗嘱形式要件和遗嘱实质要件准据法，而是以各方当事人均援引中国法阐述诉、辩意见为

---

〔1〕 福建省安溪县人民法院民事判决书，（2016）闽0524民初5878号。

〔2〕 上海市第一中级人民法院民事判决书，（2017）沪01民终11681号。

〔3〕 广西壮族自治区北海市中级人民法院民事判决书，（2017）桂05民初135号。

〔4〕 吉林省延边朝鲜族自治州中级人民法院民事判决书，（2018）吉24民初264号。

〔5〕 广东省广州市中级人民法院（2013）民事判决书，穗中法审监民再字第1某号。

由推定适用中国法律。[1] 原审被告不服一审判决提出上诉，上诉理由之一是依据《法律适用法》本案应适用外国法律，原审法院适用中国法律属适用法律错误。二审法院以《法律适用法》第3条和《司法解释（一）》第8条为依据支持了一审法院适用默示意思自治推定当事人选法的做法。法院认为，"本案是涉外遗嘱继承纠纷，各方当事人可选择本案所适用的法律。因原审中各方当事人均援引中国法阐述诉、辩意见，且均未对原审法院适用中国法审理本案提出异议，依据相应法律及司法解释规定，原审法院适用中国法审理本案并无不当"。[2]

《法律适用法》第32条和第33条规定涉外遗嘱继承依客观连接点援引准据法，没有被继承人或者当事人依主观意愿选法的规定。司法实践中，被继承人或者当事人选择涉外继承适用的法律，法院认可这种选法行为，这是实践对立法的突破。对这一突破，有学者并不认可，认为《法律适用法》"排除了当事人意思自治"，"目前大部分国家立法也都不允许当事人在继承领域选择准据法"[3]，法律未赋予的权利不得行使，当事人选择涉外继承准据法缺乏法律依据。有学者持怀疑态度，认为"司法实务直接适用合意或者默示选法来确定案件的法律适用是一种积极的尝试，但是是否违背法律规定有待探讨"。[4]

涉外遗嘱继承适用意思自治原则选法并非没有法律依据，《法律适用法》第3条规定的意思自治原则可以适用于涉外民事关系各个领域。适用意思自治原则选择涉外遗嘱继承准据法存在的问题是：①有的判决书阐释了意思自治选法的依据为《法律适用法》第3条和《司法解释（一）》第8条，但并未说明这两个条款的适用条件。②适用《法律适用法》第3条选法的条件是具体法律适用规则不足以确定应适用的法律，启用意思自治原则选法是对具体法律适用规则不足的补充。从现有的法院判决看，法院直接适用了被继承人或者当事人选择的法律，没有考虑《法律适用法》第32条和第33条的适用。③国际条约、各国立法规定的遗嘱继承意思自治选法指的是被继承人在立遗嘱时选法，

---

〔1〕 北京市西城区人民法院民事判决书，（2015）西民初字第04605号。

〔2〕 北京市第二中级人民法院民事判决书，（2015）二中民终字第11660号。

〔3〕 向在胜："海峡两岸涉外继承法律适用法之比较研究"，载《台湾研究集刊》2012年第5期，第57页。

〔4〕 余小凡："我国涉外遗嘱继承法律适用之实证分析——以我国法院判决的19份裁判文书为研究对象"，载《宿州学院学报》2017年第8期，第36页。

不包括诉讼过程中双方当事人合意选法，而我国司法实践中的选法，既有被继承人立遗嘱时选法，又有诉讼过程中双方当事人合意选法，选法的时间远超各国法律涵摄范围，这在理论上是需要讨论的问题。④涉外遗嘱继承意思自治选法，各国立法都规定需要明示，而我国既有明示选法实践，又有默示选法做法，需要进一步规范。

从各国遗嘱继承实践看，一些国家不允许当事人意思自治选法，但这些国家还是有一些变通，法国、比利时在实体法层面上允许当事人对可处分性法律规定进行变更，英国、葡萄牙允许立遗嘱人在继承准据法的范围内，以明示或默示的方式选择某一法律以对遗嘱进行解释。但鉴于这种"解释的选择"并不能逾越由客观连结点所指引的法律制度中的强制性规定，因而其也仅能在实体法的层面上发挥作用。[1] 我国法院允许意思自治选法，是否可以解释为"实体法层面上允许当事人对可处分性法律规定进行变更"，尚需理论方面的证明。

3. 遗嘱解释法律适用不统一

遗嘱执行过程中往往需要依据一定的法律对遗嘱的内容进行解释，我国对遗嘱解释的法律适用未有法律规定，最高人民法院对此也未作出过司法解释。遗嘱解释和遗嘱解释的法律适用是不可回避的现实问题，实践中，法院解释遗嘱多套用遗嘱效力法律适用的规定，但不乏适用被继承人指定的法律的案例。在赵逸甜、邹瑞兰等与邹美红等不当得利纠纷案中，被继承人立遗嘱时主张"本人为香港人此遗嘱根据香港特别行政区法律进行解释"[2]，在钟某1与钟某2、钟某3等遗嘱继承纠纷案中，被继承人同样提出"本人的此遗嘱应当依照香港法律进行解释"，法院则适用被继承人指定的法律解释遗嘱。[3] 在没有规定遗嘱解释应适用的法律的情况下，套用遗嘱效力法律适用规则指定的准据法解释遗嘱，适用被继承人指定的法律解释遗嘱都可以找到法律依据，都有其合理性，但遗嘱解释的法律适用应当统一，应当作出明确规定。

4. 遗嘱形式要件和实质要件法律适用规则混同适用

《法律适用法》第 32 条规定的是遗嘱形式要件的法律适用，第 33 条规定的是遗嘱实质要件法律适用，二者的调整对象有区别，调整时适用的法律虽大

---

〔1〕　向在胜："大陆法系国家涉外继承法律适用法比较研究"，载《武汉大学学报（哲学社会科学版）》2007 年第 6 期，第 811 页。

〔2〕　佛山市禅城区人民法院民事判决书，（2017）粤 0604 民初 5211 号。

〔3〕　上海市第二中级人民法院民事判决书，（2017）沪 02 民终 3691 号。

都相同，但也有差异。从收集到的 60 多个案例看，大多数案件未对遗嘱形式要件法律适用和实质要件法律适用进行区分，而是混同适用《法律适用法》第32 条和第 33 条。混同适用具体表现为：①少数案件未对遗嘱形式要件和实质要件法律适用进行区分，笼统地寻找一个连接点确定准据法，适用这一准据法调整整个继承关系。在米某遗赠纠纷一案中，法院认为"刘某 1 立遗嘱时在中国大陆地区，故本案应当适用中华人民共和国的相关法律审理"[1]。立遗嘱地法是判定遗嘱形式要件有效性的法律，不能适用于遗嘱效力有效性的判定。②多数案件不说明缘由和过程，同时引用《法律适用法》第 32 条和第 33 条确定一个准据法，该准据法既适用于遗嘱形式要件，又适用于遗嘱实质要件。在张某 1、湛某继承纠纷中，法院认为，本案中湛某为美国国籍，故本案为涉外继承纠纷。根据《法律适用法》第 31 条、第 32 条、第 33 条的规定，应确定中华人民共和国的法律为本案的准据法。《法律适用法》既然分别规定了遗嘱形式要件和实质要件的法律适用，实践中就应当依法分别确定准据法，不应罗列法条，不具体阐释选法过程，眉毛胡子一把抓，令人不知所云。

5. 法官应谨慎行使认定案件性质的自由裁量权

遗嘱继承案件有一个特点，就是一方当事人有时为数人。实践中已出现多起这样的案例，原告、被告数人中只有一方当事人中的一人具有外国国籍或者经常居所地在外国，其余当事人国籍或者经常居所地相同，而具有外国国籍或者经常居所地的当事人在案件中并不居于主导地位，这种案件应当定性为国内案件还是涉外案件，值得进行理论探讨。在汪某 1 与汪某 2、汪某 3、汪某 4、汪某 5、汪某 6、汪某 7 遗嘱继承纠纷案中，被继承人汪某 8 为中国公民，立遗嘱时和死亡时经常居所地均在中国境内，继承标的物在中国境内；原告汪某 1 为中国公民，经常居所地在中国；被告为汪某 2、汪某 3、汪某 4、汪某 5、汪某 6 和汪某 7，6 名被告中除汪某 6 是美国公民这一涉外因素外，其余当事人都具有中国国籍，住所地、经常居所地都在中国。法院认为：本案中汪某 6 为美国公民，本案为涉外民事法律关系，故适用《法律适用法》确定本案应适用中国法。[2]

实践中，类似案件被法院认定为涉外民事关系的依据是《司法解释

---

[1] 北京市海淀区人民法院民事判决书，（2016）京 0108 民初 2517 号。
[2] 北京市海淀区人民法院民事判决书，（2016）京 0108 民初 16429 号。

（一）》第 1 条第 1 项"当事人一方或双方是外国公民、外国法人或其他组织、无国籍人"和《最高人民法院关于适用〈中华人民共和国民事诉讼法〉的解释》（以下简称《民诉法解释》）第 522 条第 1 项"当事人一方或双方是外国人、无国籍人、外国企业或组织的"的民事法律关系为涉外民事法律关系的规定。这两款司法解释中的一方当事人为外国公民指的是一方当事人为一人且为外国公民的情形，是否涵盖一方当事人为数人、其中一人为外国公民的情况并不明晰，法院将一方当事人为数人、其中一人为外国公民的民事法律关系认定为涉外民事关系是对这两条司法解释作了扩张解释。一方当事人为数人、其中一人为外国公民的应否认定为涉外民事关系不应一概而论，而应当具体情况具体分析，外国公民在民事关系中处于主导地位，可以认定该案为涉外民事关系；反之，外国公民在一方当事人为数人的案件中位于从属地位，案件性质认定为国内案件为宜。法律不能事无巨细，对纷繁复杂的社会关系一一规范，只能就某一类社会关系或者某一类社会关系的某些方面作出原则性或者概括性规定，法官凭借这些规定行使自由裁量权对案件性质进行判断。法官应全面分析案情，谨慎行使自由裁量权，使案件性质的认定忠实于法律事实。

6. 录像遗嘱效力认定的依据

在 Z 与赵玉洁继承纠纷中，原告与被继承人张春颖于 2009 年 9 月 14 日在大连登记结婚，被继承人 2013 年 9 月 17 日因病去世。张春颖去世前在英国就医期间留下一份录像遗嘱，明确表示去世后位于大连市金州区友谊街道北山路 31 号 5 单元 4 层 1 号房屋由原告继承。被告赵玉洁系被继承人的母亲，拒绝配合原告办理房屋过户事宜，原告诉至法院。

本案中，被继承人的遗嘱在英国就医期间录制，就遗嘱的形式要件而言可以适用中国法律，也可以适用英国法律，本案中法院适用中国法律认定遗嘱无效，判决书应对为什么适用中国法律而不适用英国法律作出说明。

本案中，被告以录像遗嘱不是我国法律规定的有效立遗嘱方式为由否定遗嘱效力，法院依据我国《继承法》第 17 条第 4 款规定认定，"录像形式中包含着录音形式即记录声音信号，故对此可以理解为以录像形式所立的遗嘱是一种符合我国法律规定的证明力加强型的录音遗嘱"，认可录像遗嘱是遗嘱的一种形式，但"以录音形式立的遗嘱，应当有两个以上见证人在场见证"，原告提供的录像遗嘱未有两个以上的见证人在场见证，不符合我国法律规定，不具备法定生效条件，遗嘱无效。[1]

我国《继承法》制定于 1985 年，当时录像技术虽已产生但并未普及到寻常百姓，故《继承法》未对录像遗嘱的效力作出规定。智能手机的产生使录像技术走进千家万户，法院认定录像遗嘱是有效的遗嘱形式符合社会发展实际情况。录像遗嘱与录音遗嘱毕竟存在诸多不同，适用录音遗嘱构成要件推定录像遗嘱的有效性，尚有讨论的余地。

7. 律师见证遗嘱的效力应得到提高

我国法律规定遗嘱可以采用六种方式订立，但赋予公证遗嘱以最高效力。公证遗嘱之所以有如此权威和地位，与公证机构的历史地位相关。新中国成立以后很长一段时间里，公证机构是国家设立的行使国家公证职权，代表国家办理公证业务、进行公证证明活动的司法证明机构。《中华人民共和国公证法》颁布后，公证机构的性质发生了变化，由司法证明机构转变为不以营利为目的独立行使公证职能的证明机构。公证机构的性质转变并没有改变传统的公证理念，特别是《继承法》规定"自书、代书、录音、口头遗嘱，不得撤销、变更公证遗嘱"，直接赋予公证遗嘱最高效力，造成公证遗嘱一家独大。我国过分重视公证遗嘱效力无形中减少了公民自主选择遗嘱形式的权利，增加了遗嘱订立的经济成本，在一定程度上也影响了公民对遗嘱继承的接受程度，这种现象不甚合理。在英美法系国家，公证遗嘱和律师见证遗嘱是遗嘱的重要形式，公证机构与律师机构均为专业见证机构，二者具有相同的地位，律师见证遗嘱的效力应当得到肯定。实践中，我国法院在多起案件中对来自英美法系国家或者地区的律师见证遗嘱予以认可，承认其效力，有效地维护了当事人的合法权益。黄某 1 与谢某、黄某 2 遗嘱继承纠纷一案具有典型性，该案中，双方当事人争议的焦点为被继承人所立遗嘱是否合法有效。法院认为，判定遗嘱的有效性应适用香港地区法律，现黄某 1 所提供的被继承人遗嘱，既有香港地区执业律师涂谨中、社区干事戴艳芳的见证，又有司法部委托公证人出具的公证文书，并经香港特别行政区高等法院原讼法庭认证，遗嘱内容符合香港特别行政区法例，[2] 按遗嘱继承。

8. 我国境内所立遗嘱要符合财产所在地国家法律规定

各国法律规定的遗嘱形式要件和实质要件不同，被继承人在我国境内立遗

---

〔1〕 大连市金州区人民法院民事判决书，（2016）辽 0213 民初 2756 号。
〔2〕 福建省安溪县人民法院民事判决书，（2016）闽 0524 民初 5878 号。

嘱处分境外财产，遗嘱除要符合遗嘱行为地法要求外，还必须考虑财产所在地国家的法律规定，否则可能陷入继承不能的窘境，我国已有此类案例。

刘先生是中国境内一家上市公司董事长，本人及家人都住在国内。刘先生把公司股票和现金存放于新加坡一家银行。2014 年刘先生病重，去世前立自笔遗嘱，指定其财产由儿子继承。刘先生去世后，其子到新加坡法院申请遗产继承，新加坡法院立案后查封了刘先生的账户，要求继承人提供确认遗嘱有效的公证书。刘先生已经去世，公证机构不能出具遗嘱效力公证，本案代理律师穷尽所有可能未能破解这一难题，继承陷入困境。

尽管各国都宽泛地规定了遗嘱形式要件的法律适用，尽可能使遗嘱有效，但一些国家还是对遗嘱形式要件作出了特别规定，被继承人立遗嘱时，要知晓并遵守这些规定，否则，被继承人所立遗嘱虽为真实意思表示，但也会因不符合财产所在地法而不能实现被继承人的意愿。

第四节　无人继承财产的确定与归属的法律适用

无人继承财产亦称绝产，是指在法律规定的期限内，被继承人遗留的无法定继承人、无遗嘱指定的继承人、无遗赠指定的受遗赠人承继或受领的遗产。无人继承财产可因下列情况出现：①被继承人没有法定继承人且又未订立遗嘱或者遗赠指定继承人、受遗赠人；②法定继承人、指定继承人或受遗赠人在法定继承期限内未接受继承或受领遗赠（或放弃或拒绝）；③所有继承人丧失继承权；④被继承人所立遗嘱无效，且又没有法定继承人或虽有法定继承人，但法定继承人丧失或放弃继承权；⑤有无继承人情况不明，有关机关发布公告，公告期满无人主张继承权。

被继承人死亡后财产无人继承情况出现的概率很低，但古往今来这种现象从未间断，故各国都以法律形式对无人继承财产进行规范，各国学者也对涉外无人继承财产法律适用进行理论研究以确定遗产归属。

一、无人继承财产收归国有理论的移植与扬弃

无人继承财产收归国库归国家所有是各国通行做法和普遍主张，"如果没有最近亲属，依照普遍的法律规则，财产归属于国家或国王或者市镇或其他的

公共团体"。[1] 无人继承财产国家以何种名义或资格取得，各国在理论和立法上有分歧：

第一，先占权理论。先占权理论以英国、法国为代表，主张无人继承财产等同无主物，国家以先占权取得遗产。法国学者魏斯（Weiss）认为，对无人继承财产，为防止个人先占引起社会混乱而危及公益，国家应根据领土主权以取得先占权，由遗产所在国的国库取得该项绝产。[2] 英国 1925 年《遗产管理法》、1952 年《未立遗嘱人遗产法》都规定，没有任何人对遗产提出要求时，遗产应归属于国家，国家以先占权取得无人继承财产；《法国民法典》第 539 条规定："一切无主或无继承人的财产、或继承人放弃继承的财产，均归国家所有"，这些规定为先占权理论提供了法律基础。除英国、法国外，美国、奥地利、土耳其、秘鲁、日本等国家采用这种理论。

第二，继承权理论。继承权理论以德国为代表，主张国家作为最后的法定继承人取得无人继承财产。德国学者萨维尼认为国家和地方团体可以被假定为最后的法定继承人，[3] 从而依继承权取得无人继承财产。《德国民法典》第 1936 条规定，"继承开始时，被继承人既无血亲又无配偶者，以被继承人死亡时所属邦之国库为法定继承人。被继承人如果不属于任何邦之德国国民，则以德国国库为其法定继承人"，德国立法同样为继承权理论提供了法律基础。除德国外，还有意大利、西班牙、瑞士等国家采用这种理论。

先占权理论和继承权理论移入我国后在学界并未引起多大反响，其原因一是无人继承财产的案例凤毛麟角，理论研究价值有限；二是出现的无人继承财产争议通过最高人民法院和外交部等部门协商，采用最高人民法院批复、答复的方式解决，理论研究空间有限。尽管如此，国家对无人继承财产以先占权理论还是以继承权理论继承，我国学者还是有所探讨，有不同的理论观点，总体来看多数学者倾向于国家依继承权理论继承。有学者认为，自然人死亡之后其财产成为无主财产，无主财产归属何人、由何人继承，应由立法或者政策决

〔1〕［英］马丁·沃尔夫：《国际私法》，李浩培、汤宗舜译，法律出版社 1988 年版，第 823 页。

〔2〕万鄂湘主编：《中华人民共和国涉外民事关系法律适用法条文理解与适用》，中国法制出版社 2011 年版，第 259 页。

〔3〕［德］弗雷德里希·卡尔·冯·萨维尼：《法律冲突与法律规则的地域与时间范围》，李双元等译，法律出版社 1999 年版，第 171 页。

定。[1] 该观点采取了中庸立场，未从正面回答无人继承财产归属国家的理论依据。有学者从罗马法中的"继承人时效"制度间接论证国家以继承权理论继承遗产。"继承人时效"制度主张被继承人死亡后如无当然继承人或必然继承人，在任意继承人继承遗产前，遗产为无主物，任何市民均可以继承人的身份"先占"管理。占有者管理财产期限超过一年，占有即受法律的保护。盖尤斯对此进行解释：此规定的目的在于促进任意继承人及时继承遗产，避免死者家祀中断和债务拖延不清。随着宗法观念的淡薄和代祭家祀的淡出，以及清偿债务可以直接拍卖死者遗产，"继承人时效"制度失去了存在的理由，[2] 先占权理论失去了事实基础。有学者尖锐地批判了遗产为无主财产的观点，间接批判了先占权理论。先占权理论的基础是无主财产说，该学说在避免被继承人死亡后遗产支配无序状态方面具有一定的积极意义，但该理论将遗产视同普通无主财产，剥离了继承制度产生的历史根源和社会基础。各国普遍规定了无人继承财产的继承制度，但并没有将遗产作为无主财产按照先占规则来处理，也不是任何人都可以取得无人继受的遗产，而是要经过法定公示程序，在无人主张财产权利或主张财产权利被驳回之后才可以由国家取得，因此无主财产说在立法和理论上几无存在空间。[3]

国际社会解释无人继承财产国家继承只有先占权理论和继承权理论，先占权理论受到否定，显然我国多数学者是以国家继承权理论作为国家继承无人继承财产的依据。

二、无人继承财产的法律适用

先占理论权的本质是国家以属地原则取得无人继承财产，继承权理论的本质是国家以属人原则取得无人继承财产，这就不可避免的产生无人继承财产归属法律冲突，需要通过法律适用规则确定准据法。

（一）无人继承财产确认的法律适用

无人继承财产的确认是指以何国法律来确定被继承人遗留的财产为无人继承财产。继承权理论和先占权理论之争除反映在遗产是否是无主财产外，在无

---

〔1〕 史尚宽：《继承法论》，中国政法大学出版社 2000 年版，第 6 页。
〔2〕 周枏：《罗马法原论》，商务印书馆 2001 年版，第 347、356 页。
〔3〕 陈英："继承权本质的分析与展开"，载《法学杂志》2017 年第 6 期，第 100 页。

人继承财产确认法律适用方面也存在分歧。继承权理论认为遗产继承归根到底是一种与人身关系相联系的财产关系，同时具备身份权和财产权双重性质，身份在很大程度上决定继承的效力和范围，在继承关系中起主导作用，被继承人所在国是其生活中心，较遗产所在地国有更直接的联系，确认无主财产适用属人法为宜。先占权理论认为遗产与遗产所在地国联系更为直接，为维护本国公共利益和公序良俗，适用遗产所在地国法确认无人继承财产更为合理。

除继承权理论与先占权理论的争论外，继承权理论内部还存在着本国法和住所地法之争，在确定无人继承财产适用被继承人属人法的前提下，该属人法是被继承人的本国法还是住所地法也是长期被争论、悬而未决的理论问题。理论上的不同观点导致各国确认无人继承财产的立法不同，确认无人继承财产的法律适用存在以下几种规则：

第一，适用继承的准据法。遗产依继承的准据法被确认为无人继承，该遗产即为无人继承财产。2005 年《保加利亚共和国关于国际私法的法典》第 92 条规定，"如果根据继承的准据法无任何继承人，在保加利亚共和国境内的遗产归保加利亚国库或乡镇所有"。这一主张将无人继承财产的法律适用与遗产继承的法律适用统一起来，保证了法律适用的统一性。

第二，适用被继承人属人法。属人法有本国法与住所地法之争，主张属人法为本国法的国家适用本国法确认无人继承财产，主张属人法为住所地法的国家适用住所地法确认无人继承财产。采用继承权理论的国家多适用被继承人属人法确认无人继承财产，不考虑继承的准据法为何国法律。适用被继承人属人法确认无人继承财产很可能导致确认无人继承财产的准据法与继承的准据法为不同国家法律，造成适用继承准据法为有人继承的财产，而适用属人法为无人继承财产的情形，从而架空继承准据法。

第三，适用财产所在法。在理论上认为继承是物权转移，否认继承人身权性质的国家确认无人继承财产时不考虑继承的准据法和被继承人的本国法，适用财产所在地法确认无人继承财产。2015 年《巴拿马共和国国际私法典》第 52 条规定，"继承作为所有权转移的全过程，适用财产所在地法律，即使被继承人死亡时住所地在外国"。采用财产所在地法确认无人继承财产存在十分明显的弊端，当被继承人遗产位于多个国家，就需要分别适用这些国家的法律确认无人继承财产，各国继承人的范围和顺序规定的不同，极易出现一国法律确认遗产为无人继承财产，而另一国法律确认为有人继承财产的情形，导致法律适用尺度不一。

（二）无人继承财产的归属与归属的法律适用

我国学界已经接受了无人继承财产归国家所有理论，无人继承财产归属国家也是普遍性规则，但例外并非偶然存在，无人继承财产归社会团体或者在一定条件下归个人所有的立法和实践还是存在，2005年《保加利亚共和国关于国际私法的法典》第92条规定的保加利亚共和国境内无任何继承人的遗产归"保加利亚国库或乡镇所有"即为典型例证。

无人继承财产归属的法律适用是指适用何国法律来决定无人继承财产归何人所有。对于无人继承财产适用何国法律确定归属，世界多数国家未作具体规定，实践中适用涉外继承的准据法。少数国家对无人继承财产法律适用作了专门性规定，因对无人继承财产国家继承有两种不同的理论，故各国规定的准据法并不相同。①适用被继承人的属人法。德国等国家主张无人继承财产的继承适用被继承人的属人法。②适用财产所在地法。英国、奥地利、秘鲁等国家主张适用财产所在地法。2009年《奥地利关于国际私法的联邦法》第29条规定："如果遗产无人继承或将使地方当局成为法定继承人，则在各该情况下，应以被继承人死亡时财产所在地国法律为准"。③适用继承准据法。英国适用这一法律适用规则确定无人继承财产归属。

各国国内立法规定的无人继承财产法律适用均采用同一制，不对遗产做动产与不动产的区分，适用同一法律。在一些国家之间订立的双边条约中，出现过无人继承财产采用分割制、动产和不动产分别归属不同国家的立法。1955年保加利亚和匈牙利缔结的司法协助条约第35条规定，缔约一方的公民死亡后，遗留在缔约对方领土上的无人继承财产，动产归死者国籍所属国的缔约一方国家所有，不动产归不动产所在地缔约的一方国家所有。

三、我国无人继承财产法律适用立法

（一）无人继承财产归属和法律适用的司法解释与行政规章

我国涉外无人继承财产归属和法律适用立法，经历了从司法解释、行政规章到立法机关立法的过程。1950年1月1日，《最高人民法院西南分院对外侨不动产之继承及遗赠问题应怎样处理的意见》这一司法解释，对涉外无人继承财产的处置和法律适用作出了规定。该意见规定，外侨死后，所遗留的土地由我政府收回，不得被继承或被遗赠。房屋只能由配偶及直系亲属继承或遗赠中国籍亲友。继承人不在我国境内，我有关机关应当设法通知或公告其限期申报继承，如逾期不申报继承，遗产收归国有。死者系与我国建立外交关系国家的侨民，除公告外，应通知死者国籍国驻华使领馆，请使领馆设法通知。遗产无配偶及直系亲属继承，亦未遗赠给其中国籍亲友之遗嘱，收归国有。这是我国最早的处理无人继承财产的法律文件，为无人继承财产法律适用理论和立法奠定了基础。该司法解释虽然没有明示无人继承财产适用何国法律，但从内容中不难看出适用的是遗产所在地法律。

1951 年 10 月 9 日，外交部就外侨遗产继承问题致函最高人民法院：外侨遗产的处理主要依照我国内法，请你院将我国对遗产继承的代管处理等原则及对外侨遗产和继承等问题之判例见告为荷。[1] 1951 年 12 月 13 日最高人民法院作了答复，复函的内容有 4 条，前 3 条重申了《最高人民法院西南分院对外侨不动产之继承及遗赠问题应怎样处理的意见》的规定，增加了第 4 条，"以上问题如两国间有条约规定者，应依条约规定处理"。[2]

1953 年 1 月 6 日发布了《外交部关于外侨遗产继承问题处理原则》，该原则对无人继承财产作出了新的规定：外侨死后，房产如无配偶及直系亲属继承，亦未遗赠中国籍亲友，由法院宣布收归国有。外侨遗留的动产如系绝产，经法院认可后经外交部或外事处转交死者本国大使馆或者领事馆，未建交国家侨民动产之绝产交法院保管。该原则采用分割制处理无人继承财产。

1954 年 6 月 7 日，政务院修正并批准外交部与最高人民法院、中央工商行政管理局、中央法制委员会、中央华侨事务委员会及内务部研究后拟订的《外人在华遗产继承问题处理原则》，1954 年 9 月 28 日，该原则发布并试行。原则有一条两款涉及无人继承财产问题：一是第 2 条第 2 款规定"外人死后，其土地任何人不得继承，应为中华人民共和国所有"；二是第 6 条规定"外人在华遗产，如所有合法继承人及受赠人均拒绝受领，或继承人之有无不明，而在公告继承期满（公告期限 6 个月）无人申请继承者，即视为绝产，应收归公有"；三是第 7 条第 2 款规定"建交国人所遗动产绝产，在互惠原则下，可交

---

〔1〕《外交部关于遗产继承问题的函》，发部政字第（51）27 号，1951 年 10 月 9 日。
〔2〕《最高人民法院关于对外侨遗产继承的代管处理原则等问题的复函》，法编字第 2612 号，1951 年 12 月 13 日。

其本国驻华使领馆接受"。[1] 该原则重申了外侨死后土地不得被继承，收归国有；外侨死后经公告程序财产无人继承，收归公有；在互惠条件下，动产绝产可交与死者国籍国处理。

该原则发布后，各地在处理涉外继承案件时遇到一些问题，遂向外交部请示。1955 年 3 月 1 日，外交部办公厅发布了《关于〈对各地外事处在处理外人在华遗产继承问题中所提出的一些具体问题的答复〉的指示》。[2] 1955 年 3 月 9 日，最高人民法院发布转发外交部办公厅《关于〈对各地外事处在处理外人在华遗产继承问题中所提出的一些具体问题的答复〉的指示》的函，[3] 对外侨遗产之动产保管方式、可否变价保管、保管期限、保管期限届满遗产之处理等问题进行了答复。

1988 年《民通意见》第 191 条再次对无人继承财产法律适用作出规定，"在我国境内死亡的外国人，遗留在我国境内的遗产如果无人继承又无人受遗赠的，依照我国法律处理，两国缔结或者参加的国际条约另有规定的除外。"该条规定较之此前的司法解释有所变化，无人继承财产的法律适用不再采用区别制，而是采用同一制，不区分动产与不动产，概适用遗产所在地法。与我国有条约关系的国家作为例外，适用条约的规定或者依据条约规定的法律适用规则确定准据法。

（二）无人继承财产归属和法律适用的立法

新中国成立后至 1985 年《继承法》颁布这一段时间里，我国无人继承财产归属和法律适用除采用司法解释、行政规章进行规制外，还采用缔结双边国际条约的方法进行调整。1959 年 6 月 23 日，我国与苏联签订《中苏领事条约》，该条约第 20 条对无人继承财产归属和法律适用作出了规定，"缔约任何一方的公民死后遗留在缔约另一方领土上的财产，包括动产和不动产，均按财产所在地国家的法律处理。但是动产中的绝产，可以移交给死者所属国的领事处理"。[4] 该条规定既有统一法律适用规范的内容，规定遗产适用财产所在地

---

〔1〕《最高人民法院、外交部颁布〈外人在华遗产继承问题处理原则〉的指示》，1954 年 9 月 28 日发部欧 54 字第 1689/787 号，1954 年 9 月 28 日。

〔2〕外交部办公厅发办欧（55）字第 165/181 号。

〔3〕最高人民法院法行密字第 014 号，1955 年 3 月 9 日。

〔4〕《中华人民共和国和苏维埃社会主义共和国联盟领事条约》，载《人民司法》1960 年第 3 期，第 26 页。

法；又有统一实体规范的规定，本国公民遗留在对方国家无人继承财产中的动产"可以移交给死者所属国的领事处理"。1986 年 8 月 9 日，《中蒙领事条约》签署，该条约第 29 条第 4 款规定，"派遣国国民死亡后在接受国境内留下的绝产中的动产，应将其移交给派遣国领事官员"。该条规定没有涉及不动产的处理，不动产绝产应按照遗产所在地国家法律适用规则确定准据法。死者遗留的无人继承财产为动产，依条约规定办理。

从 1959 年 1 月中国第一个领事条约——《中华人民共和国和德意志民主共和国领事条约》签订之日起至 2019 年，中国与外国共签订 49 个领事条约或者领事协定，[1] 这 49 个领事条约中只有中苏、中蒙领事条约中明确规定了无人继承财产归属和法律适用条款。苏联解体后，中国和俄罗斯于 2002 年 4 月25 日签订《中华人民共和国和俄罗斯联邦领事条约》（以下简称《中俄领事条约》），《中苏领事条约》终止。《中俄领事条约》删除了无人继承财产归属和法律适用条款，仅规定了"遇派遣国国民在接受国境内临时逗留时或过境时死亡，而其在接受国无亲属或代理人时，领事官员有权立即临时保管该国民随身携带的所有文件、现款和物品，以便转交给该国民的遗产继承人、受遗赠人或其他有权接受这些物品的人"[2]。该条规定隐含了一个无人继承财产归属死者国籍国条款，派遣国国民在接受国境内死亡，动产由派遣国领事官员转交死者遗产继承人、受遗赠人，如果死者没有遗产继承人或受遗赠人，死者的遗产只能转交"有权接受这些物品的人"，而"有权接受这些物品的人"主要是国家。

我国与外国签订的领事条约中只有《中蒙领事条约》载有无人继承的动产可以归属死者国籍国的规定，其余国家无人继承财产的归属和法律适用需依靠国内立法解决。

《法律适用法》第 35 条首次以国内立法的形式对无人继承财产归属法律适用作出规定，"无人继承遗产的归属，适用被继承人死亡时遗产所在地法律。"该规定填补了无人继承遗产归属法律适用立法空白，使无人继承遗产的处分有法可依。该规定采用同一制，不区分动产与不动产，统一适用遗产所在地法，

---

〔1〕 中国领事服务网，载 http://cs.mfa.gov.cn/zlbg/tyxy_ 660627/t1131869.shtml，最后访问日期：2019 年 4 月 6 日。

〔2〕《中俄领事条约》第 17 条第 6 款。

保证了法律适用的统一性，避免了同一死者的遗产因动产与不动产适用不同的法律导致遗产归属不同，减轻了法官的工作量，不需要查明死者的国籍国法或者死亡时的经常居所地法。我国无人继承财产适用遗产所在地法律与国际社会的普遍实践相一致，符合遗产所在地国家利益，适用遗产所在地国家法律作出判决容易为其他国家所承认。

《法律适用法》第35条不足之处在于未对无人继承财产确定的法律适用作出规定，尽管我们可以将该条规定类推适用于无人继承财产的确定，但无人继承财产的确定与无人继承财产的归属毕竟是不同的法律问题，应当分别规定法律适用为宜。而且，我们生活在信息社会，数字遗产已经产生。数字遗产在物理上是客观存在的电磁数据，可为特定人所支配，具有物所应具备的客观存在性、可支配性、价值性和稀缺性，根据传统民法理论对"物"的定义，它应属于特殊的物，具有财产属性。数字遗产成为绝产并没有遗产所在地，适用《法律适用法》第35条无法调整，有必要对特殊遗产的法律适用作出特别规定。

（三）无人继承财产归属和法律适用的实践

中华人民共和国成立以来出现的无人继承财产案件屈指可数，但我们还是可以从有限的案例中一窥无人继承财产法律适用全貌。

1. 巴图遗产继承案

巴图系蒙古国公民，住所地在中国内蒙古。2005年4月，巴图在青岛旅游时突发心脏病死亡，遗留现金、照相机、信用卡等物品，遗产价值约人民币6万元。巴图配偶已亡，无子女，亦无其他亲属随其共同生活。巴图生前未留遗嘱，未将财产赠与他人。青岛市外事部门处理善后事宜，经申请，青岛市中级人民法院在《人民法院报》《人民日报（海外版）》上发布遗产继承公告，6个月公告期内无人申请继承遗产，[1] 巴图遗产成为绝产。根据《中蒙领事条约》的规定，巴图遗产被转交给蒙古国驻我国使领馆处理。

2. 张建中债务纠纷案

2011年10月18日，中国大陆地区居民张建中以中国台湾地区居民王溪泉、王怡文、王怡瑾、王怡婷和欧桂英（被告1~4为王敬仁子女，被告5为王敬仁妻子）为被告向灌南县人民法院提起诉讼，请求法院判决5名被告偿还

---

[1] 孙珂、齐懿："涉外无人继承财产的法律适用问题——以'巴图财产继承案'为例"，载《知识经济》2013年第14期，第38页。

王敬仁欠款 1 020 675 元及利息并承担本案诉讼费用。

法院开庭审理此案，经法庭调查得知，王敬仁持台湾地区通行证、伯利兹护照，常年在连云港市经商，因资金短缺，从张建中处两次借款共计 1 020 675 元。2011 年 2 月 21 日，王敬仁突发疾病死亡。王敬仁遗产有银行存款 35 万元，轿车一辆，住房一套。王敬仁子女从台湾到连云港处理丧事，并经公证委托他人处理王敬仁遗体火化和骨灰事宜。张建中以王敬仁四子女和妻子为被告提起诉讼，要求王敬仁亲属以死者遗产偿还债务。诉讼中，5 名被告向法院提出他们的父亲（丈夫）在台湾地区的名字叫"王忠正"（提供台湾户籍资料），认为债权人所诉"王敬仁"与"王忠正"不是同一人，王敬仁的骨灰至今在连云港殡仪馆无人领取。5 名被告此前未继承王敬仁一分钱财产，现放弃继承死者任何财产。法院认为王敬仁遗产系无人继承财产，要求张建中撤诉，如不撤诉则驳回诉讼请求。张建中撤诉。

本案因张建中撤诉终结，未涉及法律适用问题，但我们可以对本案的法律适用进行法理分析：①王敬仁两次从张建中处借款 1 020 675 元的事实存在；② 5 名被告系王敬仁子女、妻子应当得到确认，否则无法解释 5 名被告为何从台湾来大陆奔丧；③ 5 名被告放弃继承权，王敬仁遗产成为无人继承财产；④王敬仁 2011 年 2 月 21 日死亡，此时《法律适用法》已经颁布尚未施行，遗产归属应适用《外人在华遗产继承问题处理原则》第 6 条规定收归公有；⑤ 5 名被告放弃继承权，原告不可向其主张债权；⑥ 5 名被告放弃继承权，原告诉求失去事实基础，法院要求原告撤诉理由正当；⑦张建中可以重新起诉，要求王敬仁遗产接收单位在遗产范围内偿还债务。

3. 何某 1 与佛山市顺德区乐从镇小布村民委员会遗产继承纠纷案

被继承人陈引系香港特别行政区永久性居民，出生于 1917 年 9 月 6 日。陈引的配偶何国显于 1952 年死亡。陈引与何国显共同生活期间没有生育、收养子女。陈引的父母及祖父母先于陈引死亡，陈引没有兄弟姐妹。陈引自 1992 年定居小布村直到终老，期间多由堂侄何某 1 照顾，1996 年 3 月 26 日陈引死亡，丧葬事宜由何某 1 办理。陈引在小布村留有遗产房屋一间，何某 1 申请继承。2016 年 10 月 21 日，小布村委会在村内张贴告示，要求对案涉房屋主张权利者在公示之日起 15 日内提出，公示期间未收到异议。何某 1 于 2016 年 12 月 14 日向法院提起诉讼，请求继承遗产。

法院审理认为，本案中，陈引没有法定继承人，未遗赠财产与他人，遗产为无人继承财产。《法律适用法》第 35 条规定，"无人继承遗产的归属，适用被继承人死亡时遗产所在地法律。"本案应适用内地法律。何某 1 作为继承人以外的人在被继承人生前对其照顾扶养较多，依照《继承法》第 14 条规定可分得适当的遗产。小布村委会出具声明不对房屋主张权利，何某 1 的兄弟姐妹也声明不对此主张权利，法院判决陈引遗产由何某 1 继承。[1]

　　本案是《法律适用法》实施后检索到的唯一一起适用该法第 35 条确定准据法的案例，也是较好适用《法律适用法》的案例。本案中，法院首先适用我国法律确定死者遗产为无人继承财产，接着适用《法律适用法》第 35 条的规定，依据《继承法》第 14 条规定判决陈引遗产由何某 1 继承，堪称完美。

---

〔1〕　佛山市顺德区人民法院民事判决书，（2016）粤 0606 民初 21376 号。

第三章

涉外物权法律适用的承继与发展

法律适用法中的物权是涉外物权，它是民法物权在涉外物权领域的延伸。各国物权法与其本国的社会制度、经济制度、历史传统、发展程度等紧密联系，受地理环境、经济结构乃至意识形态的影响，具有较强的国家性、民族性、地域性和固有法性。物权的固有法性导致各国物权法之间往往有明显的差异，致使涉外物权领域充斥法律冲突，需要适用法律适用规范加以解决。解决不动产物权冲突适用物之所在地法规则自产生以来一直为各国承继，未曾发生变化，解决动产物权冲突的法律适用规则呈现与时俱进的特征，随着社会的发展缓慢地演进，其变化坚定且执着。

《中华人民共和国物权法》（以下简称《物权法》）将物分为不动产、动产和权利，将物权分为所有权、用益物权和担保物权。《法律适用法》根据《物权法》对物的分类分别规定了不动产物权、动产物权、有价证券和权利质权的法律适用。《物权法》对物的分类和《法律适用法》对涉外物权法律适用的规定是涉外物权理论和涉外物权法律适用理论研究的依据和遵循。

第一节　不动产物权法律适用的理论与立法

不动产物权的客体是物，以物是否具有可移动性作为划分标准，物权可分为不动产物权和动产物权。不动产物权包括不动产所有权、地上权、永佃权、典权、抵押权等内容。不动产物权法律适用立法数百年来始终袭用物之所在地法，对不动产物权适用不动产所在地法的原因，不同国家的学者在不同历史时期作出了不同的解释。

一、不动产的界定

物权分为不动产物权和动产物权是大陆法系国家对物权的一种分类，这种划分可追溯至古罗马时期。优士丁尼时代的罗马法，就以物可否移动这一物理特性为标准，把物划分为动产和不动产。能够独自移动之物或得用外力移动而不致变更其法理上之性质者为动产；不能独自移动之物或不得用外力移动而仍保全其法理上之性质者，皆不动产也。除土地、耕作地因其物理属性为不动产外，籽种、草木、砖瓦、栋梁及其他各种土地上之定着物因与土地结合变为不动产，建筑物之钥匙、工厂中之机器、配置于窗门之玻璃等，因其用途变为不动产。动产与不动产之区分，非特用于有体物，无体物亦适用之。各种权利之性质，为动产抑为不动产，均以该权利之标的性质为标准也。[1] 罗马法关于不动产和动产的划分对日耳曼法产生很大影响并被传承下来。西欧封建时期，受罗马法影响采用了不动产和动产的分类。此后，动产与不动产的划分为各国普遍接受并成为物在法律上的重要分类。各国对不动产和动产的划分主要考虑两方面因素：一是物的价值大小，不动产是价值大并能够产生收益的物；二是物的物理性质，不动产不能移动，若移动会变更其性质并损害其原有价值。这两个标准在本质上是统一的，古往今来不动产都是以土地为核心并以此为基点向外辐射。

二、不动产物权法律适用理论

12 世纪末的注释法学派学者开始关注财产法律适用问题，模糊地提出物权冲突应依物之所在地法的观点，这是物权冲突适用物之所在地法思想的孕育期。14 世纪，意大利后期注释法学派学者巴托鲁斯在思考"外邦人在内邦有座房子，他想增加此房高度，应依据何处的法则"这个命题时，明确提出了"物本身产生的权利的问题，应遵循物之所在地的习惯或法则"的法律适用规则，[2] 奠定了物权冲突适用物之所在地法规则的理论基础。巴托鲁斯物权冲

---

〔1〕 陈朝璧：《罗马法原理》，法律出版社 2006 年版，第 75~76 页。

〔2〕 Bartolus, *On the Conflict of Law*, translated into English by Joseph Henry Beale, Cambridge Harvard University Press, 1914, p. 29.

突适用物之所在地法的思想得到了广泛的推崇和赞同，经过数百年的演进和发展，不动产物权适用物之所在地法理论已经系统化。

几百年来，学者们从理论上对不动产物权适用物之所在地法规则不断进行探索和论证。各国国情不同，对不动产物权适用不动产所在地法的理论研究各有侧重。英国学者沃尔夫（Martin Wolf）认为，不动产物权适用物之所在地法的理由有如下几点：①不动产具备不可动性，是一国领土的一部分；②不动产与所在地国有永久的和密切的联系，因而一切关于不动产的权利的重心自然也就存在于该国；③若不动产适用人法会引起混乱，如有关土地的法律会随着所有权的变更而变更，所有权及其所附随的权利义务，也会因为所有权人的国籍或住所变更而变更，不动产物权适用属人法是不适宜的。[1] 我国台湾地区学者认为不动产物权适用物之所在地法的理由有三：①一国对其领土内之人及物有绝对管辖权，外国法不得在内国适用，尤其是土地及其定着物，外国法绝对不能适用；②当事人既将不动产设置于特定领域内，即是默示关于该不动产愿受该不动产所在地法之管辖；③物权之实际行使，非依该物之所在地法，不得行使。关于物权之取得、丧失或变更，若不依所在地法则势须依属人法，而依属人法则易滋错误，故为交易上安全起见，亦以采取所在地法为愈。[2]

三、不动产物权法律适用立法

各国近现代立法毫无例外地接受不动产物权依物之所在地法原则，并以法律形式作出明确规定。各国立法在规定不动产物权依物之所在地法时，采用了两种模式：第一种模式以 1756 年《巴伐利亚法典》为代表，采用绝对物之所在地法原则，拒绝"动产随人"原则，对物不作动产与不动产、有体财产与无体财产区分，主张一概适用物之所在地法。巴伐利亚这种立法方式对部分国家产生了影响，一些国家借鉴巴伐利亚立法模式规定了不动产物权的法律适用。1939 年《泰国国际私法》第 16 条第 1 款规定："动产及不动产，依物之所在地法"。1942 年《意大利民法典》第 22 条规定："占有权、所有权与其他动产及不动产财产权利，均适用动产及不动产所在地的法律"。第二种模式以 1804 年《法国民法典》为代表，区分动产与不动产，分别规定应适用的法律。《法

---

〔1〕 ［英］马丁·沃尔夫：《国际私法》，李浩培、汤宗舜译，法律出版社 1988 年版，第 720 页。
〔2〕 陆东亚：《国际私法》，正中书局 1979 年版，第 194~195 页。

国民法典》第 3 条第 2 款规定："不动产，即使属于外国人所有，仍适用法国法律"。法国这种单边主义的立法方式受到很多国家的追随，1811 年《奥地利民法典》、1865 年《意大利民法典》等都如是规定。法国不动产物权立法模式至今仍为一些国家所仿效，在法律适用法立法史上有里程碑意义的 1987 年《瑞士联邦国际私法》第 99 条第 1 款规定："不动产物权适用不动产所在地国家的法律"。

不动产物权适用不动产所在地法不仅为各国立法所拥戴，也为国际社会所承认。国际条约是国家协调意志的体现，国际社会缔结的物权方面的国际条约都承认不动产物权适用物之所在地法原则。国际条约关于不动产物权法律适用的规定也分为两种模式：第一种模式是不作动产与不动产区分，一概适用物之所在地法。1889 年蒙得维的亚《关于国际民法的公约》第 26 条规定："财产，不论其种类，凡有关其质量、占有、绝对或相对的不可转让性，以及一切法律关系的物权性质问题，都专属由财产所在地的法律支配"。1928 年《布斯塔曼特国际私法典》第 105 条规定，一切财产皆依其所在地法律。第二种模式是区分动产与不动产，分别规定法律适用规则。1951 年海牙《荷兰、比利时、卢森堡关于国际私法统一法的公约》第 16 条第 1 款规定："有体财产上的物权按此项财产所在地国家的法律规定，此项财产的不动产或动产的性质也按该法规定"。

不动产物权适用不动产所在地法解决物权冲突一般性法律适用原则，实践中也存在适用上的例外。关于夫妻离婚财产中的不动产分割，大陆法系国家多认为夫妻财产是基于身份关系所发生的财产关系，与身份密切相关，故将其作为夫妻财产制的内容直接规定在亲属法之中，对仅及于婚姻当事人之间、不涉及第三人的物权关系，不适用财产法，而由亲属法调整。

四、我国不动产物权法律适用立法

我国立法未对不动产、动产进行一般性界定，仅以列举形式对不动产做了规定。1988 年《民通意见》第 186 条规定了"土地、附着于土地的建筑物及其他定着物、建筑物的固定附属设备为不动产"，动产的界定阙如。1995 年《中华人民共和国担保法》第 92 条规定不动产是指土地以及房屋、林木等地上定着物，动产是指不动产以外的物，采用排除法界定动产。我国学者一般认为，不动产是指依自然性质或法律规定不可移动的土地、土地定着物、与土地尚未脱离的土地生成物、因自然或者人力添附于土地并且不能分离的其他物。不动产可以分为两部分：一部分是自然资源性质，土地、森林、山岭、草原、荒地、滩涂、矿藏、水流、海域、空域等是不动产。另一部分是定着物性质，定着物成为不动产须具备两个条件，一是持续附着于土地，移动会损害其价值或功能；二是具有独立的经济目的，不被认为是土地的一部分。定着物包括各种建筑物，如道路、房屋、桥梁、电视塔，地下排水设施等；生长在土地上的各类植物，如树木、农作物、花草等。需要说明的是，植物的果实尚未采摘、收割之前，树木尚未砍伐之前，都是地上的定着物，属于不动产，一旦采摘、收割、砍伐下来，脱离了土地，则属于动产。

我国不动产物权法律适用立法也采取不动产所在地法原则。1986年《民法通则》第144条规定了"不动产的所有权，适用不动产所在地法律"。1988年《民通意见》第186条对《民法通则》第144条的规定进行了扩张性解释，规定了"不动产的所有权、买卖、租赁、抵押、使用等民事关系，均应适用不动产所在地法律"。2010年《法律适用法》第36条规定"不动产物权，适用不动产所在地法律"，对不动产物权法律适用进行了完善。比较《民法通则》第144条与《法律适用法》第36条的规定，可以看出，后者比前者的调整范围要宽泛得多，前法规定的是"不动产的所有权"适用不动产所在地法律，所有权只是物权的一部分，在民法中称之为"自物权"，后法规定的是"不动产物权"适用物之所在地法律，物权包括自物权和他物权，他物权包括用益物权和担保物权，后法除延续了不动产所有权适用物之所在地法外，对不动产其他权能的法律适用一并作出规定。

不动产物权适用不动产所在地法律规则在立法、理论和实践各方面都无争议，实践中出现的问题是该规定与调整夫妻财产关系法律适用条款发生竞合，是适用该规定还是适用调整夫妻财产关系的法律适用规则，这一问题已在涉外婚姻家庭法律适用一章中进行了讨论。

第二节　动产物权法律适用的发展

一、动产物权法律适用的发展变化

动产物权的法律适用与不动产物权的法律适用是同时产生的，但其发展轨迹迥然不同。不动产物权一直沿袭适用不动产所在地法律的轨迹前行，未曾改变；动产物权的法律适用则经历了分割制、同一制和多元制的历史变迁。

从 12 世纪末到 19 世纪，物权法律适用一直采用分割制，区分不动产和动产，不动产所有权适用物之所在地法律，动产物权适用当事人住所地法律。在这一历史时期动产物权之所以适用当事人住所地法律，是因为当时的生产力不发达，生产率不高，涉外民事关系的数量不多且相对简单，涉及的动产种类、数量不多，主要是日常用品和生活必需品，其经济价值与重要性都远不及不动产。在理论上，学者们对动产物权适用当事人住所地法律的阐释是"动产随人"（mobilia personam sequuntur）、"动产附着于骨"（mobilia ossibus inhaerent）、"动产无场所"（personalty has no locality），动产位于何地纯系偶然，通常随人之去处而定。在国际经济交往和跨国人员往来尚不发达的时代，动产物权适用当事人住所地法律有其客观性、必然性和可行性。

19 世纪末，动产物权法律适用出现质的变化，由分割制走向同一制，不再适用当事人住所地法律，转向适用物之所在地法律，这种法律适用模式持续到 20 世纪下叶。之所以出现这样的变化，是因为这一历史时期资本主义经济获得了前所未有的发展，国际民事交往迅猛增加，商品输出、资本输出成为资本主义社会赖以存在的基础，与动产物权有关的涉外民事关系日益复杂，动产在经济生活中的地位和作用越来越突出，动产所在地已不再仅限于动产所有人的住所地，而是位于多个国家。数额庞大的动产对所在地国家社会经济秩序的稳定有着不容忽视的作用，动产所在地国家对内国法律支配位于其境内的动产物权关系有着强烈的需求。

在理论上，学者们也展开了对"动产随人"的批判，认为动产物权适用当事人住所地法律已不适应发展变化了的社会关系，不合理、不公正之处日益突出：①主权国家有对位于本国境内的物行使管辖权，对发生在本国境内的涉外物权纠纷行使审判权、适用本国法律的权力；②动产物权关系当事人的住所、经常居所地不再是固定的，时常发生变化，一方当事人往往难以知晓另一方当事人住所、经常居所地的变化；③一方当事人不了解另一方当事人住所、经常居所地物权法的具体内容；④双方当事人住所、经常居所地不相同时，适用一方当事人住所、经常居所地法律不利于另一方当事人对有关法律行为后果的合理预见，而且也不好确定适用其中哪一方当事人的住所、经常居所地法律比较合适。基于上述原因，19世纪末，世界各国的立法开始相继修改，动产物权不再适用当事人住所地法律，转而适用动产所在地法律。1889年《关于国际民法的公约》、1928年《布斯塔曼特国际私法典》等区域性国际条约明确规定，一切财产，不论其种类如何，均依其所在地法律。许多国家的国内立法也明确规定动产物权适用动产所在地法律。以1898年《日本法例》为例，该法第10条第1款规定："关于动产与不动产物权以及其他应登记的物权，依其标的物所在地法律"。

随着社会的发展，经济的繁荣，互联网的普及，交换方式的变化，新的物权类型的出现，涉外动产物权的法律适用愈趋复杂。特别是意思自治原则在私权领域的强力渗透并被引入物权领域，涉外动产物权法律适用发生了革命性的变化。尽管多数国家依然坚守物权适用物之所在地法原则，但物之所在地法原则的适用已经进入相对时期，涉外物权法律适用的多元制时代已经到来。

二、物之所在地的确定

动产物权适用物之所在地法律，该规则适用的前提条件是要确定物之所在地。有体动产物之所在地的确定相对容易、简单，一般以有体物所在的地方为物之所在地。不同的物具有不同性质或特点，物之所在地的确定在难易程度上也有所不同。当动产处于运动状态时，其所在地的确定相对困难，各国对处于运动状态的物的所在地多单独作出规定。无体物、权利在不少国家已成为物权（财产权）或准物权的客体，在这些国家中，有的国家规定物之所在地法律适用于无体物、权利为客体的物权（财产权）或准物权关系，有的国家单独规定了无体物、权利的法律适用。

各国学者从理论上对无体动产、权利的所在地进行过探讨，英国学者的理论具有代表性。戴西（Albert V. Dicey）和莫里斯（J. H. C. Morris）结合英国的实践在其所著《论冲突法》一书中就对权利财产的所在地作了确定：权利作为财产，其所在地总体上通常被视为该财产能得到追索或执行的地方；债（指非判决之债）的所在地为债务人住所地；盖印契约之债的所在地为该契约本身所在地；判决之债的所在地为判决存档地；票据、债券以及其他通过交付而转让的证券，其所在地为票据、债券或该其他证券的现实所在地；公司股票的所在地为依公司成立地法律能对股票作有效处分的所在地，如股票转让登记地（须经登记才可有效转让时）或股票通常所在地（股票通过交付即可转让时）；根据契约或侵权行为产生的诉讼求偿权，其所在地为可提起该诉讼的地方；对死者财产的权益，其所在地为遗产管理人居所地，在不实行遗产管理制度的情况下为死者住所地；信托权益的所在地为信托财产所在地或受托人居所地；合伙份额的所在地为合伙业务经营地，在多个国家经营合伙业务时则为合伙组织的总部所在地；商誉的所在地为享有该商誉的商店所在地；专利权和商标权的所在地为依该权利据以产生的法律能对其进行有效转让的地方。

许多国家对有体动产所在地的确定作了规定，但规定的方式不尽相同。有的国家立法从时间节点上确定动产所在地，1948 年《埃及民法典》第 18 条规定，"占有、所有以及其他物权，不动产适用不动产所在地法，动产适用导致取得或丧失占有、所有或其他物权的原因发生时的该动产所在地法。"对处在移动状态的有体动产，有的国家在立法中直接规定适用物之所在地，2001 年《俄罗斯联邦民法典》第 1206 条第 2 款规定，"所有权和其他物权根据法律行为产生和终止的，如果法律行为是对正在运输途中的财产订立的，则依照该财产启运地国的法律确定，但法律有不同规定的除外"。更多国家的立法以运输目的地为物之所在地，1984 年《秘鲁民法典》第 2089 条第 1 款规定，"运送中的有体动产以运送的最后目的地为该物之所在地。"

国际条约也有规定无体动产、权利所在地的情况。1928 年《布斯塔曼特国际私法典》第 108 条、第 109 条规定，"工业产权、著作权以及法律所授予并准许进行某种活动的一切其他经济性的类似权利，均以其正式登记地为其所在地"；"特许权以其依法取得地为其所在地"。总体说来，明确规定无体动产、权利所在地的国际立法并不多见，这是因为无体动产、权利有其特殊性和复杂性，较难确定其合适的所在地。

三、物权关系适用物之所在地法的理论依据

各国学者对涉外物权适用物之所在地法调整的依据进行过深入的理论探讨，不同国家的学者在不同的历史时期作出过不同的理论阐述，提出过不同的观点。①领土主权说。法国学者梅兰（Marlin）、德国学者齐特尔曼（Zitelmann）等人认为国家拥有领土主权，一国对其领域内的物应享有绝对的支配权，物权关系适用物所在地国的法律是国家主权在物权关系方面的体现。②法律关系本座说，也称为"自愿受制说"。由德国学者萨维尼提出并倡导，萨维尼从普遍主义——国际主义的立场出发，论证了物权关系的本座应是该物的物之所在地，任何人要取得、占有、使用或处分物的权利，就必须依赖于该物之所在地并自愿受制于该地所施行的法律。③利益需要说，亦称实际需要说。法国学者毕耶（Pillet）、德国学者巴尔（Bar）认为物法为集体利益而制定，是一种"对世义务"，必须具有普遍性与属地性。不动产或动产物权如不依物之所在地法，那么物权的取得或占有都将陷于不确定状态，全人类的利益将因此而受到损害。不动产或动产不依其所在地法，物权的移转将颇为混乱；而物之所在地法，易于为人们所知晓，为了使动产物权的移转更加明确，必须承认符合物之所在地法的动产物权行为即为有效。因此涉外物权法律冲突的解决适用物之所在地法是维护社会利益的需要。④物权性质说。奥地利学者翁格（Unger）认为物权是对物的物质上的支配，是对于物的直接的和法律上的权力关系；这种支配是由法律所设定和保障的，这种权力关系也只能在物的所在地成立并取得其内容；因此，物权应适用物之所在地法。⑤方便和控制说。戴西认为动产所有权适用动产所在地法是基于便利和适宜这样明显的理由，对物权的最后救济只有采取其所在地法允许的方式才有可能，物之所在地国家对于物享有绝对的控制权，可以对其赋予有效的权利，它的法院也方便地拥有对物的管辖权，其他任何规则都不可能如此有效。⑥客观依据说。我国学者一般认为，物权关系依物之所在地法是由物权关系本身的性质决定的，归根到底是由社会的物质生活条件决定的。其一，从表面上看，物权关系是人对物的关系，而从本质来说，物权关系同其他民事关系一样，是人与人之间的社会关系，是一种最基本的体现所有制的法律关系。各国统治者从维护本国利益出发，总是希望以本国的法律来调整和支配与位于本国境内的物有关的物权关系。其二，物权关系也是一种人对物的直接利用和支配的权利关系，权利人为了最圆满地实现

其权利，谋取经济上的利益，只有适用标的物所在地的法律才最为可能。其三，物权关系的标的物在物权关系中居于核心地位，物权首先表现为人对标的物的权利，标的物只有置于其所在地的法律控制之下，物权才能得到最为有力的保障。其四，物权具有排他性，权利人对于标的物有无需借助他人行为的直接支配权。对于物权受到的侵害，或者权利人行使物权所产生的优先权、追及权和物上请求权，或者其他人对标的物提出的请求，也只有在适用标的物所在地法律的情况下才能作出有效的处理。其五，对处于一国的物适用其他国家的法律，在技术上也有许多困难，会使物权关系变得更为复杂，影响国际物权关系的稳定。[1] ⑦适当法说。我国有学者认为，物之所在地法原则成为解决物权关系法律适用的基本原则，既是由物权关系的特点决定的，也是由物之所在地法的性质决定的，物之所在地法对于物权关系的调整和处理最具有"适当性"，物之所在地法是国际物权关系的"适当法"。[2]

我国台湾地区学者对物权适用物之所在地法的理由与客观依据说类似，"盖以物之所在，恒受所在国领土主权之支配，而所在地法关于物权之规定，又多涉及当地之公益，当事人服从其规定，不仅为情势所必需，且最足以保全其私人法益"[3]。

物之所在地法律被广泛用于涉外物权关系的调整，有其客观性和合理性。对所有权人来说，适用物之所在地法律能够实现其对物的直接利用的权利关系，保护该权利不受侵害，这种保护较其他法律最为有效。对相对人来说，维护物权法律关系的稳定和商品流转的安全，使其正当利益得到切实保护，适用物之所在地法律更为便利可靠。从涉外物权关系的调整来看，对标的物尤其是不动产位于某一国境内的物权关系适用另一国法律，不仅操作不便，且实际效果也难以保证。从物之所在地国来看，其总是希望本国法律能够支配位于本国的物，处理与位于本国之物有关的权利关系，以维护国家主权、社会利益和经济秩序，并有利于本国对外民事交往的稳定与发展。

---

〔1〕 韩德培主编：《国际私法》（修订本），武汉大学出版社1983年版，第121～122页；李双元：《国际私法（冲突法篇）》（修订版），武汉大学出版社2001年版，第442页；黄进主编：《国际私法》，法律出版社1999年版，第360页。

〔2〕 吕岩峰："论国际物权关系的适当法——物之所在地法原则之理析"，载《吉林大学社会科学学报》2007年第1期，第102～112页。

〔3〕 刘铁铮、陈荣传：《国际私法论》，三民书局1998年版，第405页。

四、物之所在地法的适用范围与例外

物之所在地法调整涉外物权关系已是物权法则，不过该法则的适用也有相对性，综合各国的立法及司法实践，物之所在地法主要用于解决下列几个方面的物权问题：①动产与不动产的识别。各国法律关于动产与不动产划分的具体规定不同，判定某物属于动产还是不动产一般依据物之所在地法律规定的标准。②物权客体范围的确定。各国法律规定的物权客体的范围不同，物权客体的范围依物之所在地法律确定。③物权种类和内容的界定。各国关于物权种类和内容的规定不完全相同，何种物及民事权利可以成为涉外物权，其具体内容如何，依所涉之物的所在地法律解决。④物权取得、转移、变更和消灭的条件。物权变动及引起物权变动的法律行为是否有效，受物之所在地法律支配。⑤物权的保护方法。物权保护方法依物之所在地法律确定。[1]

物之所在地法调整涉外物权关系存在例外，某些涉外物权关系具有特殊性，适用物之所在地法律不合理或者不可能，故排除物之所在地法的适用，根据涉外民事关系具体情况分别确定准据法。物之所在地法适用例外的物权关系主要有：①运送途中之物的物权关系。运送途中之物，其所在地不断改变而不易确定，即使能够确定运送途中之物的所在地，往往也因为此物与该地仅有偶然或瞬间联系而使物之所在地法律适用不尽合理。当运输工具处于公海或公空时，对其承载之物适用物之所在地法律则成为不可能。各国规定对运送途中之物的物权关系依其起运时所有人本国法，或者规定适用货物目的地国家的法律。运送途中之物的物权并非完全不适用物之所在地法律，运输途中的动产被强制出售，或被暂存、贮藏，或被抵押，仍适用物之所在地法律。②船舶、飞行器等运输工具的物权关系。船舶、飞行器等运输工具，经常处于运动状态，不宜适用物之所在地法律，许多国家规定适用旗国法或登记地国的法律。③法人消灭之后的财产归属。法人因自行终止、被其所属国解散、被宣告破产等原因而消灭，其财产归属适用该法人的属人法。内国将在其境内活动的外国法人取缔，其财产归属适用物之所在地法。④与身份关系密切的财产关系。死者遗产继承和夫妻财产关系，各国多规定适用属人法。⑤位于无主土地或无主空间之物的物权关系。南极、公海、月球、外层空间等地方，不属任何国家法律管

---

[1] 黄进：“论国际私法上的物权问题”，载《法商研究》1995 年第 3 期，第 54 页。

辖范围，一般做法是有国际条约的适用国际条约，没有国际条约适用占有人或先占者的属人法。⑥无体物。将无体物（或无形财产）纳入物权法（或财产法）调整范围的国家中，有的国家以拟制不同的所在地的方式规定适用物（或财产）之所在地法律，有的国家则规定其他法律适用规则。[1]

五、我国动产物权法律适用立法

2010 年《法律适用法》对一般动产物权法律适用作出了规定，填补了涉外动产法律适用的立法空白。《法律适用法》颁布前，《民法通则》以及最高人民法院司法解释中都没有涉及一般动产物权的法律适用问题，1992 年《中华人民共和国海商法》（以下简称《海商法》）和 1995 年《中华人民共和国民用航空法》（以下简称《民用航空法》）对船舶、航空器两类特殊运输工具的法律适用作了特别规定。《法律适用法》对动产物权法律适用引入了意思自治原则，作了两条规定。该法第 37 条规定"当事人可以协议选择动产物权适用的法律"，把当事人意思自治原则引入物权领域，作为动产物权法律适用的首选，反映了物权领域法律适用的重大变化；该条还规定"当事人没有选择的，适用法律事实发生时动产所在地法律"，以此作为当事人未作法律选择的补充，表明物之所在地法律在动产物权法律适用中仍有重要地位。中国动产物权法律适用的规定与其他国家已经明显不同，从各国动产物权法律适用立法来看，大多数国家仍然坚守动产物权适用物之所在地法；有的国家将意思自治原则引入动产物权领域，但规定适用物之所在地法为首要原则，意思自治原则作为物之所在地法的补充。

《法律适用法》第 38 条规定："当事人可以协议选择运输中动产物权发生变更适用的法律。当事人没有选择的，适用运输目的地法律。"该条规定借鉴了《瑞士联邦国际私法》第 104 条"对于动产物权的取得与丧失，当事人可以选择适用发送地国法律、目的地国法律或者支配致使物权取得与丧失的法律行为的法律"的规定，并予以发展。瑞士规定了有限意思自治，允许当事人在发送地国法律、目的地国法律和支配致使物权取得与丧失的法律行为的法律中作出选择。我国规定的是无限意思自治，对当事人选择法律的范围不作限制。该条规定适用的空间范围，仅限于"运输中动产物权发生变更"，仅指运输状

---

〔1〕 黄进："论国际私法上的物权问题"，载《法商研究》1995 年第 3 期，第 55 页。

态下的动产发生物权变动情况，不包括其他状态下动产物权变更的法律适用。在途货物物权的法律适用，有的国家规定适用运输目的地法律，有的国家规定适用起运地法律，有的国家规定适用当事人选择的法律，规定运输途中动产物权适用物之所在地法等国家很少。这样规定的主要原因在于对在途货物物权适用物之所在地法律不合适或者根本不可能（例如途经公海或者公空时）。

第三节　意思自治原则引入动产物权领域适用的论争

一、动产物权领域引入意思自治原则的立法

意思自治原则是债权法律适用的首要原则，随着社会的发展，先后被引入侵权、婚姻家庭、继承、知识产权、物权等领域。最早将意思自治原则引入物权领域的当属 1987 年《瑞士联邦国际私法》，该法在确立物权冲突适用物之所在地法的同时，引意思自治原则入动产物权领域，并且对当事人选法作了约束性规定，法律选择不得用以对抗第三人。瑞士作为突破动产物权适用物之所在地法藩篱的先行者，保持了法律人应有的慎重。瑞士法律规定的当事人意思自治，是有限的、附条件的意思自治。①限定了选法范围，实为有限的意思自治。当事人只能从规定的法律中进行选择，超出法律规定范围的选择不具效力。②限定了适用范围，仅适用于物权的取得与丧失。③仅限于当事人双方的动产物权关系，当事人选法的约定不得对抗第三人，第三人的合法权益和交易安全得到保护。

瑞士在物权领域引入意思自治具有突破性意义，其意义主要有以下三点：①突破了传统的物权法律适用模式。物权的内容及行使方式，在物权法定主义之下，概由物之所在地法决定，或者适用客观连接点指引的准据法。意思自治原则引入物权领域，在不抵触物权法定原则之下，可适用当事人合意选择的法律。②突破了传统的法律选择模式。因当事人为意思表示而产生法律效果的，无论其为债权法律关系还是物权变动关系，均不妨由当事人合意选择准据法。③突破了两大法系物权法律适用壁垒。大陆法系国家采取物权法定主义，物权适用物之所在地法。英美法系国家不采物权法定主义，负担行为和处分行为的分类也不明显，物权法律适用呈现多样性。物权领域引入意思自治，各国允许

物权行为的准据法采取较为弹性方法选择，有利于消除两大法系物权法律适用壁垒，促进物权法律适用的趋同。瑞士在物权领域引入意思自治在当时也引起了不小的争执，[1] 坚持物权法定主义学者批评物权领域引入意思自治认为其违反物权法定原则。

瑞士在物权领域引入意思自治原则符合社会发展规律，对许多国家物权立法产生了深刻的影响，继瑞士之后，一些国家在物权领域也规定了意思自治原则，允许当事人协商选择法律。1984 年《秘鲁民法典》第 2089 条第 2 款、第 3 款规定："当事人可以将运送中有体财产物权的取得与丧失置于支配法律交易并调整该物权的创设或消灭的法律之下。双方当事人选择的法律不能对抗第三人"。1998 年《吉尔吉斯共和国民法典》第 1196 条、1999 年《亚美尼亚共和国民法典》第 1279 条、2001 年《立陶宛共和国民法典》第 1.49 条、2002 年《摩尔多瓦共和国民法典》第 1605 条都规定对于运输中的动产物权当事人可以协议选择准据法。秘鲁等国家的规定与瑞士的规定相同，将允许当事人意思自治选择动产物权准据法的范围限定在运输中的动产。此外，1992 年《罗马尼亚关于调整国际私法法律关系的第 105 号法律》第 53 条和第 54 条、2001 年《俄罗斯联邦民法典》第 1210 条第 1 款、1994 年《蒙古国民法典》第 432 条和 2008 年《荷兰物权冲突法》第 3 条、第 8 条也体现了一定程度上的意思自治。

上述国家立法规定的动产物权意思自治，绝大多数限于运输途中的动产物权。1999 年《白俄罗斯共和国民法典》则扩大了意思自治原则在物权领域的适用范围，不再拘泥于运输中的动产物权，"作为某种行为标的的财产所有权与其他物权的产生和消灭，依该法律行为完成地法，当事人另有约定的除外"，[2] 将意思自治原则适用范围扩展至部分行为所涉一般物权。

2010 年《法律适用法》再次扩大了意思自治原则在物权领域的适用范围，直接而明确地将意思自治原则作为一般性法律适用规则引入动产物权领域，我国成为世界上第一个，迄今为止也是世界上唯一一个把意思自治原则作为一般性法律适用规则引入动产物权领域的国家。意思自治原则作为一般法律规则引入动产物权领域在国内外法学界引起轩然大波，国内学者对这一引入是"创

---

〔1〕 刘铁铮等：《瑞士新国际私法之研究》，三民书局 1991 年版，第 124 页。
〔2〕 1999 年《白俄罗斯共和国民法典》第 1120 条。

新"还是"冒进"展开激辩，国外学者也提出疑问，在中国国际私法学会和中国政法大学国际法学院举办的 2011 年"国际私法全球论坛：全球化背景下的国际私法——机遇与挑战"国际研讨会上，与会的研究物权法律适用的外国学者对《法律适用法》第 37 条规定也感到困惑。

各国物权法表现出较强的国家性、民族性和地域性，此即物权法所谓的固有法性。[1] 物权固有法性有两面性，一方面表现为相同物权法律制度国家物权法的统一性，另一方面也造成了不同国家物权法的差异性。物权法的差异性导致物权法律冲突随处可见且尖锐突出，需要适用法律适用法进行调整。物权法律冲突的法律适用，经过百余年的演进，无论立法还是理论，都已经发育成熟。立法上，各国普遍认同适用物之所在地法并以法律的形式予以确认；理论上，各国学者对物权冲突为什么适用物之所在地法有不同的认知，但还是从不同的立场和角度诠释了适用物之所在地法的理由和原因。《法律适用法》第 37 条引意思自治原则入物权领域，无异于向物之所在地法一统天下的物权冲突调整模式下了一道挑战书，就像往翻滚的油锅里撒了一把盐，必然引起理论上的爆裂和观念上的碰撞，一场意思自治原则应否引入动产物权领域的论争不可避免。

二、意思自治原则应否引入动产物权领域的论争

《法律适用法》颁布后，意思自治原则应否引入动产物权领域的论争旋即展开，阵列为壁垒分明的反对与赞同两大营垒。

（一）反对意思自治原则引入动产物权领域的理论论证

反对意思自治原则引入涉外动产物权法律适用领域的学者言辞激烈，口诛笔伐《法律适用法》第 37 条规定，认为物权法属于强行法，基于物权的绝对性、排他性、公示性，物权法实行物权法定主义，物权的种类和内容均应由法律作出强行性规定，不允许当事人自由创设物权或者变更其内容。[2] 以物之所在地法作为涉外物权关系的准据法，是当今各国解决物权法律冲突的原则。基于对物权属性的认识，基于对物之所在地法的信奉，物权冲突适用物之所在地法在我国被称之为物权法则，被认为是物权领域法律冲突最基本的法则，是

---

〔1〕 陈华彬：《物权法》，法律出版社 2004 年版，第 41 页。
〔2〕 杜焕芳："论我国涉外物权法律适用的完善"，载《当代法学》2013 年第 2 期，第 141 页。

解决物权冲突的圭臬，不得随意变更。

第一，《法律适用法》第 37 条规定动产物权可以由当事人协议选择准据法，而且不加任何限制，这违背了我国《物权法》所规定的物权法定原则，不仅与国外立法和司法实践所体现出来的趋势相背离，也不利于维护我国涉外民事交往中当事人的交易安全和国家安全，是一条不合理乃至错误的规定。依据各国法律适用法之通说，所有物权关系都应当依据物之所在地法律予以确定，这就是通行的"物之所在地法原则"。法律适用法上的物之所在地法原则是民法上物权法定原则的延伸和补充，在国际场景下也不可违背物权法定原则的内涵。

第二，《法律适用法》第 37 条重生物权自由主义，与我国现行物权法的基本原则背道而驰，也与其他国家在这方面的谨慎做法相去甚远。其一，物权的法定性、绝对性、对世性和公示性，都要求物权只能受物之所在地法支配，不能任由当事人约定。物权是对世权，可以对抗一切人，包括第三人。为了保障交易安全，必须保证物权的明确性以便让第三人能够知晓物权的内容，这样才能对意欲取得物权的第三人给予充分的信赖和保护，使他不至于因为标的物受不可预见的法律支配而受损害。物之所在地法原则能够提供最大的明确性，意思自治原则会破坏这种明确性。其二，《法律适用法》第 37 条与我国现行法律中动产物权变动的要求并不配套。其三，物权领域引入当事人意思自治的国外立法例极少，且多有限制，司法现状亦不容乐观。[1]

第三，动产物权关系所体现的往往是某一权利人（如所有人）对物（动产）的支配权关系，并不涉及特定相对人（从而区别于债权关系），而对于某一动产的所有权是否属于某人的问题，该人自己是决定不了的（"物权法定"原则），又怎能"协议选择"动产所有权的准据法呢？何况他自己一个人由于没有具体的、特定的相对人根本无法"协议选择"。[2]

第四，物权的公示性要求物权必须被公示，只有物权的准据法明确，物权才可能被公示。如果当事人可以任意地选择物权的准据法，物权的内容就处于漂浮状态，无法为众人所知晓。所以，物权准据法应当固定，而只有物之所在

---

〔1〕 杜焕芳："论我国涉外物权法律适用的完善"，载《当代法学》2013 年第 2 期，第 141~142 页。

〔2〕 陈卫佐：《比较国际私法：涉外民事关系法律适用法的立法、规则和原理的比较研究》，法律出版社 2012 年版，第 437~438 页。

地的法律才最容易为人所尽知，从而最大限度地实现物权的公示。[1]

第五，意思自治原则引入动产物权领域势必造成调查取证困难。当事人在我国法院对位于境外的物提起物权诉讼，当事人选择适用我国法律作为准据法，我国法院会面临本国法与物之所在地国法相冲突的难题；当事人对位于我国境内的物在我国法院提起物权诉讼，协议选择适用外国法律，我国法院需要查明该外国法律。查明外国法律的内容与域外调查取证一样，都是涉外案件审理中最为棘手的难题。《法律适用法》第37条规定的物权意思自治原则并不符合国际上的发展趋势，也严重违背我国《物权法》第5条所规定的物权法定原则，国际上的理论与实践也证明了该规定的不可靠性。[2] 动产物权引入意思自治原则在执行程序的弊端在于它会导致物权准据法的分割，判决域外执行困难。

（二）赞同意思自治原则引入动产物权领域的理论论证

对《法律适用法》第37条持肯定态度的学者认为，《法律适用法》允许当事人协议选择动产物权的法律适用，这是一个创举，是充分考虑动产的种类繁多，动产物权的变动常常与商事交易相连，以及交易条件和方式多种多样等原因所作出的安排。[3] 《法律适用法》对动产物权法律适用的规定是颠覆性的，打破了物权冲突适用物之所在地法原则一统百年的局面，开创了动产物权适用当事人选择的法律的历史新时期，这在世界范围内也是开创性的，意义重大且深远，对各国动产物权法律适用立法将起到示范效应。[4] 赞同意思自治原则引入动产物权领域的学者对其观点进行了理论论证，并对反对意思自治原则引入动产物权领域的观点进行了反驳。

第一，当代国际社会，物之所在地法原则在涉外物权法律适用中仍居主导地位。越来越多的国家在动产物权变动、运输中物品物权的法律适用中规定了意思自治选法，展示出动产物权法律适用立法的新趋势。19世纪，物之所在

---

[1] 杜涛："论物权国际私法中当事人意思自治原则的限度——兼评《涉外民事关系法律适用法》第37条"，载《上海财经大学学报》2012年第5期，第33页。

[2] 杜涛："论物权国际私法中当事人意思自治原则的限度——兼论《涉外民事关系法律适用法》第37条"，载《上海财经大学学报》2012年第5期，第33~36页。

[3] 黄进："中国涉外民事关系法律适用法的制定与完善"，载《政法论坛》2011年第3期，第11页。

[4] 齐湘泉：《〈涉外民事关系法律适用法〉原理与精要》，法律出版社2011年版，第291页。

地法原则战胜了住所地法规则，成为物权法律适用基本原则。物权法律冲突适用物之所在地法有其合理性，但其过分强调了物权的独立性，割裂了物权与作为其基础关系的债权的有机联系。物权虽是针对不特定第三人的对世权，但如果动产物权争议只是囿于交易双方当事人之间，不涉及第三人，动产物权争议就应允许当事人意思自治，最大限度地避免不同法律割裂同一交易中的物权关系和债权关系的有机联系。在动产交易中，当事人若无相反意思表示，可推定合同法律适用的意思自治即为物权法律适用的意思自治。[1]

第二，动态物权关系存在双方当事人。物权法调整的范畴可归纳为：①静态物权关系，根据本国的国情确定物权的种类和内容；②动态物权关系，建立物权设立、移转、变更与终止的法律制度；③保护交易关系中的第三人，任何物权变动法律关系，特别是基于法律行为而发生的物权变动法律关系必然存在双方当事人，不存在没有特定相对人无法协议选择法律问题。[2]

第三，否定涉外物权引入意思自治原则主要理由是当事人选法会导致准据法的分割，判决域外执行困难，外国法查明困难。这些理由均不成立，"这些问题是冲突规范在适用中都可能会面临的共同问题，如果以这些理由否定物权法律适用中的意思自治原则，则无异于否定了整个冲突法"。[3]

第四，允许物权领域意思自治有利于物权发展和社会秩序稳定。随着社会的发展，物权的类型和内容亦会发展，不能一成不变。对国际贸易习惯中出现的新的物权类型，应以物权理论基础来衡量，如与物权法定主义宗旨不相抵触，能够以合适的方式进行公示，可以物权法定缓和主义为指导予以承认。物权法虽为强行法，但同为私法的组成部分也必然贯彻意思自治的品质。[4]严苛实行物权法定主义，有时会将实际上普遍存在的但法无明文规定的新型物权归为非法，这不仅不利于各国经济往来，难以为人们所接受，而且有碍社会秩序稳定。因此，我们不宜固守物权法定主义所言之"法"非成文法不可的观念。其实，在一定条件下承认习惯创设物权符合人们的认识规律，符合经济关

---

〔1〕　宋晓："意思自治与物权冲突法"，载《环球法律评论》2012年第1期，第77页。

〔2〕　周后春："物权冲突法中的意思自治与第三人利益保护——兼评《涉外民事关系法律适用法》第三十七条、第三十八条"，载《河南财经政法大学学报》2014年第6期，第110页。

〔3〕　周后春："物权冲突法中的意思自治与第三人利益保护——兼评《涉外民事关系法律适用法》第三十七条、第三十八条"，载《河南财经政法大学学报》2014年第6期，第110页。

〔4〕　申卫星："物权法定与意思自治——解读我国《物权法》的两把钥匙"，载《法制与社会发展》2013年第5期，第134页。

系法律化的过程。[1]

第五，应对涉外动产物权领域的意思自治予以适当限制。物权领域引入意思自治原则并不必然与物权法定原则及物权的性质相抵触，物权法律适用在一定范围内可以引入意思自治原则，但不能过泛。《法律适用法》第 37 条规定了意思自治原则在动产物权法律适用中的泛化适用，流弊在于与物权法定主义相悖，令民法典部分内容逻辑不能自洽。[2] 解决动产物权意思自治过泛的方法是对该法第 37 条作限制性解释，物权冲突法的意思自治应当作为物之所在地法原则的必要补充，不应取代物之所在地法原则的基础地位。[3] 当事人选择物权冲突适用的法律应受到两方面的限制：一方面是意思自治只适用于动产物权关系，不适用于不动产物权关系；另一方面是意思自治只适用于双方物权争议，不适用于涉及第三人的物权争议，不能对抗第三人。凡涉及第三人的物权争议，除非第三人同意适用双方当事人意思自治选择的法律，否则争议就应当以物之所在地法为准据法。物权冲突适用意思自治原则的理论基础在于物权法作为民事法律在一定范围内和一定程度上属任意法性质，意思自治原则仅应在任意法的范围内适用，当事人之间的物权争议亦应如此。

第四节　动产物权领域引入意思自治原则的考量

意思自治原则是否应当引入涉外动产物权领域，物权法定原则是否应当作为衡量动产物权是否引入意思自治原则的唯一标准，民法中的物权法定是否决定法律适用法领域的动产物权必然适用物之所在地法，这些问题有必要厘清。

一、物权法定是德国等大陆法系国家特定历史时期的理论和立法

2007 年《物权法》第 5 条规定，"物权的种类和内容，由法律规定。"2017 年《民法总则》第 116 条一字不改地重复了这一规定，在我国法律环境

---

〔1〕崔建远："我国物权法应选取的结构原则"，载《法制与社会发展》1995 年第 3 期，第 26 页。

〔2〕陈国军："论意思自治原则在动产物权法律适用中的限制"，载《政治与法律》2017 年第 5 期，第 122 页。

〔3〕宋晓："意思自治与物权冲突法"，载《环球法律评论》2012 年第 1 期，第 77 页。

和语境下，物权的种类和内容由法律规定确立。如果从历史沿革和世界范围内考察，"物权的种类和内容，由法律规定"则有阶段性和局限性。

物权概念萌芽于中世纪注释法学派诠释罗马法，物权制度同样滥觞于罗马法。中世纪，前期注释法学派通过对罗马法的综合研究，把罗马法的诉权体系置换为权利体系后，提出了"物权""债权"这样的语汇，对这两种权利有一些零星的、表面上的认识。[1] 对物诉讼和对人诉讼的诉讼格式划分，源于古罗马裁判官为求便利诉讼所作的技术安排，[2] 在罗马法的全部立法文献中，立法者始终未提出"物权"一词，只是提出了一些具体的物权类型。[3] 中世纪，日耳曼法为了有效地实现土地控制，将权利束缚在不动产上的多种物权性实践，对于后来物权债权划分的形成，既铺垫了必要的理论和实践基础，也构成了后续思维发展的路径依赖和前见限制。[4] 从罗马法复兴运动至近代自然法学这一时期，形成了对物权与对人权的二元划分。18 世纪后期至 19 世纪中期，在对物权与对人权划分的认识基础上，法国的波蒂埃（Pothier）拘于义务论的视角，从间接的角度开启了物权与债权区分的端绪，德国的萨维尼从权利角度，通过客体的区别，论证了物权与债权相分立的正当性，完成对二者最初的区分。[5] 19 世纪后半叶至 20 世纪前半叶，物权与债权的划分由对象标准转向了效力标准，即对世生效抑或仅拘束于相对人。近期出现了主要依内容而区分，物权是针对一切人的权利，债权就是针对特定人的权利。

在立法方面，17 世纪，德国学者在罗马法基础上进一步展开了物权研究，编纂了《当代实用法规汇纂》，18 世纪编纂《马克西米连——巴伐利亚民法典》和《普鲁士邦普通法典》，推陈出新逐步建立起有别于罗马法的物权法律体系。这一历史时期物权采用自由主义，1794 年《普鲁士邦普通法典》就规定了当事人之间可以根据占有或者登记方式赋予一般债的关系使用收益权这种

---

〔1〕　陈华彬："物权与债权二元权利体系的形成以及物权和债权的区分"，载《河北法学》2004年第 9 期，第 8 页。

〔2〕　［意］彼德罗·彭梵得：《罗马法教科书》（2005 年修订版），黄风译，中国政法大学出版社2005 年版，第 65~67 页。

〔3〕　徐国栋：《罗马私法要论——文本与分析》，科学出版社 2007 年版，第 121 页。

〔4〕　冉昊："论'中间型权利'与财产法二元架构——兼论分类的方法论意义"，载《中国法学》2005 年第 6 期，第 68 页。

〔5〕　陈华彬："物权与债权二元权利体系的形成以及物权和债权的区分"，载《河北法学》2004年第 9 期，第 8 页。

物权的效力。[1] 1811 年《奥地利民法典》首开先河创立了现代物权概念，该法第 307 条规定："物权，是属于个人财产上的权力，可以对抗任何人"，开始了立法上的物权与债权的分离。1898 年施行的《日本民法典》第 175 条规定，"物权，除本法及其他法律所定者外，不得创设"，推进了物权和债权分离，1900 年《德国民法典》对物权制度作了系统、完整的规定，直接采纳了潘德克顿法学的研究成果，明确地区分物权与债权，首创设立了相互独立的物权编和债权编。德国物权法立法、理论和实践对部分大陆法系国家产生了深刻的影响，瑞士、韩国、中国等国家借鉴了德国立法模式，大都采取了潘德克顿式分编体例。从世界范围内来考察，物权法定主义理论和立法在 19 世纪末 20 世纪初最终完成，其并非大陆法系国家的普遍实践，仅为采行德国模式民法立法的国家所独有的现象。

美国等英美法系国家采用了有别于大陆法国家类型固定和内容固定为核心的物权法定主义制度构造，另辟蹊径，采取求同存异的立法技术，转变了物权法定的着眼点，将种类固定和内容固定转化为程序固定，通过立法对适当的公示方法作出规定，设计出民事主体通过法律行为创制新的物权类型所必须具备的程序要件。借助程序在控制自由的前提下保障自由，即可容纳万千变化，又可保持不离其宗，使无限的未来可能性尽归于一己，从而提供了形成新的规范所需要的法律体系的开放性结构，适应能力和可塑性的功能。使法律对新创制的物权类型由事后的个别承认转变为同步的有前提的一般承认，从而一方面引入私法自治机理的积极效用，另一方面通过程序要求反制私法自治过度开放的弊端，营造一种只要通过法律行为创制的新型物权具有适宜的公示方法，即当然具有物权效力的开放态势，使法律与时俱进。在一定程度上将契约自由的机制引入物权法上的类型创制，有效地克服了大陆法系物权法定制度的弊端，使该法在一切双方当事人契约所创设的担保利益上均可被适用。[2] "物权法上，英美法系和欧陆法的德国法最主要的区别是物权法定主义采纳与否，英美普通法采物权自由原则，欧陆法的德国法采物权法定主义。必须强调，有些学者声称美国法也采物权法定原则，则显然是不了解美国物权法"[3]。物权法定原则

---

[1] 钱明星：《物权法原理》，北京大学出版社 1994 年版，第 101 页。
[2] 杨玉熹："论物权法定主义"，载《比较法研究》2002 年第 1 期，第 40 页。
[3] 谢哲胜：《财产法专题研究（三）》，中国人民大学出版社 2004 年版，第 163 页。

并不一定比物权自由原则有更多的合理性，只不过是各国根据本国的实际情况在二者之间作出取舍。

物权法定是德国等大陆法系国家特定历史时期的物权理论和立法，采用物权法定原则国家制定涉外物权法律适用规则时，有必要考虑本国物权法的要求，以避免不同部门法之间产生抵牾。采用物权自由原则国家，物权设定不受约束和限制，动产物权领域引入意思自治原则并无法律障碍。

二、物权法定原则与动产物权意思自治选法并不抵触

物权法定原则的内涵为：物权"类型强制"，其种类或者类型由法律直接规定，当事人不得自由创设；物权"类型固定"，其内容由法律规定，当事人不得约定与法定物权内容相悖的新物权。物权法定原则从表面上看似乎与法律适用法中意思自治原则对立，物权法定排除意思自治。但从实质上看，物权法定与意思自治的关系，并非对立与排斥，"涉外民事关系法律适用法允许当事人协议选择动产物权适用的法律的规定，和物权法定的规定是一致的，允许当事人协议选择适用的法律，不是允许当事人任意创设一种物权种类或者物权内容。选择适用的法律可能是本国法，也可能是外国法，但都是法律。"[1]《法律适用法》第 37 条是授予当事人双方合意选择涉外动产物权适用的法律，并没有赋予当事人创设物权的权利，也不能产生改变物权固有属性的法律后果，只是允许当事人协商选择一个法域的法律，并适用当事人选择的法律调整动产物权关系。无论当事人作出何种选择，都不与物权法定原则抵触。我国多数学者认为物权法定意味着动产物权必须适用物之所在地法，不适用物之所在地法就是改变了物权属性，违反了物权法定原则，这种逻辑推理的假设谬误，推论的结果不成立。

在实体法上，物权法定原则并不完全排除意思自治。物权法定原则为德国等大陆法系国家采用并沿袭 100 多年，有其自身的合理性。首先，物权法定原则具有维护法律安定性和社会秩序稳定性的功能。物权法定固定了物权的种类和内容，使物权归属确定化，限制了当事人在物上设立法外权利的任意性，简明了法律关系，维护了法律的安定。对同一种类法律事实适用同一法律规则，

---

〔1〕　王胜明："涉外民事关系法律适用法若干争议问题"，载《法学研究》2012 年第 2 期，第 192 页。

得出同样的判决结果，有利于维护稳定的法律秩序。其次，物权法定原则有助于充分发挥物的经济效用。物权法定注重对所有权的绝对保护和所有人对其物的自由支配，使所有权免去了种种限制与负担，成为绝对的、自由的所有权，因而有利于物的利用。再次，能够维护交易安全、减少交易费用。物权法定明确了物权归属，消除当事人之间谈判障碍，各方权力界定明确，便于当事人了解交易风险，防范化解风险，维护交易安全。物权法定与公示制度相结合，保证了交易符合法律规定，交易者可免交易后果担忧，可获得无瑕疵的权利，保证经济秩序良好运行。最后，物权法定实现了物权立法和物权理论体系化。物权法定原则以严格规则的立法主义为基础，运用形式逻辑的演绎推理的方法，通过抽象与演绎，创立所有权、用益物权、担保物权等对物支配权之上的总括性概念，完成了法律体系的构建，实现了人们对物权法律制度体系化和概括性的追求，形成立法体例上法典化模式。物权法定原则的理论基础是严格区分物权与债权，建立物权、债权的二元权利体系，明确物权的本质在于支配权，债权的本质在于请求权，物权法定与契约自由对立，构成财产权的基本分类。

自 20 世纪后半叶起，物权与债权二元架构不断受到质疑、挑战甚至批判。随着社会的发展和各国经济的高速增长，跨国交往范围不断扩大，交往方式不断增多，导致权利的类型激增，物权债权分类固有的缺陷和新生的内在矛盾日益凸显，提出了物权与债权相对立的正当性何在，物权与债权二元分类是否构成逻辑上绝对的相互排斥关系，两者之间的中间形态应否得到承认等一系列法律问题，这些问题学界虽然已经进行了广泛探讨，但难以取得共识。

物债二元理论逻辑推导并非尽善尽美。物权法定是由形式逻辑推理支撑的抽象，通过层层剥茧抽丝去除被认为在案件中不具决定性质的因素，实现概括性和简单性的要求。概括抽象损害法律事实，对系争案件有影响的因素可能并不在法律概念所包容的法律规则之内。抽象方法获取的概念和规则是一个宽泛的范畴，势必造成物权的不确定性。物权法定采用演绎推理使法律脱离社会生活形成独自的体系，然社会生活现实与法律规则的逻辑推理不可能完全重合，法律推理的正确并不能证明裁判结果的公正。抽象与演绎妨害了与案件至关重要的利害关系的了解，妨碍接近法律的司法本质，强化了法条主义崇拜，难以使法律保持其灵活性。从理论上看，法律规范有确定的内涵，法律规范组成的物权内容当然应具有高度的确定性。但实际情况并非如此，在交易的背景下，物权源于当事人的约定，而不同的当事人有着千差万别的需求，无论立法多么精妙细致，面对形形色色的权利交易，想用极其有限的规范条文替代当事人的交易计划，无疑是沙漠里的海市蜃楼。因此，法律在规范内容上并没有也不可能采用完全强制的做法，而是为当事人预留了不少决定或者更改物权内容的空间。[1]

物债二元理论创立过程中存在内在矛盾，物债第一次划分的依据采用对象标准，这一标准对人们的认识始终有着根深蒂固的影响。《德国民法典》采用了效力标准，依据法律后果层面相似性进行了物权和债权的第二次划分，为了严格确立这种体系，不得不限定物权法的调整对象为有体物，排除了无体物，因为如果"物"包括无体物，包括债权在内的无体权利就会成为物权对象，物债二元划分成为无水之源、无本之木。划分物权类型标准的不唯一及类型层级性导致的物权类型交错、界线不明，债权物权化和所有权的相对化、功能化，均表明看上去有限而确定的物权类型实际上是疑云满楼，物权类型的不确定反倒是客观实际的存在。由于物权类型并非仅仅是抽象的名称，而是具体权利内容的抽象概括，统率了物权内容，具体的物权类型将决定其内容的布局和走向，因此，物权类型不确定自然会导致物权内容难以确定，在这种情况下，法律也就丧失了必要的规制对象，物权是否真能法定的确需要认真反思。[2] 实践中，债权与物权之间原因与效力区分及本质差异实际上已十分模糊。民事财产法呈现纷繁复杂的面目，实在是回应社会需要很自然的结果，从某种角度看，财产权的定性只能从"归纳"其各种效力着手，在纯粹的债权和纯粹的物权之间，已存在而且还将不断出现许多混合形态的财产权。这虽然不能看成物权法定主义的死亡宣告，但至少已构成重新检讨的理由。[3]

物权采取法定主义，非在僵化物权，旨在以类型之强制限制当事人的私法自治，避免当事人任意创设具有对世效力的法律关系，借以维持物权关系的明确与安定。但"债和物都是财产权关系，而且事实上往往债权关系中有物权，物权关系中有债权"[4]，二者之间泾渭分明的区分不具备可能性也不现实。物

---

〔1〕 常鹏翔："体系化视角中的物权法定"，载《法学研究》2006 年第 5 期，第 8 页。

〔2〕 常鹏翔："体系化视角中的物权法定"，载《法学研究》2006 年第 5 期，第 7 页。

〔3〕 敬从军："物权法定主义存废论——以检讨物权法定主义之批判为视角"，载《西南政法大学学报》2006 年第 2 期，第 43 页。

〔4〕 苏永钦："物权法定主义松动下的民事财产权体系——再探内地民法典的可能性"，载柳经纬主编：《厦门大学法律评论》（第 8 辑），厦门大学出版社 2004 年版，第 37 页。

权法定原则被认为具有保障完全的交易自由的功能，其原因在于物权法定原则预先确定了作为交易标的的物权的内容，因而可以避免强行法对司法上的交易秩序的介入。契约自由之成为可能，以物权法定为前提。对于完全的交易自由是否存在、应否存在姑且不论，物权法定具有保障完全的交易自由的功能，实际上更多地注重了所有权实现中债权运动的形式，而对于他物权、股权这些所有权实现的中重要方法有所忽略。在物权法的发展中，已经渐渐显示出他物权种类增加、物权制度更加灵活的趋势。因此，以物权法定主义来保障完全的交易自由，不仅可行性受到质疑，其目的也失去了明确性。物权的转移是通过债权形式实现，债权以物为标的，相当一部分物权法律规范是为保障财产流转的安全而设计，大量的担保物权关系就是利用物权保障债权。这种法律规范的性质更接近于合同法的性质，只有允许当事人在一定的范围内有相当的自由才能真正实现财产的流转。[1]

物权法定的重要功能是便于物权公示，以确保交易安全和便捷。一直以来，动产物权的公示方法是对动产的占有和交付，以对动产的直接占有作为动产物权存在的公示方法，以动产的现实交付作为动产物权变动的公示方法。公示制度越有效能，交易者的选择自由越大，交易成本也越低。而当公示制度的效能提高到可以开放物权自由设定时，法定主义必须有所调整，乃至完全放弃。[2] 相对的财产权关系可以不公示，绝对的财产权关系一定要有限地公示，在具体的流转关系中，物权公示可以公开标示标的物的权利状况以及风险警示，并且当事人可以充分信赖所公布之信息的正确性，从而确保交易安全和效率，而物权法定对财产交易过程中的公开性没有任何实际意义，不能起到确保交易安全、维护交易有效性的作用。[3] 一旦物权公示发生的变化能使债权获得与物权相同的外观形式，就会在相当程度上模糊物权与债权的区分，为新类型物权的产生提供契机，其结果将直接导致物权法定的松动。物权法定的封闭性与民法整体的开放性形成了鲜明对比，立法者在物权法领域并无足够的理性

---

〔1〕 梁上上："物权法定主义：在自由与强制之间"，载《法学研究》2003 年第 3 期，第 48 页。

〔2〕 苏永钦："物权法定主义松动下的民事财产权体系——再探内地民法典的可能性"，载柳经纬主编：《厦门大学法律评论》（第 8 辑），厦门大学出版社 2004 年版，第 40 页。

〔3〕 张鹏："否定物权法定主义刍议——兼谈中国大陆物权法立法选择"，载《月旦民商法杂志》2005 年第 8 期，第 148 页。

认知能力，可以用有限的制定法来完全涵盖物权的全部型态。[1]

担保物权的性质，各国立法和实践很不一致。对于抵押权、质权、留置权的定性，德国支系国家认为这些权利属于物权，将其规定在物权法中；法国支系国家认为这些权利属于债的担保形式，将其规定在债法与合同之中；界定担保权为债权的国家，担保权有可能因此种定性而适用意思自治原则。物权法发展，不断出现一些新的物权客体以及新的物权类型，有的国家在物权法律适用部分规定了有价证券和货物所有权保留的法律适用，并在这些物权的法律适用中规定了意思自治原则。对于担保权定性为债权的国家，由于这些国家的立法规定合同债权主要适用意思自治原则，担保权就有可能因此而适用意思自治原则。

物权法定未能涵盖物权的种类和内容，采用物权法定原则国家，也允许当事人设定物权或者选择物权适用的法律。《法国民法典》第579条规定，用益权依法律规定或人的意思而设定。《日本民法典》第176条规定物权的设定移转，只因当事人的意思表示而发生效力。《意大利民法典》第1376条规定，在以特定物所有权的转移、物权的设定或转让或是其他权利的转让为标的的契约中，所有权或其他权利根据当事人合法意思表示的效力而发生转让和取得。我国动产物权意思自治，反映物权法的变化，我国《物权法》第80条、第96条、第97条、第98条、第116条、第173条等法律条文明确规定当事人"有约定的，按照约定"，或当事人"另有约定的除外"，允许当事人选择适用于物权的法律。物权法在动产物权方面存在意思自治的空间，法律适用法中意思自治原则的理论基础在于私法自治，涉外动产物权法律关系适用意思自治原则选法并未违反物权法及物权法定原则。

三、物权法定并不意味着动产物权必然适用物之所在地法

从动产物权法律适用发展历史来看，物之所在地法只是特定历史时期适用于动产物权冲突调整的一个法律规则，并非一成不变。根据德国学者纽梅耶（Neumeyer）的研究，首先发现法律适用法性问题的是12世纪末的注释法学派学者阿尔德里克斯（Magister Aldricus），他认为对于当事人分属不同法域（省份）的案件，法官应适用其认为"较有力而有用之法律"。在13世纪初，人

---

〔1〕 常鹏翱："体系化视角中的物权法定"，载《法学研究》2006年第5期，第14页。

们明确提出了实体法与程序法的划分：程序法上的事项依法院地法，实体法上的事项应遵循行为地法。在财产问题上，他们似乎含糊地认为应依物之所在地法。[1] 14 世纪意大利学者萨利塞托（Saliceto）提出了"动产随人"理论，主张与动产有关的物权应适用属人法。[2] 14 世纪的属人法仅指住所地法，所以，动产物权适用住所地法。19 世纪美国学者兼大法官斯托雷（Story）认为，"动产的转移，如果依照所有人的住所地法是有效的，那么不论该财产在什么地方，都是有效的"[3]，这一观点被视为"一般规则"。从 14 世纪到 19 世纪中叶，动产物权适用所有人住所地法。

19 世纪，德国学者萨维尼改变了动产物权法律适用规则的系属公式，将物之所在地法引入动产物权的法律适用，使"动产随人"回归继承领域。19 世纪中叶以后，各国不动产和动产物权转向适用物之所在地法，开始形成物权冲突法律适用的同一制。动产物权适用物之所在地法除受到国际贸易发展的推动外，民法理论完善的进程中，物权法定原则的内在要求也是重要原因。19 世纪末叶，大陆法系国家逐渐在立法和司法实践中抛弃了"动产随人"原则，开启了动产和不动产物权冲突一律适用物之所在地法的历史时期。

20 世纪中叶，新型物权不断产生，无体物权大量涌现，物权债权融合加深，物之所在地法已不能满足动产物权法律适用的要求，新的动产物权法律适用规则应运而生，呈现多样性。动产物权适用何种法律是社会发展决定的，物权法定并不必然使动产物权适用物之所在地法。

四、动产物权意思自治选法并未完全排除物之所在地法的适用

《法律适用法》第 37 条是授权性规范，不是强制性规则，不具有强制适用效力，该条使用"可以"这一助动词，赋予当事人选择法律的权利。当事人可以合意选择涉外物权适用的法律，也可以不作选择，是否选择，凭当事人双方意思表示。如果当事人双方意思自治合意选择应适用的法律，其选择权不受限制，呈开放式，既不限制动产物权的范围，也不限制所选择适用法律的国别。当事人未作选择，适用法律事实发生时动产所在地法律。动产物权适用当事人

---

〔1〕 吕岩峰："论国际物权关系的适当法——物之所在地法原则之理析"，载《吉林大学社会科学学报》2007 年第 1 期，第 104 页。

〔2〕 杜涛、陈力：《国际私法》（第 2 版），复旦大学出版社 2008 年版，第 171 页。

〔3〕 Story, *Conflict of Laws*, 8th ed., 1983, § 384.

意思自治选择的法律并未排除物之所在地法的适用，只是在适用序位中意思自治优先，物之所在地法是意思自治选择的法律的补充。

公共秩序保留制度保障物之所在地公共秩序，当事人选择的法律，如果违反物之所在地国家的强制性规定或者公共秩序，可以通过公共秩序保留制度排除适用。

第五节　动产物权法律适用的多元化

动产物权的法律适用，经历了适用所有人住所地法、物之所在地法之后，近年来又呈现出新的变化，意思自治原则对物权领域的介入，使动产物权的法律适用表现出多元化的趋势，物之所在地法不再居动产物权法律适用的统治地位。

一、动产物权法律适用多元化的原因

经济全球化是物权法律适用多元化的经济基础。法律作为一种上层建筑，根源于现实的物质的生活。"法的关系正像国家的形式一样，既不能从它们本身来理解，也不能从所谓人类精神的一般发展来理解，相反，它们根源于物质的生活关系……"[1] 20 世纪 50 年代，第三次科技革命浪潮席卷整个世界，国际社会中的交往有了新的渠道、新的方式，涉外民事关系的种类、内容等都发生了相应的变化，传统的以法律关系作为法律选择和法律适用依据的做法已显得机械呆板，跟不上时代发展的脚步。国际贸易的日益扩大，导致国际民商事纠纷的不断增多和日趋复杂，物权关系和物权纠纷也同样更加多样化和复杂化，票据、单据的广泛使用使权利证券化，使得物之所在地难以被确定，传统的物之所在地法已不能完全承担调整动产物权法律适用的重任，调整后的经济社会和国际贸易实践要求物权法律适用从单一化走向多元化。

国内法上渐趋缓和的物权法定主义是物权法律适用多元化的实体法基础。涉外物权关系适用物之所在地法，很大程度上是因为物权法属于强行法，各国对物权采取物权法定主义的态度，不容当事人意思自治。当今社会，世界各国

---

〔1〕《马克思恩格斯选集》（第 2 卷），人民出版社 1972 年版，第 82 页。

逐渐淡化物权法定主义，理性回归，纳物权法入私法范畴，满足私法自治的要求。在立法上，瑞士等大陆法系国家开始接受以灵活的法律适用规则解决涉外物权法律适用问题，即使在不动产专属管辖领域，司法实践也越来越关注案件当事人的利益并以此来确定管辖权和准据法。

法律适用法革命的成果是物权法律适用多元化的理论基础。20 世纪 30 年代起，学界开始对传统的法律适用规则进行新一轮的变革，美国是这次"冲突法革命"的主导。美国就各种法律适用理论和法律适用思想展开了激烈的博弈，推动了法律选择由"规则选择"向"方法选择"的历史性跨越。美国"冲突法革命"影响了欧洲大陆法律适用法发展，最密切联系原则理论和方法的合理内核为大陆法系国家所借鉴和吸收。在物权法律适用领域，表现为"物之所在地法"原则衰退和弹性连接点的增强，形成动产物权法律适用多元化的趋势，追求法律适用的实质正义。

二、动产物权法律适用多元化的表现——当事人意思自治原则的引入

动产物权法律适用多元化的重要标志是当事人合意选择法律适用于物权关系，当事人意思自治成为动产物权法律适用首要原则。将意思自治原则引入动产物权领域，瑞士等国家是先行者，中国则后来居上，引领潮流。2010 年《法律适用法》仅有 52 个条文，其中 2 个条文规定了动产物权适用当事人选择的法律，足见力度之大。

《法律适用法》关于动产物权适用当事人选择的法律的规定与其他国家动产物权法律适用规定有本质的不同。①许多国家动产物权法律适用的规定还停留在物之所在地法时期，我国已经进入意思自治时代。②《法律适用法》对动产物权法律适用的规定，采用的是选择性法律适用规范，当事人意思自治原则是首要原则，只有在当事人未选择法律的情况下，才根据连接点的指引选择应适用的法律。我国对当事人选择的法律不作限制，当事人可以无限选择；瑞士等国家规定的是有限意思自治原则，当事人只能在法律规定的范围内选择。③《法律适用法》所规定的意思自治原则是完全的，对于动产物权的所有事项当事人都可以选择法律，不受限制；瑞士等国家规定的意思自治原则是不完全的，当事人只能对动产物权的某些事项选择法律，根据瑞士的法律规定，当事人只能在"动产物权的取得与丧失"法律关系中选择法律；白俄罗斯等国家规定的意思自治原则是补充性的，动产物权首先适用经过连接点指引的法律，但

不排除适用当事人选择的法律，这大大减损了意思自治原则的作用。

三、我国动产物权法律适用的立法

《法律适用法》出台之前，我国未对一般性动产物权法律适用作出规定，1986年《民法通则》和1988年《民通意见》都未涉及动产物权的法律适用。1992年《海商法》和1995年《民用航空法》对船舶和民用航空器的法律适用作了规定，这些特殊动产物权法律适用也只是局限于海商和航空领域。《法律适用法》的颁布彻底改变了我国动产物权法律适用无法可依的局面，实现了动产物权法律适用法律选择方法和选择规则零的突破。《法律适用法》第37条规定了"当事人可以协议选择动产物权适用的法律。当事人没有选择的，适用法律事实发生时动产所在地法律"。该条规定集动产物权法律选择方法与选择规则于一身，当事人可以采用协议的方法选择动产物权适用的法律，选择范围涵盖所有动产物权；当事人未作选择，法律事实发生时动产所在地法律为准据法。《法律适用法》第38条规定，"当事人可以协议选择运输中动产物权发生变更适用的法律。当事人没有选择的，适用运输目的地法律。"运输中的物品，物理空间不确定性，没有固定的场所，难以确定所在地；转让运输中动产的所有权，都是通过提单、运单、所有权凭证等权利证书方式实现，物权转移采用债权交换形式，所以当事人在运输中动产物权发生变更时可以选择应适用的法律。

《法律适用法》对动产物权法律适用的规定是颠覆性的，从根本上变革了动产物权适用物之所在地法原则，开创了动产物权适用当事人选择的法律的历史新时期，这在世界范围内也是开创性的，意义重大且深远，对各国动产物权法律适用立法将起到示范效应。《法律适用法》关于动产物权法律适用的规定，是一个巨大的历史性进步，是我国对人类社会法制建设的一个贡献。

《法律适用法》未规定动产物权涉及第三人如何处理，可谓缺欠。物权是针对不特定第三人的对世权，涉外动产物权争议局限于交易双方当事人，不涉及第三人，适用双方当事人意思自治选择的法律并无不妥，同时能够最大限度地避免不同法律割裂同一交易中的物权关系和债权关系的有机联系。物权争议涉及第三人时，应考虑对当事人利益的保护，双方当事人意思自治选择的法律不应对抗第三人。[1]

当事人选择了动产物权适用的法律，之后动产所在地发生变更，当事人选择的法律是否继续适用于该动产，应当采用不变主义还是采用可变主义，《法律适用法》未作规定。动产由一国转移到另一国家时，已取得的物权能否对抗第三人，许多国家的立法作了规定，例如《委内瑞拉国际私法》第28条规定："动产的转移不影响已依照前法规定有效取得的权利。但此种权利仅在其满足新所在地法规定的要件时方有对抗第三人的效力"。这种做法既考虑到了动产既得权的保护，又对此作出了一定的限制以保护后来处置该动产的善意第三人利益，因而达到了用立法来平衡各种社会关系和各方当事人利益的目的。[2]

第六节 有价证券与权利质权的法律适用

动产可以分为有体动产和无体动产，无体动产又被称作无形财产。对于无形财产的范围，无论理论上还是实践中，都存在分歧，这种分歧对无形财产法律适用有着直接的影响。有价证券与权利质权均为无形财产，法律适用有其特殊性。

一、有价证券的法律适用

有价证券是无形财产的一种表现形式，涵盖范围广泛。有价证券依其所表现的财产权利的不同可分为商品证券、货币证券、资本证券及衍生品证券。商品证券包括提货单、提单、运货单、仓库栈单等；货币证券包括各种汇票、支票和本票等；资本证券包括股票、债券等；衍生品证券包括基金证券、可转换证券等。有价证券的主要形式是资本证券，狭义的有价证券仅指资本证券，实践中，资本证券直接被称为有价证券或者证券。"有价证券"为德国学者创立的称谓，始用于德国商法。一些大陆法系国家借鉴、移植了德国的立法，建立了有价证券制度。英美法系国家未采用有价证券制度，《美国统一商法典》仅

---

[1] 宋晓："意思自治与物权冲突法"，载《环球法律评论》2012年第1期，第77页。

[2] 杜焕芳："中国涉外物权法律适用规则之适用与完善"，载《澳门法学》2012年第2期，第30页。

规定了投资证券制度。当下的立法趋势是将有价证券改变为金融商品（亦称为金融工具），金融商品是指在信用活动中产生的能够证明资产交易、期限、价格，对于债权债务双方权利义务具有法律约束力的"书面文件"。

有价证券持有分为直接持有和多层中介名义持有两种方式：其一，直接持有是指传统的证券持有方式，是投资者直接与发行人发生法律联系，持有人以自己的名义直接占有不记名证券，或是被记录于证券持有人名册中。证券的直接持有交易通常表现为纸介证券凭证的实际或者拟制交付。直接持有方式下涉外证券物权法律冲突，多适用物之所在地法调整。其二，多层中介名义持有是指发行人和投资者之间没有直接的关系，有一个或多个中介机构居间，多层中介与投资者共同形成多个持有层次，实际投资者间接持有证券。多层中介名义持有体制下，证券的登记、持有、转让和抵押等都通过位于不同国家的中间人的电子账户的记载来完成。多层中介名义持有模式提高了证券交易的效率和风险控制能力，有利于防范和化解金融市场风险。2006 年海牙国际私法会议通过的《关于经由中间人持有的证券的某些权利的法律适用公约》（以下简称《证券公约》）对多层中介名义持有体制下跨国证券交易的法律适用作出了规定：准据法是账户协议明确约定的国家和其法律支配账户协议的国家的现行有效的法律，或者如果账户协议明确规定上述所有问题的准据法是另一国的法律时，则为该另一国的法律。当事人没有约定的，适用开立证券账户时现行有效的法律。

有价证券的权利有两种，一种是证券持有人对证券本身的权利，即证券所有权和其他物权；另一种是证券承载的权利，即证券内容所体现的权利，也就是证券持有人依照证券上的记载而享有或行使的权利。证券本身的所有权、占有权等物权，应当适用证券物权的准据法，一般为证券所在地法；证券内容所体现的权利，一般适用证券权利准据法，即支配相关的证券法律关系的准据法。证券权利的准据法决定某一书面凭证是否是有价证券、是何种有价证券以及如何实现有价证券的权利。

对于有价证券的发行、转移、丧失、变更及权利实现，各国作了不同的法律规定，存在法律冲突，通常采用以下法律适用规则确定准据法。①发行人的属人法。1979 年《匈牙利国际私法》第 28 条第 2 款规定，以公债形式发行的债券的契约权利和义务的产生、转移、消灭和生效适用发行人属人法。该条第 4 款规定，如果证券涉及社员权利，证券权利和义务的产生、转移、消灭和生效适用法人属人法。②发行地法或营业机构所在地法。1928 年《布斯塔曼特国际私法典》第 250 条规定，关于股票和债券在缔约一国内的发行、公告的方式和保证，各代理处或分处经理人对第三人的责任，均依属地法。③有价证券所在地法。2001 年《韩国国际私法》第 21 条规定，涉及无记名证券的权利的取得、丧失和变更适用作为其原因的行为或事实完成当时该无记名证券所在地的法律。④证券交易所所在地法。1996 年《列支敦士登国际私法》第 43 条规定，交易所业务及在市场和博览会缔结的合同适用交易所或市场所在地或博览会举办地国法律。⑤适用交易地法。1992 年《罗马尼亚关于调整国际私法法律关系的第 105 号法律》第 58 条 b 款规定，可转让有价证券的转让适用证券支付地法律。

2010 年《法律适用法》第 39 条对有价证券的法律适用做了规定："有价证券，适用有价证券权利实现地法律或者其他与该有价证券有最密切联系的法律。"从该条规定可以看出：①我国规定了有价证券体现的权利和有价证券直接持有体制下的法律适用，对于该规定是否适用于有价证券自身物权的法律适用及有价证券间接持有体制下的法律适用，尚需作出进一步解释。②我国有价证券法律适用的规定与各国有价证券法律适用规定的不同，各国有价证券法律适用的规定具有确定性，连接点是客观的。《法律适用法》第 39 条规定以灵活性见长，无论是权利实现地，还是最密切联系地，都需要由法官根据案件情况融入主观判断，增加了准据法确定的难度，但为法律适用的公正性创造了条件。③权利实现地这一连接点意旨不明确。有价证券所体现的权利能否实现，与该权利有关的法律关系的准据法密切相关。一般而言，股东根据股票所享有的权利，适用发行股票的公司属人法（比如注册登记地法）；债券持有人享有的债券权利，适用债券发行合同准据法（比如债券指定的法律）；票据持有人享有的票据权利，适用提示付款或承兑付款地法。[1] 我国规定有价证券适用权利实现地法律，过于抽象，需要结合案件具体情况才能确定。

二、权利质权的法律适用

权利质权是指债的法律关系的当事人为担保债权的实现，协商一致以债务人或第三人所享有的可出质权利为标的设立的担保债权实现的担保物权。权利

---

〔1〕 杜焕芳："论我国涉外物权法律适用的完善"，载《当代法学》2013 年第 2 期，第 143 页。

质权的法律特征有：其一，必须是财产权。其二，必须是可以让与的财产权。权利质权设定的对象必须是可以转让的财产性权利，对于法律规定的不可转让的财产性权利，不可以设定权利质权。如果设定权利质权的标的是不可转让的财产，那么在出质人不能履行债务时，质权人仍然无法通过质权实现其债权，质权设定的目的也就无法实现。不可转让的财产性权利主要有三种：一是根据财产性质属于不可转让的财产性权利，这类权利包括基于扶养、抚养、赡养和继承等人身关系产生的给付请求权，基于劳动报酬、退休金、养老金、抚恤金、安置费等劳动关系产生的给付请求权，基于人寿保险、人身损害赔偿金等与人的身份有关的法律关系产生的给付请求权。二是法律明确禁止转让的财产性权利，如医疗保险金请求权。三是当事人特约不得让与的财产权，如特别约定不得转让的债权。其三，必须是不违背质权性质的财产权。质权是动产质权，不动产原则上不能设定质权。我国2007年《物权法》第223条规定："债务人或者第三人有权处分的下列权利可以出质：①汇票、支票、本票；②债券、存款单；③仓单、提单；④可以转让的基金份额、股权；⑤可以转让的注册商标专用权、专利权、著作权等知识产权中的财产权；⑥应收账款；⑦法律、行政法规规定可以出质的其他财产权利。"我国法律规定的权利质权是在无形财产上设定的权利。

权利质权是无形财产的一种特殊形式。很多国家未将权利质权从无形财产中分离出来，单独规定权利质权的法律适用，而是通过规定无形财产的法律适用，一并解决有价证券、权利质权的法律适用问题。我国对无形财产中的有价证券和权利质权进行了区分，分别规定了不同的法律适用规则，《法律适用法》第40条规定了"权利质权，适用质权设立地法律"。

权利质权的法律适用，各国立法存在较大差异性，尚未形成普遍认可的法律适用规则。《法律适用法》采用质权设立地连接点援引质权设立地法律，具有确定性和合理性。"适用质权设立地法律"规则的核心是确定权利质权的设立地，应当按照物权法对权利质权设立的要求，注意权利质权设立以交付权利凭证为要件，还是以登记等公示方法为质权的设立要件。

第七节 中国应否加入海牙《证券公约》

中国应否加入海牙《证券公约》，在跨境证券交易法律适用领域与国际社会接轨，既是一个理论问题，也是具有现实性的实践问题。通过对《证券公约》和我国有价证券法律适用立法的考察，得出的结论是应当借鉴、吸收公约精华，完善我国有价证券法律适用立法，现时不宜加入该公约。

一、中国对《证券公约》的关注与海牙国际私法会议对中国的期冀

中国证券市场迅速发展，国际化程度越来越高，引起了国际社会的高度关注，中国证券市场国际化也是未来发展的方向。全球经济一体化促进了资本市场的国际化，科学技术的进步加速了国际证券交易规模的扩展和交易量的激增，跨境证券投资日益活跃。为适应国际证券市场的发展，许多国家建立了中央证券存管机构，并在各证券交易方之间形成多层中介的间接持有模式。为规范间接持有模式下中间人持有证券的法律适用，2000 年 5 月，海牙国际私法会议召开有关一般事项和政策的特委会会议，这次会议上，美国、英国、澳大利亚联合提出议案，建议海牙国际私法会议通过"快速通道"途径制定一项有关中介持有证券相关权利和义务的法律适用公约。经过两年多的努力，2002 年 12 月 13 日，第 19 次海牙国际私法会议通过了《证券公约》。公约通过后，毛里求斯（2008 年）、瑞士（2009 年）和美国（2016 年）先后加入该公约，公约第 19 条规定，公约自收到第三份批准书三个月期满后的第一个月的第一天起生效，该公约已于 2017 年 4 月 1 日始生效。

中国一直关注着《证券公约》的制定和加入情况，公约制定过程中，商务部、中国证券登记结算有限责任公司曾派员参加研究小组的工作，参与了相关问题的讨论。公约通过后，我国学者很快就将其介绍到国内，并对公约进行了评述，一些学者对我国应否加入公约进行过广泛深入地论证，其中不乏真知灼见。[1]

---

〔1〕 余延宏："海牙《关于经由中间人持有证券的某些权利的法律适用公约》述评"，载《武大国际法评论》2004 年第 0 期，第 246 页。

中国经济崛起，已成为世界第二大经济体，中国是否加入《证券公约》对公约的影响力关涉重大，作用举足轻重，因此，海牙国际私法会议派员到中国进行考察，了解中国所持态度。经政府有关部门批准，2015 年 6 月 23 日在中国政法大学召开了由海牙国际私法会议暨亚太区域办事处、中国政法大学、全球治理与国际法治协同创新中心联合主办的"《证券公约》研讨会"。海牙国际私法会议秘书长及亚太区域办事处代表、外交部条法司有关领导、英国伦敦 Chambers 律师事务所（Fountain Court Chambers）代表以及香港中文大学、对外经贸大学、中央财经大学、中国政法大学等高校代表参加了此次会议。海牙国际私法会议秘书长贝尔纳斯科尼（Christophe Bernasconi）先生在会议上介绍了《证券公约》的签署和加入情况，认为当前中国证券领域的改革为研究《证券公约》提供了良好的时机。贝尔纳斯科尼还从传统的"物之所在地法"原则不适用于中间人持有证券的情况、多种中间人持有证券模式及法律冲突问题、《证券公约》的主要规则、备用规则、准据法的选择及适用范围等多个角度对《证券公约》进行了阐述，宣传公约在规范证券市场中的作用，说明《证券公约》法律适用规定的前瞻性和科学性，希望中国学者为推动中国政府加入《证券公约》做出努力。香港中文大学大卫·唐纳德（David Donald）教授以"统一商法典对于法律适用问题的规定""统一商法典和公约的区别"为题从英国法律和《证券公约》两个方面阐述了关于中间人间接持有证券法律适用的规定，通过对管辖权规则及具体条文的分析得出《证券公约》与《英国统一商法典》并不冲突的结论，论证了英国加入《证券公约》的必要性和合理性。英国 Chambers 律师事务所的雷蒙德（Raymond）律师介绍了与《证券公约》内容相关的中间人持有证券的某些权利的法律适用实务问题，为研究《证券公约》的法律适用提供了法律实务方面的视角和思路。与会的中国学者结合中国证券制度、证券立法、有价证券法律适用规则、中国法律与《证券公约》的兼容性等方面对中国应否加入《证券公约》进行了较为深入地论证，为中国政府决策是否加入《证券公约》提供了理论依据。

二、《证券公约》法律适用规则的强势突破

制定《证券公约》的主要目的在于统一跨境证券交易中间人间接持有证券财产权的法律适用规则，增加跨国证券交易法律适用的确定性、稳定性和可预见性，维护跨境证券交易秩序，促进跨境证券交易的发展。该公约的重要突破

在于把意思自治原则引入跨国证券交易领域，允许当事人选择跨境证券交易适用的法律，该公约的突出贡献在于明确了在中间人间接持有证券情况下，以"相关证券中间人所在地"（Place of the Relevant Intermediary Approach，以下简称 PRIMA）为连接点来确定跨国证券交易应适用的法律，改变了物权关系适用物之所在地法传统规则，与当今动产物权法律适用的发展趋势保持了一致。

中间人间接持有证券是有价证券管理、交易的一种形式。有价证券是动产的一种载体，有价证券的法律适用与动产物权法律适用的发展和演进密不可分。物权的法律适用经历了分割制、同一制和多元制的发展变化，现以多元制法律状态存在。意思自治原则适用于动产物权领域得到越来越多国家的肯定，这为《证券公约》将意思自治原则引入有价证券领域奠定了基础，但是，各国允许意思自治原则适用于动产物权领域，并不涵盖有价证券领域，即使中国这样一个全面放开动产物权意思自治的国家，对有价证券领域当事人意思自治也是有限制的，而《证券公约》规定有价证券领域适用当事人协商一致选择的法律，这一重要突破无疑会对无体动产乃至有体动产物权的法律适用规则的发展产生深远的影响。

三、物之所在地法原则的坚守与海牙国际私法会议的无奈

《证券公约》前瞻性、合理性兼具，灵活性、确定性并蓄，各国学者好评如潮，我国学者也认为《证券公约》体现了连接点选择方法的创新，这对于解决证券跨国转让、抵押等交易的法律适用具有很强的实践价值。《证券公约》把"相关中间人所在地"与意思自治纳入物权法律适用的范畴，可有效地提高法律选择的灵活性、确定性和可预见性，反映了当前对连接点"软化处理"的国际发展趋势，必将对各国将来的立法产生深远影响，甚至可能成为专门用来解决涉及需账户记载的财产转让的系属公式。[1]

通过"快速通道"程序制定《证券公约》说明采用统一冲突法调整中间人间接持有证券的紧迫性，各国学者充分肯定《证券公约》说明公约具有实践价值和科学性。与学术界的火热相反，各国政府对《证券公约》反应冷淡，《证券公约》通过 17 年了，现在只有 3 个国家加入，令人难以理解的是当年提

---

[1] 余延宏："海牙《关于经由中间人持有证券的某些权利的法律适用公约》述评"，载《武大国际法评论》2004 年第 0 期，第 248 页。

出制定《证券公约》议案的英国、澳大利亚至今没有加入公约，这不能不令海牙国际私法会议尴尬。之所以出现这样的局面，一个重要的原因是各国对有价证券适用物之所在地法的坚守。

从各国有价证券的发行、转移、丧失和变更的法律适用立法可以看出，有价证券的法律适用是多元化的，适用属人法的国家为极少数，绝大多数国家依据物之所在地原则适用属地法，这与《证券公约》确立的有价证券跨境交易法律适用原则格格不入，《证券公约》确立的有价证券跨国交易法律适用原则是属人的，意思自治原则自不待言，PRIMA 原则也是早期"动产物权适用当事人住所地法律"规则的回归。《证券公约》与绝大多数国家有价证券法律适用立法对立并冲突，各国要加入《证券公约》，必须先修改本国有价证券跨国交易法律适用立法，使本国法律与《证券公约》相一致，这几乎是无法做到的，因此，《证券公约》成为阳春白雪，和者盖寡，《证券公约》制定的法律适用规则尽管科学、合理，但超越了现实、脱离了实际，所以，公约的加入国寥寥无几。

四、《证券公约》与我国有价证券法律适用立法的冲突与融合

（一）《证券公约》与我国有价证券法律适用立法的冲突

《证券公约》与我国有价证券法律适用立法存在冲突。《证券公约》对跨国证券交易法律适用的规定主要有两款：①《证券公约》第 4 条第 1 款规定，公约第 2 条第 1 款所规定的问题适用的法律应为账户持有人与相关中间人在账户协议中明确约定的国家的法律；或者账户协议明示的另外一个国家的法律。但在达成协议时，相关中间人在该国或该另一国有营业所，且该营业所符合《证券公约》规定的条件。该款规定的是附条件的或者说是有限的意思自治。②《证券公约》第 5 条第 1 款规定，如果根据第 4 条准据法未能确定，但书面的账户协议明确地表明有关中间人通过某营业所订立账户协议的，则第 2 条第 1 款规定的所有问题的准据法是该营业所所在的国家或所在的多单元国家的某领土单元现行有效的法律，如果该营业所满足第 4 条第 1 款的第 2 项规定的条

件。该款确立了 PRIMA 原则。[1]

《证券公约》采用的是以主观连接点为主、客观连接点为辅的法律选择方法确定间接持有证券交易应适用的准据法，当事人选择了间接持有证券交易的准据法适用当事人选择的法律，当事人没有选择或者选择无效时适用 PRIMA 原则。《证券公约》在法律适用规范的设定上采取了意思自治原则和 PRIMA 原则相结合的原则，即允许双方当事人在一定的范围内选择法律，并将法律选择限于那些通过分支机构与中间人有实际联系的国家的法律，从而保证了当事人所选法律与证券持有活动的实际关联性。

2010 年《法律适用法》涉及有价证券法律适用的规定有两条，一条是该法第 39 条之规定，"有价证券，适用有价证券权利实现地法律或者其他与该有价证券有最密切联系的法律"；一条是该法第 40 条之规定，"权利质权，适用质权设立地法律。"我国立法对有价证券的范畴没有界定，《法律适用法》第 39 条所指的"有价证券"系指广义的有价证券，还是指狭义的有价证券，有待于以后的立法或者司法解释厘清。在理论上，学者们倾向于《法律适用法》中的有价证券指广义的有价证券，是各类记载并代表一定权利的法律凭证的统称，用以证明持券人有权依其所持证券记载的内容而取得应有的权益。

《法律适用法》立法的一大亮点就是私权自治，把意思自治原则作为涉外民事关系法律适用的基本原则，该法第 3 条规定："当事人依照法律规定可以明示选择涉外民事关系适用的法律。"《司法解释（一）》第 6 条对《法律适用法》第 3 条的适用范围进行了限制，"中华人民共和国法律没有明确规定当事人可以选择涉外民事关系适用的法律，当事人选择适用法律的，人民法院应认定该选择无效。"根据该条规定，只有在《法律适用法》分则规定了允许当事人选择法律的领域，当事人才可以选择法律。《法律适用法》第 39 条、第 40 条确定性地规定了有价证券和权利质权应适用的法律，只有在这两条法律

---

〔1〕《证券公约》第 2 条规定为公约和准据法的适用范围本公约决定有关经由中间人持有的证券的下列问题的法律适用：①因通过证券账户贷出证券而产生的权利对抗中间人和第三人的法律性质和效力；②对经由中间人持有的证券的处分对抗中间人和第三人的法律性质和效力；③对经由中间人持有的证券的处分"完全"的要件，如果存在任何要件的话；④某人对经由中间人持有的证券享有的权益是否使另一人的权益消灭或与之相比享有优先权；⑤中间人对除了账户持有人以外的、与账户持有人或其他人对经由该中间人持有的证券竞争地主张权益的人应尽的义务，如果存在任何义务的话；⑥实现对经由中间人持有的证券享有的权益的要件，如果存在任何要件的话；⑦对经由中间人持有的证券的处分是否扩展到享有红利、收入或其他分红的权利，或扩展到回赎、出售或享有其他变卖所得的钱的权利。

适用规则无法确定准据法的情况下才能启动第 3 条的适用，当事人可以意思自治选择应适用的法律，这与《证券公约》确立的法律适用规则冲突。《证券公约》规定意思自治原则为法律选择方法，在当事人没有依据《证券公约》选择应适用的法律情况下，根据公约规定适用相关中间人所在地法，这与《法律适用法》规定的有价证券适用的法律、权利质权适用的法律也不一致，存在抵触。

《证券公约》采用了英美法系国家的法律理念，把跨国证券交易涉及的多个跨国主体（包括证券发行人、投资人、托管人、中介机构、证券记录保存人）之间形成的多种法律关系视为同一法律关系，适用同一法律适用规则确定准据法。我国则把证券发行人、投资人、托管人、中介机构、证券记录保存人之间的法律关系加以区分，分别确定应适用的法律。对涉外民事关系界定的不同是我国加入《证券公约》难以逾越的鸿沟。

（二）《证券公约》与我国有价证券法律适用立法的融合

《证券公约》与我国有价证券法律适用立法有融合之处。2010 年我国《法律适用法》立法精神是倡导意思自治，最大限度地扩大意思自治原则的适用范围，不仅把意思自治原则作为涉外民事关系法律适用的选择方法、选择规则，还把意思自治原则提升为涉外民事关系法律适用原则，这与《证券公约》将意思自治原则作为中间人间接持有证券法律选择首要原则相吻合。

《证券公约》与《法律适用法》的融合还可能在以下两种情况下发生：①在特定条件下，《证券公约》规定的相关中间人所在地法律与《法律适用法》规定的有价证券权利实现地法律、质权设立地法律、与有价证券有最密切联系的法律可能是同一法律。②账户持有人与相关中间人之间的关系构成信托关系时，《法律适用法》第 17 条规定"当事人可以协议选择信托适用的法律。当事人没有选择的，适用信托财产所在地法律或者信托关系发生地法律"。此时《证券公约》和《法律适用法》有关有价证券适用当事人合意选择的法律融合。

比较《证券公约》和《法律适用法》有关有价证券法律适用的规定可以看出，二者之间的冲突是主要的。冲突之一是《证券公约》采用了意思自治原则为主、"相关中间人所在地"法为辅的法律适用原则，有价证券的法律适用，首先适用当事人合意选择的法律，当事人没有选择的，适用相关中间人所在地法律；我国在有价证券领域首先适用依据客观连接点确定的法律，当事人协商选择法律的权利只有在法律规定的客观连接点不能援引应适用的法律时才能行使。冲突之二是当事人没有选择跨境证券交易准据法时，《证券公约》规定的确定准据法的连接点和《法律适用法》规定的确定准据法的连接点不同，从而导致援引的法律不同。

五、我国证券跨国交易法律适用能否与《证券公约》接轨

《证券公约》是一个具有前瞻性的国际条约，其对中间人间接持有证券法律适用的规定代表着跨境证券交易法律适用发展的趋势。《证券公约》之所以受到肯定，一是其规定了统一明晰、简洁、易行的法律适用规则，为间接持有证券模式下的权利义务的确定提供了明确的规则，使相关当事人对于权利的行使和义务的承担有了稳定的预期，这对于保障当事人的正当权益和金融市场的平稳运行起到了保障作用。二是开创了采用国际条约方式规范无体物法律适用的先河。推动了间接持有体制下证券物权法律适用法立法的统一化进程。《证券公约》存在的问题也是致命的，这些问题是：①公约未反映绝大多数国家的意志。从公约的起草过程来看，公约的起草国、谈判国都是证券市场发达的国家，证券市场欠发达的国家没有参加，所以，公约的内容基本上反映的是发达国家的意愿，没有反映各国特别是发展中国家的意愿。②公约确立的中间人间接持有证券法律适用规则过于超前，与多数国家现行立法抵触，致使各国对公约敬而远之。③立法语言的晦涩导致公约理解上的偏差影响各国的借鉴和跨境证券交易国际法律适用法统一化进程。例如，公约使用的"中间人间接持有证券"一词是指跨境证券购买、持有、登记、托管和交易全部过程，如果不进行专门解释，很难理解"中间人间接持有证券"的含义。

经济市场化国家的资本市场必然是国际化的，随着我国经济市场化逐步推进，我国资本市场国际化程度也在不断提高，跨境证券交易市场逐步开放，境外投资者持有在中国（大陆）境内发行和交易的证券、境内投资者持有在境外发行和交易的证券的情况越来越普遍。中国资本市场国际化经历了以下路程：①1992年初我国建立了B股市场，境外机构或个人通过境外证券机构的代理，以名义持有人在中国证券登记结算有限责任公司进行登记，可以购买我国境内上市的股票。②2002年我国首次引进合格境外投资者（Qualified Foreign Institutional Investor，以下简称QFII）制度，允许国外的基金管理机构、保险公司、证券经纪公司等QFII在我国A股市场进行投资活动，可投资保险基金、养老

基金等长期项目，或通过境内代理人在我国境内经营其他业务。2006 年 8 月 24 日，中国证监会、中国人民银行颁布《合格境外机构投资者境内证券投资管理办法》*，规定合格投资者在经批准的投资额度内，可以投资于下列人民币金融工具：在证券交易所挂牌交易的股票；在证券交易所挂牌交易的债券；证券投资基金；在证券交易所挂牌交易的权证；中国证监会允许的其他金融工具。合格投资者可以参与新股发行、可转换债券发行、股票增发和配股的申购。③2006 年，我国合格境内机构投资者制度（Qualified Domestic Institutional Investor，以下简称 QDII）正式开始实施，我国 QDII 开始通过境外代理机构投资境外资本市场的股票、债券等有价证券。④2014 年 5 月 8 日，国务院发布《关于进一步促进资本市场健康发展的若干意见》，提出注册制改革、发展私募市场、兼并重组和资本市场开放等，其中明确提出要鼓励境内证券期货经营机构实施"走出去"战略，增强国际竞争力。⑤2014 年 11 月 17 日，沪港通项目启动。沪港通"通车"是中国全面实现资本项下开放的重要一步，是我国资本市场在双向开放方面取得的突破，在沪港通制度安排下，境外资金可投资 A 股市场，内地投资者也可投资香港股市；香港、上海两地结算机构分别作为本方投资者通过沪港通买入的股票的名义持有人，并互为对方结算机构的结算参与人，为沪港通提供相关的结算服务。此外，我国证券市场上还存在其他诸多涉外情况，比如人民币合格境外投资者（RMB Qualified Foreign Institutional Investor，以下简称 RQFII）、合格境内个人投资者（Qualified Domestic Individual Investor，以下简称 QDII2），以及我国实施的包括设立中外合资证券和基金管理公司在内的一系列开放计划。⑥2016 年 12 月 5 日，我国深港通正式启动。中国资本市场国际化仍然是"正在路上"，前方仍有很多荆棘需要跨越。

中国证券市场的国际化需要证券市场法律规制的国际化，法律制度需要和国际社会融合和接轨。应当肯定的是，中国已经注意到证券市场国际化问题，在有价证券法律适用立法方面有了一定的进步。例如，1994 年 8 月 4 日国务院颁布的《关于股份有限公司境外募集股份及上市的特别规定》第 29 条规定，证券的发行、交易、章程规定的内容与公司其他业务有关事务的争议适用中国法律。该条规定是单边冲突规范，排除了外国法的适用，采取了法律适用的绝

---

　　* 该办法已被修改，为 2020 年 11 月 1 日实施的《合格境外机构投资者和人民币合格境外机构投资者境内证券期货投资管理办法》所代替。

对属地主义。2010 年《法律适用法》第 39 条、第 40 条以双边冲突规范规定了有价证券、权利质权的法律适用，确认了外国法与中国法具有平等的法律地位，应平等地予以适用，这是我国有价证券法律适用立法融合国际社会的重要一步。

通过对《证券公约》和我国有价证券法律适用立法的考察，可以得出以下结论：我国不宜过早加入以英美法系国家跨境证券交易法律适用立法为基础制定的《证券公约》，对《证券公约》确立的当事人协商选择跨境证券交易准据法规则应当借鉴、吸收，以完善我国有价证券法律适用立法，促进我国有价证券法律适用立法与国际社会的融合。

第八节　船舶与民用航空器物权

船舶、航空器的物理属性为动产，但因其价值巨大，各国在法律属性上都认定其为不动产或者"准不动产"，对其规定要在有关部门登记备案，采用不动产管理方式进行管理。船舶、航空器物权的法律适用有特殊性，有自成体系的规则。

一、船舶物权的法律适用

（一）船舶物权的分类与法律适用

船舶物权是指以船舶为法律关系客体的物权，可分为船舶所有权、船舶优先权、船舶抵押权、船舶留置权。对于船舶物权法律适用规则，有的国家规定在海商法中，有的国家规定在法律适用法中。有的国家采取统一制，即对船舶物权统一适用船旗国法，例如，2010 年《德国民法施行法》第 45 条中规定，"对空中、水上和轨道运输工具的权利，适用其来源国法律。即……②对于水上运输工具为其注册登记国，否则为船籍港或者故籍地所在国"；1998 年《吉尔吉斯共和国民法典》第 1195 条规定，"交通工具与其他需要在国家登记机关注册的财产之物权，由该交通工具与财产注册地国法支配"。有的国家采取分割制，分别规定了船舶所有权、船舶优先权、船舶抵押权、船舶留置权的法律适用。从各国立法来看，采用分割制的国家较采用统一制国家少一些。

船舶所有权是指船舶所有人依法对其船舶享有占有、使用、收益和处分的权利。对船舶所有权各国普遍适用船旗国法。船舶所有权适用船旗国法的理论依据有：①人格拟制说。船舶是具有人格的物，有国籍、船名、住所，属人性超越属地性，因而适用属人法，即船旗国法。②领土假定说。船舶具有不动产的法律属性，被看作是本国领土的延伸，船舶不论位于何处，都应当受本国法支配，适用船旗国法。[1] 关于船舶所有权的法律适用，也有适用船舶所在地法、适用与船舶有最密切联系地法律等主张。

船舶抵押权是指不转移船舶所有权，抵押权人可以占有、变卖、申请法院强制拍卖抵押船舶，以实现其权利。各国的船舶抵押权制度差异明显，船舶抵押权法律冲突极为复杂，法律适用呈现多样性。从各国立法来看，规定适用船旗国法、法院地法、物之所在地法（船舶停泊地法律）、债权担保合同准据法、重叠适用船旗国法和债权担保合同准据法、船舶抵押权的成立及性质适用船旗国法，船舶抵押权的效力适用法院地法的国家并存。各国虽然对船舶抵押权的法律适用作了不同规定，整体看来，规定适用船旗国法的国家居多。2001年《韩国国际私法》第60条第1款规定，船舶的所有权及抵押权，船舶的海上留置权及其他有关船舶的物权适用船旗国法。《保加利亚海商法》第10条第1款规定，船舶抵押权适用船旗国法，该法第10条第2款规定，船舶抵押权契约订立方式适用契约订立地法。

光船租赁以前或者光船租赁期间的法律适用，各国多无单独规定，一般适用船旗国法。光船租赁以前或光船租赁期间适用船旗国法对出租人不利，这是因为各国船舶登记制度都规定船舶租赁要临时注销船舶原国籍，租赁人重新进行租赁船舶登记，临时取得新的国籍。光船租赁后适用新船旗国法律，依据原船舶登记国法设置的抵押关系的有效性、合法性都可能面临挑战。为了维护出租人的合法权益，一些国家规定光船租赁以前或者光船租赁期间适用原船舶登记国法。

船舶优先权是以船舶为标的，以担保特定的债权的实现为目的，通过司法程序扣留以至出卖船舶，债权人享有就船舶变卖所得价款依法定顺序优先受偿的权利。[2] 船舶优先权的法律适用十分复杂，其原因是，对船舶优先权的性

---

〔1〕　赵相林、杜新丽等：《国际民商事关系法律适用法立法原理》，人民法院出版社2006年版，第271页。

〔2〕　吴焕宁主编：《海商法学》（第2版），法律出版社1996年版，第308页。

质各国立法作了不同的规定，学者们在理论上有不同的认识，司法实践作了不同的认定。对于船舶优先权，有的国家规定为债权，有的国家规定为债权担保，有的国家认为是程序性权利，有的国家认为是实体性权利。对船舶优先权性质的不同认识导致法律适用的差异，规定适用受案法院地法、船旗国法、担保债权发生地法、最密切联系地法律的都存在。

船舶留置权是指造船人、修船人依据造船合同、修船合同，在另一方当事人未履行合同义务时，可以留置所修造并占有的船舶，依法对以该船舶折价或者以变卖该船舶的价款优先受偿的权利。船舶留置权的法律适用，有同一制和分割制。采用同一制的国家主张船舶留置权适用船旗国法；采用分割制的国家将船舶留置权分割为不同方面，分别规定适用船旗国法、被留置船舶所在地法律、当事人所约定适用的法律、法院地法、最密切联系地法律等。

（二）中国关于船舶物权的分类与法律适用

1992 年《海商法》规定了船舶物权的法律适用，2010 年《法律适用法》未将船舶物权的法律适用纳入其中。《法律适用法》第 2 条第 1 款规定，"……其他法律对涉外民事关系法律适用另有特别规定的，依照其规定。"据此，船舶物权的法律适用依据《海商法》的规定调整。

《海商法》关于船舶物权法律适用的规定与多数国家船舶物权法律适用的规定大体相同或相近。我国船舶物权的法律适用采用分割制，分别规定了船舶所有权、船舶抵押权、船舶优先权的法律适用，船舶留置权的法律适用阙如。《海商法》第 270 条规定："船舶所有权的取得、转让和消灭，适用船旗国法律。"第 271 条规定："船舶抵押权适用船旗国法律。船舶在光船租赁以前或者光船租赁期间，设立船舶抵押权的，适用原船舶登记国法律。"第 272 条规定："船舶优先权，适用受理案件的法院所在地法律"。上述规定所涉及的几个关键词，《海商法》中有专门解释，该法第 7 条规定："船舶所有权，是指船舶所有人依法对其船舶享有占有、使用、收益和处分的权利。"第 11 条规定："船舶抵押权，是指抵押权人对于抵押人提供的作为债务担保的船舶，在抵押人不履行债务时，可以依法拍卖，从卖得的价款中优先受偿的权利。"第 21 条规定："船舶优先权，是指海事请求人依照本法第 22 条的规定，向船舶所有人、光船承租人、船舶经营人提出海事请求，对产生该海事请求的船舶具有优先受偿的权利。"

二、民用航空器物权的法律适用

（一）民用航空器物权的分类与法律适用

航空器包括飞机、飞艇、气球及其他任何藉空气之反作用力，得以飞航于大气中之器物。民用航空器是指除用于执行军事、海关、警察飞行任务外的航空器。

航空器物权是指以航空器为法律关系客体的物权，可分为航空器所有权、航空器优先权、航空器抵押权、航空器留置权。对于航空器物权法律适用规则，有的国家规定在民用航空法中，有的国家规定在法律适用法中。对于航空器物权的法律适用，有的国家采取统一制，即航空器物权统一适用登记国法。如 2007 年《土耳其共和国关于国际私法与国际民事诉讼程序法的第 5718 号法令》第 22 条规定："①涉及航空运输工具、海上运输工具以及有轨运输工具的物权，适用其来源国法。②涉及航空运输工具、海上运输工具以及有轨运输工具的物权，其来源国系指这些运输工具的注册登记地；海上运输工具无注册登记地的，则其来源国系指船籍港。" 2001 年《俄罗斯联邦民法典》第 1207 条规定，对于应该进行国家注册的航空器、海洋航空器、内河航空器、航天器的所有权和其他物权及其实现和保护，适用其注册地国的法律。从各国立法来看，对航空器物权法律适用采用统一制的国家为多数。有的国家采取分割制分别规定了航空器所有权、航空器优先权、航空器抵押权、航空器留置权的法律适用，中国就是采用分割制规定航空器法律适用的国家之一。

航空器所有权是指航空器所有人依法对其航空器享有占有、使用、收益和处分的权利。对于航空器所有权各国普遍适用航空器注册地国法。航空器抵押权是指不转移航空器所有权，抵押权人可以占有、变卖、申请法院强制拍卖抵押航空器，以实现其权利。各国的航空器抵押权制度存在差异，法律冲突极为复杂，法律适用呈现多样性。从各国立法来看，有的国家规定允许当事人意思自治选择法律，没有选择的依据最密切联系原则确定应适用的法律，有的国家规定适用注册登记地法律，还有的国家规定适用法院地法、物之所在地法（航空器停泊地法律）、重叠适用注册登记地法律和债权担保合同准据法。航空器优先权是以航空器为标的，以担保特定的债权的实现为目的，通过司法程序扣留以至出卖航空器，使债权人获得航空器变卖所得价款依法定顺序优先受偿的权利。航空器优先权的法律适用各国规定的不同，其原因是，对于航空器优先权的性质各国立法作了不同的规定，学者们在理论上有不同的认识，司法实践作了不同的认定。对航空器优先权，有的国家规定为债权，有的国家规定为债权担保，有的国家认为是程序性权利，有的国家认为是实体性权利。对航空器优先权性质的不同认识导致法律适用的差异。对于航空器优先权的法律适用，有的国家规定适用法院地法律，有的国家规定适用航空器注册登记地法律。航空器留置权是指航空器制造者、修理人依据合同在另一方当事人未履行合同义务时，可以留置所生产、修造并占有的航空器，依法以该航空器折价或者以变卖该航空器的价款优先受偿的权利。航空器留置权的法律适用，各国规定的不同，主要有航空器留置地法，当事人所约定适用的法律，法院地法，最密切联系地法律等。

航空器国际融资租赁是各国普遍采用的发展本国航空业一种措施。航空器国际融资租赁是以合同为基础实现的，意思自治原则适用于国际航空器融资租赁合同。当事人意思自治缺位情形下适用最密切联系原则确定准据法也被各国普遍采纳。除此之外，航空器登记地法可等同于航空器国籍国法得到适用，而且航空器登记国与案件有较密切联系，有利于案件的合理解决，能够通过对航空器所属国之推定信赖实现最大程度的判决结果一致性。实践中，承租人主要营业地法也是可选择的准据法之一，这是因为指航空器物权并不以航空器本身的登记国为连结纽带，而是从使用航空器的承租人着眼，以其所在地法为航空器物权的准据法。

（二）中国关于航空器物权的分类与法律适用

1995 年《民用航空法》规定了航空器物权的分类和法律适用，航空器物权分为所有权、抵押权和优先权，此外，《物权法》规定的留置权也适用于民用航空器。民用航空器的法律适用，所有权的取得、转让和消灭，适用民用航空器国籍登记国法律（《民用航空法》第 185 条），抵押权适用民用航空器国籍登记国法律（《民用航空法》第 186 条），优先权适用受理案件的法院所在地法律（《民用航空法》第 187 条）。

《民用航空法》没有规定航空器的留置权，也未规定民用航空器留置权的法律适用。《物权法》第 230 条第 1 款规定："债务人不履行到期债务，债权人可以留置已经合法占有的债务人的动产，并有权就该动产优先受偿。"根据该规定，在我国民用航空器是可以被留置的。行使民用航空器留置权的是根据合同占有他人航空器的债权人，主要为航空器建造人、航空器修理人、机场、航空器保管人等。民用航空器留置可适用当事人选择的法律、最密切联系地法律，或者航空器留置地法律。

中国航空器融资租赁市场活跃，航空器租赁可以适用当事人协商选择的法律、航空器登记地法，即航空器国籍国法。

第九节　海外流失文物追诉法律适用及相关问题

文物是一个民族或者一个国家特定时代的产物，[1] 是一种特殊的文化财产，集政治、经济、文化、历史、艺术、考古、科学等价值于一身，是国家或者民族精神传承的物质载体，其所含的历史信息、艺术、科学等价值使用任何方法都无法复制。追索海外流失文物关涉一国的文化主权和民族尊严，维系着民族文明的传承以及一国民众的情感诉求。

中国是一个文明古国，文物资源十分丰厚，然而，在近现代的历史进程中，中国的文物屡遭劫难。历次侵略战争造成的疯狂抢掠，文物价值飙升引发的猖狂盗掘与走私，致使不计其数的珍贵文物流失海外。近年来，在巨额利益的诱惑下，少数不法分子铤而走险，大肆盗掘古墓，盗窃馆藏文物，疯狂进行文物走私，使得文物价格不断飙涨，导致文物非法贸易更加泛滥。在全球化背景下，文物犯罪逐渐呈现出职业化、集团化、国际化、智能化的趋势，社会危害十分严重，盗窃文物、走私文物犯罪被持续打击但依然猖獗，[2] 国际社会已经将中国、埃及、希腊、秘鲁并列为世界文物流失最严重的四个国家。

诉讼是追索流失海外文物的重要的途径。文物追索涉及文物原属国法律，文物所在地法律，还涉及相关国际条约的适用。各国文物保护法律存在差异，在追索流失海外文物的诉讼过程中势必遭遇各种法律冲突，需要解决法律适用等问题。

一、流失文物追诉的主体

流失文物追诉的主体是文物追索诉讼的先决问题，关系到诉求能否被法院

---

〔1〕　文物亦称为文化财产。文物与文化财产的表述没有实质意义上的差别，文物是中国法律的习惯表述，文化财产则多见于国际法律文件中。

〔2〕　2018 年 3 月 19 日，在陕西召开的"打击防范文物犯罪工作会议"披露，陕西省公安厅和陕西省文物局始终将维护国家文物安全工作摆在重要位置，连续 6 年组织开展"鹰"之系列打击文物犯罪专项行动，仅 2017 年就破获文物案件 313 起，追缴涉案文物 3807 件。载中国新闻网，http：//collection. sina. com. cn/yjjj/2018-03-20/doc-ifyskeuc4999481. shtml.

受理，文物追索实践中，很多案件败诉于诉讼主体不适格。2007 年"龙门石窟佛首追索案"不了了之，直接原因便是原告主体不适格。2008 年"欧洲保护中华艺术联合会"在法国巴黎大审法院（Tribunal de Grande Instance）申请"禁拍令"，请求法院颁令禁止法国佳士得（Christie）公司拍卖圆明园流失文物鼠首、兔首铜像，2009 年 2 月 24 日法院宣布"欧洲保护中华艺术联合会"仅能代表该协会，无权代表中国，也不能代表公众利益，驳回了终止拍卖的请求。这些案例都表明主体适格是诉讼得以进行的前提，诉讼主体不适格，法院不会受理案件，即使受理了案件，也要驳回诉求，追索文物难以为继。文物返还诉讼的适格原告应是对系争文物享有所有权但丧失占有的国家、社会团体及个人，原告不仅要有证据证明其所有权具有合法性，而且必须满足法律规定的主体条件，符合国际法和国内法对诉讼主体的要求。

（一）规范诉讼主体资格的国际法

国际条约对文物追索诉讼主体有原则性规定，例如，1970 年《关于禁止和防止非法进出口文化财产和非法转让其所有权的方法的公约》（以下简称1970 年《巴黎公约》）第 13 条规定，诉讼主体须是"合法所有者或其代表"；1995 年国际统一私法协会《关于被盗或非法出口文物的公约》第 8 条第 1 款亦规定，"符合本公约第二章及第三章规定的情况的主体可以向文化财产所在地的缔约国法院，也可以根据现行法律向有管辖权的缔约国法院或其他主管机关提出返还请求。"上述规定为判断追索流失文物主体是否适格提供了国际法依据，缔约国以及权利主体均可依条约就流失文物向文物所在国法院提起诉讼。

（二）规范诉讼主体资格的国内法

文物来源国的文物所有人可以依据文物所在国法律规定提出追索文物请求。流失文物追诉、返还案件中，多数文物属于动产，应当适用动产物权返还的法律规定。国家或者被授权的社会团体、个人通过证据证明拥有系争文物的所有权，即可依法提起文物返还之诉。文物追索诉讼中，诉讼主体资格属于实体问题，法院判断诉讼主体是否适格时应依据属人法原则，选择适用当事人国籍国法、住所地法或经常居住地法。依据属人法指向的某一国家的法律，即为文物追索诉讼应适用的法律。不论是英美法系国家还是大陆法系国家的实体法，无一例外地规定了财产返还之诉的主体资格。

我国《物权法》第 34 条"无权占有不动产或动产的，权利人可以请求返还原物"的规定涵盖了诉讼主体的条件,《德国民法典》"物权篇"第三章第 4 节、《意大利民法典》第 948 条、《西班牙民法典》第 348 条第 2 款、《奥地利普通民法典》第 366 条作了相同的规定。在英美法系国家,虽然罕见物权返还之诉主体资格的成文法规定,但判断物权返还之诉主体资格的判例不胜枚举,遵循先例原则为文物追索主体资格的确定提供了判例法依据。

(三) 诉讼主体资格的理论争议

国家作为诉讼主体提起诉讼已无异议,国际条约、国内立法不乏相关规定,法律依据充分。国家能否提起返还之诉,依然存在理论争议和分歧。对于一国仅仅通过法律宣告确定文物属于国家所有,这种国家作为文物所有者的法律地位能否得到流失文物所在国的认可和支持[1],许多学者存有疑惑,文物来源国规定文物属于国家所有的法律究竟属公法范畴还是私法范畴并没有取得共识。文物保护法如属公法范畴,一国法院不可适用另一个国家的公法,在传统法律适用法"公法禁止原则"之下,一国无权在另一国家行使其主权权利,否则是对另一国家主权的侵害。反对这种观点的学者认为,不能如此笼统认定,应该根据各国的具体情况分别对待。综观各国立法,有的国家的文物保护法直接规定文物属于国家所有,2017 年《中华人民共和国文物保护法》第 5 条第 1 款"中华人民共和国境内地下、内水和领海中遗存的一切文物,属于国家所有"即为此类规定,这种规定并不具有公法性质。有的国家采用刑法或者文物管制法与文物保护法相结合的方式确认国家所有权,新西兰 1962 年文物保护法律规定的"未经允许而被出口到外国的历史文物将被没收归国家所有"即为典型例证。采用这种方式规定文物所有权归属,具有刑罚和国家管制的性质,通常被认为具有公法性质,法院作出的判决在外国往往不能得到承认和执行。国家作为诉讼主体追索流失文物,其主体资格在不同的国家会受到不同的认定。国家应在国内法中分门别类地规定不同文物的权属,明确规定流失文物的所有权是否归属国家,国家是否可以作为诉讼主体行使追诉权,以保证追索文物之诉的顺利进行。

在文物追索、返还诉讼中,自然人、法人、社会团体能否作为诉讼主体提起返还国家所有文物的诉讼,也是司法实践中提出的现实问题。2008 年法国

---

〔1〕 孙南申、张程毅:"文化财产的跨国流转与返还的法律问题与对策",载《国际商务研究》2012 年第 1 期,第 22 页。

佳士得公司拍卖圆明园十二生肖铜像中的鼠首和兔首，80 多名中国律师自发组建了"追索圆明园流失文物律师团"，试图通过诉讼追索国宝。法国大审法院认为，社会团体、律师不能代表国家，也不能代表公众利益，驳回终止拍卖诉讼请求。2014 年 8 月 10 日，中国民间首次对日本政府和皇室追索"中华唐鸿胪井刻石"案件，[1] 也因为诉讼主体适格问题不了了之。从海外追索文物实践来看，未经国家授权的私主体不能代表国家提起诉讼，追索国家拥有所有权的文物。我国文物法规定文物属于国家所有，从法律上讲，只有国家或者政府是提起文物追索诉讼的主体，民间文物追索只能起到舆论和道义的支持作用，体现民众的诉求和爱国热情。

我国没有专门的文物追索国家机构，无论是"圆明园管理处"，还是"中华抢救流失海外文物专项基金会"都未得到国家授权，无权代表国家和政府追索海外流失文物。我国政府对追索海外流失文物采取"不会以国家身份主动参加诉讼"的立场，但不反对公民个人、社会团体追索海外流失文物，这无疑增加了追索海外流失文物的难度。为保证追索流失海外的国有文物，政府有必要采取积极措施，设立专门机构，代表国家进行文物追索诉讼，使国有文物追索诉讼免遭主体不适格的尴尬。

二、追索流失海外文物案件性质的定性

追索流失海外文物案件的定性就是受诉法院对案件事实性质的认定，关涉案件管辖权的确定、法律适用及案件的审理结果。跨国文物追索诉讼性质界定有两种：财产权纠纷和侵权纠纷。

（一）流失文物追索案件性质为财产权纠纷

文物追索诉讼的难点在于平衡原始所有人与现持有人之间的利益，解决双方诉争文物所有权的归属。在文物追索实践中，多数国家定性文物追索纠纷为财产权争议，适用物权法律适用规范援引准据法确定当事人之间的权利义务。耶路撒冷希腊东正教教会诉佳士得拍卖行案［Autocephalous Greek - Orthodox Church of Cyprus v. Goldberg & Feldman Fine Arts, Inc., 917 F. 2d 278（7th

---

〔1〕 2014 年 8 月 7 日对日索赔联合会致函日本天皇明仁和日本政府，要求日本迅速归还在 1908 年被日军将领掠夺的文物——"中华唐鸿胪井刻石"。"中华唐鸿胪井刻石"是日本从中国掠夺的最具价值的文物之一。此次追讨是中国民间首次向日本方面提出追讨，也是中方首次向日本皇室追讨文物。

Cir. 1990）］；德威尔斯诉巴尔丁格案［DeWeerth v. Baldinger, 836 F. 2d 103
（2d Cir. 1987）］；阿布格格基金会、日内瓦市诉 Y 女士和 Z 女士一案［Fonda-
tion Abegg et Ville de Genève contre Mmes Y. et Z. （Cour de cassation française, 15
avril 1988）］；所罗门·古德海姆基金会诉卢贝尔案［Solomon R. Guggenheim
Found. v. Lubell, 77 N. Y. 2d 311, 569 N. E. 2d 426（1991）］均采用这种定性。
理论界赞同这种定性，认为"将原始所有人和善意持有人之间的争议识别为财
产权问题更为合理和可行，可以最大可能地保证判决结果的一致性，同时也有
利于被盗文物的成功追索，实现文物资源国的对文物的保护"。[1]

（二）流失文物追索案件性质为侵权纠纷

少数国家定性文物所有权归属案件为侵权案件。在查理斯诉欧柏林大学案
（Charash v. Oberlin College）中，原告查理斯主张唐纳德·多尔偷了她的艺术
品，认为转让艺术品的行为发生在纽约。被告欧柏林大学主张争议的艺术品系
海瑟赠与多尔的。查理斯向俄亥俄州北区法院提起确认权利转让之诉，受案法
院识别案件为侵权纠纷，适用了俄亥俄州法。塞浦路斯希腊东正教教会及塞浦
路斯共和国诉金伯格、费尔德曼艺术品公司及派格·金伯格案（Autocephalous
Greek-Orthodox Church of Cyprus v. Goldberg & Feldman Fine Arts）[2]中，法院也
定性案件为侵权，认为根据"印第安纳州的法律，动产恢复之诉在所有相关方
面都等同于侵占性侵权之诉（Conversion）",[3] 可以根据侵权法律适用规范
确定准据法。根据印第安纳州的法律适用规则，侵权之诉适用侵权行为地法，
但侵权行为地同时应与本案具有最密切联系。受案法院分析案件所涉的两个侵
权行为地，认为印第安纳州与案件有最密切联系，适用了印第安纳州法律，支
持了塞浦路斯共和国追索流失文物的诉讼请求。

---

〔1〕　郭玉军主编：《国际法与比较法视野下的文化遗产保护问题研究》，武汉大学出版社 2011 年
版，第 44 页。

〔2〕　20 世纪 70 年代末，一名土耳其人将系争的拜占庭时期的画像从塞浦路斯共和国教堂中偷盗
出来，并经由土耳其将画像带到了德国。1988 年 7 月，善意的购买人金伯格从这名土耳其人手中购买了
系争的文化财产。四天后，金伯格将这些画像带回印第安纳，并准备几周之后将画像卖给盖蒂博物馆
（The Getty Museum）。由于该馆长比较了解这些画像的的真正来源，在拒绝购买的同时向塞浦路斯共和
国通告了这一事实情况。塞浦路斯共和国教堂即随向金伯格提出归还请求权，但遭到金伯格的拒绝。随
后，塞浦路斯共和国教堂于 1989 年 3 月向印第安纳州地区法院提起诉讼，要求被告返还画像。

〔3〕　Autocephalous Greek-Orthodox Church of Cyprus v. Goldberg & Feldman Fine Arts, Inc. 917 F. 2d
278, 297 7th Cir. 1990.

定性追索海外流失文物案件为侵权案件并非国际社会的共识，持不同意见的学者认为定性此类案件为侵权可能会出现三个方面的法律问题：一是侵权行为地有时可能无法确认；二是侵权行为地在某些案件中具有偶然性；三是在被盗文物的跨国流转中，可能出现多个侵权行为地。"定性为侵权争议可能会因为适用不同侵权行为地法律导致案件的判决结果不一致"〔1〕。定性关系案件的法律适用，案件性质不同，确定的法律适用规则与准据法也就不同。动产物权适用物之所在地法原则确定准据法，侵权纠纷适用侵权行为地法原则确定准据法，或者依据最密切联系原则确定准据法。跨国海外文物追索诉讼中，案件性质的界定在一定程度上决定追索文物的成败。

三、流失文物作为诉讼标的物时性质的认定

文物追索诉讼中，不仅对同一案件的性质会有不同的界定，而且对案件标的物性质的认定有时也无法达成一致。例如，2009年的圆明园兽首拍卖案中，中国律师依据《法国民法典》认定涉案兽首应被识别为"不动产"，被告律师认为兽首应当定性为"动产"，主张中方律师界定兽首为不动产在法律上站不住脚，有悖于常理；〔2〕被美国、英国、法国、俄罗斯等多家机构持有的我国的敦煌莫高窟壁画、被大英博物馆收藏的希腊雅典卫城埃尔金大理石雕等，到底应该被定性为动产还是不动产，目前均存在较大的争议。〔3〕

1988年阿布格诉日内瓦村案（Abegg v. Ville de Geneve）中的标的物是位于法国南部一座私人小教堂内壁上的湿壁画（创作于11世纪的艺术珍品），该壁画为当地四位农民共同所有。原告系四人中的两位农民，到法国法院起诉，诉称另外两位农民在未经其同意的情况下出售该湿壁画给他人，请求法院判令持有人返还原物。这组湿壁画被出售后在瑞士被发现，被告据此主张依据法国与瑞士签订的条约，湿壁画应识别为动产，法国法院没有管辖权，应由被告住所地法院管辖。法国法院对该湿壁画的性质进行界定，初审法院认为湿壁画依其性质应为不动产，二审法院认为湿壁画依其用途应为不动产，最高法院认为

---

〔1〕 郭玉军主编：《国际法与比较法视野下的文化遗产保护问题研究》，武汉大学出版社2011年版，第44页。

〔2〕 霍政欣：《追索海外流失文物的法律问题》，中国政法大学出版社2013年版，第25页。

〔3〕 Jeanette Greenfiled, *The Return of Cultural Treasures*, Cambridge University Press, 2007, pp. 41－87.

湿壁画属于动产。法国三级法院对湿壁画的性质给出三种不同的界定，这反映出在文物追索案件中，对某些文物性质的界定充满了复杂性和不确定性。[1]

20世纪90年代，英格兰法院审理兰开斯特市政厅诉惠廷汉姆案（Lancaster City Council v. Whittingham），诉争标的物是位于一栋建筑物内部的一座雕像，这座雕像是该建筑物被列入法律保护建筑名册的重要原因。该雕像定性过程中，法官认为，附着于地产的程度固然重要，附着目的更需要加以关注。即使是可以独立于地面上的雕像，如果其属于土地或建筑物的永久性组成部分，亦可能属于不动产附着物。审理本案的法官最终将争讼标的物雕像定性为不动产附着物，适用不动产所在地法。在著名的"美惠三女神像案"中[2]，初期法官界定这组石雕为不动产附着物，后来经过详细研究论证，最终裁定其为动产。

从以上截然相反的案例可以看出，标的物性质的界定在文物追索诉讼中十分重要，不同的法院的法官可能会对同一标的物作出不同的性质认定，甚至同一法院的法官在不同时期的认识也会有所变化。定性对确定案件管辖权、法律选择和案件的审理结果有重大影响，追索文物时应给予高度的重视和关注，避免定性不准确导致追索失败。

四、流失文物所有权的保护

各国法律规定的文物所有权的保护有很大的差别，一般说来，大陆法系国家侧重于善意第三人的保护，目的在于维护交易和交易秩序。英美法系国家倾向于原所有人的保护，注重文物所有权保护的完整性。应当关注各国善意取得制度、时效制度，这些所有权保护制度往往会使文物追索诉讼落空。

（一）善意取得制度

德国、法国、意大利、日本、瑞典、比利时、芬兰等大陆法系国家的善意取得制度侧重保护所有权转移中善意购买人的合法利益。善意购买人通过持续、公开、有效地占有流失海外文物获得其所有权，原所有权人只有对善意购

---

[1] 霍政欣：《追索海外流失文物的法律问题》，中国政法大学出版社2013年版，第25页。

[2] 卢梭公爵请求卡诺瓦（Canova）为其创作一组美惠女神像，卡诺瓦于1814年开始创作，1817年完成，1819年这组雕像被安装在卢梭公爵位于英格兰的家族宫殿内。后来这组雕像的所有权发生争议。经法院审理判决，由维多利亚与阿尔艾特博物馆（Victoria and Albert Museum）与苏格兰美术馆（National Galleries of Scotland）共同所有，在两家轮流展出。

买人进行赔偿或支付合理价款后，才可索回文物。

《意大利民法典》规定，对于动产，即便为被盗物品，善意购买人自购买时起即获得该物的所有权。善意第三人无偿取得的动产，亦可取得该动产的所有权，但该制度不适用于公共登记簿中的动产。[1] 虽然《意大利民法典》有非法占有返还的规定，但并不适用于善意购买人。根据意大利法律，文物原所有人几乎无法对抗善意购买人，无法获得流失或者被盗文物的所有权，追索文物诉讼胜诉的可能性大打折扣，因此，意大利被称为"非法文物交易者的天堂""文物漂洗国"。《德国民法典》规定了善意取得的三个条件：①购买财产时是善意的；②对该财产的占有已超过 10 年，且这 10 年的占有呈持续状态；③购买财产及占有财产期间没有意识到其对该财产所拥有的权利存在瑕疵。[2] 根据这些规定，只要文物购买者能够证明其购买文物秉承善意，持续持有超过10 年即可取得文物的所有权。《法国民法典》规定，占有人可通过善意取得制度取得文物的所有权，但原则上不适用于盗赃物或遗失物。如果受害人或遗失人在文物被盗或遗失之日起 3 年内没有向占有人退出返还原物要求，超过 3 年期限，占有人根据时效制度可获得该物所有权。如果善意购买人从市场、公卖或贩卖同类物品的商人处购得的，原所有人在请求善意购买人返还原物时必须支付相应的价金。[3] 智利、墨西哥等国家法律规定，"在公开市场上购买的物品不能要求返还，除非向善意购买人支付其所付的价款和相关费用，如修理费"。[4] 文物被盗之后往往会沉淀，经过数十年甚至上百年才会再次呈现于世人面前。文物流失期间，文物原所有权人无法获悉文物的下落和占有人的信息，无法行使返还文物请求权。

文物非法交易大都秘密进行，外人从无知晓。被盗文物由拍卖机构拍卖，在美术馆等专业机构出售，文物原所有人需要支付巨额对价才可获得系争文物的所有权，如果不能支付相应对价，便不能获得被盗文物的所有权，这对文物原所有人极不公平，致使在强调保护善意第三人利益的大陆法系国家追索流失

---

〔1〕 费安玲等译：《意大利民法典》，中国政法大学出版社 2004 年版，第 284 页。

〔2〕 ［德］曼弗雷德·沃尔夫：《物权法》（第 18 版），吴越、李大雪译，法律出版社 2002 年版，第 318 页。

〔3〕 罗结珍译：《法国民法典》，北京大学出版社 2010 年版，第 234~236 页。

〔4〕 郭玉军、靳婷："被盗艺术品跨国所有权争议解决的若干问题研究"，载《河北法学》2009年第 4 期，第 36 页。

文物几无可能。

英美法系国家强调保护原文物所有权人利益，对善意购买人实行的有限保护则是原则的例外。英美法系国家财产法坚持"没有人可以转让不属于他所有的商品"原则，奉行"自己无有者，不得与人"。[1] "任何非所有人都无权处分被盗财产的所有权。非所有权人无权凭契约将财产的所有权转移给善意或非善意的购买人，他仅享有对物的持有权，唯有所有权人的出售行为才能产生所有权变动的效果。"[2] 1994 年《英国货物买卖（修正）法》第 21 条第 1 款规定：非所有权人出售物品，如未取得该物品原所有人的同意，购买人不能获得超过出售人对该物享有的权利，善意购买人亦不能从无权所有人处取得该财产所有权，因为出售人的所有权是无效的。[3] 英国法律对善意购买人的有限保护体现出公平正义，出让人并非文物合法所有人，仅为占有人，没有合法的所有权，文物的善意购买人不能从无所有权的出售人处获得文物的所有权。英国法律还规定，被盗文物或者被抢文物不适用善意取得。《美国统一商法典》规定，被盗物即使为善意者所购买，购买者也不能获得财产所有权。原财产所有人有权向购买人追索，要求返还原物。在文物追索诉讼中，善意购买者无论是从无处分权的盗窃者手中购买文物，还是从流通过程中的任意一个善意购买者手中购得文物，均不能以善意取得制度对抗原财产所有权人的追索权。比较而言，英美法系国家的善意取得制度更有利于海外流失文物的追索。

（二）时效制度

时效包括取得时效和消灭时效，取得时效主要是大陆法系国家采用的法律制度，消灭时效为各国普遍采用的法律制度，时效制度关系到海外流失文物追索能否成功。

取得时效指无权利人以行使某一权利之意思持续行使该权利，经过一定期间后，无权利人取得该权利的制度。[4] 流失文物的原所有人不仅可能因善意取得制度丧失所有权，而且有可能因时效消灭所有权。流失文物的实际占有人

---

〔1〕 霍政欣：《追索海外流失文物的法律问题》，中国政法大学出版社 2013 年版，第 25 页。

〔2〕 郭萍："调和与冲突：国内法视野下的文物返还'善意取得'适用分析"，载《理论月刊》2011 年第 1 期，第 116 页。

〔3〕 Richard Crewdson, "Some Aspects of the Law as It affects Dealers in England", in Pierre Lalive ed. *International Sales of Works of Art*, Kluwer, 1988, p. 47.

〔4〕 谢在全：《民法物权论》（上册），中国政法大学出版社 1999 年版，第 146 页。

无法依据善意取得制度获得文物的所有权，但可能基于占有制度获得占有文物的所有权。2011 年《瑞士民法典》第 728 条规定，持续占有他人之动产，如果占有人善意地认为其就是该动产的所有人，且其占有权未受到他人的质疑，占有满 5 年可以获得该动产的所有权。为保持与 1970 年《巴黎公约》的规定相一致，瑞士修改了其民法典第 728 条，增加了专门适用于文物返还请求的一款规定：凡属于该法范畴内的文物，取得时效为 30 年。《意大利民法典》第 1163 条规定，善意占有人仅因欠缺相应的所有权转移证书而无法满足善意取得条件，占有满 10 年即可取得该动产的所有权；对于恶意占有人，取得时效的期间为 20 年。[1]《日本民法典》规定，意思平稳、公然占有他人之物达 20 年，取得所有权。法国民法中规定"时效取得"期间为 30 年。尽管大陆法系国家取得时效期间的具体规定不尽相同，但就其立法精神和立法目的而言大同小异，依据长期占有的事实可以获得占有财产的所有权。

取得时效在促进财产发挥最大化效益、维护交易安全和社会秩序稳定等方面有着巨大的功效，[2]但对文物追索来说，时效制度实为一大障碍。取得时效制度使善意占有人或者恶意占有人可因持续占有而获得流失文物所有权，这十分不利于文物追索人。通常情况下，被盗文物或者通过非法方式流转的文物都会被刻意隐藏或隐匿，数十年后才会被发现或被知晓，在这种情况下，购买者即便无法依据善意取得制度取得所有权，但完全可通过时效的规定取得文物所有权。无论是善意还是恶意，只要取得时效届满即可取得文物所有权，对流失文物的占有即合法化。因此，文物原所有人采取诉讼方式追索文物，需要注意各个国家取得时效的规定，保证追索文物诉讼的顺利进行。

消灭时效是"因一定期间权利之不行使，而使其请求权归于消灭的制度"[3]。英美法系国家消灭时效的效力在于一旦消灭时效期间届满，既消灭胜诉权，也消灭文物原所有人对文物的所有权。1980 年《英格兰时效法》对原财产所有人提起返还请求的期间作了严格的限制，该法第 2 条、第 3 条第 1 款规定，对于被侵占财产提起返还诉讼，权利人应当在诉因产生之日起 6 年内提出返还请求。6 年期间届满，动产所有人不仅失去请求返还权，而且丧失对该

---

〔1〕 费安玲等译：《意大利民法典》，中国政法大学出版社 2004 年版，第 284 页。

〔2〕 秦炳辉、王妍心："试论取得时效制度中的善意与恶意"，载《法制与社会》2009 年第 4 期，第 390 页。

〔3〕 史尚宽：《民法总论》，中国政法大学出版社 2000 年版，第 627 页。

财产的所有权。6 年期间的规定不适用于被盗财产，如果被盗财产被恶意购买人取得，原财产所有人可以要求其返还，且不受消灭时效限制；如果被盗财产被善意购买人购买，该财产原所有人应该在购买之日起 6 年内向该善意购买人提起返还之诉。英格兰法规定了时效制度，但在英格兰提起追索流失文物诉讼不一定必然适用英格兰的时效法，因为英国视消灭时效为实体问题，与案件实体问题一同适用法律适用规则援引的准据法，准据法是本国法还是外国法尚需确定。1984 年颁布的《英格兰涉外时效期间法》为文物追索时效提供了法律依据。

美国时效期间由州法确定，各州时效期间的规定差别较大，短则 2 年，长达 10 年。消灭时效的起算，绝大部分州并未由成文法规定，而是由各州的判例法确定。美国文物追索时效起算有"发现规则"和"要求并拒绝规则"，前者指财产原所有人提起返还诉讼的时效"自其发现或依合理审慎与智力应当发现索回财产所必要的事实（包括现持有人的身份）之日起开始计算"，[1] 这一规则最早由新泽西最高法院在奥基夫诉塞德案（O'Keefe v. Snyder）确立[2]，之后在塞浦路斯希腊东正教教会及塞浦路斯共和国诉金伯格、费尔德曼艺术品公司及派格·金伯格案中得到强化。依据"发现规则"，在文物返还诉讼中，消灭时效自原所有人履行适当的注意义务，即审慎尽职地搜寻和追索后，从其发现或应当发现被盗文物及其现占有人之时起算。后者指时效从原所有人向善意购买人要求返还并被拒绝时起算，因此，"要求并拒绝规则"比"发现规则"更有利于流失文物的追索。"要求并被拒绝规则"在蒙兹尔诉李斯特案（Menzel v. List）中初步确立，在 20 世纪 80 年代末的德威尔斯诉贝尔丁格尔案（Deweerth v. Baldinger）中得到进一步完善。"要求并被拒绝规则"要求原告承担"适当的注意义务，审慎尽职对系争文物进行搜寻"。作为文物的原所有人在发现被盗文物下落后，应毫不迟延地提起返还之诉。除此之外、文物原所有人还应在文物被盗之后尽到合理注意义务，寻找被盗文物，如果原所有人没有履行其中任何一项义务，都会导致时效的起算。在之后的所罗门·古德海姆基

---

〔1〕 张函："美国文化财产保护法律制度研究——兼论 1970 年 UNESCO 公约中'保有方案'之弊"，载《武大国际法评论》2010 年第 1 期，第 51~69 页。

〔2〕 1946 年，格鲁吉亚人原告奥基夫在纽约遗失了三幅画，30 年后，原告听说画作在被告塞德手中，于是便向被告要求返还，但遭到被告拒绝，后原告向法院提起诉讼。被告认为自己是善意购买人，可以根据反向占有获得系争文化财产的所有权。但之后新泽西最高法院否定了一审判决，认为反向占有并不适用文化财产领域，并且法院采纳发现规则，认为"原告的诉因产生于原告在进行了审慎的尽职调查后，知道或合理地应该知道该诉因已经产生后，包括在她知道画像的占有人之后"。

金会诉卢贝尔案（Solomon R. Guggenheim Foundation v. Lubell）中，法院放弃了审慎尽职的要求，认为原告是否应当被要求审慎尽职和持续地搜寻与时效的起算无关，只要被告未能证明原告没有明显不合理地不进行遗失文物搜寻即可。美国将消灭时效认定为程序问题，适用法院地法。

比较大陆法系国家和英美法系国家的法律，可以看出，英美法系国家的法律对原所有人追索文物更为有利。英美国家法律强调保护所有权，侧重保护文物原所有人的利益，善意取得制度较为严格，英美法不存在取得时效制度，降低了文物追索风险，消灭时效的起算规则有利于文物原所有人，因此，文物追索与英美法系国家有联系时，应当争取适用英美法系国家的法律。

五、流失文物追诉法律适用规则

文物追索和文物保护适用的法律主要是国际条约，但三大国际公约存在适用范围有限、没有溯及力等缺陷，在文物追索诉讼案件中发挥的作用有限。一国法院解决流失文物所有权争议，需要通过法律适用规则的指引来确定准据法。各国法律适用规则指引的解决流失文物所有权争议的法律相对集中，物之所在地法、文物来源国法、最密切联系地法等法律为首要法律。

（一）物之所在地法

流失海外文物的物之所在地，为流失文物被转让地或被非法占有时所在地。物之所在地法是解决涉外财产所有权纠纷普遍适用的法律原则，流失海外文物追索诉讼被许多国家定性为财产权纠纷，主张适用物之所在地法。英格兰物之所在地法不仅适用于动产与不动产的区分，还适用于动产所有权的转让。美国依据"最密切联系原则"确定动产所有权纠纷适用的法律，但动产交易时的所在地是衡量"最密切联系"的重要因素，最密切联系的法律与物之所在地法往往是同一法律。德国、法国、意大利、日本、瑞士等大陆法系国家也将物之所在地法规定为涉外动产纠纷的法律适用规则。"自19世纪晚期以来，这一冲突规则已被两大法系国家广泛采纳"。[1]

流失文物返还诉讼以流失文物所在地法为依据确定当事人之间的权利义务具有可预见性和确定性。在文科沃斯诉佳士得、曼森及伍兹公司案（Wink-

---

〔1〕 郭玉军、王秀江："论文化财产国际争议中的冲突及其解决——以文化为视角"，载《西北大学学报（哲学社会科学版）》2009年第4期，第74页。

worth v. Christie, Manson and Woods Ltd. and Another）中，文物在英国被盗后流转到意大利，在意大利为善意交易者所购买。善意持有人购买文物后转移至英国并委托拍卖。原始所有人在英国法院起诉要求确认其对该文物的所有权并要求善意持有人返还文物。善意持有人认为文物善意获得，依法应享有该物的所有权。此案适用英国法，原告享有文物所有权，适用意大利法，被告享有文物所有权。诉讼过程中原告主张案件与英国有诸多密切联系，但英国法院依据物之所在地法原则确定该物的所有权归属应受意大利法律支配，适用意大利法律。法官在判决中阐述了理由："特定案件中适用物之所在地法原则时，仅仅因为该案碰巧有一些英国的连接因素，就引用并不恰当地将英国作为物之所在地，会导致法律适用上的不确定性。"[1] 该案是适用物之所在地法原则的经典案例，不少学者对该案例赞誉有加，视之为适用物之所在地法、保障法律适用同一性与可预见性的经典案例。有学者指出该案例反映出的适用物之所在地法的弊端不可忽视，物之所在地法作为支配文物所有权归属的法律，忽视了原所有权人的利益，造成案件判决结果实质不公平。更为重要的是本案适用物之所在地法鼓励了非法文物交易行为，加剧了文物非法跨境流通和转移。尤其在有些国家的法律倾向保护善意持有人利益的背景下，文物交易商与买家规避法律，选择对其有利的国家进行形式合法、实质违法的文物交易，最大限度地使文物交易合法化，从而把非法取得的文物漂白和净化，完成"文物漂洗"，严重损害文物原始所有人利益。物之所在地法原则如此适用会阻碍流失文物的回归，加大文物来源国追索文物的难度，甚至使文物追索成为不可能。

（二）文物来源国法

文物追索适用物之所在法存在明显的缺陷，因而有学者提出解决流失文物返还纠纷应适用系争文物来源国法律，[2]并阐明了适用文物来源国法律的理论依据：①文物具有特殊性，与普通财产有所不同，文物的归属不仅涉及法律问题，还涉及国家利益、国家尊严、道义、民族情感。文物蕴含着民族文化内涵，体现民族精神、历史传统。②保护文物原属国的权利。文物来源国对文物的保护不能因为文物被盗而中断，不能因为被盗文物出现在另一个国家就失去

---

〔1〕　Winkworth v. Christie, Manson and Woods Ltd. and Another（1977W. No. 2296）．2W. L. R 1980：937.

〔2〕　Derek Fincham, "How Adopting the Lex Oringinis Rule Can Impede the Flow of Illicit Cultural Property", *L. & Arts Vol.* 32, 2008, p. 111.

原始所有国财产法的保护和救济，也不能仅因盗窃等单方原因就剥夺原始所有国对被盗文物的所有权。在希腊东正教耶路撒冷主教团诉克里斯蒂公司案（Greek-Orthodox Patriarchate of Jerusalem v. Christie's, Inc.）与魏玛艺术展览馆诉伊兰凡案（Kunstsammlungen zu Weimar v. Elicofon）中，纽约州法院适用被盗文物原始所有国法律确定了所有权归属。

国际组织和一些国家支持文物追索适用文物来源国法律。1991 年国际法学会布鲁塞尔会议通过一项决议，提出文物来源国的艺术品所有权的转移应由来源国法律支配。1995 年国际统一私法协会《关于被盗或者非法出口文物的公约》支持了这一观点。2004 年《比利时国际私法典》采用了来源国法规则，规定文物原属国法律决定某一文物是否是"被盗"以及是否为"非法出口"。若原始所有国法律认定争讼的文物系"被盗"或者"非法出口"，则无论文物最终所在地国法律规定如何，该文物都应返还给原始所有国。

文物来源国法律强调追索文物案件的特殊性，反映出文物返还的价值理念，弥补适用物之所在地法可能产生的购买人、恶意占有人规避法律以获利益的不足，能够较好地保护原所有权人的合法权益。适用文物来源国法律也存在弊端：①强调保护文物原所有人利益，漠视对善意第三人合法权益的保护。②由于历史、地域等原因当几个国家同时向法院主张权利时，来源国的确定成为先决问题，更为复杂。③文物所有权转让的限制性或者禁止性规定一般被认为属一国公法范畴，多数情况下一国公法的域外效力不会被承认。由此看来，适用文物来源国法律也未必能够很好地解决纷争。④文物来源国多为发展中国家，文物保护立法并不完善，法律制度不够完备；相反，文物所在地国多为发达国家，文物保护立法相对完善，适用文物原属国法律并不一定能够给予文物更有效的保护。

（三）最密切联系地法

最密切联系地法律是指与案件有最直接、最本质、最密切和最真实联系的法律，采用最密切联系原则选择准据法，能够克服传统法律适用规范的呆板和机械，赋予法官一定范围的自由裁量权，使选择出的法律符合实质正义的价值取向。适用最密切联系原则这一选法方法选择文物所有权争议案件的准据法，要求法官对与案件有关的各个主客观因素进行综合判断和分析，充分考虑文物本身的特殊性质，全面考虑文物来源地、交易地、所在地等与文物有关的各个连接因素，确定一个与案件有最密切联系地连接点，以该连接点援引的法律为准据法。

依据最密切联系原则选法，保证了法律适用的灵活性，同时也增加了法律适用的随意性和不确定性。文物追索案件中的最密切联系，主要有文物与来源国的联系、文物与被盗文物购买人之间的联系，文物与交易情况的联系等，这种联系的复杂性和多样性增加了最密联系地的不确定性。法官有不同的教育背景、法律素养、文化观念、法律意识以及司法实务经验，对同一事实可能作出不同的认定和解释，从而确定出不同最密切联系地，援引不同的准据法，使文物追索的法律适用出现差异性，判决结果出现不一致性。最密切联系原则与生俱来的灵活性极易导致法官滥用自由裁量权，判决结果的公正性在这样一种弹性原则下有时不能得到保证。

为保证文物追索诉讼中法律适用的公正性，美国学者提出"政府利益分析说"，提出一套以分析当事人的利益为基础，专门适用于国际文物诉讼的法律选择规则。[1] 这种理论主张被盗文物所有权的确定，以当事人是否真正存在合法利益为核心要素，考察原始所有人、善意购买人按照不同国家的法律规定是否拥有被盗文物的合法所有权。如果按照来源国的法律规定原所有权人拥有所有权，按照善意购买人所在国法律规定善意购买人拥有所有权，就要结合当事人住所地、被盗文物所在地等事实因素，遵循优先保护原所有权人原则，适用与流失文物最密切联系地的法律，而不一概适用物之所在地法。这种方法还要确认善意购买人在交易时的诚实信用程度、原所有权人是否知道或者应当知道文物的具体下落，以及在不知道的情况下，他是否尽到了适当的审慎义务。[2] "政府利益分析说"体现了个案公正与实体正义的追求，较好地克服了物之所在地法的弊端，有积极意义。但这一理论主观性较大，操作复杂、难度大，对法官的素质要求高，实践中尚未出现适用此规则确定文物追索案件准据法的案例。在各国法律冲突严重、国际公约尚不能有效解决法律冲突的情况下，文物追索诉讼中适用物之所在地法依然是普遍的做法。尽管物之所在地法的适用存在弊端，但在文物追索诉讼中适用物之所在地法具有可预见性与安全性，其确定性和商业便利性更为多数国家认可。

我国是文物流失大国，迄今为止尚未出现国家追索流失文物的实践，公民、社会团体通过诉讼追索流失文物的实践也不多，效果并不理想，这在一定程度上与我国文物追索立法不完善有较大的关系。采用诉讼方式追索海外流失

---

〔1〕　霍政欣：《追索海外流失文物的法律问题》，中国政法大学出版社 2013 年版，第 169 页。

〔2〕　霍政欣：《追索海外流失文物的法律问题》，中国政法大学出版社 2013 年版，第 169 页。

文物，首先要完善我国的国内立法，加强文物保护法律制度建设，完善文物保护法律体系，以法律手段规范文物保护工作。我国应修改文物保护法，增加追索流失文物的规定，宣告中国政府对中国文物享有永久所有权和永久追索权，进一步细化流失文物的分类，明晰文物性质，完善分级标准，强化文物保护的针对性和明确性，为文物追索提供法律依据。

我国应借鉴美国、英国、瑞典等国家的做法，[1] 出台与我国已加入的文物保护国际公约相配套的国内立法，积极参与遏制文物非法流转国际合作，建立国际文物保护共同体，充分发挥国际公约和国内法的作用，开创文物保护和文物追索的新局面。

---

〔1〕 美国为实施 1970 年《巴黎公约》，制定了《美国文化财产公约法实施法案》；《英国文物较易犯罪法案》也是在加入 1970 年《巴黎公约》后制定；2005 年的《瑞士文化财产国际转让法》是实施 1970 年《巴黎公约》的国内立法。

第四章

涉外合同法律适用的发展与变革

　　我国出版的教科书和专著中，大都引用了英国著名学者戚希尔（Cheshire）教授"在国际私法中没有哪个领域像合同准据法那样如此难以确定"的论述来论证涉外合同法律适用的繁难与准据法确定的复杂。[1] 我国也有学者认为合同的法律适用问题系国际私法领域最复杂、最混乱的问题之一。[2] 英国学者莫里斯揭示了合同领域法律适用复杂且多样的原因：一是由于合同种类随着国际经贸关系的发展呈现出多样化的态势，适合于某一种合同的法律选择方法不一定能够适用于其他种类的合同；二是合同的内容日益复杂，适用于解决合同某一方面问题的法律不一定适合于解决合同其他方面的问题。[3] 上述论断只是反映了合同法律适用的一个侧面，并非全貌。合同法律适用在各国立法与司法实践中既表现出难得的一致，又呈现出出奇的不一致，因此，合同法律适用呈现多样性，有的案件简单得令人难以置信，有的案件复杂得令人目瞪口呆。

---

　　[1] ［英］J. H. C. 莫里斯：《法律冲突法》，李东来等译，陈公绰、李东来校，中国对外翻译出版公司1990年版，第265页。

　　[2] 肖永平：《国际私法原理》，法律出版社2003年版，第173页。

　　[3] J. H. C. Morris, *The Conflict of Law*, 2nd ed., London：Stevens, 1980, p. 384.

第一节　涉外合同法律适用的历史演进

一、客观论与主观论的博弈与融合

合同作为当事人之间以自愿原则为基础签订的设立、变更、消灭民事权利义务关系的协议，有着悠久的历史。公元前 2000 多年的两河流域，苏美尔文明已经出现，跨国贸易已很频繁，为规范当事人之间的权利义务，以泥板为载体的契约广为使用，著名的《汉谟拉比法典》涉及契约的规定就有数条。[1]我国在奴隶社会的周朝已出现合同的记载，《周礼》云："凡以财狱讼者，正之以傅别、约剂"[2]，要求"财产诉讼以契约为凭"。[3]

合同法律适用规则与合同实体法立法同时出现，《汉谟拉比法典》已有"汉谟拉比法典调整所有发生在巴比伦的合同，而无需考虑当事人的属人法"的规定。[4] 12 世纪意大利注释法学派注意到涉外民事关系的法律适用问题，探索性地提出了一些解决法律冲突的法律规则。14 世纪，后期注释法学派的杰出代表巴托鲁斯在总结前人研究成果的基础上整合出合同法律适用规则："契约形式，由契约缔结地法支配"；"契约履行之方式，由法院地法支配"；"契约之内容或契约的过失或迟延履行，前者适用契约缔结地法；后者适用约定之履行地的习惯法，或者无约定时，适用一方请求履行地的法，因为这种过失或迟延履行发生在请求履行地"；"如果迟延履行地为法院地，则适用法院地法"。[5] 巴托鲁斯时代的合同法律适用呈现以下特征：①采用分割制方法区分

---

〔1〕　例如，《汉谟拉比法典》第 37 条规定，倘自由民购买里都、巴衣鲁或纳贡人之田园房屋，则应毁其泥版契约，而失其价银，田园房屋应归还原主。第 52 条规定，倘塔木卡之农人不于田中生殖谷物或芝麻，其契约亦不得变更。

〔2〕　（清）孙诒让撰：《周礼正义》卷六十七《士师之职》，王文锦、陈玉霞点校，中华书局 1987年版，第 2791 页。

〔3〕　阿风："中国历史上的'契约'"，载《安徽史学》2015 年第 4 期，第 5 页。

〔4〕　Elizabeth B. Crawford, Janeen M. Carruthers: *Internationl Private Law in Scotland*, Second Edition, W. Green, 2006, p. 13.

〔5〕　［意］巴托鲁斯："法律冲突论"，齐湘泉、黄希韦译，载《武大国际法评论》（第 12 卷），武汉大学出版社 2010 年版，第 326~327 页。

合同的不同方面分别确定准据法。巴托鲁斯将合同分割为几个不同的方面，分别确定应适用的法律，这种做法不仅贯穿巴托鲁斯时代，而且延续至今。具体而言，当事人缔结合同的能力适用属人法，"人的能力应严格依人的本邦法则，否则将导致城邦间的不公"；[1] 合同形式适用合同缔结地法律；合同履行视不同情况适用合同履行地法律或者法院地法律；合同内容适用合同缔结地法律。②采用客观连接点援引准据法。合同准据法由与合同有实质性客观联系的连接点援引确定。

通过合同与某地的客观联系来确定准据法在理论上被称之为客观论，这种选法理论和选法方法占据统治地位五百余年，20 世纪中叶退出霸主地位，让位于主观论。客观论本身也有一个发展过程，14 世纪的客观联系主要指合同与合同缔结地、履行地的联系，19 世纪萨维尼创立了法律关系本座理论，认为每一种法律关系在逻辑上和性质上必然与某一特定的法律制度相联系，每一法律关系都有一个确定的本座，合同的本座就是合同的客观联系地，合同的成立与效力总是与某一场所存在关联，不以当事人的意思为转移，该场所的法律则是合同法律关系的准据法。20 世纪，客观联系在英美国家发展成为最密切联系地。1858 年，著名学者韦斯特莱克（Westlake）就提出合同应适用与交易有最真实联系国家的法律，而不是合同缔结地本身的法律。[2] 韦斯特莱克的主张得到切西尔（Cheshire）、莫里斯等学者的支持。1951 年大法官西蒙兹勋爵（Lord Simonds）在鲍尼森诉澳大利亚联邦案（Bonython v. Commonwealth of Australia）的审理过程中，采用客观论确定了准据法，并认为合同的适当法是"订立合同所参考的法律体系或者与交易有最密切和最真实的联系的法律体系"。[3] 此案的法律适用为后来的许多判决所遵循，成为经典案例。应当说明的是客观论者并非不承认当事人拥有选择法律的权利，也不反对当事人选择的法律的适用，只不过是坚持当事人选择的法律应严格地被限制在与合同有联系的法律范围内，且不允许违背与交易有着重要联系的强制性规则。在当事人没

---

〔1〕 ［意］巴托鲁斯："法律冲突论"，齐湘泉、黄希韦译，载《武大国际法评论》（第 12 卷），武汉大学出版社 2010 年版，第 326~327 页。

〔2〕 James Fawcett, Janeen Carruthers, Peter North, *Cheshire, North & Fawett Private International Law*, 14th ed., Oxford University Press, 2008, p. 198.

〔3〕 Clive M. Schmitthoff, *Select Essays on International Trade Law*, John O. Honnold, Chia-Jui Cheng eds., Martiuus Nijhoff Publishers, Braham & Trotman LTD., 1991, p. 566.

有明示或默示选择法律情况下，则应适用与交易有最密切和最真实的联系的法律。[1] 然而，涉外合同关系随着社会的发展越来越复杂，用单一固定的标准确定准据法一方面显得缺乏针对性，另一方面也显得呆板、机械和不灵活。[2] 最密切联系较单一固定标准有所进步，但与私权自治的要求相差甚远，与合同适用的法律由当事人意思自治决定的主观论格格不入，由此，合同法律适用的客观论与合同法律适用的主观论博弈了五百余年，最终形成了当下合同适用当事人选择的法律，最密切联系的法律和客观连接点援引的法律作为意思自治原则（principle of the autonomy of will）补充的格局。

16 世纪，巴托鲁斯的合同法律适用理论遭遇空前的挑战，法国学者杜摩林提出了合同法律适用主观论，创新了合同法律适用理论，指出合同应当适用当事人意思自治所选择的法律。杜摩林意思自治选法理论提出之前，国际社会沿袭已久的习惯和观念是合同当事人可以自由决定国际交易中的各项事项，自由安排他们之间的合同权利义务关系，但没有权利参与确定适用于他们之间合同的法律。前杜摩林时代，合同法律适用问题是立法者和法官权力范围内的事情，合同当事人不能染指。[3] 杜摩林法律选择的意思自治主张代表了商业阶层的利益，因而受到了商人们的欢迎和追捧，然而，杜摩林的理论与社会的主流意识背道而驰，几乎受到除商人之外整个社会的抵制，抵制的理由是不能赋予合同当事人以立法者的权力。由此产生的合同法律适用的客观论和主观论、分割论和单一论展开了一场长达几个世纪的博弈。

合同法律适用客观论和主观论的博弈大体经历了三个发展阶段：第一阶段自 16 世纪始至 19 世纪中叶，主要以缔约地法为主的单纯依空间连接点决定合同准据法阶段，法律选择单一，与欧洲封建时期法律适用属地主义要求相适应。虽然 17 世纪、18 世纪欧洲重商主义兴起，各国经济联系不断加强，意思自治选择法律的呼声越来越高，客观论不能满足社会发展需求的缺陷已经明显表现出来，但仍居法律选择统治地位。第二阶段自 19 世纪中叶至 20 世纪中叶，以意思自治原则为主，强调依当事人主观意向决定合同准据法阶段。这一阶段，资本主义国家商品经济获得空前发展，意思自治原则获得空前尊重，终

---

〔1〕 吕岩峰："英国'适当法理论'之研究"，载《吉林大学社会科学学报》1992 年第 5 期，第 20 页。

〔2〕 赵相林主编：《国际私法》，中国政法大学出版社 2007 年版，第 160 页。

〔3〕 邵景春：《国际合同——法律适用论》，北京大学出版社 1997 年版，第 25 页。

得由理论演进为法律。1865 年英国法院在佩尼舒勒及东方航运公司诉香德案（Peninsular and Oriental Steam Navigation Co. v. Shand）确立了意思自治选法规则，[1] 1865 年《意大利民法典》第 25 条规定契约冲突适用客观连接点援引的法律，如果当事人意思自治选择了准据法，优先适用。[2] 第三阶段自 20 世纪中叶至今，以 Proper Law 为代表的开放性的、灵活的法律适用规范指定准据法阶段，在此阶段，除了以意思自治原则为主确定法律选择方法之外，还开创了更丰富的法律选择方法，如最密切联系原则，合同自体法，特征性履行等。

Proper Law 一词发源于英国，在中国没有精确的对应词，有学者将其翻译成"自体法"[3]，有学者将其翻译成"自体法或特有法"[4]，有学者将其翻译成"适当法"[5]，有学者认为 Proper Law 就是特指合同的准据法，而不是什么自体法。[6] Proper Law 是英国学者戴西和莫里斯在 20 世纪中叶创造的一种新的合同准据法确定方法，这种方法主张根据涉外合同关系的性质和特点，遵循适当的原则来解决合同的法律适用。具体说来，适当论是在对主观论和客观论综合协调的基础上，充分考虑合同关系的本质要求和处理合同问题的价值取向，从而确定合同所应适用的法律。[7] 1951 年英国大法官西蒙兹勋爵在鲍尼森诉澳大利亚联邦案中所提出订立合同所参考的法律体系或者与交易有最密切和最真实联系的法律体系是合同法律适用必须考虑的标准之一。[8] 在合同法律适用问题上，它既肯定当事人意思自治原则的优先地位，又以颇具适应性的密切联系原则作为补充；同时认为，随着"情势变迁"，应社会和经济现实的要求，根据所调整的国际合同关系及国际合同问题的特殊性的需要，也由于人们认识的深化和观念的改变，还应不断探索和形成新的合同法律适用原则，以满

---

〔1〕 Peninsular and Oriental Steam Navigation Co. v Shand（1865）3 Moo PCC NS N272，6 New Rep 387（Privy Council）.

〔2〕 许军珂：《国际私法上的意思自治》，法律出版社 2006 年版，第 17~18 页。

〔3〕 李双元、金鹏年：《中国国际私法》，海洋出版社 1991 年版，第 297 页。

〔4〕 李双元主编：《国际私法学》，北京大学出版社 2000 年版，第 332 页。

〔5〕 吕岩峰："英国'适当法理论'之研究"，载《吉林大学社会科学学报》1992 年第 5 期，第 17 页。

〔6〕 刘慧珊："'Proper Law'问题探究"，载黄进等主编：《中国国际私法与比较法年刊》（第 7 卷），法律出版社 2005 年版，第 4 页。

〔7〕 吕岩峰："'适当论'：国际合同法律适用理论的归结与扬弃"，载《法制与社会发展》1999 年第 5 期，第 73 页。

〔8〕 Clive M. Schmitthoff：*Select Essays on International Trade Law*，John O. Honnold，Chia-Jui Cheng eds.，Martiuus Nijhoff Publishers，Braham & Trotman LTD.，1991，p. 566.

足在合同法律适用上对适当性的要求。

适当论作为合同法律适用的一种新理论，既具确定性，又具灵活性，其目标是公正合理地调整合同关系，解决合同争议，更有利于保护当事人及关联方的正当权益，促进国际经济贸易的健康发展。[1] 适当论针对国际合同关系错综复杂的状况，纠正了客观论机械僵硬的缺陷，在更高层次上弥合了客观论和主观论之间的分歧，从而为正确地解决合同法律适用问题开辟了一条新的广阔的道路。[2]

主观论与客观论的博弈并非你死我活，而是互相补充，互相辅助的两种相辅相成的准据法确定方法，这两种法律选择方法的争论往往集中于意思自治原则、最密切联系原则和客观连接因素的配比。英国等国家更重视当事人适用意思自治的意愿，当事人选择了合同准据法即适用当事人选择的法律；当事人未选择合同适用的法律，法官会通过合同内容判断当事人意图适用的法律，通过对合同签订地、履行地、合同文本使用的语言等客观因素进行判断确定当事人的选法意图。委内瑞拉等国家则是在无法优先适用意思自治原则的情况下由法官根据最密切联系原则确定准据法。

二、分割制与单一制对垒的真假辨析

我国学界流传甚广的一种理论是涉外合同的法律适用有两对矛盾的对立统一体，一对是前述的主观论与客观论，一对是法律适用的分割制与单一制。合同法律适用主观论与客观论的真实客观存在有史料证明，合同法律适用分割制与单一制的对立是否真实存在，有待辨析和论证。

合同法律适用分割方法在理论上被称为分割论，包括两方面内容，一是合同种类分割，根据合同内容的不同分割合同为不同的种类，分别确定准据法；二是合同要素分割，以合同的组成要素为基础分割合同为几个不同的方面，分别确定应适用的法律。一般情况下合同当事人的缔约能力适用属人法，合同形式适用合同缔结地法，合同内容适用合同法律关系应适用的法律。实践中，被学界称之为合同法律适用分割的是指合同要素分割。

---

〔1〕 吕岩峰：“国际合同法律适用的理论分歧和历史演进”，载《长春市委党校学报》1999 年第 1期，第 78 页。

〔2〕 吕岩峰：“英国‘适当法理论’之研究”，载《吉林大学社会科学学报》1992 年第 5 期，第29 页。

　　分割方法作为一种法律选择方法历史悠久，巴托鲁斯时代已经存在。如果说巴托鲁斯时代、后巴托鲁斯时代采用分割方法确定合同准据法具有或然性，那么 1875 年美国最高法院法官亨特在斯科德诉芝加哥联众银行案（Scudder v. Union National Bank of Chicago）中将分割方法发展到实然。该案中，亨特将合同的成立、解释和效力与合同的履行进行分割，合同的成立、解释和效力适用合同缔结地法，合同的履行适用合同履行地法。[1]斯科德案在当时并无太大的影响，但青睐该案的比尔（Joseph Beale）在 1934 年美国《冲突法重述（第一次）》采纳了斯科德案确立的规则，此后，美国的司法实践中确认分割方法为确定合同准据法的一种重要方法。1971 年的美国《冲突法重述（第二次）》再次采纳该方法，同时也为许多国家立法所确认。分割方法发展于美国，当下日趋成熟，为实践所接受并被广泛适用。分割制是一种灵活的法律选择方法，针对合同不同方面的不同特点选择准据法，一定程度上解决了复杂的合同法律适用问题。

　　合同准据法确定的分割方法可以分为法定分割、意定分割和司法分割。法定分割是指法律的规定致使合同适用不同法域的法律或统一实体法；意定分割是指依据法律规定，合同当事人通过协商，同意合同的不同方面适用不同的法律；司法分割是指法院将不同法域的法律适用于合同的不同方面。

　　法学界普遍认为与分割方法相对应的我国法律适用是单一制，单一制在理论上称为单一论，是指将合同看成一个整体，不进行分割，统一适用一个国家的法律。单一论也获得一些学者的支持，其理论依据主要是戴西的既得权说，认为合同应该被视为一个整体，分割存在适用法律上的困难，且非常麻烦，对法官的要求极高，也缺乏合理的依据；其事实依据是 1952 年瑞士法院审理的 Chevatley 案，该案中，法院认为合同的解释、履行与解除都应该由一个法律支配。[2] 采取这一观点的学者还认为，将合同分割为若干方面受不同国家的法

---

　　〔1〕　91U. S406，411（1875）.

　　〔2〕　李双元主编：《中国与国际私法统一化进程》（修订版），武汉大学出版社 1998 年版，第 79～80 页；瑞士法院在 1952 年的 Chevatley 一案中认为，把合同的形式和合同的效力区分开来以适用不同的法律，常常是十分困难的，是直到判决最后作出之前，一直是不明确、不肯定的。瑞士法院还认为，一个合同不论从经济的观点看，或者从法律的观点看，都应该是一个整体，因而它的履行、解释、解除都应该只由一个法律支配。英国及英联邦国家、法国、比利时、荷兰、卢森堡和斯堪的纳维亚以及东欧一些国家，也都反对分割的方法。

律支配，往往给法院带来很大的麻烦，[1] 一项合同无论从经济意义还是从法律意义来看都应是一个整体，因而其成立、履行、解释和解除等都应受一项法律支配。[2]

单一论的存在具有相对性，单一制是否存在取决于分割制的范围、对象、分割的标准及限制。当事人权利能力和行为能力如果作为合同的组成部分，单一制是不存在的，因为自然人权利能力和行为能力适用属人法自法则区别说时起至今未曾改变，而合同主要适用缔结地法或者履行地法，合同的法律适用始终是分割制。如果限定分割制与单一制于合同成立、履行、解释和解除范围内，单一制是存在的，[3] 其存在主要在以缔约地法为主的单纯依空间连接点决定合同准据法时期，此后日趋式微，如今几无生存空间，难以与分割制相抗衡。

在世界范围内合同准据法的选择方法已趋于统一，合同首先适用当事人选择的法律，当事人未作选择，则依据最密切联系原则确定合同的准据法。当事人选择的法律、依据最密切联系原则确定准据法都属于分割制选法方法，原因是各国都特别规定自然人权利能力和行为能力适用属人法，不容当事人或者法官选择。

第二节　我国涉外合同法律适用立法

我国涉外合同法律适用立法采用了立法机关立法、行政机关制定行政法规、最高人民法院发布司法解释三种模式。从立法的时间顺序来看，最早的立法是行政立法。

一、涉外合同法律适用的行政立法

1979 年 7 月 1 日，第五届全国人民代表大会第二次会议通过《中华人民共

---

〔1〕 李双元主编：《国际私法学》，北京大学出版社 2000 年版，第 327 页。

〔2〕 吕岩峰："'适当论'：国际合同法律适用理论的归结于扬弃"，载《法制与社会发展》1999年第 5 期，第 69 页。

〔3〕 1889 年 2 月 12 日订立于蒙得维的亚的《关于国际民法的公约》第 33 条规定，合同的成立，合同的种类，合同的有效性，合同的效力，合同的后果，合同的履行、包括有关合同的任何方面受同一法律支配。

和国中外合资经营企业法》，1983 年国务院发布配套的《中华人民共和国中外合资经营企业法实施条例》，该条例第 15 条规定"合营企业合同的订立、效力、解释、执行及其争议的解决，均应当适用中国的法律"。《中华人民共和国中外合资经营企业法》先后进行了 3 次修订，《中华人民共和国中外合资经营企业法实施条例》相应地于 2001 年、2011 年、2014 年、2019 年进行了 4 次修订，修订过程中未涉及法律适用条款内容，只是由第 15 条变更为第 12 条，该条规定是中华人民共和国成立后第一次涉外合同法律适用立法。2019 年 3 月 15 日，第十三届全国人民代表大会第二次会议通过《中华人民共和国外商投资法》（以下简称《外资法》），自 2020 年 1 月 1 日起施行。《外资法》施行后，《中华人民共和国中外合资经营企业法》《中华人民共和国外资企业法》《中华人民共和国中外合作经营企业法》同时废止。《外资法》生效之前设立的外商投资企业，在《外资法》施行后 5 年内可以继续保留原企业组织形式等。《外资法》第 2 条规定，在中国境内的外商投资，适用本法。第 4 条第 3 款规定，中华人民共和国缔结或者参加的国际条约、协定对外国投资者准入待遇有更优惠规定的，可以按照相关规定执行。第 5 条规定，国家依法保护外国投资者在中国境内的投资、收益和其他合法权益。第 6 条规定，在中国境内进行投资活动的外国投资者、外商投资企业，应当遵守中国法律法规，不得危害中国国家安全、损害社会公共利益。

为使《外资法》的实施落到实处，2019 年 12 月 12 日，国务院第 74 次常务会议通过《中华人民共和国外商投资法实施条例》（以下简称《外资法实施条例》），自 2020 年 1 月 1 日起与《外资法》同时施行。《外资法实施条例》实施后，《中华人民共和国中外合资经营企业法实施条例》《中外合资经营企业合营期限暂行规定》《中华人民共和国外资企业法实施细则》《中华人民共和国中外合作经营企业法实施细则》同时废止。《外资法实施条例》第 47 条规定，外商投资企业在中国境内投资，适用外商投资法和本条例的有关规定。第 48 条规定，香港特别行政区、澳门特别行政区投资者在内地投资，参照外商投资法和本条例执行；法律、行政法规或者国务院另有规定的，从其规定。台湾地区投资者在大陆投资，适用《中华人民共和国台湾同胞投资保护法》及其实施细则的规定；台湾同胞投资保护法及其实施细则未规定的事项，参照外商投资法和本条例执行。定居在国外的中国公民在中国境内投资，参照外商投资法和本条例执行；法律、行政法规或者国务院另有规定的，从其规定。

1985 年 5 月 24 日，国务院颁布《技术引进合同管理条例》，该条例第 5 条第 1 款规定，"技术引进合同的签订，应当遵守《中华人民共和国涉外经济合同法》（以下简称《涉外经济合同法》）和其他法律的有关规定。"[1]

1987 年 4 月 7 日国务院批准，1987 年 4 月 24 日中国银行公布的《中国银行对外商投资企业贷款办法》第 25 条规定，"除中国银行同意者外，企业与中国银行签订的借款合同及附件等法律文件的有效文字为中文，适用法律为中华人民共和国法律。"[2] 1988 年 10 月 20 日，中国银行发布《中国银行对外商投资企业贷款办法实施细则（暂行）》，该细则第 34 条规定与《中国银行对外商投资企业贷款办法》第 25 条规定内容相同。

1988 年 4 月 13 日，第七届全国人民代表大会第一次会议通过《中华人民共和国中外合作经营企业法》，1995 年 8 月 7 日经国务院批准，对外贸易与经济合作部于 1995 年 9 月 4 日发布了配套的《中华人民共和国中外合作经营企业法实施细则》，该细则第 55 条规定，"合作企业合同的订立、效力、解释、执行及其争议的解决，适用中国法律。"《中华人民共和国中外合作经营企业法》先后进行了 4 次修正，《中华人民共和国中外合作经营企业法实施细则》于 2014 年、2017 年进行了 3 次修订，合作经营法律适用条款一字未改。

1994 年 8 月 4 日，国务院颁布《关于股份有限公司境外募集股份及上市的特别规定》，该规定第 29 条规定，"境外上市外资股股东与公司之间，境外上市外资股股东与公司董事、监事和经理之间，境外上市外资股股东与内资股股东之间发生的与公司章程规定的内容以及公司其他事务有关的争议，依照公司章程规定的解决方式处理。解决前述争议，适用中华人民共和国法律。"

二、涉外合同法律适用立法

我国涉外合同法律适用始于 1985 年颁行的《涉外经济合同法》，该法第 5 条首次对涉外合同的法律适用作了较为系统的规定：合同当事人可以选择处理合同争议所适用的法律。当事人没有选择的，适用与合同有最密切联系的国家的法律。在中华人民共和国境内履行的中外合资经营企业合同、中外合作经营

---

〔1〕 该条例 2002 年 1 月 1 日失效。

〔2〕《中国银行对外商投资企业贷款办法》已被 1995 年 5 月 10 日全国人大常委会通过并公布的《中华人民共和国商业银行法》、1995 年 6 月 30 日全国人大常委会通过并公布的《中华人民共和国担保法》、1999 年 3 月 15 日全国人大通过并公布的《中华人民共和国合同法》代替。

企业合同、中外合作勘探开发自然资源合同，适用中华人民共和国法律。中华人民共和国法律未作规定的，可以适用国际惯例。

1986 年《民法通则》第 145 条对涉外合同的法律适用作了规定，"涉外合同的当事人可以选择处理合同争议所适用的法律，法律另有规定的除外。涉外合同的当事人没有选择的，适用与合同有最密切联系的国家的法律。"

1999 年 3 月 15 日，第九届全国人民代表大会第二次会议通过《中华人民共和国合同法》（以下简称《合同法》），同时废止了《涉外经济合同法》，《涉外经济合同法》第 5 条的内容在《合同法》第 126 条中完整体现。

2010 年《法律适用法》颁布，该法第 3 条规定意思自治原则为涉外民事关系适用基本原则；第 41 条规定，"当事人可以协议选择合同适用的法律。当事人没有选择的，适用履行义务最能体现该合同特征的一方当事人经常居所地法律或者其他与该合同有最密切联系的法律。"

除上述法律对涉外合同法律适用作出一般性规定外，1992 年《海商法》第 269 条、1995 年《民用航空法》第 188 条分别对海事海商领域、民用航空领域合同的法律适用作出了特别规定，其内容与 1986 年《民法通则》第 145 条的规定相同。

三、涉外合同法律适用的司法解释

1987 年 10 月 19 日，最高人民法院发布了《关于适用〈涉外经济合同法〉若干问题的解答》（以下简称《解答》），《解答》较为全面地规范了涉外合同争议的法律适用：①涉外合同争议应作广义的理解，双方当事人对合同是否成立、合同成立的时间、合同内容解释、合同履行、违约责任，以及合同变更、中止、转让、解除、终止等争议均应包括在内。②当事人订立合同时或者发生争议后对合同适用的法律已作选择，法院审理案件时应以当事人选择的法律为依据。当事人选择的法律可以是中国法、中国港澳地区的法律或者是外国法。[1] ③当事人选择法律须双方协商一致，采用明示方式。④在中国境内履行的三资企业合同强制适用中国法律，当事人不得协议选择适用外国法律。

---

〔1〕《解答》未对是否可以选择"台湾地区有关规定"作出规定。2010 年 4 月 26 日，最高人民法院审判委员会 1486 次会议通过《关于审理涉台民商事案件法律适用问题的规定》（法释〔2010〕19号），该规定 2010 年 12 月 27 日公布，自 2011 年 1 月 1 日起施行。该规定第 1 条第 2 款规定，"根据法律和司法解释中选择适用法律的规则，确定适用台湾地区民事法律的，人民法院予以适用。"

⑤当事人订立合同时或者发生争议后未对合同所适用的法律作出选择，法院应当允许当事人在开庭审理以前作出选择；当事人仍不能协商一致作出选择，法院应当依据最密切联系原则确定应适用的法律。⑥当事人协议选择的法律或者人民法院按照最密切联系原则确定的解决合同争议的法律指现行的实体法，不包括冲突法规范和程序法。⑦具体规定了法院按照最密切联系原则确定的13种合同应适用的法律。[1]⑧规定了最密切联系原则的例外，合同明显地与另一国家或者地区的法律具有更密切的关系，法院应以另一国家或者地区的法律作为处理合同争议的依据。

1999年10月1日《合同法》生效后《涉外经济合同法》废止，2000年6月16日最高人民法院审判委员会决定废止《解答》。

1988年最高人民法院发布了《民通意见》，对涉外合同法律适用有关事宜作出了司法解释。

《民法通则》与《合同法》有关合同法律适用的条文简略，缺少可操作性，立法相对滞后，《解答》又被废止，在法律短缺情况下，为规范司法实践，2007年最高人民法院发布了《关于审理涉外民事或商事合同纠纷案件法律适用若干问题的规定》（以下简称《2007年规定》），对涉外合同审判工作进行规范。

《2007年规定》与《解答》相同的规定有：①涉外合同的准据法仅为有关国家或地区的实体法，不包括冲突法和程序法。②合同争议的范围。③当事人选择合同准据法或者变更合同准据法应当采用明示方式。④当事人未选择合同争议应适用的法律的，适用与合同有最密切联系的国家或者地区的法律。⑤规定了最密切联系原则的例外。

《2007年规定》吸收了《解答》的合理内核，在《解答》的基础上有了

---

〔1〕①国际货物买卖合同，适用合同订立时卖方营业所所在地的法律，如果合同是在买方营业所所在地谈判并订立的，或者合同主要是依买方确定的条件并应买方发出的招标订立的，或者合同明确规定卖方须在买方营业所所在地履行交货义务的，则适用合同订立时买方营业所所在地的法律；②银行贷款或者担保合同，适用贷款银行或者担保银行所在地的法律；③保险合同，适用保险人营业所所在地的法律；④加工承揽合同，适用加工承揽人营业所所在地的法律；⑤技术转让合同，适用受让人营业所所在地的法律；⑥工程承包合同，适用工程所在地的法律；⑦科技咨询或者设计合同，适用委托人营业所所在地的法律；⑧劳务合同，适用劳务实施地的法律；⑨成套设备供应合同，适用设备安装运转地的法律；⑩代理合同，适用代理人营业所所在地的法律；⑪关于不动产租赁、买卖或者抵押的合同，适用不动产所在地的法律；⑫动产租赁合同，适用出租人营业所所在地的法律；⑬仓储保管合同，适用仓储保管人营业所所在地的法律。

发展：①当事人协商一致选择或者变更选择合同准据法的时间由"开庭审理以前"延长至一审法庭辩论终结前。②规定了默示意思自治，当事人未选择合同的准据法，但诉讼过程中均援引同一国家或者地区的法律且未提出异议，应视为当事人已就合同准据法作出了选择。③根据合同的特殊性质及某一方当事人履行的义务最能体现合同的本质特性等因素确定的与合同有最密切联系的国家或者地区的法律由 13 种合同扩展为 17 种合同。④在中华人民共和国领域内履行的强制适用中国法律的合同由"三资企业"合同扩展到"三资企业"股份转让合同；外国自然人、法人或者其他组织承包经营在中国境内设立的中外合资经营企业、中外合作经营企业的合同；外国自然人、法人或者其他组织购买中国领域内的非外商投资企业股东的股权的合同；外国自然人、法人或者其他组织认购中国领域内的非外商投资有限责任公司或者股份有限公司增资的合同；外国自然人、法人或者其他组织购买中国领域内的非外商投资企业资产的合同；中华人民共和国法律、行政法规规定应适用中华人民共和国法律的其他合同。⑤涉及香港、澳门特别行政区的民事或商事合同的法律适用参照本规定办理。

《2007 年规定》在涉外合同争议解决中发挥了很好的作用，但其与《法律适用法》相冲突，2013 年 2 月 18 日最高人民法院审判委员会决定予以废止。

2012 年 12 月 10 日，最高人民法院审判委员会第 1563 次会议通过《关于适用〈中华人民共和国涉外民事关系法律适用〉若干问题的解释（一）》，2013 年 1 月 7 日起施行。该《司法解释（一）》对《法律适用法》涉外合同法律适用的一般性规定作出了解释，其主要规定有：①当事人只能在法律规定的范围内选择法律，法律未规定可以选择法律而当事人作了选择，法院应认定选择无效。②选择法律的范围不受限制，一方当事人以双方协议选择的法律与系争的涉外民事关系没有实际联系主张选择无效，人民法院不予支持。③当事人选择法律或者变更选择法律的时间节点在一审法庭辩论终结前。④各方当事人援引相同国家的法律且未提出法律适用异议为默示意思自治选法，承认当事人默示意思自治选法的效力。⑤当事人在合同中援引尚未对我国生效的国际条约，法院可以根据该条约确定当事人之间的权利义务，但不得违反社会公共利益或法律、行政法规中的强制性规定。

第三节　意思自治原则产生的因由与价值

涉外合同法律适用经过数百年的演进和发展，适用当事人协商一致选择的法律在世界范围内已趋于统一。意思自治原则为什么能够成为合同法律适用首要原则，我国在意思自治原则具体运用上有哪些特点，这些都有必要从理论上予以阐述。

一、意思自治原则成为合同法律适用首要原则的因由

法律适用法上的意思自治原则是民法意思自治原则的延伸和发展，民法上的意思自治是指民事关系当事人可以通过协商依共同意志创设相互间的权利义务，当事人的意思表示既是权利义务的渊源，也是债发生的根据，合同作为债权债务关系的载体依当事人意志成立才具有合理性。意思自治符合商品经济社会规律，在实践中不断发展和完善，演进成法律原则。契约自由原则在法律适用法领域的要求则是当事人既然可以自由订立契约，也当然有权选择契约适用的法律。

（一）贸易形式变化为意思自治原则发展开辟了空间

从法则区别说时代到 19 世纪，合同的准据法主要是合同缔结地法律或者合同履行地法律。合同之所以适用客观连接因素确定的法律，是因为 19 世纪之前国家间的贸易形式主要是商品交换，这种商品交换采取了现货贸易方式。在现货贸易条件下，合同当事人可以在不同的国家有住所、营业所，有不同的国籍，但现货贸易合同的订立和履行通常都是在一个国家进行的，现货贸易适用行为地国家法律支配合同的所有问题理所当然、天经地义。

19 世纪产业革命完成，资本主义生产关系有了进一步的发展，资本的大量积累和聚集，通讯业的发达，金融信用和保险业的兴起与繁荣，出现了期货贸易这种新的交易形式，现货贸易逐渐退居次要地位。新兴的国际期货贸易与现货贸易不同，出现了三个分离：①合同当事人各方的履约地分离。期货贸易不再需要合同当事人面对面的履行合同，出于商业便利和节省费用的考虑，当事人通常在本国履约。②合同订立地至少与一方当事人的履行地相分离。期货贸易中，合同各方当事人有不同的合同履行地，合同无论在哪一国家订立，至少

与一方当事人的履行地相分离。如果合同在某个第三国订立，则与履行地完全分离。③订立合同的时间与履行合同的时间分离。易货贸易合同订立与合同履行多为同时发生，期货贸易合同订立时间与合同履行时间分离，合同履行地还可以协商变更。国际贸易合同空间上、时间上都发生了变化，可与不同的国家相联系，处于不同的国家实际控制之下，这种情况下，僵硬地抱定"场所支配行为"规则坚持适用合同订立地法或者履行地法欠缺合理性。贸易方式的变化要求"场所支配行为"规则的改变，意思自治原则恰恰适应期货贸易特点成为合同法律适用原则。[1] 如今，国际贸易不再局限于有体货物贸易，无体的知识产权贸易、有价证券贸易占有很大比重，这更为意思自治原则在合同中适用创造了空间。

（二）契约自由是意思自治原则发展的理论基础

14 世纪到 16 世纪的欧洲文艺复兴是一场新兴资产阶级渴求的思想文化运动，这场运动的哲学基础是人"生而自由"的信念，倡导的人文主义精神提出以人为中心而不是以神为中心，肯定人的价值和尊严，追求现实生活中的幸福，倡导个性解放。中世纪后期，资本主义萌芽在意大利等国家出现，商品经济有了一定的发展。商品经济是自由经济，商品买卖择优选购，讨价还价成交签约，这些都是当事人的自愿行为，这些行为的理论基础是社会契约思想。

16 世纪法国产生了人文主义法学家群体，杜摩林作为这个群体的杰出代表极力倡导法国法的本土性，认为法国的普通法"是由不同习惯所表达的法律观念的整体组成的"。[2] 杜摩林深入研究了巴黎习惯法，撰写《巴黎习惯法评述》（*Commentary on the Custom of Paris*）一书，为法国习惯法的发展打下了坚实的基础，并且其影响直至《拿破仑法典》时代。[3] 杜摩林在《巴黎习惯法评述》一书中论述了契约关系应该适用当事人自主选择的习惯法。因为在他看来，按照契约自由原则，当事人既然可以自由订立契约，也当然有权选择契约适用的法律。

代表新生力量的人文主义法学在 16 世纪生机勃勃，引领欧洲大陆法学思潮，追求人的自由、人的平等和人的权利，反对君主专制、反对封建等级，把

---

〔1〕　邵景春：《国际合同——法律适用论》，北京大学出版社 1997 年版，第 32～34 页。

〔2〕　［德］K. 茨威格特、H. 克茨：《比较法总论》，潘汉典等译，潘汉典校订，贵州人民出版社 1992 年版，第 149 页。

〔3〕　何勤华：《西方法学史》（第 2 版），中国政法大学出版社 2000 年版，第 109 页。

人从对神的依附中解放出来，创造有独立人格和自由意志的人。人文主义法学在欧洲风靡了一个世纪后衰落，未将意思自治抽象为私法原则。但是，在内容上体现了自由意志、权利本位、私法自治，在理念上表达"人本主义"和"理想主义"的人文主义法学为现代法学的发展指明了方向，开辟了道路。

17、18世纪，人文主义法学向着更为深广的方向发展。在欧洲和北美，封建专制制度受到冲击，资产阶级革命时代来临。继尼德兰革命之后，英国爆发了资产阶级革命，为资本主义制度的确立开辟了道路。在此期间，欧洲政治思想领域出现了启蒙运动，为资本主义社会提供了一套政治构想。1689年，洛克发表《关于政府的两篇论文》，第一次系统阐述了宪政民主政治，论证了私有财产的充分自由和不可侵犯性，[1] 提倡捍卫人的生命、自由和财产权。伏尔泰信奉自然权利说，认为"人们本质上是平等的"，要求人人享有"自然权利"。卢梭提倡社会契约论，主张建立资产阶级的"理性王国"；主张自由平等，反对大私有制及其压迫；提出"天赋人权说"，反对专制、暴政。资产阶级革命成功后，自由主义和个人主义思想受到充分尊重，私法自治思想得以广泛传播和充分发展。

19世纪初，意思自治理论与个人本位思想在法国民法典中首先得到充分的肯定，自此以后，意思自治原则就成为自由资本主义时期西方各国民事法律制度赖以建立的最重要的一块基石，被奉为神圣的、不可动摇的法律准则。意思自治原则的出现和私有制社会商品经济的勃兴具有内在的必然联系，或者说，这一原则的确立，是发展到一定阶段的商品经济的客观要求在民法上的必然反映。

20世纪，意思自治原则受到了各国立法、司法、理论的普遍关注，被誉为目前最优的法律选择原则，其适用范围扩张趋势有增无减，现已成为涉外合同法律适用首要原则。

法律适用法调整的法律关系本质上属于民事关系这一特点决定了其不能摆脱"私法"属性，不能脱离民事主体意思自治的根本。"国际私法上的当事人意思自治原则是契约自由与私法自治在法律适用领域里的必然反映，成为了契约自由皇冠上一颗璀璨的明珠"。[2]

---

〔1〕 周一良、吴于廑主编：《世界通史·近代部分》（上册），人民出版社1973年版，第43页。

〔2〕 徐伟功："法律选择中的意思自治原则在我国的运用"，载《法学》2013年第9期，第25页。

（三）意思自治原则能够提高司法效率

法的效率价值是社会主义市场法治经济的本质要求，随着法律对社会经济生活影响的日益深化，法律的效率日益受到关注，并逐步成为当代法律的基本价值之一。[1] 法的效率价值是指采用最快捷的方法，选择最适当的法律规则，减少不必要的诉讼或司法成本，实现司法资源最优化配置，获得最有效益的裁判结果。法律适用法以法律选择为主旨，以法律适用的确定性、可预见性、判决结果的一致性为追求目标，力求法律适用结果的公正性，尤其在当事人预设了法律后果的法律关系中，确定性和可预见性所体现的形式正义更具重要的法律价值。允许民事主体在民事关系建立之时或建立之后选择支配该民事关系的法律，能够使当事人预见法律行为的后果，提高当事人选择法律的积极性和主动性，鼓励当事人协商寻找有利于争议解决的方案，最大限度地降低人力、物力的消耗，节约交易成本，迅速解决争议，实现当事人利益的最大化。从法院司法角度来看，赋予民事主体选择法律的自主权，适用当事人选择的法律，可以免除法官"寻找法律和查明外国法的复杂环节，减少法官适用法律的障碍，最大限度地减少司法成本，提高司法效率，以最小的司法成本实现当事人合法权益的确认和维护"。[2]

（四）意思自治原则体现公平价值

公平是法所追求的永恒目标，法是实现公平的可靠保障。法的公平包括权利与义务设定与分配上的公平，即法律内容的公平；冲突与纠纷解决上的公平，即司法公平。[3] 公平是现代社会追求的理想和目标，正义是社会文明程度的标志，公平、正义是现代法治的终极价值所在。法律适用法作为调整涉外民事关系的部门法，肩负解决涉外民事争议重任，中外当事人民事法律地位平等，民事主体权利义务合理分配，司法程序公正，判决结果公平尤为重要。为实现司法审判的公平正义，各国法律适用法无一例外地规定合同争议适用当事人协商一致选择的法律，从立法上保障法律选择的公平。意思自治这种法律选

---

〔1〕 刘利珍："法的效率价值与人的发展的关系"，载《内蒙古财经学院（综合版）》2010 年第 5 期，第 99 页。

〔2〕 叶竹梅："《涉外民事关系法律适用法》中的意思自治"，载《西部法学评论》2015 年第 2 期，第 98 页。

〔3〕 齐延平："法的公平与效率价值论"，载《山东大学学报（社会科学版）》1996 年第 1 期，第 71 页。

择方法起着指引法律的间接作用，但法官适用当事人选择的法律对民事主体实体权利义务的确定起着决定性的作用，当事人选择法律的"冲突正义"保证法律适用的结果最接近"实体正义"。依据意思自治原则选择法律，这种选择来自双方当事人的合意，源自于双方当事人的平等协商，体现了民事主体选择法律权利上的平等。[1] 法官适用当事人选择的法律，体现了当事人实体权利义务的平等。

二、法律选择协议效力的法律适用

法律选择条款的有效性是指在涉外合同中，"当事人以明示方式选择了适用于该合同的法律的条款或协议是否有效，以及以什么标准（也就是何种法律），何种程序来确定该条款或协议是否有效"。[2] 当事人意思自治选法的前提是选择法律的合意真实有效，判断选法协议效力的法律适用20多年以前就有学者提出，[3] 但没有引起学界关注，涉猎这一问题研究的学者甚少。在现有的研究成果中，判断当事人选择法律协议效力的法律适用成为焦点问题，适用当事人所选之法和适用法院地法两种观点针锋相对，除此之外，尚有学者主张适用客观连接点援引的法律。

（一）适用法院地法

我国学者众口一词主张选择法律协议效力适用法院地法，其理论依据主要有：①合同当事人选择法律的行为与当事人缔结合同的行为不同，前者不涉及当事人之间的实体权利义务，只是约定合同适用何国法律调整，后者在当事人之间设立、变更、终止财产性利义务关系，确定当事人之间的实体权利义务，因此，可以把当事人选择法律的行为与缔结合同行为分离开来，区别对待。法律选择条款独立于合同整体，可以看作是独立于合同的另一项协议。法律选择条款的有效性不受合同的影响。确定合同实体权利的准据法不一定就是确定法律选择条款的准确法，两者可以分别确定准据法。在确定准据法时，两者体现的理念不同，确定合同实体的准据法，更多地体现的是对当事人正当权益的保

---

〔1〕 叶竹梅："《涉外民事关系法律适用法》中的意思自治"，载《西部法学评论》2015 年第 2 期，第 98 页。

〔2〕 孙维星："涉外合同中法律选择条款的法律适用"，载《法制与社会》2007 年第 7 期，第 120 页。

〔3〕 邵景春：《国际合同——法律适用论》，北京大学出版社 1997 年版，第 83 页。

护，确定法律选择条款的准据法更多体现的是法院的司法主权的保护。②当事人意思自治原则是和其他法律适用规则一样的法律适用规则，是赋予当事人一种特殊权利的规则。但确定一个国际合同的准据法是法院的司法任务，即便当事人不选择法律，法院也是通过其他法律适用规则确定合同准据法。既然法院地法律可以决定其他法律适用规则的有效性，理所当然地应该决定当事人意思自治这一法律适用规则的有效性。[1] ③在合同准据法确定之前法院地法是唯一可以确定的法律，别无选择，适用法院地法符合法院地国家的利益，能够减少判决承认与执行的困难。④适用法院地法最为简便快捷，有利于实践操作。

适用法院地法存在的问题是法院地可因当事人的选择产生变更，2015 年海牙《选择法院协议公约》生效后，当事人选择法院更具合理性，致使法院地法的适用更缺乏确定性和预见性。适用法院地法也会出现同一法律选择条款会因管辖法院的不同而导致效力不同，法院地国与法律选择条款没有任何有意义的联系也使法院地国法律的适用受到质疑。

（二）适用当事人所选择的法律

与我国学者主张法律选择协议适用法院地法不同，许多欧洲国家学者主张法律选择条款应依据当事人选择的合同准据法来确定其效力，其理由是既然允许当事人选择法律，就应依其选择的法律来决定法律选择条款的有效性，若依据其他法律来确定，则将使意思自治成为一句空话。法律选择条款的有效性由意思自治选择的法律决定，合同当事人对法律选择条款的有效性就有确定性和一定的预见性。还有学者认为适用合同准据法判断法律选择协议的效力有明显的逻辑错误，但不得不承认实践中这是一个可行的方法。[2]

法律选择条款的效力适用合同准据法判断已不止于学者的理论探讨，已有国际公约和国家立法明确规定法律选择协议效力适用合同准据法。1955 年《国际有体动产买卖法律适用的公约》第 2 条第 1 款规定买卖合同适用当事人所指定的国家国内法；第 2 款规定此项指定必须在明示的条款中规定，或者是根据合同条款必然得出的结论；第 3 款规定关于双方当事人对其所宣布应适用法律的同意，其有效条件，应依该法律决定。1980 年欧共体《关于合同义务法律适用公约》（以下简称《罗马公约》）第 8 条第 1 款规定，"合同或合同

---

〔1〕 许军珂：《国际私法上的意思自治》，法律出版社 2006 年版，第 142~143 页。

〔2〕 Graveson, *The Conflict of Laws: Private International Law*, Sweet & Maxwell, 1974, pp. 353-354.

的任何条款是否存在，是否有效，应由如果合同或条款有效时，根据本公约将要运用的法律决定。"1985 年《国际货物买卖合同法律适用公约》第 7 条第 1 款规定，货物买卖合同依双方当事人所选择的法律；第 10 条规定，"在选择符合第 7 条要求的情况下，有关对适用法律的选择是否成立及其实质有效性问题，依该被选择的法律"。欧洲议会和（欧盟）理事会 2008 年 6 月《关于合同之债法律适用的第 593/2008 号（欧共体）条例》（以下简称《罗马条例Ⅰ》）第 3 条第 1 款规定，合同由当事人选择的法律支配。第 10 条第 1 款规定，"合同或合同任何条款的成立及效力，应根据假设该合同或条款有效时依本条例应适用的法律确定。"

除上述公约明确规定法律选择协议效力适用合同准据法外，一些国家国内立法也作出了相同的规定。2017 年《瑞士联邦国际私法》第 116 条第 2 款规定"法律选择受所选择的法律支配"，1999 年《斯洛文尼亚共和国关于国际私法与诉讼的法律》第 19 条第 3 款规定，"协议选择法律的效力，依照所选择的法律确定。"2005 年《保加利亚共和国关于国际私法的法典》第 93 条规定合同依合同当事人选择的法律，对于选择准据法的合意的成立和效力，适用其法典第 97 条、第 98 条的规定，该法典第 97 条规定，"合同或合同某条款的成立及效力，依假设该合同或合同条款有效时根据本章规定应适用的那个国家的法律确定。"2007 年《马其顿共和国关于国际私法的法律》第 21 条第 4 款规定，"有关选择准据法的合同的效力，依所选择的法律判定。"

尽管上述国际条约和许多国家立法规定选择法律协议的效力由当事人选择的准据法决定，但在我国还是受到了批评，批评者认为上述规定"把合同当事人选择的法律作为支配该法律选择有效性的条件，是欠缺逻辑上的合理性的"；国际条约和多个国家立法规定选择法律协议的效力由当事人选择的准据法决定的原因是"逻辑并不能主宰一切，立法者制定法律主要不是出于逻辑上的考虑，而是出于实践上的考虑"。[1] 有学者认为适用合同准据法判断选法协议效力不符合逻辑，明显陷入逻辑矛盾，当事人选择的法律还未被确定为准据法而不能作为准据法。主张选法协议的效力应适用当事人所选择的法律这一主张的论证者始终无法对这一主张中存在的逻辑错误作出合理解释，这已经成为此主张的最大弊害和弱点。确定选法协议的效力是为了确定所选之法的适用效力，

---

〔1〕 邵景春：《国际合同——法律适用论》，北京大学出版社 1997 年版，第 84 页。

在选法协议效力被确定之前，所选法律不具有适用于任何问题的效力。以未被确定适用效力的法确定选法协议的效力缺乏依据和说服力。所有主张选法协议效力适用当事人选择的法律的学者都不得不承认这一主张逻辑上存在问题，但又囿于选法协议是合同的认识，坚持合同的效力应适用当事人选择的法律这一通则，拒绝接受适用法院地法的主张。适用当事人所选之法确定选法协议效力的主张存在合同之外领域无法采行的重大缺陷。"选法协议的内容是法律选择规则，确定选法协议效力是法律选择规则的适用过程。意思自治原则体系既包括赋予当事人选择法律的权利，也包括限制当事人意思自治的条件。合同领域之外的法律关系适用当事人选择的法律确定选法协议效力存在更大不合理性。适用法院地法确定选法协议效力才是更合理、更可行的方法。"[1]

我国学者阐释了若干理由论证选法协议效力应适用法院地法而不是当事人选择的合同的准据法，其立足点在于选法协议并不因为当事人的选法合意发生效力，而是经由法院确认选法协议具有法律效力时方能发生法律效力，因此，选法协议生效的时间节点成为我国学者主张选法协议适用法院地法和外国立法规定适用当事人选择的法律分歧关键所在。选法协议达成后，可以解释其立即生效，也可以解释其效力待定，不同的法律制度、不同的法律意识、不同的思维方式、不同的法律解释直接影响选法协议效力的法律适用。

国际条约和多国法律规定选择法律协议的效力由当事人选择的准据法决定，逻辑起点是选法协议是一种特殊的合同，合同成立即发生法律效力，当事人选择的合同的准据法自合同生效之时即具有调整合同和选法协议的效力，适用合同准据法判断选法协议效力不存在逻辑矛盾，也充分考虑了实践的需求，实现了合同准据法和选法协议准据法的一体性。我国学者主张选择法律协议的效力适用法院地法判定，逻辑起点是当事人选择的合同的准据法自法院认定具有法律效力之时方产生法律效力，法院认定之前效力待定，这种观点与《合同法》第44条"依法成立的合同，自成立时生效"的规定是抵触的，也与司法实践不符。实践中，法院尊重当事人选择法律的权利，肯定每一个选法协议的效力，只在选法协议违反我国法律规定时，方否定其效力。

当事人选择法律协议具有程序和实体双重属性，程序上，当事人选择法律的合意指定了合同适用的法律，排除了确定准据法的其他方式；实体上，选法

---

[1]　沈涓："法律选择协议效力的法律适用辨释"，载《法学研究》2015年第6期，第191页。

协议与选法协议指定的实体法相结合设立、变更、终止民事权利义务关系。选法协议达成之后即有约束力，当事人必须遵守，一方违反选法协议意图变更合同的准据法法院通常不予支持。违反选法协议虽不像违反合同那样直接产生违约责任或者受到法律制裁的严重后果，但也不是不承担任何责任，适用当事人合意选择的法律对合同权利义务关系的确定必将影响违约一方的利益。

法律选择协议既是合同，也是当事人合意创设的法律选择规则，其效力由当事人选择的合同的准据法判定顺理成章，法院地法可以作为补充性法律。

（三）适用卖方设有其营业所的国家的法律或者其他法律。

当事人选择了合同适用的准据法，如果当事人作出的法律选择存有瑕疵，或者当事人具有法律规避的故意，作出的法律选择是为了避免本应适用的法律，此种情况不应适用当事人选择的法律，应转而适用卖方设有其营业所的国家的法律或者其他法律。1980年《罗马公约》第8条第1款规定选法协议的效力"根据本公约将要运用的法律决定"，第2款规定"如果情况表明，按照前款规定的法律来决定当事人行为的效果不够合理时，一方当事人得援引其惯常居所地国的法律以确定其不同意适用该项法律"。1985年《国际货物买卖合同法律适用公约》第10条规定选择法律协议是否成立及其实质有效性依该被选择的法律，如果根据该法选择为无效，则适用卖方设有其营业所的国家的法律。

（四）根据选法协议不同要素分别确定准据法

近年来，已有国家根据选法协议不同要素分别确定准据法的做法。2013年《黑山共和国关于国际私法的法律》第38条第4款规定，当事人关于准据法之合意的成立及效力，行为能力适用国籍国法，合同的成立或某项条款成立和有效性，依据假设该合同或条款有效时应适用于合同的法律判断。合同形式只要满足适用于合同的法律或者合同缔结地法律规定的形式要件即有效。2011年《波兰关于国际私法的法令》第4条第5款亦是相同的规定。

（五）选法协议效力法律适用的其他理论观点

在选法协议效力法律适用的理论探讨中，有学者主张适用法律选择条款的缔结地法。适用法律选择条款缔结地法简便易行，具有确定性、预见性强的特点，符合双方当事人的利益。适用法律选择条款缔结地法的缺陷是在国际商业交往快捷化的今天，缔结地的确立以及确定缔结地在多大程度上与该法律选择条款有联系有难度。有学者主张依最密切联系原则来确立法律选择条款的准据法，最密切联系原则避免了各种准据法确定方法的机械性，防止了其他方法的盲目和专断，符合法律适用法现代发展的需要。最密切联系原则赋予法官很大的自由裁量权，其"联系"的确定也是因人而异的，主观成分居多，也存在不确定性。[1]

三、当事人选择法律的方式

当事人选择法律的方式涉及两个法律问题：第一个是法律选择仅允许书面方式，还是允许书面方式、口头方式及其它方式；第二个是法律选择仅允许明示选择，还是允许明示选择和默示选择。

（一）涉外合同的形式与法律选择方式

我国涉外合同形式的法律规定发生过翻天覆地的变化。1985 年《涉外经济合同法》第 7 条规定"当事人就合同条款以书面形式达成协议并签字，即为合同成立"，强制要求涉外合同必须采用书面形式。1986 年我国加入 1980 年《联合国国际货物销售合同公约》（以下简称《销售合同公约》），对该公约第 11 条提出保留，原因是该条规定了"销售合同无需以书面订立或书面证明，在形式方面也不受任何其他条件的限制，销售合同可以用包括人证在内的任何方法证明"，这与我国《涉外经济合同法》第 7 条规定相抵触，根据公约的规定，国际货物买卖合同可以用书面、口头或其他方式订立或证明，不受形式方面的限制。《销售合同公约》第 96 条允许缔约国加入时提出对第 11 条的保留，声明不受该条约束。鉴于我国《涉外经济合同法》要求合同必须以书面形式订立与《销售合同公约》第 11 条规定不一致，因此我国在递交核准书时声明不受《销售合同公约》第 11 条及与第 11 条内容有关的规定的约束。匈牙利、阿根廷、立陶宛、智利、俄罗斯等国在批准或加入《销售合同公约》时也对该条提出了保留。

1999 年颁布的《合同法》废止了《涉外经济合同法》，也修改了合同形式的规定。《合同法》第 10 条规定"当事人订立合同，有书面形式、口头形式和其他形式"，该规定与国际社会接轨，与多数国家合同形式要件要求相一致。《合同法》对合同形式不再要求书面形式，合同可以各种方式成立，这与《销

---

〔1〕　孙维星："涉外合同中法律选择条款的法律适用"，载《法制与社会》2007 年第 7 期，第 121 页。

售合同公约》第 11 条的规定一致。由于我国没有撤销对《销售合同公约》第11 条的保留，《合同法》实施后我国仍要求涉外合同采用书面形式。国内法学界和实务界普遍呼吁撤回保留第 11 条的声明，《销售合同公约》也允许撤回保留声明。经认真研究并广泛征求各方面意见，2013 年我国政府根据《中华人民共和国缔结条约程序法》及《销售合同公约》撤回了对第 11 条及与第 11 条内容有关规定所作的声明。撤回对《销售合同公约》第 11 条的声明于当年正式生效，《合同法》与《销售合同公约》对于合同形式的规定及适用趋于统一。

合同形式与合同准据法的选择密切相关，采用书面形式订立合同并在合同中对法律选择作出明确的约定是最理想的法律选择方式。采用口头方式订立合同并约定准据法，这在理论上是可行的，在实践中可能出现问题，一旦发生争议，双方当事人承认约定的准据法，该准据法即为确定权利义务的准绳；如果一方当事人承认约定的准据法，另一方当事人否认约定了准据法，此种情况下如无其他证据证明当事人约定了准据法，当事人的选法合意只能落空。采用其他方式订立合同，难以约定准据法。因此，涉外合同尽可能采用书面形式订立，选法协议也应尽可能采用书面形式。

（二）明示的意思自治与默示的意思自治

当事人意思自治选择合同准据法，从方式上来看有明示选法和默示选法两种情况。明示选法即明示的意思自治，是指合同当事人在缔结合同之前，或之时，或在争议产生之后，以文字形式或言辞明确作出选择合同准据法的意思表示。明示的意思自治通过选法行为的外在表现形式能明确判断当事人选择法律意图，只要该意图自愿、真实，选法行为即具有协议的效力。[1]

与明示的意思自治相对应的是默示的意思自治，默示的意思自治是指在当事人在合同中未明确表示应适用的准据法的情况下，法院或主管部门根据合同条款、案件事实、当事人所为、与合同有关的其他法律行为推定合同当事人选择法律的意图，[2] 通过缔约行为或其他一些因素推定当事人默示同意合同受某一特定国家的法律支配。实践中，法官多以下事实或者因素推定当事人的默示选法：

---

〔1〕 齐湘泉：《〈涉外民事关系法律适用法〉原理与精要》，法律出版社 2011 年版，第 305 页。

〔2〕 周清华、任宪龙：" '默示意思自治' 解析"，载《法学杂志》2008 年第 6 期，第 14 页。

1. 依据合同条款推定当事人默示选法的意思表示

（1）当事人采用了依据某国法律制定的格式合同，或者约定了某一国际惯例中的贸易术语作为合同内容。

（2）A 合同与 B 合同合并，A 合同未作法律选择，B 合同明确约定适用某国法或国际贸易惯例，推定 A 合同与 B 合同的法律选择相同。

（3）相同当事人之间此前曾多次就同一类型合同明确约定了应适用的法律，可以推定后签订的合同与此前合同的选法协议相同。

2. 通过诉讼或者仲裁活动推定当事人默示选法的意思表示

（1）当事人协议提交争议在某国法院诉讼或在某一仲裁机构仲裁，对诉讼地或者仲裁地的选择构成对适用法律的选择。[1]

（2）一方当事人在诉讼或者仲裁中引用某国法律作为支持诉讼请求的依据，对方当事人没有异议，并依据该国法律进行答辩。

3. 其他事实

当事人约定以某国货币进行结算；合同文本使用某国文字、合同采用的形式（如格式合同）、支付的货币种类、与此前交易的联系等因素作为推定默示选择的依据。

对合同领域的默示意思自治，各国态度不一，比利时、突尼斯、尼日利亚、土耳其、秘鲁、日本等国家不承认任何形式的默示意思自治；瑞士、荷兰、美国等国家有限度地承认默示意思自治；德国、奥地利、罗马尼亚、列支敦士登、英国等国家承认默示意思自治；中非、马达加斯加等国家仅规定合同适用当事人所选择的法律，未就承认或者否定默示意思自治作出明确规定。20世纪 60 年代以来，已有 1955 年海牙《国际有体动产买卖法律适用公约》、1978 年海牙《代理法律适用公约》、1980 年《罗马公约》、1985 年《国际货物买卖合同法律适用公约》规定，只有合同规定或当事人行为清楚地显示了这种选择或根据合同条款必然得出这样的结论时，才能将其认定为当事人的意思。[2] 2015 年 3 月 19 日，海牙国际私法会议通过了《国际商事合同法律选择通则》，该通则虽然是示范法，但实践中被作为国际惯例广泛适用。该通则提

---

〔1〕 许军珂：《国际私法上的意思自治》，法律出版社 2006 年版，第 158 页。

〔2〕 李旺："涉外合同的法律适用及当事人意思自治原则所存在的问题"，载《清华大学学报（哲学社会科学版）》2004 年第 6 期，第 32 页。

炼并升华了意思自治原则，规定"当事人各方的合同义务可以是明示的，也可以是默示的"，赋予默示意思自治与明示意思自治同等地位。

总体看来，承认默示选法的国家占多数。

（三）我国是否承认默示意思自治

我国是否承认默示意思自治，这是一个在立法、理论和实践上都存在争议的问题。从立法上看，《法律适用法》第 3 条规定当事人依照法律规定可以明示选择涉外民事关系适用的法律，该规定要求明示选法，似乎否定了默示选法；但该规定使用了"可以"一词，似乎并未完全否定默示选法。《法律适用法》第 41 条规定的当事人"可以协议选择"合同适用的法律，存在与第 3 条同类问题。2012 年最高人民法院《司法解释（一）》第 8 条第 2 款规定诉讼过程中各方当事人援引相同国家的法律，且未提出法律适用异议，法院可以认定当事人已经就涉外民事关系适用的法律作出了选择。对于该款司法解释的归类，学界有不同的观点，有学者主张各方当事人援引相同法律或将相关法律条款纳入合同应该被视为对法律的明示选择，较之选法协议指定某一国家法律而没有明确法律的内容，其意思表示的明确程度有过之而无不及。我国法律和司法解释都要求当事人选法的意思必须明示，不认可以默示方式选法，司法解释已认可各方当事人援引相同法律是对准据法的选择，就应当视其为明示选择法律。[1] 有学者扩展解释明示选法，对于认为"默示选法与明示选法在功能上的高度契合性，应该将默示选法归类为明示选法的一种特殊表现形态"。[2] 有学者明确反对默示意思自治，认为涉外合同纠纷解决的法律适用，我国立法只承认明示意思自治，不能采用司法解释的方式突破立法，承认默示意思自治。承认默示意思自治的立法例或国际条约不应是我国接受默示选法的范本，它既不符合我国司法传统，又可能违背当事人真实意图，损害当事人利益。默示选法必然导致法院地法的大量适用，损及互利的国际民商事秩序，有碍我国法院判决在其他国家或地区得到承认与执行，故我国涉外合同纠纷法律适用中承认当事人默示意思自治不可行。[3]

---

[1] 沈涓："法律选择协议效力的法律适用辩释"，载《法学研究》2015 年第 6 期，第 196 页。

[2] 刘仁山、黄志慧："国际民商事合同中的默示选法问题研究"，载《现代法学》2014 年第 5 期，第 150 页。

[3] 郭文利："论我国涉外合同纠纷法律适用默示意思自治不可行"，载《河北法学》2010 年第 7 期，第 154 页。

以上争论的焦点有两个：一个是界定明示意思自治和默示意思自治的标准如何确定，另一个是《司法解释（一）》第8条第2款规定的是何种类型的意思自治。界定明示意思自治和默示意思自治应以是否有执法者参与、是否涵盖了执法者主观意志为标准。当事人协商选法，执法者未参与选法活动，未对当事人选法意图进行推定即为明示意思自治；当事人未对合同适用的法律作出选择，执法者通过对案件事实情况的综合判断和整体考虑，推定当事人如果选法将选择哪国法律，从而以当事人的名义确定了准据法，选法过程涵盖了执法者的意志，则为默示意思自治。根据这一标准，《司法解释（一）》第8条第2款规定的是默示意思自治。

默示意思自治有着悠久的历史，明示意思自治从默示意思自治脱胎而来，是对默示意思自治的发展。随着社会的进步，契约自由日益深入人心，明示意思自治越来越受到追捧和欢迎，默示意思自治的空间则不断地受到挤压，被斥为不是当事人意思的体现，而是法官的一厢情愿或者是法官的无中生有。如此评价对默示意思自治大可不必，多数国家立法肯定默示选法，多数学者肯定默示意思自治的合理性，说明默示意思自治具有存在的合理性。当事人没有明示选法，合同准据法的确定有两种方法，一种是推定当事人默示意思自治选法，另一种是依据最密切联系原则确定。这两种选法方法相比较，显然默示意思自治推定优于最密切联系原则确定，因为默示意思自治推定必定充分考虑当事人的选法意图且不能带有法官的主观倾向和好恶，否则推定出的法律就是法官的意志。依据最密切联系原则确定准据法，"法官主观上是自由的，是在充分行使法律留给他的权利，且是依据法律所给出的标准行使自主意思去发现与合同有最密切联系的法律，法官在这里就是代表自己，而无需考虑当事人的意图"。[1] 两害相权取其轻，这或许是默示意思自治仍有顽强生命力的原因所在。当然，承认默示意思并非是毫无限制，也非像英国那样托当事人默示意思之辞行法官意思之实。[2] 我国立法未明确默示意思自治地位，最高人民法院司法解释犹抱琵琶半遮面，实为缺憾。我国立法应当理直气壮地肯定默示意思自治的地位，在具体制度设计上不断完善，使之符合我国国情。

---

〔1〕　周清华、任宪龙："'默示意思自治'解析"，载《法学杂志》2008年第6期，第16页。

〔2〕　李旺："涉外合同的法律适用及当事人意思自治原则所存在的问题"，载《清华大学学报（哲学社会科学版）》2004年第6期，第32页。

四、法律选择的时间

各国法律都允许当事人选择合同适用的法律，但对当事人选择法律时间的规定有所不同，对当事人选择法律之后是否允许变更先前选择的法律的规定不同，各国规定的法律选择时间与是否允许法律变更立法有以下几种类型：

第一，随时可以选择或者变更选择的法律。1997 年《乌兹别克斯坦民法典》第 1189 条第 3 款、1998 年《吉尔吉斯共和国民法典》第 1198 条第 3 款、1999 年《亚美尼亚共和国民法典》第 1284 条第 3 款规定，合同当事人可以随时，既可在订立合同之时，也可以在订立合同之后，选择准据法。当事人亦可随时随意变更合同的准据法。

第二，允许选择法律，是否允许变更已选择的法律未作规定。1999 年《白俄罗斯共和国民法典》第 1124 条规定当事人可以在订立合同时或事后协商一致地选择适用于权利义务的法律。当事人在合同订立后约定的法律选择，在不损害第三者权利的情况下，具有溯及既往自合同订立时的效力。

第三，允许选择或者变更准据法，但对变更准据法作出限制。2002 年《摩尔多瓦共和国民法典》第 1610 条规定，合同准据法的选择可以随时作出或者变更，当事人变更合同的准据法不得影响合同的形式效力或者与该合同有关的第三者已取得的权利。

第四，当事人可以选择合同的准据法，但对当事人选择法律的时间未作规定，2007 年《马其顿共和国关于国际私法的法律》即是如此。

从各国立法看，对当事人选择法律时间的规定越来越宽松，许多国家规定可以"随时"选择法律，规定当事人在订立合同时选择法律的情况仍然存在，不过只是个别国家。对于变更已选择的准据法的规定，呈现两极分化，多数国家规定可以"随时"变更已选择的法律，在世界上影响广泛的 1987 年《瑞士联邦国际私法》、2008 年《罗马条例 I》都作了如此规定。有一些国家未对是否允许变更合同准据法作出规定，态度模棱两可。

我国法律未对当事人选择法律的时间和是否允许变更已选择的法律作出规定，最高人民法院先后三次以司法解释形式对该问题作出了解答。1987 年最高人民法院《解答》第 2 条第 4 款规定当事人在订立合同时发生争议后均可选择合同所适用的法律，选择法律的时间节点为"开庭审理以前"。《解答》未涉及是否允许变更准据法问题。《2007 年规定》修改了《解答》的规定，延长当事人选法的时间至一审法庭辩论终结前，增加了变更合同准据法的规定，变更的时间节点同样为"一审法庭辩论终结前"。2012 年《司法解释（一）》第 8 条第 1 款再次对当事人选择或者变更合同准据法作出规定，内容与《2007 年规定》相同。最高人民法院规定当事人可以在一审法庭辩论终结前通过协商一致选择或者变更合同准据法具有明确的时间节点，有确定性；规定的时间节点适当，最大限度地尊重了当事人的权利；实事求是，当事人对应适用法律的作出选择选择的时间宽松，既也有利于案件的审理；与《司法解释（一）》第 8 条第 2 款相配套，法庭辩论终结前当事人援引了相同的法律，可认定对合同适用的法律作出了选择。

五、法律选择的范围

当事人选择法律的范围涉及以下问题：

（一）当事人选择的法律是否包括法律适用规范

当事人选择的法律是否包括法律适用规范决定于一国是否承认反致制度，承认反致制度的国家允许当事人选择的法律中包括法律适用规范，拒绝反致制度的国家则相反。具体而言有三种情况：①明确规定只能选择实体法，不包括法律适用法。2017 年《德国民法施行法》第 4 条第 2 款规定"当事人可以选择某一国法律时，则只能选择该国的实体规定"。1980 年欧共体《罗马公约》第 15 条"凡适用依本公约确定的任何国家的法律，意即适用该国现行的法律规则而非其国际私法规则"的规定属于此种类型。②允许选择实体法，选择的法律中是否包括法律适用规范由当事人协商决定。2007 年《斯洛伐克关于国际私法与国际民事诉讼规则的法律》第 9 条第 2 款规定，"除非订立合同的当事人意思表示另有规定，否则，当事人所选择的法律中的冲突规则不予考虑"。③当事人不仅能选择实体法，也可以选择法律适用法。2017 年《奥地利关于国际私法的联邦法》第 5 条第 1 款规定，所指引的外国法律体系，亦包括该国的指引规范"。

我国不承认反致制度，当事人选择法律时不能包括法律适用规范。1987 年最高人民法院《解答》第 2 条第 5 款规定，"当事人协议选择的或者人民法院按照最密切联系原则确定的处理合同争议所适用的法律，是指现行的实体法，而不包括冲突规范和程序法。"这是我国第一次以司法解释形式表明在合同领域我国排除反致。1988 年《民通意见》第 178 条第 2 款规定，"人民法院在审理涉外民事关系的案件时，应当按照民法通则第八章的规定来确定应适用的实体法"，全面拒绝了反致制度。《2007 年规定》第 1 条规定涉外民事或商事合同应适用的法律是指有关国家或地区的实体法，不包括冲突法和程序法，再次阐明合同领域法律适用法不能成为选择对象。2010 年《法律适用法》第 9 条规定"涉外民事关系适用的外国法律，不包括该国的法律适用法"，以立法的形式排除了反致制度。我国对排除反致制度的解释是如果将法律适用法纳入法律选择范围会导致法律后果难以预见，当事人的权益处于不确定的状态。

（二）当事人选择的法律是否需要与合同有实质联系

"场所支配行为"法则对合同法律选择有着持续的影响，无论是大陆法系国家还是英美法系国家的立法、理论和实践，都有要求当事人选择的法律须与合同存在实际的、合理的联系，当事人只能在合同签订地、履行地、标的物所在地、国籍国或经常住所地等与合同有实质联系的法域选择法律，不得任意选择与合同毫无联系的国家的法律的情况。2005 年《阿尔及利亚民法典》第 18 条第 1 款就规定，"合同之债依当事人自由选择的法律，但该法律应与订立合同的当事人或合同本身有实际联系。"

20 世纪中叶以来，当事人选择的法律须与合同有实质联系理论受到学者越来越多的质疑，允许当事人选择与合同没有实质联系法律的呼声越来越高。商品经济社会是契约型社会，私权自治，个人可以自由订立协议创设权利义务，成为私权的立法者。个人有处理实体权利义务的自由，也应有自主选择处理争议时选择法律的权利。与合同有实质性联系，一般只是指与合同一方当事人有一定的联系。如果强制要求选择有实质性联系的法律，必然为双方当事人选择法律设置障碍，实践中当事人往往都不愿意以对方国家的法律作为合同的准据法，选择与争议没有联系的第三国法律能为双方当事人所接受，双方认可的第三国法律往往能更好、更公平地解决争议。英国、美国等贸易大国率先突破实质性联系的束缚，在司法实践中适用与案件没有任何联系的第三国法律作为准据法，1972 年美国法院审理的布雷曼诉萨帕塔离岸公司案（Breman v. Zapata Off-Shore Co.）即为一起典型案例。日本、奥地利、德国、瑞士、比利时、丹麦、罗马尼亚等国家立法不再对当事人选法的空间范围进行限定，20 世纪 80 年代以后国际社会制定的多边性国际条约、区域性国际条约亦不再禁止当事人选择与合同没有实质性联系的国家的法律。

我国法律适用法未对当事人选择合同准据法是否须与合同有实质性联系作

出规定，受《中华人民共和国民事诉讼法》（以下简称《民事诉讼法》）协议管辖必须选择与案件有实质性联系的法院的影响，[1] 学界亦有当事人选择合同准据法须选择与合同有实质性联系国家的法律的理论阐述。尽管如此，我国还是吸收了现代法制理念，突破了实质性联系对于当事人选择法律的束缚。根据《司法解释（一）》第7条的规定，当事人选择的法律不需要与该涉外民事关系有实质性联系，一方当事人不得以双方选择的法律与该涉外民事关系没有实际联系为抗辩理由。[2]

（三）当事人是否可以选择国际条约或者国际惯例

当事人选择的法律是否应当包括国际条约和国际惯例是一个有争议的理论问题，我国学界曾就此问题展开过的讨论，并取得了积极的成果，推动了相关立法。我国加入的国际条约是我国法律的组成部分，当事人可以根据条约的性质依据条约的规定适用。对于我国未生效的国际条约是否可以选择适用及此类条约的性质，实践中存在争议。为解决争议，《司法解释（一）》第9条规定当事人在合同中援引尚未对中华人民共和国生效的国际条约，法院可以根据该国际条约的内容确定当事人之间的权利义务，确认尚未对我国生效的国际条约可以选择适用，具有合同条款的效力。对于国际惯例是否可以协议选择适用，尚未有具体规定，从司法实践来看，法院认可当事人选择的适用于合同争议的国际惯例。总之，我国对当事人选择法律范围的规定是比较宽松的，符合意思自治原则发展的趋势。[3]

六、意思自治选法的限制

当事人选择法律的实质是行使立法者的权力，这种私法自治的权利来源于法律的授权，法律无授权，当事人断无径行选择法律的可能，法律的授权范围

---

〔1〕 2007年《民事诉讼法》第242条规定：涉外合同或者涉外财产权益纠纷的当事人，可以用书面协议选择与争议有实际联系的地点的法院管辖。选择中华人民共和国法院管辖的，不得违反本法关于级别管辖和专属管辖的规定。2012年《民事诉讼法》第34条规定：合同或者其他财产权益纠纷的当事人可以书面协议选择被告住所地、合同履行地、合同签订地、原告住所地、标的物所在地等与争议有实际联系的地点的人民法院管辖，但不得违反本法对级别管辖和专属管辖的规定。2017年《民事诉讼法》第34条的规定与2012年《民事诉讼法》第34条相同。

〔2〕 梅傲："论国际私法中意思自治原则的扩张与限制——兼评《适用法解释一》的相关规定"，载莫赞主编：《厦门大学法律评论》（总第23辑），厦门大学出版社2014年版，第89页。

〔3〕 徐伟功："法律选择中的意思自治原则在我国的运用"，载《法学》2013年第9期，第31页。

是对法律选择的根本性限制。《法律适用法》第 3 条授权当事人"依照法律规定"可以采用明示的方式选择涉外民事关系适用的法律。《司法解释（一）》第 6 条又以反证的方式对该条规定作出限制性阐释，规定当事人只能在法律规定的范围内选择涉外民事关系适用的法律，超越法律规定范围的选择无效。

具体而言，各国法律对当事人意思自治选法在以下几个方面予以限制：

首先，当事人选法意图必须是善意的，不具有规避法律的目的。1939 英国法院在维他食品公司诉乌纳斯船运公司案（Vita Food Products Inc. v. Unus Shipping Co. Ltd.）的判决中确定了一条原则：一个合同，即使与英国没有客观上的联系，该合同的当事人依然可以选择英国法作为准据法，只要他们的选择是善意的、合法的。该案确立的法律原则对各国有很大的影响，善意成为法律选择的一条标准。[1] 我国同样要求当事人选法秉承善意，《司法解释（一）》第 11 条规定，"一方当事人故意制造涉外民事关系的连结点，规避中华人民共和国法律、行政法规的强制性规定的，人民法院应认定为不发生适用外国法律的效力。"

其次，基于政策导向和社会公共利益的维护，排除当事人协议选择法律，直接规定涉及国家利益或国计民生的特殊合同强制适用内国法。我国《合同法》第 126 条、《2007 年规定》第 8 条以单边冲突规范形式规定 9 种直接投资合同适用中国法律。

再次，基于弱者权益保护原则限制某些特殊合同的当事人选择法律，不允许强者利用强势地位滥用意思自治原则使弱者处于不利地位。《法律适用法》第 42 条、第 43 条以双边法律适用规范的形式规定根据连接点和案件的具体情况确定消费合同和劳动合同适用的法律，限制当事人合意选法。

最后，在涉及国家重大社会经济利益领域制定强制性规定，直接规定适用于涉外民商事关系的具有强制效力的实体法律规范，排除了意思自治原则的运用。抽象地规定如果内国法律对涉外民事关系有强制性规定的，直接适用该强制性规定。[2]

总体来讲，《法律适用法》对意思自治原则采取开放的态度，符合私法自治理念扩展适用的普遍性做法，提升意思自治原则为该法基本原则，具体规定

---

〔1〕 许军珂：《国际私法上的意思自治》，法律出版社 2006 年版，第 179~180 页。

〔2〕 徐伟功："法律选择中的意思自治原则在我国的运用"，载《法学》2013 年第 9 期，第 33 页。

在各领域的适用，足与世界各国立法比肩。尽管有学者认为《法律适用法》作为涉外民事关系法律适用的基本法律，其立法的着眼点仍然停留在意思自治的表浅设计上，对于意思自治的具体适用问题基本没有涉及。《司法解释（一）》对缺漏部分予以弥补，对意思自治的具体适用进行了界定和指引，但这仅仅是对已有规则的简单照搬，显现出对旧规则承继有余而对国际立法经验借鉴不足的缺点[1]，但立法进步是渐进的，意思自治从最初仅适用于涉外合同到多领域扩展，呈现出不断被发展并优化的过程。随着实践经验的积累，我国意思自治立法终将会不断得到丰富，也会在涉外民事争议的解决中发挥更大的作用。

第四节　最密切联系原则与特征性履行关系的厘清

一、最密切联系原则与特征性履行关系的几种观点

《法律适用法》颁布前，我国涉外合同的法律适用始终是意思自治原则为首要原则，最密切联系原则为补充原则，当事人没有协议选择涉外合同应适用的法律，则依据最密切联系原则确定准据法。1985 年《涉外经济合同法》第 5 条、1986 年《民法通则》第 145 条、1999 年《合同法》第 126 条、1992 年《海商法》第 269 条、1995 年《民用航空法》第 188 条都作了此类规定。

1985 年《涉外经济合同法》第 5 条存在条文简略、可操作性不强等问题，使涉外合同审判实践中经常遇到的复杂的准据法确定问题不能得到有效解决，[2] 1987 年最高人民法院《解答》将最密切联系原则具体化，规定了当事人未选择合同所适用的法律时，买卖合同等 13 种合同按照最密切联系原则确定所应适用的法律。此外，《解答》还规定了最密切联系原则的例外，"合同明显地与另一国家或者地区的法律具有更密切的关系，人民法院应以另一国家或者地区的法律作为处理合同争议的依据"。1999 年 10 月 1 日《合同法》施行，《涉外经济合同法》同时被废止，《解答》也不再适用，"涉外合同法律适

---

〔1〕　叶竹梅："《涉外民事关系法律适用法》中的意思自治"，载《西部法学评论》2015 年第 2 期，第 104 页。

〔2〕　马志强："《最高人民法院关于审理涉外民事或商事合同纠纷案件法律适用若干问题的规定》之评析"，载《河北法学》2009 年第 4 期，第 42 页。

用的规定显得过于原则和简单，操作性较差，对已有立法和司法解释成果的继承也十分不够"[1]的情形再现。为了解决"各级法院审理涉外民商事案件的能力与经验都存在不足，缺乏操作性方面的指导，不仅可能出现法院无所适从的尴尬局面，更可能发生判决结果千差万别的不利后果"[2]的情况，《2007年规定》出台。该规定进一步明确了最密切联系原则和特征性履行的关系，要求"人民法院根据最密切联系原则确定合同争议应适用的法律时，应根据合同的特殊性质，以及某一方当事人履行的义务最能体现合同的本质特性等因素，确定与合同有最密切联系的国家或者地区的法律作为合同的准据法"，明确了特征性履行是最密切联系原则的具体化。该规定同《解答》一样，规定了最密切联系原则的例外条款。

2010年《法律适用法》颁布，该法第41条规定，"当事人可以协议选择合同适用的法律。当事人没有选择的，适用履行义务最能体现该合同特征的一方当事人经常居所地法律或者其他与该合同有最密切联系的法律。"该规定与1987年《解答》、《2007年规定》明显不同，将特征性履行规则和最密切联系原则并列规定为意思自治原则的补充规则，引发了特征性履行和最密切联系原则关系的争论。对于《法律适用法》第41条规定的特征性履行规则和最密切联系原则的关系，学界有以下几种观点：

第一，最密切联系原则是特征性履行规则的补充。《法律适用法》颁布后，学界有这样一种观点：当事人没有选择合同准据法的，优先适用特征性履行地法；不能确定特征性履行地情况下适用最密切联系地法。特征性履行地法优先于最密切联系地法适用。《法律适用法》第41条"在涉外合同冲突规则体系中引入了特征性履行方法并将其提升为最密切联系原则之外的独立冲突规则，将最密切联系原则作为对其的补充，较大地增强法律适用确定性的同时兼顾了一定程度的灵活性，弥补了我国以往涉外合同冲突规则结构灵活性有余而确定性不足的缺陷"[3]。

[1] 王青松："我国涉外合同法律适用的新发展——《最高人民法院关于审理涉外民事或商事合同纠纷案件 法律适用若干问题的规定》述评"，载《新疆大学学报（哲学·人文社会科学版）》2009年第3期，第53页。

[2] 王吉文："我国法律适用规定的合理性问题——评《关于审理涉外民事或商事合同纠纷案件法律适用若干问题的规定》"，载《江西财经大学学报》2008年第4期，第108页。

[3] 戴霞、王新燕："关于《法律适用法》第41条的争议及评析"，载《前沿》2013年第1期，第84页。

第二，特征性履行地规则和最密切联系地原则具有同等地位。《法律适用法》第41条用"或"字将特征性履行规则与最密切联系的法置于平等地位，特征性履行规则虽置于"或"字之前，改变了特征性履行规则与最密切联系原则的序位，但从涉外合同法律适用立法来看，我国一直以司法解释形式规定特征性履行规则是对最密切联系原则不确定性的弥补。第41条改变了位序，"或"字使二者并列，本质上是将"特征性履行地法和最密切联系地法置于同样的地位供法院自由裁量进行选择"。[1]

第三，特征性履行是确定最密切联系地的方法。《法律适用法》颁布前，这种观点在学界占主流地位，《法律适用法》颁布后，该观点仍不乏市场。持该观点的学者认为，特征性履行说与其说是一种理论，还不如说是一种分析、确定最密切联系地的方法。[2]特征性履行理论是伴随最密切联系原则而产生的，是为了克服最密切联系原则模糊性给法官带来较大自由裁量权所造成的法律适用的不稳定性与不可预见性等缺陷而产生的一种理论，是推定最密切联系原则连接点的一种方法，使合同准据法的确定具有确定性。[3]

第四，《法律适用法》第41条存在矛盾，不应并列规定。特征性履行理论的连接点单一、明确，缺乏灵活性，在立法上也表现出些许概念化、机械性，从而使特征性履行理论看起来违背了最密切联系原则的基本精神。[4]有学者不认同这种观点，认为在涉外合同领域，特征性履行原则和最密切联系原则的地位向来不平等，前者属于"规则"，后者属于"方法"，特征性履行原则始终要以最密切联系原则为依归。依据特征性履行原则确定的准据法明显有违最密切联系原则时，就应该放弃特征性履行原则，采用符合最密切联系原则的准据法；当法律未明确采纳特征性履行说时，更要从最密切联系原则的基本精神出发，选用最密切联系地法。[5]

第五，"其他与该合同有最密切联系的法律"规定得没有必要。《法律适

〔1〕 张丽珍："论法律选择中的替代条款——兼评《涉外民事关系法律适用法》第41条"，载《北方法学》2011年第6期，第119页。

〔2〕 杜新丽、宣增益主编：《国际私法》（第5版），中国政法大学出版社2017年版，第203页。

〔3〕 谢保军、孙乐鹏："论国际私法中的特征性履行理论"，载《甘肃政法成人教育学院学报》2003年第2期，第21页。

〔4〕 单文宣、苗青："论特征性履行理论"，载《六盘水师范学院学报》2015年第2期，第18页。

〔5〕 田静楠："国际私法中特征性履行说之反思——兼论《涉外民事关系法律适用法》第41条的完善"，载《长江大学学报（社科版）》2014年第7期，第63~66页。

用法》第 2 条已作出最密切联系原则为兜底条款的规定，在这种情况下，第 41 条重复规定适用"其他与该合同有最密切联系的法律"已无必要。对于这一质疑，有些学者的回答是有必要。在不存在司法解释的情况下，第 41 条过于概括、简洁的表述给理论和实践都带来了一定的困惑，理应通过一些细化措施，采用制定特征性履行方法一般规则、明确最密切联系原则对特征性履行方法的替代或者补缺地位、细化操作方式等途径进一步完善特征性履行方法，以期消弭争议、使其行之有据。[1]

第六，特征性履行与最密切联系原则之间并无直接联系。特征性履行与最密切联系原则都是在当事人没有选择法律的情况下确定合同应适用的法律的方法，两者之间没有直接的联系。人们之所以认为特征性履行理论是最密切联系原则的细化，是因为在《罗马公约》制定时，深受萨维尼理论和施尼泽（Schnitzer）理论影响的大陆法系国家与英国这样偏爱最密切联系原则的英美法系国家为了尽快解决欧共体各国家间的合同法律冲突做出了相互妥协，在公约中引进了特征性履行理论。尽管特征性履行规则可以作为最密切联系原则具体化的一种方式，但绝非是为了克服最密切联系原则的缺点而诞生。[2]

二、特征性履行与最密切联系原则关系辨析

特征性履行与最密切联系原则是既有联系又区别明显的法律规则和法律选择方法，二者之间并非包容性的种属关系，特征性履行并非最密切联系原则的细化，而是相互独立又相互融合的并列关系。

（一）特征性履行与最密切联系原则的发展轨迹

特征性履行与最密切联系原则异曲同工，都是在当事人没有意思自治选择法律情况下确定合同准据法的方法，二者虽同源，却有各自的发展轨迹。特征性履行与最密切联系原则都起源于萨维尼的法律关系本座说，1849 年萨维尼在《现代罗马法体系》（第 8 卷）中提出债的履行体现债的本质，可以通过债的履行地确定债的本质，适用契约履行地法。通常情况下，一个合同存在两个债务，这为合同本质的确定带来了一定的困难。对此，萨维尼主张可以将一个

---

〔1〕 戴霞、王新燕："关于《法律适用法》第 41 条的争议及评析"，载《前沿》2013 年第 1 期，第 85 页。

〔2〕 卞晓琦："国际私法中'特征性履行理论'新探"，载《湖北经济学院学报（人文社会科学版）》2007 年第 7 期，第 112 页。

合同根据债务的不同分割成两个独立的债，各自以其履行地作为债的本质，分别适用契约履行地法。[1] 萨维尼合同法律适用理论存在弊端，同一合同不能同时适用两个不同国家的法律调整。特征性履行理论继承并发展了萨维尼的理论，在定位合同的本质在于合同履行的同时，主张在互有债务的合同中只取一方债务人的履行作为合同的本质。

在大陆法系国家，特征性履行理论是哈伯格（Hamburgers）在 1902 年研究双务合同的法律适用时提出来的，哈氏认为每个合同都有一个不同于其他合同的特征，在买卖合同中是卖方而不是买方，其住所地在确定法律适用中起着主导作用。瑞士学者施尼泽对哈氏理论进行了深化，极大地提升了特征性履行理论的价值，提高了特征性履行理论在当代法律适用法中的地位，施尼泽可谓特征性履行理论的集大成者。此后，罗林（A. Rolin）再次发展了特征性履行理论，提出了 12 种合同的各自特征及其所应适用的法律。再后，欧洲大陆法系国家学者根据所处的时代，赋予特征性履行理论新的内涵，使之不断丰富和完善。[2]

大陆法系国家学者特征性履行理论研究成果在立法中获得了支持。从国内立法来看，1966 年《波兰国际私法》、1948 年《捷克斯洛伐克国际私法》均以特征性履行理论为指导规定了"契约当事人未选择准据法时，依缔结契约时双方当事人的住所地法"。[3] 从国际立法来看，1955 年海牙《国际有体动产买卖法律适用公约》第 3 条"如果当事人未选择法律，买卖应依卖方收到订单时的惯常居所地国家的国内法"的规定是特征性履行从国内立法走向国际立法的开端。此后，大陆法系国家国内立法与国际条约不乏特征性履行的规定。

---

〔1〕 单文宣、苗青："论特征性履行理论"，载《六盘水师范学院学报》2015 年第 2 期，第 16 页。

〔2〕 徐冬根："国际私法特征性履行方法的法哲学思考"，载《上海财经大学学报》2011 年第 3 期，第 19 页。

〔3〕 1966 年《波兰国际私法》第 26 条规定，契约当事人未选择准据法时，依缔结契约时双方当事人的住所地法。这条规定不适用于不动产债务。第 27 条规定，当事人住所不在同一国内，又未选择法律时，依下列法律：①动产买卖契约或交货买卖契约，依卖主或交货人缔结契约时之住所地法；②承包、代理、委任、经纪、运输、发货、委托、寄托等契约，依承包人、代理人、寄售人、经纪人、承运人、发货人、受托人或受寄人缔结契约时住所地法；③保险契约，依保险人缔结契约时住所地法；④出版契约，依发行人缔约时住所地法。前款所规定的当事人住所无法确定时，依契约缔结地法。对于承包作业的契约，依承包企业主事务所所在地法，而不适用出包法人或自然人住所地法。第 28 条规定，在交易所所为的法律行为之债，依交易所所在地法，但当事人已选择准据法者不在此限，这一规定亦适用于在公开集市上缔结的契约。第 29 条规定，前两条未作规定，当事人又未选定准据法的契约债务，依契约缔结地法。

萨维尼的法律关系本座说也是最密切联系原则的渊源，萨维尼的理论极大地推动了 19 世纪后半期欧洲法律适用法的发展，并为英美国家学者所接受并借鉴。1880 年英国学者韦斯特莱克提出"最真实联系"（The Most Real Connection）理论，1954 年美国法官富德（Fuld）在奥汀诉奥汀案（Auten v. Auten）中阐述了最密切联系理念，并运用到合同领域。1963 年富德在贝科克诉杰克逊案（Babcock v. Jackson）中依据最密切联系原则选择法律并作出判决，将之适用到侵权领域，扩张了适用范围。最密切联系原则滥觞于 20 世纪，被视为法律适用法发展史上的里程碑的重要原因是美国《冲突法重述（第二次）》的归纳和总结，体现了美国"冲突法革命"成果，融合传统与现代的法律选择方法，反映了现代法律适用法发展趋势。[1]

（二）特征性履行与最密切联系原则的融合

在扬弃萨维尼法律关系本座说的基础上创立的最密切联系原则表现出极强的灵活性和对法律适用公正性的追求，这些特点对大陆法系国家立法产生了深刻的影响并为之借鉴。1980 年欧共体《罗马公约》实现了特征性履行与最密切联系原则的结合，该公约第 4 条第 2 项规定，当事人没有选择合同准据法时，应推定订立合同时承担该合同特定义务的当事人一方的惯常居所或管理中心机构的国家为与合同有最密切联系的国家，1985 年《国际货物买卖合同法律适用公约》也作了类似的规定。除国际条约外，许多大陆法系国家将特征性履行作为最密切联系原则的标志，1987 年《瑞士联邦国际私法》第 117 条第 1款、第 2 款规定，"合同当事人没有选择准据法时，适用与合同有最密切联系的国家的法律。最密切联系视为存在于应当履行特征性给付的一方当事人的惯常居所地国家或营业所所在地国家"，即为典型立法。特征性履行理论与最密切联系原则各有其优势，互补性很强，以致立法者将特征性履行作为最密切联系原则具体化的一种方式，但据此认为特征性履行说是为克服最密切联系原则的缺点而产生不能不说是一种谬误。[2]

---

〔1〕 美国《冲突法重述（第二次）》第 6 条论述了最密切联系原则应该考虑的因素，其规定，法院除受宪法的限制，应该依据自己州的成文法规对法律选择的指导进行。没有这种指导时，关于准据法选择的因素包括：①州际与国际体制的需要；②法院地的相关政策；③其他利害关系州的相关政策以及在决定特定问题时这些州的有关利益；④对正当期望的保护；⑤特定领域所依据的基本政策；⑥结果的可确定性、可预定性和一致性；⑦将予适用的法律易于确定和适用。

〔2〕 卞晓琦："国际私法中'特征性履行理论'新探"，载《湖北经济学院学报（人文社会科学版）》2007 年第 7 期，第 112 页。

最密切联系原则的灵活性既是优势也是弊端，与大陆法系国家追求合同法律适用的确定性格格不入，2008 年欧盟《罗马条例 I》扬弃最密切联系原则，对当事人未选择合同准据法情形下应适用法律的确定作了重大修改，建立了特征性履行为主、最密切联系原则为补充的新模式。《罗马条例 I》第 4 条为"未选择法律时应适用的法律"的规定，该条有 4 款：第 1 款依特征性履行方法规定了 8 类合同准据法的确定规则；第 2 款规定如果合同不属于第 1 款所列明的合同或者合同的各组成部分涉及第 1 款第 a 项至第 h 项规定的一种以上的合同，则该合同依提供特征性履行的一方当事人的惯常居所地法；第 3 款规定如果案件的所有情况表明合同显然与第 1 款或第 2 款所指国家以外的另一个国家有更密切的联系，则适用该另一国家的法律；第 4 款规定如果根据第 1 款和第 2 款均不能确定应适用的法律，合同依与其有最密切联系国家的法律。《罗马条例 I》在总结《罗马公约》实施 20 多年实践经验的基础上回归特征性履行，"主要目的在于保障欧盟范围内各成员国合同冲突规则的确定性和适用的一致性，符合欧洲传统国际私法的价值取向"，"更多地体现了大陆法系与英美法系立法技术的相互借鉴和有机融合，一定程度上反映了国际社会法律尤其是大陆法系国家法律发展、完善的方向"。[1]

通过以上对《罗马公约》《罗马条例 I》及我国的相关立法进行分析可以看出，欧盟在国际私法的统一化进程中又迈出了坚定的一大步，《罗马条例 I》无论在立法技术，还是立法宗旨方面都有较大的进步，特别是突破性地把特征性履行作为意思自治之外的主要原则，把最密切联系原则作为其补充，体现出罗马条例的规则转换，追求法律适用的确定性和可预测性。我们可以适当地借鉴欧盟立法。[2]

三、当事人未选择法律时应适用的法律立法评析

对《法律适用法》第 41 条的规定，学者们有不同的理解，作了不同的评析。有学者认为第 41 条当事人未选择法律时应适用的法律立法表述不明确，对于究竟是以特征性履行为主、最密切联系原则作为补充，抑或以最密切联系

---

〔1〕　戴霞、王新燕："关于《法律适用法》第 41 条的争议及评析"，载《前沿》2013 年第 1 期，第 83~84 页。

〔2〕　张斯："欧盟合同法律适用中最密切联系原则的新发展"，载《科教导刊（中旬刊）》2011 年第 5 期，第 100 页。

原则为主、特征性履行为其具体化，该条表述不清楚，立法存在缺陷。持此种观点的学者不在少数。

上述观点瞽惑偏颇，《法律适用法》第41条表意清晰、明确，"履行义务最能体现该合同特征的一方当事人经常居所地法律或者其他与该合同有最密切联系的法律"系并列关系，构成无条件选择性法律适用规范，法官可以根据案件事实情况择一适用。该条在经常居所地法律与最密切联系的法律的连接上使用了"或者"这一连词，明确表现出立法机关的倾向性，在可选择的法律中，应当优选经常居所地法律，次之才是与该合同有最密切联系的法律。

《法律适用法》第41条颠覆了以往的立法和司法解释，是一条全新的规定，该规定借鉴《罗马条例I》和20世纪下半叶以来世界各国国内立法，在法律的在确定性与灵活性之间重新进行了取舍。20世纪上半叶之前的法律适用法，注重确定性，轻视灵活性，当事人未选择合同应适用的法律时依据客观连接因素确定合同的准据法，这种法律适用与当时的社会经济发展相吻合。20世纪下半叶以来，科学技术的进步改变了生产方式，各国之间的经济往来不断增加，社会发展提出了增强法律适用法灵活性的要求。美国学者锐意改革，积极进取，开展了风起云涌的"冲突法革命"，开启了"方法（approach）"代替"规则（rule）"的时代，开始了对法律适用个案公正的追求。这一历史时期，"政府利益分析方法""实体法方法""结果选择方法""最密切联系方法"一一登场。"方法"不是"规则"，不具体指明案件应适用的法律，仅作为法院在进行法律选择时的引导。"方法"灵活性有余，确定性不足，导致实践中法官自由裁量权滥觞，同案不同判，相同案件的判决结果迥异、矛盾、混乱，追求个案公正的初衷未能成为美好的现实，相反，负面效应愈益显现。[1]实践证明，抛开法律适用法基本理论和规则，片面强调法律适用的灵活性而完全抛开确定性并不可取，法律适用法必须在确定性和灵活性的矛盾中寻找平衡点。《法律适用法》第41条在涉外合同法律适用规则体系中同时引入当事人经常居所地法律和与该合同有最密切联系的法律，在增强法律适用确定性的同时兼顾法律适用的灵活性，一定程度上弥补了我国涉外合同法律适用规则灵活性有余而确定性不足的缺陷。

---

〔1〕 张丽珍："论法律选择中的替代条款——兼评《涉外民事关系法律适用法》第41条"，载《北方法学》2011年第6期，第123页。

《法律适用法》第 41 条的进步性应获得肯定，但存在的不足亦不容忽视。

首先，《法律适用法》第 41 条不对合同种类进行划分，所有合同统一适用当事人经常居所地法律，这是立法倒退。随着社会的发展，合同的种类越来越多，适用单一连接点的法律适用规则援引准据法调整涉外合同法律关系已不能适应合同发展的需要，软化调整合同关系的法律适用规则，区分不同类型的合同分别规定应适用的法律已是各国的共识和实践。最高人民法院 1987 年《解答》和《2007 年规定》分别规定了 13 种合同和 17 种合同的法律适用规则，较好地解决了涉外合同法律适用的确定性和针对性问题。然而，《法律适用法》第 41 条没有很好地总结我国的司法实践经验，粗暴地否定了已取得的特征性履行成果，回到了客观论的老路。虽然该条规定仍然打着特征性履行的旗帜，但所有当事人未选择法律的合同概适用经常居所地法很难使人认同这是特征性履行的选法结果。

其次，经常居所地是自然人在涉外民事关系产生、变更或者终止时已经连续居住一年以上且作为其生活中心的地方，或者是法人的主要办事机构所在地。当事人签订合同或者履行合同往往不在经常居所地或者是法人的主要办事机构所在地，因而经常居所地或者是法人的主要办事机构所在地难以反映所有合同的本质特征。如果经常居所地指的是营业地、合同缔约地、合同履行地或者“最能体现该合同特征的”地点，以经常居所地指代各种行为地的表述并不科学。

最后，第 41 条将特征性履行方法与最密切联系原则置于涉外合同冲突规则体系中的地位进行了根本性转换，[1] 尽可能使《法律适用法》体现大陆法系特征，难能可贵，但并列规定经常居所地法律与最密切联系的法律并不足取。

大陆法系国家采用特征性履行原则，由法律根据合同的性质规定特征性履行方，确定特征性履行地，适用特征性履行地法律，目的是确保法律适用的确定性，提高法院选法的可操作性，[2] 限制法官的自由裁量权，实现法律适用的一致性和审判结果的可预知性。最密切联系原则重在法律适用的灵活性，赋

---

〔1〕 戴霞、王新燕：“关于《法律适用法》第 41 条的争议及评析”，载《前沿》2013 年第 1 期，第 83 页。

〔2〕 王吉文：“我国法律适用规定的合理性问题——评《关于审理涉外民事或商事合同纠纷案件法律适用若干问题的规定》”，载《江西财经大学学报》2008 年第 4 期，第 109 页。

予法官广泛的自由裁量权，广泛地融入合理性因素，着眼于对法的价值判断。该原则具有抽象性特点，且没有客观标准对其适用加以规范，在司法实践中，不论基于个案公平和实体正义所考虑的结果导向、政策利益等因素，还是该原则基本连接点的比较与衡量，都存在亟待解决的问题。[1]

特征性履行方法符合大陆法系国家的司法传统，[2] 最密切联系原则适应英美法系国家的习惯，特征性履行方法与最密切联系原则的对立表现位于主要方面，融合位于次要方面，二者不宜被并列规定在同一法律条款之中。

第五节　涉外消费者合同的立法与理论

《法律适用法》将消费者合同和劳动合同规定为特殊类型涉外合同并规定了区别于一般合同的法律适用，之所以如此，源于该法认定消费合同中的消费者、劳动合同中的劳动者为弱者，消费者与生产者、销售者在知识、信息等方面不对称，劳动者与雇佣者经济地位不平等，消费者、劳动者是弱势一方，基于对实质正义的追求，对弱势一方的权益予以特别保护。《法律适用法》对消费者合同和劳动合同的法律适用作出特别规定，理念先进，在保护弱势群体利益、维护法院地国社会稳定方面发挥了重要作用，但也存在需要探讨的法律问题。

一、涉外消费者合同法律适用的立法

涉外消费者合同是含有涉外因素的消费者与经营者在购买商品或接受服务过程中订立的明确相互权利义务关系的协议。在市场经济飞速发展条件下，生产者、经营者在消费市场占据主导地位，各类产品、各种服务日新月异，面对结构、功能、成分复杂的商品，名目繁多、五花八门的服务和庞大的垄断性商业主体，消费者是处于弱势地位的群体，各国制定的消费者合同法律适用法律明显倾斜于消费者权益的保护。

---

〔1〕 杨洪磊："法律印象主义语境之下的最密切联系原则对该原则在准据法确定方面若干司法实践之考察"，载《法律适用》2005年第7期，第59页。

〔2〕 单文宣、苗青："论特征性履行理论"，载《六盘水师范学院学报》2015年第2期，第16页。

　　涉外消费者合同法律适用的立法可分为国际立法和国内立法。国际立法主要有 1980 年《罗马公约》和 2008 年《罗马条例Ⅰ》。《罗马公约》第 5 条是消费者合同法律适用的特别规定，该条第 2 款规定双方当事人作出的法律选择不得具有剥夺消费者惯常居所国法中的强制性规定给予他的保护的后果，第 3 款规定当事人未对消费合同的法律适用作出选择应依消费者惯常居所地法律。《罗马条例Ⅰ》强化了对消费者保护，规定消费合同依消费者的惯常居所地法。当事人可以选择消费合同的准据法，但这种选择"不能通过协议加以减损消费者经常居所国法律的强制性规定所给予他的保护"[1]。此外，《罗马条例Ⅰ》序言部分的第 23~28 条对消费合同法律适用进行了详细解释。

　　在追求法律适用实质正义的大环境下，各国都加强了消费者权益保护立法，国家消费者保护政策在法律选择过程中的地位日益显现，成为法律适用法立法不得不予以考虑的实体目标之一，其中，具有代表性的模式主要有美国模式和欧陆模式。[2] 美国《冲突法重述（第二次）》没有将消费者合同作为特殊合同规定其应适用的法律，仅是规定消费合同适用一般合同的法律适用规则，其对消费者权益的保护主要体现在：①如果当事人选择的法律"将违反某个在决定该问题上较被选择州有明显的更大利益的州的根本政策"，则不予适用。通过限制当事人的意思自治达到保护目的，这在某种程度上体现了布雷纳德·柯里（Brainend Currie）的"政府利益分析说"。②在进行法律选择时要求法官考虑到法院地、利害关系州及特定法律领域内的相关政策，且这些规则之间无主次之分，同时需要对弹性连接点加以考虑，这实质上就是通过最密切联系原则确定准据法。

　　1977 年《英国不公平合同条款法》是一部强制适用的旨在保护消费者利益的法律，该法第 27 条第 2 款规定，不论对合同条款是否有意适用英国以外的其他国家的法律，本法都具有拘束力，只要①合同条款足以表明其完全或主要是为了避开适用本法的目的而订立的；或②在订立合同时，当事人中的一方是作为消费者，又有惯常居所在英国，并为订立合同在那里实施了必要的行为。

---

〔1〕《罗马条例Ⅰ》第 6 条。
〔2〕姜岩："对我国涉外消费者合同法律适用的思考"，载《中共山西省委党校学报》2009 年第 4 期，第 111 页。

欧陆模式中最具代表性的立法除《罗马公约》和《罗马条例Ⅰ》外，1987 年《瑞士联邦国际私法》颇具特色，该法第 120 条规定，符合下列条件之一者，[1] 消费者合同适用消费者惯常居所地国家的法律，当事人的法律选择应予排除。2009 年《奥地利关于国际私法的联邦法》第 41 条也作了同样的规定。

2001 年《俄罗斯联邦民法典》第 1212 条规定，消费者合同适用当事人选择的法律，准据法的选择不得剥夺该自然人（消费者）依照消费者住所地国法的强制性规范所享有的对其权利的保护；当事人未作选择的，消费者参加的合同适用消费者住所地国法。

2001 年《韩国国际私法》第 27 条、2006 年《日本法律适用通则法》第 11 条规定了相同的消费者合同的法律适用：消费者合同的成立与效力，即使当事人选择适用法律为消费者经常居所地以外的法律，如果消费者表示需要适用其经常居所地法中的强制性规定，则强制适用强制性规定；当事人未选择法律，消费者合同的方式依消费者经常居所地法。东亚地区对消费者合同法律适用采取了相同的立法体例，在核心内容上设计了相似的法律规则，有可能实现统一化。[2]

通过以上具有代表性的消费者合同立法可以看出：①各国高度重视消费者权益的保护，将消费者合同从一般合同中独立出来，作为特殊合同规定了具有针对性的法律适用。②各国都允许当事人选择消费者合同适用的法律，但当事人选择消费者经常居所地以外国家的法律，如果该法律违反消费者经常居所地国家的法律，则排除适用。美英模式排除外国法的适用，采用"直接适用的法"理论，欧陆国家排除外国法的适用，适用法律适用法中的强制性规定法律制度。③各国排除违反消费者经常居所地国家法律的程度有差异，瑞士、韩国、日本完全排除当事人选择的法律的适用，俄罗斯则排除与消费者经常居所地国家法律相抵触的外国法的适用。④消费者合同与消费者惯常居所地国有最密切联系时，则"不允许当事人自行选择法律"，适用消费者惯常居所地法，

---

〔1〕 1987 年《瑞士联邦国际私法》第 120 条规定消费者合同适用消费者惯常居所地国家的法律条件：①供应商应在该国收到的订单；②以订立合同为目的，在该国发出要约或广告，且消费者完成了为订立合同所必需的法律行为；或者③消费者在供应商的安排下来到外国并在那里提交订单。

〔2〕 苏号朋、郭静静："论东亚消费者合同法律适用的统一化"，载《政法论丛》2017 年第 6 期，第 40 页。

防止经营者通过合同格式条款规避消费者惯常居所地国家法律的适用。⑤违反消费者经常居所地法律的外国法被排除适用，各国均规定以经常居所地法代之。⑥当事人未选择消费者合同适用的法律，适用消费者经常居所地法，各国对此高度契合。

二、我国涉外消费者合同法律适用的立法

《法律适用法》颁布以前，我国未进行消费者合同法律适用专门立法，实践中消费者合同争议案件，援引涉外合同法律适用的规定确定准据法。1987年最高人民法院《解答》和《2007年规定》对涉外合同法律适用作了司法解释，但均未涉及消费者合同法律适用。

2010年《法律适用法》第42条将消费者合同从一般商事合同独立出来，单独规定了此类合同的法律适用："消费者合同，适用消费者经常居所地法律；消费者选择适用商品、服务提供地法律或者经营者在消费者经常居所地没有从事相关经营活动的，适用商品、服务提供地法律。"我国立法首次对涉外消费者合同的法律适用进行专门规定，是我国践行弱者权益保护理念的一次重大突破，填补了我国消费者合同法律适用立法空白，加强了消费者权益保护，接轨了国际立法，提高了消费者权益保护水准。

三、涉外消费者合同法律适用的理论

《法律适用法》第42条与欧盟条例和各国立法相比较，既有与之相同的规定，又有独树一帜的内容，如何认识和理解《法律适用法》第42条，学者们仁者见仁，智者见智，存在不同的观点。

（一）意思自治原则在消费者合同立法中的地位

消费者合同虽然属于特殊合同，但其仍不失合同的属性，因此，许多国家的立法并未排除意思自治原则在消费者合同中的适用，而是允许当事人协商选择应适用的法律，同时，对当事人选择的法律的适用予以必要限制，要求不得剥夺消费者惯常居所地法中强制性条款给予消费者提供的保护。之所以如此规定，是因为在消费者合同领域，双方当事人的法律地位平等，应当平等地予以保护。但平等的消费者与生产者、经营者之间存在事实上的不平等，消费者掌握的信息相对有限，生产者、经营者把握信息发布的主动权，消费者往往被动地获取信息，无法摆脱其所处的不利地位。消费者合同允许双方当事人选法，

貌似尊重意思自治原则，实则赋予强势一方选法权利，消费者可能受到不利的法律条款的约束，所以，限制当事人选择的法律的适用范围，确保消费者经常居所地法给予弱者一方的特别保护不能因为允许当事人选法而落空。

《法律适用法》第 42 条也采用了限制性意思自治原则，但其规定与其他国家完全不同。第 42 条对意思自治原则的限制体现在三个方面：①消费者合同适用的一般性法律为消费者经常居所地法，当事人选择的法律为经常居所地法的补充；②对选法主体进行限制，仅允许消费者选法，剥夺生产者、经营者选法权利；③对消费者选法范围进行限制，仅允许选择商品、服务提供地法律。

有学者对第 42 条深表赞同，认为我国消费者选择法律的模式完全不同于其他国家的模式，具有独创性，更具有合理性，理由是：消费者合同往往是经营者单方面提供的格式合同，合同中的法律选择条款也由经营者单方制定，在网络消费环境下，经营者普遍使用了含有对经营者有利的法律选择条款的点击合同，消费者被迫接受后才能购买商品或接受服务。允许消费者合同双方选法可能对消费者不利，需要予以一定的限制。赋予消费者单方法律选择权并限定在商品、服务提供地这一范围内，体现了法律适用联系性要求。消费者保护的目的并非是使消费者成为强势方，而是抵消供应商的优势，维持两者的平衡。[1]

对《法律适用法》第 42 条规定持不同观点的学者认为，第 42 条体现了立法观念的进步，然第 42 条存在的以下问题必须明确：①消费者选择了服务、商品提供地法律，如选择的法律低于消费者经常居所地法律保护的标准，经常居所地法律是否概不适用？②消费者选择的法律与经常居所地法律的强制规范相冲突，是否排除适用？③如果消费者与经营者签订合同之时选择法律，若经营者提供的格式合同中规定适用商品提供地法律，消费者签订了该合同是否就意味着消费者同意适用该法律？这些问题说明第 42 条的规定不够严谨，不仅不能达到保护消费者的预期效果，相反，极易为经营者规避法律提供条件，致使消费者的利益得不到实质性保护。[2] 有学者批评第 42 条依然墨守"规则选

---

〔1〕 刘益灯：《国际消费者保护法律制度研究》，中国方正出版社 2005 年版，第 234 页。转引自杨月萍："论我国涉外消费者合同的法律适用及其完善"，载《重庆工商大学学报（社会科学版）》2012 年第 1 期，第 120 页。

〔2〕 于颖："《涉外民事关系法律适用法》第 42 条评析——我国国际私法对消费者之保护"，载《法学评论》2011 年第 2 期，第 68 页。

择"，追求规则公正的形式正义，而不是采取有利于实现实质正义的"结果选择"方式，为处于弱势地位的消费者提供切实的法律保障。在消费者合同准据法确定上，如果消费者选择的商品、服务地法律适用的最终结果并不利于消费者利益，不应僵硬地适用该法律，应当依据"保护弱者利益原则"适用有利于保护消费者利益的法律。[1]

（二）消费者合同适用消费者经常居所地法

《法律适用法》第42条的进步表现在突破了传统连接点的局限，采用"消费者经常居所地"作为消费者合同法律适用的首要连结点，[2] 使消费者经常居所地法成为消费者合同的一般法律适用规则。适用经常居所地法律对于消费者利益的保护更为直接，而且消费者经常居所地这一客观连接点较不易被经营者操纵，可以防止经营者规避法律；[3] 适用消费者经常居所地法律可以避免查明外国法的成本，这是因为消费者合同争议多在消费者经常居所地提起诉讼，争议标的不大的案件更是如此；适用经常居所地法律能够统一消费者合同案件管辖权和法律适用。2000年欧盟《关于民商事案件管辖权与判决承认及执行的规则》、2001年海牙《民商事管辖权和外国判决公约》都规定消费者合同争议由消费者惯常居所地法院管辖。消费者在经常居所地提起诉讼，适用消费者经常居所地法律，[4] 方便法院审理案件。

消费者合同适用消费者经常居所地法律存在的问题没有区分主动消费和被动消费，统一适用消费者经常居所地法，这未必合理。交通的便捷、信息的发达，使跨国消费愈发频繁，特别是外国进口商品在我国的价格远远高于原产地，消费者走出国门到异国消费已成风潮，出现了前往商品或服务提供地国家主动消费的消费者和在居所地国家购买进口外国商品或接受涉外服务的被动消费者。对被动消费者适用消费者经常居所地法律不存疑异，对主动消费者也适用消费者经常居所地法律则有失妥当。不对消费者加以区分，笼统地适用消费

---

〔1〕 翁玉真："涉外消费权益的法律保护——兼评我国《涉外民事关系法律适用法》第42条"，载《福建法学》2014年第2期，第78页。

〔2〕 于颖："《涉外民事关系法律适用法》第42条评析——我国国际私法对消费者之保护"，载《法学评论》2011年第2期，第65页。

〔3〕 翁玉真："涉外消费权益的法律保护——兼评我国《涉外民事关系法律适用法》第42条"，载《福建法学》2014年第2期，第77页。

〔4〕 杨月萍："论我国涉外消费者合同的法律适用及其完善"，载《重庆工商大学学报（社会科学版）》2012年第1期，第119页。

者经常居所地法律并不有利于消费者权益的保护。

世界已经进入网络社会，正从互联网向物联网发展，通过网络平台订立合同进行跨国消费的消费者越来越多。《法律适用法》第42条是以人对人、面对面的实体店消费为依托制定的，这样的法律适用规则适用于网络消费合同则缺乏针对性，网络交易中的网址、服务器所在地等能否作为连接点，都是需要进行研究和论证。自20世纪80年代以来，欧盟连续发布消费者保护指令，规范互联网时代远程销售的法律适用，[1] 这种做法值得借鉴。消费者合同适用"最有利于弱方当事人的法"，法官根据案件及当事人的实际情况进行裁量也不失为一种好的设想。

（三）强制性规定是否适用于消费者合同

《法律适用法》第4条规定了强制性规定强制适用，但《司法解释（一）》第10条并未明确消费者合同属于强制性规定的适用范围。如果强制性规定不适用于消费者合同，出现经营者未在消费者经常居所地从事经营活动的情况，只能适用商品、服务提供地法律。如果商品、服务提供地法律对消费者保护低于消费者经常居住地法律的保护程度和水平，适用商品、服务提供地法显然不合理，也与保护弱势群体这一主流趋势相悖。《司法解释（一）》第10条虽未明确将消费者保护列入强制性规定的适用范围，但可适用该条第6项"应当认定为强制性规定的其他情形"这一兜底条款，扩张解释消费者合同应在适用法强制性规定范围之内。为避免法律适用分歧，立法应当就消费者是否在强制性规则保护范围之内作出更为明确的规定。[2]

（四）经营者与消费者之间的权益平衡

《法律适用法》第42条采用了阶梯式的立法模式，规定了消费者合同争议的法律适用顺序：第一顺序适用消费者选择的商品或者服务提供地法律；第二顺序是消费者未作选择时，适用消费者经常居所地法律；第三顺序是经营者未在消费者经常居所地从事经营活动时，适用商品或者服务提供地法律。这种立法的目的，在于平衡消费者与经营者之间的利益关系，在充分尊重消费者的法律选择权、优先适用消费者经常居所地法对消费者给予切实而有效保护情况

---

〔1〕 张建："论涉外消费合同法律适用中的保护弱者利益原则"，载《公民与法》2015年第5期，第52页。

〔2〕 苏号朋、郭静静："论东亚消费者合同法律适用的统一化"，载《政法论丛》2017年第6期，第43页。

下，才考虑经营者在消费者经常居所地没有从事经营活动时适用商品、服务地法律，兼顾了对经营者的保护。

对《法律适用法》第 42 条保护经营者的规定，学界颇有微词，经营者"在消费者经常居所地没有从事有关经营活动"这一条件极易满足，"商品、服务提供地法律"的适用必然排除"经常居所地法律"的适用，保护消费者权益最终可能会成为空谈。[1]"经营者在消费者经常居所地没有从事相关经营活动"的条件一旦满足，消费者会因"商品、服务提供地法律"的适用失去"消费者经常居所地法律"的保护，该规定未能体现弱者权益保护的结果定向主义，[2] 未能通过否定对弱者不利的合同条款达到实质上保护弱者权利的目的，实现从完全的缔约自由到以正义的名义适当限制强者权利的转变。[3]

消费者权益保护立法涉及最广大群众的切身利益，对《法律适用法》第 42 条广加评论亦在情理之中。消费者合同中，消费者为弱者，立法向消费者倾斜对消费者给予特别保护实属必要。消费者合同的本质属性是合同，必须给经营者保留生存空间，必须给予经营者权益适当的保护。过分挤压经营者的生存空间，涉外消费将不复存在。消费者合同的法律适用，应当在平衡消费者、经营者权益基础上，力求实现法律适用的确定性，保证个案处理的公平性，达到实质正义的立法目的。消费者合同的法律适用，应当借鉴发达国家立法，允许当事人选择消费者合同适用的法律，同时给予必要的限制，强制适用消费者经常居所地法中的强制性规定。对于当事人未选择消费者合同适用的法律的，适用消费者经常居所地国家的法律；对于经营者商品或者服务提供地法律更有利于消费者的，依据"更有利于消费者原则"确定准据法。

---

〔1〕　王群："海外旅游消费者权利保护机制探讨——基于《涉外民事关系法律适用法》视角"，载《九江学院学报（社会科学版）》2018 年第 1 期，第 104 页。

〔2〕　张丽珍："关于我国涉外消费合同法律适用规定的思考——以新《消费者权益保护法》的出台为背景"，载《消费经济》2013 年第 6 期，第 79 页。

〔3〕　袁发强："我国国际私法中弱者保护制度的反思与重构"，载《法商研究》2014 年第 6 期，第 99 页。

第六节 涉外劳动合同法律适用的立法与理论

随着经济全球化的深入发展，全球流动人口增加，劳动力也在国家间转移。1997 年我国实施"引进来"和"走出去"战略方针，积极吸引外国企业到中国投资办厂，积极引导和组织国内有实力的企业走出去到国外投资办厂，充分利用国际、国内两个市场和资源，推动我国经济快速增长。2013 年我国提出"一带一路"倡议，积极发展与"一带一路"沿线国家的经济合作，共同打造政治互信、经济融合、文化包容的利益共同体。"走出去"战略和"一带一路"倡议落实，国内、国际两个市场迅速拓展，我国公民赴海外工作和外国人来华就业的数量不断攀升。2019 年，我国对外劳务合作派出各类劳务人员 48.7 万人，其中承包工程项下派出 21.1 万人，劳务合作项下派出 27.6 万人。2019 年末在外各类劳务人员 99.2 万人。[1] 外国人在华就业人数也在百万左右，2018 年在沪就业、创业的人数达 21.5 万人。[2] 跨国就业人数的增多也带来涉外劳动纠纷的增加，而涉外劳动合同争议解决的重要问题之一就是法律适用，因此，进行涉外劳动合同法律适用的立法与理论研究极具理论价值、实践价值和现实意义。

一、涉外劳动合同法律适用立法

20 世纪下叶之前，劳动关系被视为受雇人向雇主提供劳务或服务，雇主支付相应劳务报酬的私法关系，涉外劳动合同依合同法律适用规则确定准据法。20 世纪下叶，"国家对经济生活干预的不断加强以及弱者利益保护原则日益得到重视，强制性规则对劳动合同法律适用的影响显著增强"[3]，劳动合同的法律适用呈现出精细化、体系化的发展趋势。从现有资料来看，奥地利是第一个

---

〔1〕 载中华人民共和国国商务部对外投资和经济合作司网站，http：//hzs. mofcom. gov. cn/article/date/202001/20200102932444. shtml，最后访问日期：2020 年 4 月 5 日。

〔2〕 "在上海就业创业外国人数量全国第一"，载中国新闻网，http：//www. sh. chinanews. com/shms/2018-01-23/34494. shtml，最后访问日期：2019 年 9 月 28 日。

〔3〕 王济东："论涉外劳动合同的法律适用规则"，载《商丘师范学院学报》2015 年第 1 期，第119 页。

吃螃蟹的人，1978 年《奥地利国际私法》第 44 条首开先河，区分商务合同和劳动合同，并特别规定了劳动合同的法律适用：①劳务合同，依照受雇者惯常作业所在地国法律判定。受雇者如果被派往他国作业，仍以该法为准。②如果受雇者通常在一个以上的国家作业或者无惯常作业地点，则以雇主的惯常居所（或者第 36 条第 2 句所指的营业所）所在地国法律为准。③只有明示的法律选择才有效。但是，如果涉及第 1 款及第 2 款所指法律中的强制规定，则对受雇者不利的明示法律选择亦属无效。该条采用特征性履行方法规定劳动地国家的法律是劳动合同适用的基础性法律；劳动地难以确认雇主惯常居所地法律为补充性法律；当事人选择的法律例外适用，且须明示选择，不得与基础性法律或补充性法律抵触。

1980 年《罗马公约》借鉴奥地利立法，对劳动合同的法律适用同样作了特别规定。《罗马公约》第 3 条规定合同依当事人选择的法律；第 4 条规定当事人未依第 3 条规定选择合同适用的法律，依与之有最密切联系国家的法律；第 6 条是涉外劳动合同法律适用的专门规定。其中，第 6 条有两款，第 1 款为"尽管有第 3 条的规定，在雇佣合同中双方当事人的法律选择不具有剥夺受雇人由法律的强制性规定给予的保护的后果，此项强制性规定即按第 2 款的规定于未作法律选择时应适用的法律的规定"；第 2 款为"尽管有第 4 条的规定，雇佣合同未按第 3 条规定作出法律选择时应依：①履行合同时受雇人惯常进行其工作地国家的法律，即使他仅系暂时受雇于另一个国家；或②如受雇人并不惯常于任何一个国家进行工作，则为他所受雇的营业所所在地国家的法律。但从整个情况看，合同与另一个国家有更密切的联系，则此合同应适用另一国法"。第 6 条结构清晰，层层递进，首先，意思自治原则是合同法律适用的基石，故《罗马公约》第 3 条规定了合同当事人可以自由选择准据法，第 6 条第 1 款承认当事人有权选择劳动合同的准据法，而且劳动合同当事人的法律选择实质上与其他种类合同的选法并无二致。当事人选择法律可明示为之，亦可默示为之，但应有"合理确定性"，不得规避保护劳动者的强制性规定。其次，当事人未作法律选择，依特征性履行确定劳动合同的准据法。最后，最密切联系原则作为例外条款对受雇人惯常进行其工作地国家的法律或者受雇的营业所所在地国家法律的适用进行矫正，劳动法律关系与其他国家法律联系密切则排除依特征性履行方法确定的法律的适用。

《罗马公约》劳动合同法律适用的规定顺应社会发展，反映出新的历史时期保护弱者利益的要求，体现了法律对弱势群体的人文关怀，彰显了法律适用法对实质正义价值的追求，因此，《罗马公约》甫一出台即广受关注，从形式到内容即为多国移植或借鉴。《罗马条例Ⅰ》第 8 条重申了 1980 年《罗马公约》第 6 条的规定，只是措辞略有不同而已。[1] 欧洲是《罗马公约》的故乡，欧盟成员国在接受《罗马公约》约束的前提下对劳动合同的法律适用作了适当的变通。1987 年《瑞士联邦国际私法》第 121 条对 1 款规定劳动合同适用劳动者工作地法律；第 2 款规定劳动者在多国完成工作，劳动地点不固定的，适用营业机构所在地国家法律或雇主住所地或习惯居所地国家法律；第 3 款规定"当事人可以选择适用劳动者习惯居所地国家的法律，或雇主的营业机构所在地、住所地或习惯居所地国家的法律"。瑞士将采用特征性履行方法确定的准据法置于意思自治选择的法律之前，强调法律适用的确定性；对意思自治选法范围进行了限定，要求当事人协商选择的法律与劳动合同要有密切联系。

在亚洲，2001 年《韩国国际私法》第 28 条、2006 年《日本法律适用通则法》第 12 条规定了劳动合同的法律适用，其形式和内容与《罗马公约》相似。

非洲国家涉外合同法律适用立法和制度移植于英、法等国家，无论非洲普通法系国家还是非洲大陆法系国家都将意思自治作为合同法律适用首要原则，但有的国家进行了限制。对于当事人未选择合同准据法的，非洲普通法系国家多根据最密切联系原则确定合同准据法，非洲大陆法系国家多通过客观连接点确定合同的准据法。涉及国家调整经济生活领域或弱方当事人的保护，许多国家不允许当事人选法，而是国家通过立法规定此类合同法律适用。[2] 例如，1998 年《突尼斯国际私法典》第 67 条规定，"劳务合同由劳动者惯常工作地法律支配。劳动者惯常在几个不同国家实施劳务的，劳务合同由雇主机构所在地法律支配，但整体情势表明该合同与另一国家具有更密切联系的，合同由该国法律支配。"近年来，中国对外投资和劳务输出在非洲国家日益增多，中非之间的涉外合同案件不断增加，劳动合同纠纷占一定比例。中方当事人与非方当事人签订合同时应尽量就所适用的法律作出约定，作约定时要考虑到非洲国

---

〔1〕 Franco Ferrari, Stefan Leible eds., *Rome Ⅰ Regulation: The Law Applicable to the Contractual Obligations in Europe*, European Law Publishers GmbH, 2009, p. 171.

〔2〕 朱伟东："非洲国家涉外合同的法律适用分析"，载《河北法学》2016 年第 5 期，第 139 页。

家有关特殊类型合同的法律适用规定，尽量使合同的约定符合非洲国家的强制性规定。[1]

二、我国涉外劳动合同法律适用立法

2010 年《法律适用法》颁布以前，我国境内的涉外劳动合同关系主要依据行政规章和劳动法调整。1996 年劳动部、公安部、外交部、外经贸部联合颁发《外国人在中国就业管理规定》，该规定第 26 条明确"用人单位与被聘用的外国人发生劳动争议，应按照《中华人民共和国劳动法》和《中华人民共和国企业劳动争议处理条例》处理"。1995 年《中华人民共和国劳动法》第 2 条规定在中华人民共和国境内的企业、个体经济组织和劳动者之间形成的劳动关系适用本法。2007 年《中华人民共和国劳动合同法》第 2 条、2007 年《中华人民共和国劳动争议调解仲裁法》第 2 条作了与《中华人民共和国劳动法》第 2 条相同的规定。劳动法、劳动合同法、劳动争议调解仲裁法未能重视涉外劳动关系的特殊性，未针对涉外劳动关系的特殊性在立法层面设立专门条款加以规制，只是简单地将涉外劳动关系视同国内劳动关系加以处理，规定劳动合同履行地在中国境内的涉外劳动关系适用中国的劳动法律规范调整。[2]此外，北京、上海等地还制定了调整涉外劳动关系的地方性行政规章。

国务院各部门制定的行政规章效力层次较低，在关于涉外劳动关系法律适用的规定中存在着与最高人民法院司法解释不一致之处。各行政部门的立法目的及政策不同，各地聘用外国劳动者水平方面存在差异，出现了涉外劳动法规政策化与地方化倾向，直接影响涉外劳动法律的权威性以及法律制度的稳定性。[3]

为了解决涉外劳动关系法律适用无法可依状况，2010 年《法律适用法》第 43 条对涉外劳动合同的法律适用作了规定，"劳动合同，适用劳动者工作地法律；难以确定劳动者工作地的，适用用人单位主营业地法律"，实现了涉外劳动法律适用有法可依。

---

〔1〕　朱伟东："非洲国家涉外合同的法律适用分析"，载《河北法学》2016 年第 5 期，第 141 页。

〔2〕　李凤琴："涉外劳动争议中中国劳动法律规范的适用"，载《北京理工大学学报（社会科学版）》2014 年第 4 期，第 133 页。

〔3〕　单海玲："我国涉外劳动法律规范的弊端与矫正"，载《法学》2012 年第 4 期，第 98 页。

三、我国涉外劳动合同法律适用理论争议与解决

2010 年《法律适用法》第 43 条规定了涉外劳动合同的法律适用，对该条规定，学界存在以下争论：

（一）劳动合同是否应当允许当事人合意选法

劳动合同的法律适用发源于欧洲，欧洲各国都在不同程度上允许当事人合意选法；亚洲的韩国、日本、非洲一些国家也允许当事人合意选法，但作出了一些限制性规定。《法律适用法》根据劳动合同的特征规定了具体的法律适用，是否能够适用《法律适用法》第 3 条或者第 41 条规定合意选法，该法未作明确规定。

中外都有学者认为劳动合同不宜由当事人自由选择应适用的法律：①劳动合同当事人之间的缔约地位与磋商能力相差悬殊，劳动合同雇主普遍采用格式合同，存在雇主选法而非雇员选法的风险；②对在同一企业工作的不同雇员来说，有的明示选法，有的不作法律选择，这可能会损害雇佣的统一性；③一般而言，劳动关系管理的社会利益要大于劳动法领域的私人定制，[1] 劳动者的选法权利应当被限制。劳动关系中，劳动者和用人单位之间的不平等现象已为社会公认，劳动合同的意思自治无疑是导致这种不公平现象的源头。意思自治就是依照理性判断去设计生活，管理各种事务，如果雇主利用经济地位和话语权优势迫使劳动者选择对雇主有利的法律，这种意思自治挤压了劳动者的权利空间。《法律适用法》否定劳动合同当事人双方选法，采用劳动者工作地法，排除了雇主利用优势地位迫使劳动者接受不公平的法律适用条款的可能，体现了对劳动者工作地的公共秩序、社会稳定的尊重。[2] 欧洲一些国家虽然在立法上承认劳动合同的选法条款，但观其判例，经当事人选法而适用外国法的情况实属罕见，法国、意大利、荷兰、西班牙等国都施加了这种或那种限制。[3]

与之相反的观点认为，是否允许当事人选择涉外劳动合同应适用的法律历

---

〔1〕 See Felice Morgenstern, *International Conflicts of Labor Law*, Geneva: International Labor Office, 1984, p. 19.

〔2〕 罗芳："《涉外民事关系法律适用法》中的弱者利益保护规则"，载《中国社会科学院研究生院学报》2019 年第 4 期，第 55 页。

〔3〕 See Sebastian Krebbert, "Conflict of Laws in Employment in Europe", *Comparative Labor Law & Policy Journal*, Vol. 21, 1999–2000, p. 518.

来是我国法学界及司法实践中颇具争议的问题，基于劳动法的社会法性质以及劳动法具有的强制性规范性质，将涉外劳动简单地等同于国内劳动予以规制的缺陷等多重因素的叠加效应，使意思自治原则在涉外劳动合同中的适用空间越来越窄，许多本可约定的任意性规范变得具有排他性，削弱了涉外劳动法调整涉外劳动关系与维护涉外就业权的基本功能，降低了涉外劳动力市场的活跃程度，引发了涉外劳动争议中劳动合同法适用问题。[1] 在一定条件下适用外国法不仅不会有损于劳动者的利益，相反还会更有利于劳动者利益的实现，在我国劳动法赔偿标准比较低、外国法规定的赔偿额较高时更是如此。在一定条件下适用外国劳动法不但不会损害我国公共利益，而且会在一定程度上体现我国劳动法的基本精神。[2]

对于涉外劳动合同的法律适用，盲目限制外国法的适用和不加限制的适用外国法是不可取的两种极端做法，法律的选择和适用应以保护劳动者合法权益为核心价值，遵循保护弱方当事人合法权益原则和尊重当事人真实选择意愿理应兼顾，不可偏废。涉外劳动合同是否允许当事人选择法律，在我国不是一个立法问题，而是一个法律解释问题。2010 年《法律适用法》第 43 条具体规定了涉外劳动合同的法律适用，但这并不排除意思自治原则在涉外劳动合同中的适用，当事人可以依据《法律适用法》第 41 条或者第 3 条的规定选择法律。应当说我国涉外劳动合同的法律适用立法与《罗马公约》的规定及发达国家的立法并无二致。

实践中，适用当事人选择的法律调整劳动合同关系在中外都广泛存在。英国的司法实践认为，若劳动合同当事人签订了正式的选法条款，法院一般会予以尊重，除非该选法条款显然对雇员不利，且所选择的适用法与劳动合同并无实际关联，法院才会弃之不顾。[3] 在我国，适用当事人选择的法律解决劳动争议的案件并不罕见，上海市南汇区人民法院审理的陈德基诉飞世尔试验器材制造（上海）有限公司劳动合同纠纷案即为典型案例。

（二）强制性规定在劳动合同争议案件中是否适用

强制性规定在劳动合同争议案件中是否适用不能一概而论。《法律适用法》

---

〔1〕　单海玲："我国涉外劳动法律规范的弊端与矫正"，载《法学》2012 年第 4 期，第 102 页。

〔2〕　孙建："论我国涉外劳动争议的法律适用问题"，载《天津市政法管理干部学院学报》2005 年第 1 期，第 6 页。

〔3〕　See Simon Deakin, Gillian S. Morris, *Labor Law*, 6th ed., Oxford：Hart Publishing, 2012, pp. 118-119.

根据以"劳动者工作地"为主的客观连接点确定劳动合同的准据法，导致法院地法的大量适用，劳动者在我国工作在我国法院起诉，适用我国法律，不会产生外国法的适用问题，强制性规定自然包括其中。当事人协商选择适用外国法，外国法的适用不得违反我国的强制性规定，如有违反，强制适用强制性规定。从理论上讲，若我国公民被外国企业雇佣在外国工作出现劳动争议在中国法院起诉，根据2010年《法律适用法》第43条规定适用外国法，此种情况有可能出现适用强制性规定的情形。

（三）集体劳动合同的法律适用

劳动合同可分为集体劳动合同和个体劳动合同两种类型，《法律适用法》第43条调整的对象是个体劳动合同，是否规制集体劳动合同的法律适用，有待实践予以解答。

集体劳动合同是一个或几个雇主或其组织为一方与一个或几个工人代表为另一方所达成的，涉及工作条件和雇佣条款之任何书面协议。在我国，集体劳动合同一般是指是全体职工或者职工代表大会讨论同意后，委托工会或者职工代表与用人单位订立的涉及劳动报酬、工作时间、保险福利休息休假、安全卫生等事项的书面协议。

关于集体劳动合同准据法的确定学界有两种观点：一种观点将集体劳动合同视同一般劳动合同，认为集体协议亦为双方当事人合意所成立，故应适用劳动合同法律适用规则确定准据法。另一种观点认为，集体协议与一般合同不同，其订定之内容不只是参与订定的当事人之间的权利义务，其主要功能是规划所有雇员和雇主的权利义务，因而集体协议的准据法应为其所涵盖的劳动关系的主要履行地法律，集体协议的特质及重要性与一般合同不同，不得任由当事人自由选择其准据法。亦有学者认为，集体劳动合同的宗旨为保护劳动者权益，应当适用最有利于劳动者国家的法律。[1]

集体劳动合同主要是西方国家的实践，我国并不多见。在我国不断加大对外投资，与西方国家的合作不断深入的情况下，未雨绸缪，开展集体劳动合同法律适用研究十分必要。

---

〔1〕 孙国平："论涉外劳动合同准据法之确定"，载《法学》2017年第9期，第121页。

第七节　涉外合同法律适用实践中的问题与解决

涉外合同纠纷在涉外民事争议中占比最大，涉外合同法律适用的状况直接反映出我国的司法水平。在中国裁判文书网中的法律依据栏目输入"中华人民共和国涉外民事关系法律适用法"，关键字"合同"，检索到各级人民法院涉外合同案件判决书 9300 件，涉及各类涉外合同的法律适用。透析这些判决书，可以看到，我国各级法院涉外合同法律适用的水平已有明显提高，审判人员法律适用意识明显增强，多能准确界定案件性质，意思自治原则适用广泛，当事人意思自治选法得到尊重，平等适用内外国法律得到孜孜追求。《法律适用法》在涉外合同领域得到了充分实施，但仍存在许多需要探讨的问题，有尚须改进之处。

一、翁吉义与李野民间借贷纠纷案应当界定为国内案件

准确确定案件性质是涉外合同法律适用的前提，实践中，涉外案件被界定为国内案件、对案件性质不作界定但适用法律适用规范确定准据法的情况虽然存在，数量已经很少了。相反，对于介于国内案件与涉外案件之间的案件，已有法院倾向于界定其为涉外案件，经过法律选择确定应适用的法律，涉外合同法律适用越来越趋于规范。在肯定进步的同时亦应看到涉外合同法律适用还存在许多问题，翁吉义与李野民间借贷纠纷案就是一起极具研究价值的范例。[1]

一审法院审理认为，双方当事人均是中国公民，经常居所地均在中国境内，表面上看是中国公民之间的债务纠纷，实质上是涉外民间借贷纠纷。原告翁吉义的债权来自于案外人 G 公司的转让，G 公司是一家外国公司，李野向 G

---

[1]　广东省深圳前海合作区人民法院民事判决书，（2016）粤 0391 民初 944 号。该案案情为：2011 年 5 月 19 日，李野与注册于英属维尔京群岛的 Glories Global Limited （以下简称"G 公司"）签订借款协议，李野向 G 公司借款 500 万美元，"还款日为付款日后 18 个月"；争议解决条款的约定为"本合同准据法参照香港法，合同各方同意约定非排他的香港法院管辖。贷款人同样有权在内地法院起诉借款人"。李野自 2013 年起先后偿还了 400 万美元、400 万人民币。2015 年 4 月 29 日，G 公司向李野出具债权转让通知，告知转让债权（含未受偿本金、按照协议约定利率计算至今的全部利息以及其他一切附随）给翁吉义，李野收到债权转让通知。2015 年 5 月 6 日，翁吉义委托律师向李野出具律师函，要求立即偿还全部欠款。李野仍未能偿还借款，翁吉义以李野为被告向法院起诉。

公司借款，双方形成涉外民间借贷关系，构成案件的基础法律关系。G 公司转让债权给翁吉义，翁吉义与李野在原法律关系基础上形成新的债权债务关系，其性质亦属于涉外民间借贷纠纷。

一审法院具有强烈的法律适用法意识，采用分割方法分别确定了准据法。G 公司的民事权利能力和民事行为能力，根据《法律适用法》第 14 条规定适用法人登记地法律，即英属维尔京群岛法律；借款合同依据《法律适用法》第 41 条规定适用了当事人选择的香港特区法律；债权转让合同依据《法律适用法》第 41 条规定适用与债权转让行为有最密切联系的中国法律。对李野与 G 公司之间的借款合同，法院依据《法律适用法》第 4 条、第 5 条进行审查，认为不违反我国的强制性规定和社会公共利益，《借款协议》的效力依据香港特别行政区法律认定。根据翁吉义提出的法律查明申请，法院根据《法律适用法》第 10 条之规定，委托深圳市蓝海现代法律服务发展中心查明。

李野不服一审法院判决，提出上诉。2019 年深圳市中级人民法院审理认为，一审判决适用法律正确，予以维持。[1]

本案法律适用存在以下需要探讨的法律问题：

（一）翁吉义与李野民间借贷纠纷的性质

本案涉及三个法律关系：第一个法律关系是李野向 G 公司借款形成的涉外借贷关系；第二个法律关系是 G 公司与翁吉义之间的涉外债权转让合同关系，翁吉义与 G 公司之间形成的涉外债权转让合同关系不是因为基础合同为涉外合同延伸而成，而是因为转让合同主体有涉外因素而为涉外合同；第三个法律关系是翁吉义接受债权转让后与李野之间形成的民间借贷关系，该法律关系虽涉及涉外因素，但不是涉外民间借贷关系，而是一个独立的国内民间借贷关系，产生的纠纷，不需要确定准据法，直接适用国内法解决纠纷即可。

本案法院审理的是翁吉义与 G 公司之间债权转让合同的有效性，不是翁吉义与李野民间借贷纠纷，法院搞错了法律关系。

（二）查明外国法及我国港澳台地区有关规定的方法有突破

本案性质为国内民间借贷纠纷，不需要确定准据法，不需要查明外国法或我国港澳台地区有关规定，但这不妨碍对本案查明相关规定的方法进行评论，本案查明相关规定的方法有突破。依照《法律适用法》第 10 条规定，当事人

---

〔1〕 广东省深圳市中级人民法院民事判决书，（2018）粤 03 民终 591 号。

选择适用外国法律或我国港澳台地区有关规定，当事人承担提供相关规定的义务。李野与 G 公司签订的《借款协议》约定"本合同准据法参照香港法"，当事人应当在争议解决过程中向法院提供香港法律。

一审法院判决书对本案外国法查明过程进行了这样的描述：翁吉义提起法律查明申请，法院根据《法律适用法》第 10 条"涉外民事关系适用的外国法律，由人民法院、仲裁机构或者行政机关查明"之规定，原审法院依法委托深圳市蓝海现代法律服务发展中心就四个法律问题进行了法律查明。从判决书中可以看到，法院错误地理解了《法律适用法》第 10 条规定，但在查明外国法及我国港澳台有关规定的方法上突破了第 10 条的规定，法院没有要求当事人提供，而是根据当事人的请求委托专业机构查明，这种查明的方法应当得到倡扬。

二、同案不同判，判决缺乏统一标准

涉外合同纠纷纷繁复杂，每一类合同都有其自身特点。担保合同涉及与主合同的关系；不动产合同（房屋买卖合同、房地产开发经营合同）涉及不动产物权关系；股权转让合同涉及公司法律制度；信托、信用证、货物进出口等合同涉及金融监管法律制度。实践中，因法官的素质及认识能力不同，往往会出现对于具有特殊性质的合同，不同的法官根据不同的逻辑路径确定不同的准据法的情况。仅以担保合同纠纷为例：在中国工商银行深圳市分行诉被告嘉星（集团）有限公司、被告嘉星投资有限公司、被告广州市东益房地产有限公司等借款合同一案中[1]，广东省高院认为，"对于该从债务所依附的主债务纠纷适用我国法律处理的情况下，适用中国法律来调整保证合同各方的权利义务关系，更有利于法律的平等适用和当事人各方利益的保护"。法院依据从合同附属于主合同原则，以主合同准据法作为从合同的准据法。

最高人民法院审理的担保合同案件，也出现有的担保合同适用主合同准据法，有的担保合同独自确定准据法的情况。在广东发展银行江门分行诉香港新中地产有限公司借款担保纠纷一案中，[2] 法院认为"本案系担保合同纠纷，根据最密切联系原则，应适用担保人江门发展行所在地法"。在香港三湘（集

---

〔1〕　广东省高级人民法院民事判决书，（2000）粤法经二初字第 14 号。
〔2〕　最高人民法院民事裁定书，（2001）民四终字第 14 号。

团）有限公司与湖南省鞭炮烟花进出口公司等借款、担保纠纷上诉案中，[1]法院以"由于本案所涉借款事实发生在内地，根据上述原则，本案借款法律关系以及相应的担保法律关系应适用中华人民共和国的法律"，将主合同适用的准据法作为从合同适用的准据法。在卢胜苏与万宁石梅湾大酒店有限公司等股权转让纠纷上诉案中，[2]海南省高院认为股权担保合同和股权转让合同均应适用中国法，即主合同准据法。在中国银行（香港）有限公司与广东省湛江市第二轻工业联合公司等担保合同纠纷上诉案中，[3]广东省高院则以特征性履行方法确定担保合同的准据法。

担保合同纠纷在涉外案件中出现的概率较高，因其案情千变万化，确实不能一言以蔽之地以一个统一的方法来确定合同的准据法，但实践中也不应完全没有标准。在解决具体的担保合同纠纷时，法院应当考虑多重因素，借鉴国内外司法实践中的合理做法，探求合同双方在交易中的合理预期利益，分别讨论不同情形下的担保合同所应适用的准据法。

三、滥用《法律适用法》第 2 条、第 3 条情况明显

《法律适用法》第 2 条第 2 款规定最密切联系原则为基本原则，第 3 条规定意思自治原则为基本原则，依据"穷尽规则、方用原则"原理，这两条基本原则只能在没有具体规则时方可适用。实践中，滥用《法律适用法》第 2 条、第 3 条情况明显，不少案件在可以适用《法律适用法》第 41 条的情况下滥用了第 2 条或者第 3 条。

滥用《法律适用法》第 2 条、第 3 条可以分为两种情况：第一种情况是同时适用基本原则条款和具体规则条款。在姜涛与上海东方国贸有限公司、任伟民民间借贷纠纷上诉案中，[4]一审法院认为，当事人任某系香港特别行政区居民，本案系涉港民间借贷纠纷案件，鉴于各方当事人就系争合同的法律适用没有作出协议选择，本案主要当事各方的住所地、涉案合同的签订以及履行地均在我国内地，因此，本案处理可适用与系争纠纷有最密切联系的我国内地法律。法院依据《法律适用法》第 2 条、第 41 条规定确定了准据法。第二种情

---

〔1〕 最高人民法院民事判决书，（2001）民四终字第 38 号。

〔2〕 海南省高级人民法院民事判决书，（2013）琼民三终字第 75 号。

〔3〕 广东省高级人民法院民事判决书，（2004）粤高法民四终字第 26 号。

〔4〕 上海市高级人民法院民事判决书，（2015）沪高民二（商）终字第 S26 号。

况是存在具体法律适用规则情况下不适用具体规则而是适用基本原则确定准据法。2014 年江苏省无锡市中院审理的申海有限公司诉江阴市大腾国际贸易有限公司、江阴钢铁（香港）国际贸易有限公司等进出口代理合同纠纷一案中，[1] 法院以庭审中当事人均明示选择适用中华人民共和国内地法律解决纠纷为由，依据《法律适用法》第 3 条确定准据法为中国法，应当适用的《法律适用法》第 41 条、《司法解释（一）》第 8 条未得到适用。

在环球利益集团有限公司与张园等委托合同纠纷上诉案中，[2] 双方当事人未约定法律适用条款，一审法院界定本案性质为涉外合同纠纷，认为双方当事人在庭审中都同意将中国法律作为准据法，所以依据《法律适用法》第 3 条规定适用我国法律。在 2018 年、2019 年两个年度审结的案件中，广东达美新材料有限公司与广东南粤银行股份有限公司佛山分行金融借款合同纠纷上诉案，[3] 袁孝媚与余锡添、胡文斗民间借贷纠纷案，[4] 周玉臣与汉沛达集团有限公司企业借贷纠纷案等案件中[5] 均存在错误适用《法律适用法》第 3 条的情形。

四、特殊合同应当优先适用特别法律适用规则

涉外合同及与港澳台地区有关的合同纠纷包罗万象、纷繁复杂，不能概用《法律适用法》第 41 条调整。对特殊合同，《法律适用法》等法律规定了专门的法律适用条款，特殊合同应当适用专门法律适用规则确定准据法，特殊规则不足以调整时方可适用《法律适用法》第 41 条。实践中，特殊合同争议弃特别规定适用《法律适用法》第 41 条的情况并不罕见。

台湾地区居民王耀钦与长安国际信托股份有限公司（以下简称"长安信托公司"）信托合同纠纷案的性质是一起信托合同争议。[6] 2011 年 4 月，王耀钦和长安信托公司于签订了一份信托合同，合同履行过程中出现亏损。王耀钦认为长安信托公司存在违约行为，应该依据合同法解除合同，同时要求信托公

---

[1]　江苏省无锡市中级人民法院民事判决书，（2013）锡商外初字第 0033 号。
[2]　上海市高级人民法院民事判决书，（2013）沪高民二（商）终字第 S34 号。
[3]　广东省佛山市中级人民法院民事判决书，（2018）粤 06 民终 5875 号。
[4]　重庆市高级人民法院民事判决书，渝民终 454 号。
[5]　天津市高级人民法院民事判决书，（2014）津高民四初字第 3 号。
[6]　陕西省高级人民法院民事判决书，（2016）陕民终 211 号。

司全额返还其支付的信托资金。双方协商未果，王耀钦诉至法院。一审、二审法院都认定本案性质为信托合同纠纷，但都依据《法律适用法》第41条规定适用当事人选择的中国法律作为准据法。《法律适用法》第17条专门规定了信托合同的法律适用，本案应适用专门规定，不应适用《法律适用法》第41条。

香港地区居民戚务诚与陕西省宁陕县冰晶顶旅游开发有限公司（以下简称"冰晶顶公司"）合同纠纷上诉案是一起合资合同案。[1] 2013年4月24日，双方当事人签订了《冰晶顶理想人居生态旅游度假工程联合开发合同》，约定共同投资开发旅游项目。就戚务诚的投资，冰晶顶公司承诺用项目的股权作为质押保证。合同履行过程中，戚务诚认为冰晶顶公司没有履行出资义务，双方发生纠纷涉讼。法院认为，本案是涉及香港地区的合同纠纷，合同当事人在一审过程中所适用的法律都是中国法律，且本案《联合开发合同》履行地在中国境内，依据《法律适用法》第41条规定，本案应适用中国法。法院确定准据法过程中没有意识到本案是涉及香港地区的合同纠纷，应适用《合同法》第126条第2款规定确定准据法，法律适用规范选择出现了错误。

智义投资有限公司（以下简称"智义公司"）与傅际综转让鑫隆石油设备有限公司（以下简称"鑫隆公司"）股权纠纷一案的法律适用亦未区分一般合同与特别合同。[2] 2004年7月28日鑫隆公司注册成立，系中外合资经营企业，傅际综是持股比例最大的股东，智义公司也是该公司的股东之一。2015年5月27日，智义公司作为卖方与买方傅际综签署一份股权转让协议，约定：智义公司将其持有的鑫隆公司的24.5%股权中的20%转让给傅际综，股权转让的价款为8000万元。该协议第9条第12款约定：本协议的订立、效力、解释、签署及其项下产生的任何争议的解决应适用并遵守中国法律。一审法院认为：本案系涉港股权转让纠纷，双方当事人在股权转让协议中约定协议项下争议的解决应适用中国法律，该约定符合《法律适用法》第41条之规定，依法予以确认。本案的实质是合资公司法律关系下的纠纷，法院将该案争点定性为一般合同纠纷并依《法律适用法》第41条确定适用中国内地法律，这在一定程度上混淆了一般合同和特别合同，该案争点为"法人内部事项"问题，应考虑适用《法律适用法》第14条第1款规定确定准据法，本案是中外合资经营

---

〔1〕 陕西省高级人民法院民事判决书，（2016）陕民终509号。
〔2〕 上海市高级人民法院民事判决书，（2016）沪民终107号。

企业合同股权转让纠纷，应适用《合同法》第126条第2款规定确定准据法。

高兰香、丁静等与河南职工国际旅行社、河南新华飞扬国际旅行社有限公司旅游合同纠纷上诉案，[1]法院将该案定性为一般合同纠纷，依据《法律适用法》第41条确定适用中国法律。本案为旅游合同纠纷，实质是消费者购买旅游服务，故应定性为消费者合同纠纷，应适用《法律适用法》第42条规定确定准据法。

五、默示意思自治得到普遍适用

意思自治原则是涉外合同法律适用的首要原则，法院在处理涉外、涉港澳台合同纠纷时适用当事人选择的法律，既尊重当事人意思自治，又有利于争议的解决。法院适用意思自治原则解决涉外民事争议出现了一个普遍性的问题，即多为默示意思自治。李文虎（LEEMOONHO）与李京玉民间借贷纠纷案，[2]王伟强与广生食品有限公司（以下简称"广生公司"）民间借贷纠纷案，[3]范阿鉴、赵敬花买卖合同纠纷案，[4]杨庆容与甘群如民间借贷纠纷案，[5]黄锦勋、简国钏与陈开国、李文勋合伙协议纠纷案，[6]中国长城资产管理股份有限公司浙江省分公司（以下简称"长城浙江分公司"）与硕颖数码科技（中国）有限公司、温州硕云数码科技有限公司（以下简称"硕颖公司""硕云公司"）金融借款合同纠纷案等，[7]法院均以"各方当事人援引相同国家的法律且未提出法律适用异议"为由认定当事人已经就涉外争议适用的法律作出选择并适用了当事人选择的中国法律。

默示意思自治适用存在两个问题：第一个问题是《法律适用法》第3条规定当事人选择合同适用的法律须明示选择，而现在是默示意思自治大行其道，被普遍适用，是否违背《法律适用法》第3条宗旨；第二个问题是适用当事人默示意思自治选择法律的法律依据表述混乱。

长城浙江分公司与硕颖公司金融借款合同纠纷案中，法院认为，《法律适

---

〔1〕 河南省高级人民法院民事判决书，（2016）豫民终579号。

〔2〕 吉林省延边朝鲜族自治州中级人民法院民事判决书，（2018）吉24民初239号。

〔3〕 广东省广州市中级人民法院民事判决书，（2018）粤01民终17470号。

〔4〕 山东省高级人民法院民事判决书，（2019）鲁民终155号。

〔5〕 重庆市高级人民法院民事判决书，（2019）渝民终211号。

〔6〕 重庆市高级人民法院民事判决书，（2018）渝民终132号。

〔7〕 浙江省温州市中级人民法院民事判决书，（2018）浙03民初1098号。

用法》第 3 条规定允许当事人可以明示选法，长城浙江分公司在起诉状中明确选择中国法律起诉，被告硕颖公司、硕云公司、陈事永、潘小燕、陈志成均未到庭应诉。根据《司法解释（一）》第 8 条第 2 款的规定，可以认定双方当事人已经就涉外民事关系适用的法律作出了选择，因此，本案适用中国法律进行审理。该案的法律选择存在两个问题：①《法律适用法》第 3 条要求明示意思自治，该条不能成为默示意思自治选法根据；②本案是缺席审判，被告未出庭，何来意思自治？

在杨庆容与甘群如民间借贷纠纷案中，一审法院认为，依照《法律适用法》第 41 规定，当事人没有选择的，适用履行义务最能体现该合同特征的一方当事人经常居所地法律或者其他与该合同有最密切联系的法律。《司法解释（一）》第 8 条第 2 款规定，各方当事人援引相同国家的法律且未提出法律适用异议的，人民法院可以认定当事人已经就涉外民事关系适用的法律作出了选择。本案中，案涉合同的履行地在内地，且双方当事人均援引内地法律且未提出法律适用异议，故本案应视为双方当事人共同选择了内地法律作为解决本案争议的准据法。该案法院将《法律适用法》第 41 条作为默示意思自治选法的根据错误，第 41 条要求适用当事人经常居所地法或者采用最密切联系原则方法选法。

在王伟强与广生公司民间借贷纠纷案中，一审法院认为，广生公司和王伟强在庭审中一致同意适用中国法律解决本案纠纷，鉴于涉案还款协议是在中国领域内签订，故中国法律与本案法律关系存在最密切联系，根据最密切联系原则，依法适用中国法律作为裁判本案的准据法。法院将最密切联系原则作为默示意思自治根据。二审法院认为，各方未在《还款协议书》中约定该协议的准据法，依据《法律适用法》第 41 的规定，该协议书在我国内地签订，故一审法院适用我国内地法律作为解决本案争议的准据法并无不当，本院予以确认。本案一、二审法院以最密切联系原则作为默示意思自治选法根据略有不妥。

涉外、涉港澳台合同法律适用存在的上述问题具有普遍性、持续性的特点，产生的原因是多方面的，其主要原因是不重视涉外、涉港澳台合同法律适用，不论适用何种法律适用规则，认为只要选择适用我国法律就万事大吉。上述问题的解决方法，关键在于加强各级法院对涉外、涉港澳台民事关系法律适用的重视，提高审判人员法律适用意识，强化涉外审判人员的专业培训，使法官能够正确选择法律，准确适用法律。

第五章

涉外侵权法律适用的流变与发展

涉外侵权法律适用有着悠久的历史，法则区别说时代侵权行为依据"场所支配行为"原则适用侵权行为地法。侵权行为依属地原则确定准据法沿袭了数百年，20世纪中叶，侵权行为法律适用遭遇了前所未有的"冲突法革命"，开始了从单一的"规则"调整向属地规则与属人规则兼容，以"方法"调整为主导的转变，侵权行为地法不再被机械地适用，涉外侵权法律适用的一般规则、例外规则和特殊规则之间寻求平衡和妥协，实现了法律适用的多元化。

《法律适用法》借鉴并吸收了各国涉外侵权法律适用立法经验，在《民法通则》上向前跨越了一大步，有了实质性的突破，"一定程度上实现了法律选择方法与法律选择规则的融合以及法律选择规则的细化"，体现了不同以往的价值取向，但"还存在确定性不足、法律选择方法的运用不明确、与其他法律的规定不协调等需要完善的问题"[1]，有待进一步整合和改进。

第一节　涉外侵权法律适用从属地法向兼容属人法发展

一、侵权行为法律适用属地规则

（一）侵权行为适用侵权行为地法理论

侵权行为法律适用属地规则萌芽于13世纪法学家巴尔多纽（Bladiuinus）

---

〔1〕　曾二秀："我国侵权法律选择方法与规则解析"，载《学术研究》2012年第10期，第61页。

"场所支配行为"的思想和法国法学家赖维尼（Revigny）"物法"的适用需要受到地域的限制理论，14 世纪意大利法学家巴托鲁斯整合了"场所支配行为"理论，提出法律行为的方式应由行为地法决定，只要符合行为地法的规定，那么世界各国都应承认它的合法性。[1]"场所支配行为"原则基于领土观念，认为当事人在某地实施行为时应推定其愿意接受该地方法律的管辖；同时，侵权行为是债的发生根据之一，既然债的关系适用"场所支配行为"原则，侵权行为也应适用此原则。[2] 侵权行为适用侵权行为地法是普遍采用的法律适用原则，各国学者对这一规则的适用理由有各种不同的阐述。

大陆法系国家有学者认为行为地法规则的适用在于保护行为地国家的主权和公共秩序。德国学者巴尔认为，侵权行为之债涉及一国的公共秩序和主权，如果侵权行为的损害赔偿不适用侵权行为地法，而适用其他法律，则是对行为地国家主权和公共秩序的侵犯。法国学者尼波耶（Niboyet）赞同这一观点，认为只有侵权行为地国家的国家主权才对发生于其境内的行为享有利益。法国学者巴蒂福尔（Batiffol）认为侵权行为之所以适用侵权行为地法，首先，基于法律的权威，而非债权人或者债务人的意思作用；其次，规定行为人承担法律责任，旨在保证每个人的权利平衡，而这种平衡之所以被打破，是行为人在行为地的侵权行为所致；最后，行为地的公共秩序也要求依当地法律追究行为人的责任，而且适用侵权行为地法也易于查明事实的性质和确定法律上的责任。日本学者认为适用侵权行为地法基于两大原因：一是侵害发生地国因此种行为而蒙受的损失最大；二是侵权法属于社会保护法，为了加重加害人对其行为的危险的预测与评价的责任，依行为地法最为恰当。[3]

英美国家学者主张侵权适用侵权行为地法是基于"既得权"理论。英国学者戴西在《法律冲突论》中提到，"文明国家的冲突法应当建立在一国依法取得的权利能够被其他国家承认和执行的基础之上"，侵权行为地国家法律赋予了受害人求偿权，这一权利应当得到尊重。1934 年美国学者比尔编纂的《冲突法重述（第一次）》就是从既得权理论出发，认为依行为地法受害人因加害人的不法侵害而取得的权利，当然也应该依行为地法使其得以实现。

---

〔1〕 谢石松：《国际私法学》，高等教育出版社 2007 年版，第 172 页。
〔2〕 徐冬根、薛凡：《中国国际私法完善研究》，上海社会科学院出版社 1998 年版，第 261 页。
〔3〕 [日] 北胁敏一：《国际私法——国际关系法Ⅱ》，姚梅镇译，法律出版社 1989 年版，第 126 页。

中国学者认为,"侵权行为适用侵权行为地法的原因,是侵权行为地与侵权行为有一种自然的直接联系,适用侵权行为地法来处理该具体问题,不仅比较公平合理,容易达到当事人之间权利义务平衡,容易为当事人所接受,而且有利于维护侵权行为地的公共利益,维护一国对在自己境内发生的事件都有管辖权的国家主权原则。"〔1〕侵害发生地因侵权行为蒙受的损失最大,"侵权法属于社会保障法,为了加重侵权案件加害人对其行为危险的预测与评估责任,适用侵权行为地法最为贴切"。〔2〕

（二）侵权行为适用法院地法理论

侵权行为适用法院地法的理论源自德国。1841 年,德国学者韦希特尔（Wachter）在《民事实务》杂志发表《国际私法法律的各种冲突》一文,抛弃行为地法规则,主张侵权行为类似犯罪,如果法庭对犯罪判处刑罚只能依法院地法,那么对于侵权行为也只能依法院地法。〔3〕1849 年,萨维尼在《现代罗马法体系》（第 8 卷）中也主张侵权行为应适用法院地法,理由是侵权行为责任与犯罪责任非常接近,因而适用外国法律是不合适的。侵权行为责任与法院地的公共秩序密切相关,一般情况下,建立在一国公共秩序基础上的强行法,具有绝对排除外国法适用的效力,侵权法属于强行法,侵权行为只能适用法院地法。

英国在很长的一段历史时期适用法院地法解决侵权纠纷。英国早期侵权行为的诉权来源于国王颁发的"令状",当事人获得"令状"以后才可以到法院起诉,才可能通过司法程序维护其合法权益。英国侵权案件的数量不取决侵权案件实际发生多少,而取决于国王颁发"令状"的多少。法院根据"令状"受理侵权案件,适用法院地法裁决案件。侵权行为适用法院地法在英国持续了五百多年,1852 年英国颁布了《普通法程序法案》,结束了"令状"制度,建立了当事人诉讼制度。新诉讼制度建立后,侵权行为适用法院地法在英国还是保留了很长一段时间。

（三）侵权行为重叠适用侵权行为地法与法院地法

侵权行为适用法院地法的弊端在于这一规则不能使当事人预见其行为的后

---

〔1〕　余先予:"涉外侵权行为法律适用新论",载《法制与社会发展》1998 年第 6 期,第 49 页。

〔2〕　邹淑环:"侵权行为法律适用的三大变化及我国的立法实践",载《天津商业大学学报》2011 年第 6 期,第 71 页。

〔3〕　钱骅主编:《国际私法》,中国政法大学出版社 1992 年版,第 371 页。

果，导致原告选择对自己有利的国家的法院起诉，造成当事人间权利的失衡，并使侵权行为地国家的秩序不能得到较好的维护。因而，目前单纯采用该原则的国家很少，一般都重叠适用侵权行为地法和法院地法。

重叠适用侵权行为地法与法院地法规则要求侵权行为的成立必须同时符合行为地法和法院地法的规定。德国学者沃尔夫（Wolff）主张，侵权行为与侵权行为地和法院地的社会秩序和公共利益都有关系，所以侵权行为之债应同时适用侵权行为地法和法院地法。在实践中，采用此原则的国家有的以侵权行为地法为主，以法院地法为辅；有的以法院地法为主，以侵权行为地法为辅。

德国、日本等国家采用以侵权行为地法为主、以法院地法为辅的法律适用规则，德国是最早以立法形式确认这一法律适用规则的国家。1896 年《德国民法施行法》第 12 条规定："对于德国人在外国所为的不法行为的请求，不得大于德国所承认之请求。"继德国之后，日本也以立法的形式确认侵权行为适用侵权行为地法为主，法院地法为辅。1898 年《日本法例》第 11 条第 3 款规定，"在外国发生的事实，虽依日本法律为侵权者时，除非是日本法律认许的损害赔偿或其他处分，受害人不得请求之。"《泰国国际私法》第 15 条也规定：因不法行为而产生之债，依物或不法行为事实发生地法。但泰国法律不承认在外国发生的事实为不法行为时，不适用本条规定。

当下英国采用以法院地法为主，侵权行为地法为辅的并用主义。英国由侵权行为适用法院地法转向适用侵权行为法的标志是"哈利"号船碰撞案，该案最终适用了法院地法律，但一审法院适用侵权行为法的实践在世界范围内特别是英联邦国家还是产生了深刻的影响。[1] 英国法院 1870 年审理了菲利普斯诉艾尔案（Phillips v. Eyre），审理该案的法官威尔士（Willes）解释了法院地法为主，侵权行为地法为辅规则，即作为一般原则，在英国对一个发生在国外的侵权行为提起诉讼，必须具备两个条件：一是侵权行为必须具有这样的性质，即该行为如果发生在英国，也可以提起侵权行为损害赔偿之诉；二是根据行为

---

〔1〕 "哈利"号船碰撞案案情为：挪威籍船"拿破仑"号与英国籍船"哈利"号相撞，碰撞发生的原因是"哈利"号引水员导航失误。根据比利时法律规定，"哈利"号船东应对引水员的过失承担责任，但根据 1854 年《英国商业航运法》规定，"哈利"号船东对碰撞损失不承担责任。1867 年该案在英国高等法院海事法庭审理，法官适用侵权行为地法律判令"哈利"号船东承担赔偿责任。"哈利"号船东不服判决提出上诉，英国枢密院法官依英国传统法律适用规则适用法院地法，推翻一审法院判决，判决"哈利"号胜诉，免除赔偿责任。

发生地法，该行为必须没有适当的理由。这一原则强调在国外发生的侵权行为如要在英国起诉，必须根据英国法可起诉，同时根据行为地法也可起诉。有的学者将这一原则称为"双重可诉原则"（rule of double actionability）。

二、涉外侵权法律适用属地规则与共同属人规则兼容

（一）共同属人法纳入涉外侵权法律适用体系的原因

当事人的共同属人法是指侵权案件当事人具有共同国籍、共同住所或者共同居所，侵权行为无论发生在国内还是国外，诉讼在侵权行为地国家提起，受诉国家法院可以不适用侵权行为地法，转而适用当事人的共同属人法。当事人共同属人法与侵权法律关系的联系没有那么密切，对侵权行为地和法院地社会利益的维护亦逊色于侵权行为地法和法院地法，故数百年来涉外侵权领域一直受侵权行为地法或法院地法的支配。

20世纪中叶，社会发展进入快车道，社会结构悄然变化，各国侵权实体法发生了改变，归责原则、责任限额、免责条款等新规则的增加使各国侵权责任法趋向各异。法律的变化出现了适用一国法律受害人可以获得高额赔偿、适用另一国法律却得不到任何赔偿的现象。各国经济发展不平衡使得各国赔偿体系和赔偿标准差异化，使得单一连接点的侵权行为地法或法院地法无法合理调整涉外侵权之债，致使当事人不能得到有效的救济，于是与侵权法律关系有一定联系的属人法系属公式被纳入涉外侵权法律适用体系。一个比较经典的案例是19世纪末美国法院受理的阿拉巴马南铁路公司诉卡罗尔案（Alabama Great Southern R. R. Co. v. Carroll），[1] 在该案中，被害人是否能受到救济是十分偶然的，若火车在阿拉巴马州脱轨而非密西西比州，则被害人就可获得赔偿。法官在司法审判中选择法律的僵化，启发了学者对于涉外侵权法律适用规则的探索，从而推动了侵权领域属人法的发展。在特殊类型侵权案件中，侵权行为呈现突发性，与侵权行为地的联系具有偶然性，适用"场所支配行为"规则确定

---

〔1〕　该案基本案情：原告作为被告铁路公司的雇员，在被告的货运列车上担任司闸员。双方的住所均位于阿拉巴马州，他们之间的雇佣合同亦在该州签订。隶属该公司从阿拉巴马州开往密西西比州的货运列车在密西西比州脱轨，导致在该列车上工作的原告受伤。证据表明，火车脱轨的原因是列车在驶离阿拉巴马州前的检修过程中存在人为疏忽。根据阿拉巴马州法律的雇主责任法，该铁路公司应负责任，但密西西比州仍遵循普通法的传统，认为雇主无需为此类事件负责。阿拉巴马州最高法院按照《冲突法重述（第一次）》的规定，适用了最后行为地法，即密西西比州法律，从而判决原告败诉。97 Ala. 126. 11 So. 803（1892）.

准据法并不符合当事人的合理预期，并不一定适当。[1] 侵权行为地法律适用的结果，往往出现受害人无法向侵权人索赔的情况，传统属地规则在法律选择上的盲目性受到了学者的广泛批评，吸纳属人法是社会发展的客观要求。

共同属人法作为侵权行为地法的补充规则为世界各国认可的原因主要有：①若具有相同国籍、相同住所地或者经常居所地的当事人在国外发生侵权纠纷，适用侵权行为地法显属牵强。相比侵权行为地法法律，当事人的共同属人法往往与当事人双方有更密切的联系，其适用也更符合当事人的预期。②空难赔偿、交通事故、产品责任等案件中，侵权行为地不具有可预见性。特殊案件引入共同属人法，可以保证受害人获得按照其本国法应有的赔偿，加害人也无需担心赔偿金额会超出属人法规定的预期范围。③许多案件中的共同属人法与法院地法有所重合，这是因为大部分当事人会选择在住所地、国籍国或者经常居所地法院起诉，这有利于法官对共同属人法的查明。④适用当事人共同属人法体现了法律的属人效力，各国规定涉外侵权行为适用当事人共同属人法，除尊重当事人国籍国、住所地国、居所地国主权因素以外，更重要的是这类侵权案件与行为地国家虽有联系但并不十分密切，对行为地国家的社会秩序不至于造成危害。⑤适用当事人共同属人法还可以解决侵权行为地国家与当事人共同属人法国家之间的法律冲突以及经济发展不平衡产生的赔偿数额的差异，增强了法律适用的灵活性。⑥法院作出的判决易为当事人接受并自动履行，有利于法院判决的承认与执行。

（二）共同属人法纳入涉外侵权法律适用法体系的立法

美国是共同属人法纳入涉外侵权法律适用法体系立法的开拓者。美国是联邦制国家，各州享有独立的立法权，各州的法律传统、风俗习惯、经济发展差异很大，造成了各州侵权损害赔偿规则的反差。各州法院在审理跨州侵权案件中都严格遵循《冲突法重述（第一次）》确立的侵权行为法律适用规则，适用最后侵权行为地法。这种单一连接点确定准据法的做法不仅与普通法奉行的个案分析的传统相悖，即使与欧洲大陆各国立法相比，呆板、僵化和机械程度也有过之而无不及。20 世纪 20 年代，美国泛起法律现实主义思潮，将政策分析、结果分析、心理分析等社会学的研究方法引入法律适用法领域，革弊司法

---

[1] Bernard Hanotiau, "The American Conflicts Revolution and European Tort Choice-Law-Thinking", *The American Journal of Comparative Law*, Vol. 30, 1982, p. 74.

审判中法律选择规则的僵化，创新法律选择规则和方法，1963 年美国纽约州上诉法院审理贝科克诉杰克逊一案中，适用了案件直接联系地和重大利益所在地法律，该法律也是当事人的共同属人法。

在大陆法系国家，较早对涉外侵权法律适用属地规则与共同属人规则兼容作出规定的国家是波兰和葡萄牙。1966 年 7 月 1 日施行的《波兰国际私法》第 31 条第 2 款规定，"如果侵权行为人和受害人的住所在同一国家。适用该国法"。1966 年 11 月 25 日制定的《葡萄牙民法典》第 45 条第 3 款规定，"如果侵权行为人和受害人具有相同国籍，或拥有共同惯常居所地的，恰好双方都是临时在国外，则可适用共同本国法或共同惯常居所地法。"1979 年《匈牙利国际私法》第 32 条第 3 款规定："如果侵权行为人和受害人的住所在同一个国家，适用该国法。"波兰和葡萄牙共同属人法立法的相同之处是都作为侵权行为地法的补充，不同之处是波兰以无条件选择性法律适用规范形式规定了共同属人法的适用，共同属人法存在，优先于侵权行为地法适用；葡萄牙以有条件选择性法律适用规范形式规定了共同属人法的适用，涉外侵权案件审理过程中，侵权行为地法和共同属人法选择适用。

波兰和葡萄牙共同属人法的立法克服了法律适用规范的机械和僵化，增强了法律选择的灵活性，是 20 世纪 50 年代出现的对法律适用规范"软化处理"的突出成果，有利于减少和避免法律冲突，因此，共同属人法面世后，迅速为各国所借鉴和效仿。20 世纪的法律适用法立法，1987 年《瑞士联邦国际私法》最有影响力，该法第 133 条第 1 款规定，"有关侵权行为的诉讼，如果加害人和受害人在同一国家有惯常居所的，适用该国的法律。"瑞士立法进一步推动了共同属人法理念的传播。

共同属人法虽已被许多国家采纳，但该原则本身仍然存在一些有待解决的问题。在属人连接点的确定上，波兰适用住所，瑞士适用惯常居所，葡萄牙适用国籍或惯常居所地，出现了新的法律分歧。侵权法律关系中，是否构成侵权行为的界定、归责原则、民事责任、赔偿数额等是否完全适用共同属人法调整，尚有待进一步讨论。各国对于共同属人法适用次序规定的不同，有的国家规定共同属人法先于侵权行为地法适用，有的国家规定共同属人法与侵权行为地法选择适用，采用选择性法律适用规范规定共同属人法适用的国家，涉外侵权案件是适用侵权行为地法还是适用共同属人法，凭借法官自由裁量。法官自由裁量权过大，当事人对案件审判结果的可预见性就大打折扣。

第二节　涉外侵权法律适用从规则调整向多元化调整转变

20 世纪中叶之前，涉外侵权行为采用法律适用规则调整。法律适用规则调整侵权纠纷的优点在于：调整的目标明确、具体、稳定，便于法官掌握和适用；当事人能够通过法律适用规范的指定找到准据法，可以预期自己的行为后果；一般来说，无论在何国法院提起诉讼，当事人都渴望适用同一准据法，得到相同的判决结果。

第二次世界大战以后，世界迎来了长时间的和平发展时期，人类进入了电子化、数字化、信息化、网络化时代，科学技术发展日新月异，人类社会进步突飞猛进，在半个多世纪里，社会财富以前所未有的速度增长，大千世界呈现出史无前例的繁荣。人类在创造财富的同时，自然灾害，环境污染，臭氧层破坏，公路、海上、航空交通事故，缺陷产品，不正当竞争，网络侵权，侵害人格权，侵害知识产权等侵权案件层出不穷，采用传统的侵权行为法律适用规则调整数字经济时代的涉外侵权关系已不适应社会发展，社会要求对侵权行为法律适用规则进行变革。国际社会经过数十年坚持不懈的努力，实现了从单一法律适用规则调整向规则、方法多元化调整的转变。

一、最密切联系原则在涉外侵权领域创立

最密切联系原则从理论萌芽到成为涉外侵权领域法律选择方法历经百年孕育。1849 年德国学者萨维尼在《现代罗马法体系》一书中提出法律关系本座说，奠定了最密切联系原则的基础。1949 年英国学者莫里斯在《现代法学评论》发表对麦克尔罗伊诉麦卡利斯特案（McElroy v. McAllister）的评论，提出借鉴戴西"合同自体法"理论创立侵权行为自体法；[1] 1951 年在美国《哈佛法律评论》发表《论侵权行为的自体法》一文，建立起侵权行为自体法理论，提出侵权行为适用与侵权案件有最密切联系的法律，"尽管在大多数情况下，仍然有适用侵权行为地法的必要，但是应该有一个足够广泛而且足够灵活的冲

---

〔1〕　何其生、卢熙："论侵权行为自体法的发展"，载《武大国际法评论》（第 12 卷），武汉大学出版社 2010 年版，第 141 页。

突规范，以便其能顾及种种例外情况"。侵权行为自体法理论的本质是"把单一的冲突规范形式，发展成了多重的冲突规范形式，使国际私法由原来封闭型的规范改变为开放型的规范，适应了当今采用多元化冲突规范的发展趋势"〔1〕。1963 年美国纽约州上诉法院审理了贝科克诉杰克逊一案，上诉法院法官富德认为，依据《冲突法重述（第一次）》第 384 条的规定，该案应当适用安大略省的法律。但传统国际私法所赖以生存的"既得权理论"，忽视了侵权地以外的州对解决同一案件具有的利益，无法使每个案件都达到公正、正义和最佳的结果。富德采用"重力重心地"和"关系聚集地"理论，适用纽约州的法律判令被告赔偿原告的损失，开启了最密切联系原则的实践。

最密切联系原则在其发展过程中，吸纳了政府利益分析说、结果选择说等理论的合理成分，保留了传统法律选择规则合理因素，以弹性连接点取代单一连接点，增强了法律选择的灵活性，实现了侵权行为法律选择由"规则"向"方法"的转变。

1971 年里斯（Willis L. M. Reese）任报告员编纂的美国《冲突法重述（第二次）》对最密切联系原则在侵权领域的适用作了比较完整的表述，最密切联系原则由理论上升为法律。1978 年《奥地利国际私法》最早规定了最密切联系原则，规定其为涉外民事关系法律适用法基本原则。如今，最密切联系原则已为世界各国不同程度地接受，适用范围也从侵权领域扩展到合同等领域。

二、侵权领域引入意思自治选法方法

16 世纪意大利学者杜摩林倡导的意思自治原则能否适用于侵权领域，学界存在争议。在相当长的一段时间里，学者们认为侵权法属于一国的强行法，在强行法领域不应允许当事人协议选择法律。然而，意思自治原则在法律选择中展现出来的优越性，其他法律选择方法和选择规则无法与其匹敌：①消除法律冲突。当事人协商选择涉外民事关系适用的法律，自愿接受所选法律的约束，可以消除主权者之间意志冲突而导致的法律冲突。②节约司法资源。当事人合意选择了准据法，法官无须再对案件进行分析找出法律适用规则确定应适用的法律，法官可以要求当事人提供所选择法律，由此节约了司法资源，可以提高

---

〔1〕 蔡斌："涉外侵权行为法律适用的发展及其在我国的理论与实践"，载《广东广播电视大学学报》2009 年第 4 期，第 52 页。

办案效率。③避免权力寻租。涉外案件审判实践中，不乏利用法律选择规则选择有利于本国当事人法律的现象。当事人协商选法，可以避免权力寻租，促进司法公正。④有利于判决执行。适用当事人选择的法律有利于纠纷的快速解决，提高判决的可执行度。

意思自治原则展示的优越性难以抵挡，瑞士率先小心翼翼地引其进入侵权领域。1987年《瑞士联邦国际私法》第132条规定了"当事人可在损害事件发生后随时约定适用法院地法律"，允许当事人有地协议选择法院地法。瑞士开创了侵权领域意思自治选法的先河，增强了法律选择的灵活性，促进了涉外侵权法律适用的多样性，起到了引领作用。1998年突尼斯规定案件处于初审阶段当事人可以协议选择适用法院地法。[1] 1999年《德国民法施行法》突破了当事人只能选择法院地法的限制，放开了选法范围，"在非合同之债据以产生的事件发生后，各方当事人可以选择支配该非合同之债的法律。第三人的权利不受影响。"（第42条）2007年欧盟议会和（欧盟）理事会《关于非合同之债法律适用的第864/2007号（欧共体）条例》（以下简称《罗马条例Ⅱ》）放开了选法的时间，该条例第14条第1款规定，当事人不仅可以在侵权行为发生后协议选择应适用的法律，并且，如果当事双方从事的是商业活动，经自由协商，亦可在损害事件发生前进行法律选择，前提是不得损害第三人权利。2009年《奥地利关于国际私法的联邦法》放开了选法的方式，该法第48条规定，不在《罗马条例Ⅱ》适用范围内的非合同性损害赔偿请求权，依照当事人明示或者默示选择的法律判定。

涉外侵权适用双方当事人选择法律的实践早于各国立法，荷兰法院是同意把双方当事人选择的法律作为侵权行为准据法的开拓者。1979年1月8日，荷兰鹿特丹地方法院判决了一起莱茵河污染案。法国阿尔萨斯钾矿污染了莱茵河，致使荷兰的苗圃种植者受到损害，荷兰苗圃种植者向鹿特丹地方法院对法国钾矿提出诉讼，要求赔偿损失。原告要求该案适用荷兰法，被告同意原告的选择，鹿特丹地方法院因而适用了荷兰法。[2] 该案法院采用有限制意思自治原则适用当事人选择的法律解决了争议，为意思自治原则适用于侵权领域提供

---

〔1〕 1998年《突尼斯国际私法典》第71条规定："造成损害的原因事实发生后，当事人可以协议适用法院地法，只要在案件尚处于初审阶段。"

〔2〕 李泽锐："略论当代国际私法法律适用问题的新趋势"，载《法学研究》1986年第3期，第43页。

了实践依据。意思自治原则适用的障碍在于在各自利益相左的当事人之间，在侵权争议发生后达成协议，存在一定困难。[1] 在当事人未能就应适用的法律作出合意选择情况下，允许受害人自由选择已发生的整个行为的各项事实的任一项发生地为侵权行为地，适用一方当事人选择的法律的做法，也是意思自治选法的一种类型。德国法院在波罗诉洛林煤矿案中采取了这一做法，允许原告在污染起源地和损害地之间作出有利于自己的选择。[2]

涉外侵权案件允许当事人选择应适用的法律虽为越来越多的国家所接受，但尚未构成国际社会普遍的实践。

三、弱者利益保护原则正在成为法律选择方法

人类社会正在以前所未有的速度发展和进步，这种发展和进步在法律上的要求之一就是基于社会实质公平和正义对弱者实行倾斜性保护，"这种保护不仅意味着应尽可能全面地为现实中的弱者提供畅通无阻的法律救济途径，而且意味通过法律救济途径，弱者能及时地获得无论在保护广度还是深度方面都足以弥补其劣势的救济。"[3]

法律适用法中弱者利益保护原则的直接体现就是适用有利于受害人的法律。在涉外侵权案件中，特别是在特殊类型的涉外侵权案件中，受害人常常处于弱势地位，需要给予特别保护。因此，许多国家的立法和司法判例都从保护受害人的角度出发，在立法中直接规定侵权行为适用对受害人有利的法律，或允许受害人在法律允许的范围内选择对自己有利的国家或地区的法律。

1979 年《匈牙利国际私法》第 32 条是在立法中直接规定侵权行为适用对受害人有利的法律的典型例子。该条第 1 款规定，侵权适用侵权行为或不行为发生的时间和地点的法律；第 2 款规定，如果侵权损害发生地对于受害人更为有利，则以损害发生地法为准据法。2001 年《立陶宛共和国民法典》第 1.43 条是允许受害人在法律允许的范围内选择对自己有利的国家或地区的法律的典型立法，该条第 1 款规定，"双方当事人之间因侵权行为所生之债产生的债权债务关系，依受害人的选择适用侵权行为实施地、造成损害的事实发生地，或

---

〔1〕　赵相林主编：《中国国际私法立法问题研究》，中国政法大学出版社 2002 年版，第 366 页。
〔2〕　杜新丽主编：《国际私法教学案例》，中国政法大学出版社 1999 年版，第 252 页。
〔3〕　徐冬根："人文关怀与国际私法中弱者利益保护"，载《当代法学》2004 年第 5 期，第 21 页。

者损害结果发生地国法"。

20 世纪 30 年代美国学者凯弗斯（David F. Cavers）倡导"规则选择"和"结果选择"方法，该方法体现的人文关怀和实质公平的价值取向已经成为指导国际私法中法律选择的一种重要原则，[1] 该原则的价值理念已被接受，并在实践中得到运用。美国法院在德克尔诉福克斯河拖拉机公司案（Decker v. Fox River Tractor Co.）的判决中提出的适用较好的规则，事实上就是指能够使原告顺利获得赔偿的规则，也可以说是对保护受害人政策的贯彻实行。[2]

第三节　我国涉外侵权的法律适用立法与理论

一、我国涉外侵权的法律适用立法

《民法通则》第 146 条规定，"侵权行为的损害赔偿，适用侵权行为地法律。当事人双方国籍相同或者在同一国家有住所的，也可以适用当事人本国法律或者住所地法律。中华人民共和国法律不认为在中华人民共和国领域外发生的行为是侵权行为的，不作为侵权处理。"这是我国涉外侵权法律适用最早的立法，该条规定含有 3 条法律适用规则，第 1 条为基本规则，与各国侵权行为法律适用的规定相一致；第 2 条为补充规则，共同属人法作为侵权行为地法的补充规则适用。第 1 条规则与第 2 条规则之间是选择关系，法官可以根据具体案情选择适用；第 3 条为例外规则，也称为"双管规则"或者"双重可诉规则"，在我国领域外发生的行为，只有在我国法律和行为地法律均认为是侵权行为，方作为侵权行为处理，给予本国当事人特别保护。

《民通意见》第 187 条对"侵权行为地法律"进行了解释，"侵权行为地的法律包括侵权行为实施地法律和侵权结果发生地法律。如果两者不一致时，人民法院可以选择适用。"该条司法解释包含两项内容：①在我国，侵权行为地包括侵权行为实施地和侵权结果发生地，侵权行为地法律包括侵权行为实施

---

〔1〕谭岳奇："从形式正义到实质正义——现代国际私法的价值转换和发展取向思考"，载韩德培主编：《中国国际私法与比较法年刊》（第 2 卷），法律出版社 1999 年版，第 78 页。
〔2〕鞠天娇："论涉外侵权行为的法律适用"，载《理论界》2014 年第 7 期，第 93 页。

地法律和侵权结果发生地法律；②侵权行为实施地法律和侵权结果发生地法律不一致，法官行使自由裁量权确定应适用的法律。该条司法解释存在的问题是侵权行为实施地或者侵权结果发生地为多地，如何确定侵权行为地的规定阙如。

2010年《法律适用法》第44条对涉外侵权的法律适用再次作出规定，"侵权责任，适用侵权行为地法律，但当事人有共同经常居所地的，适用共同经常居所地法律。侵权行为发生后，当事人协议选择适用法律的，按照其协议。"第44条同样是1条规定函纳3条规则，第1条为基本规则，与《民法通则》的规定基本一致，有所不同的是将"侵权行为的损害赔偿"修改为"侵权责任"，这一修改主要是为了与2010年《中华人民共和国侵权责任法》的表述相一致；第2条仍然规定了共同属人法作为侵权行为地法的补充规则，但该部分作了两点修改：①属人法的连接点由"国籍""住所地"修改为"经常居所地"，修改的原因是我国属人法发生了变化；②第1条与第2条之间不再是并列的选择关系，而是有条件的选择关系，第2条规定的条件具备，优先适用共同属人法；第3条为例外规则，该规则引进了意思自治原则，允许当事人协商选择侵权责任的准据法，这是《法律适用法》突破性的规定。

《法律适用法》第45条规定了产品责任的法律适用，第46条规定了人格权侵权的法律适用，第50条规定了知识产权侵权的法律适用，这些属于特殊侵权法律适用的规定，从上述规定可以看出，《法律适用法》采取了区分侵权行为一般侵权和特殊侵权的做法，分别确定准据法。我国《海商法》第273条与第275条、《民用航空法》第189条、《中华人民共和国海洋环境保护法》第2条分别规定了海上侵权行为、空中侵权行为、海洋环境污染侵权的法律适用，这些规定亦是特殊侵权法律适用的规定，根据《法律适用法》第2条第1款的规定，特别规定有优先一般规定适用的效力。

二、我国涉外侵权法律适用立法中的理论问题

（一）《民法通则》第146条是否被废止

《法律适用法》第51条规定，"《中华人民共和国民法通则》第146条……与本法的规定不一致，适用本法"。根据该条规定，学界主流观点认为《民法通则》第146条被废止。其实，《法律适用法》第51条还可以有另外一种解读，就是该条规定并未废止《民法通则》第146条，只是《民法通则》

第 146 条与《法律适用法》第 44 条相抵触的条款失去效力，不抵触的规定仍然有效。应当说后一种理解更符合《法律适用法》第 51 条的本意，以下是以《法律适用法》第 51 条并未废止《民法通则》第 146 条为基础论述我国涉外侵权法律适用立法中的理论问题。

（二）侵权行为地的界定

侵权行为适用侵权行为地法为世界各国广泛接受、普遍适用从而成为一般规定，各国立法大都对侵权行为地作出明确界定，以避免出现歧义。各国基于法律适用的确定性、可预见性、利益和政策考量，对侵权行为地作了不同的界定。随着社会的发展，涉外侵权出现了新的类型或者发生了变化，许多国家与时俱进，对侵权行为地重新进行了界定或者进行了补充性界定，呈现出"回家去"趋势。

早期侵权行为地的界定，呈现单义化的态势，绝大多数国家界定侵权行为地为侵权行为实施地。1898 年《日本法例》第 11 条第 1 款因"侵权行为而发生债权的成立及效力，依其原因事实发生地法"的规定就是典型例证，1966 年《波兰国际私法》第 31 条第 1 款"非法律行为所产生之债，依债务原因事实发生地法"的规定与日本如出一辙，可谓佐证。单义界定的另一种模式是以损害结果发生地为侵权行为地援引准据法。2005 年《保加利亚共和国关于国际私法的法典》第 105 条第 1 款规定，"因侵权行为引起的义务，由直接损害的发生地或可能发生地国法支配。"纯以损害发生地或可能发生地作为侵权行为地的国家为数不多，甚至可以说是个例，究其原因主要是侵权行为实施地和损害结果发生地往往为同一地方，两地的法律为同一法律。

20 世纪下叶以来，侵权行为地的界定发生了重大变化，新近立法多采用复义方式进行界定：①以侵权行为实施地为侵权行为地，辅以损害结果发生地。1987 年《瑞士联邦国际私法》界定加害行为地为侵权行为地，损害结果发生地具备一定条件可为侵权行为地。②以损害结果发生地为侵权行为地，辅以侵权行为实施地。2007 年《土耳其共和国关于国际私法与国际民事诉讼程序法的第 5718 号法令》第 34 条规定，"侵权行为所生之债，依侵权行为实施地国法。当侵权行为的行为地与结果发生地位于不同国家时，适用结果发生地国法"。③侵权行为实施地和损害结果发生地同为侵权行为地，同等适用。1964 年《捷克斯洛伐克国际私法及国际民事诉讼》第 15 条的规定，"损害赔偿的请求权，除因违反契约及其他法律行为而规定的义务外，依损害发生地法或赔偿请求原因事实发生地法"。④侵权行为实施地和损害结果发生地同为侵权行为地，由受害人选择侵权行为地。2007 年《马其顿共和国关于国际私法的法律》第 33 条规定，对于非合同的损害责任，依行为实施地法律。如果施害人本能或本应预料损害结果的，则作为例外，依受害人请求适用结果发生地法。⑤侵权行为实施地和损害结果发生地同为侵权行为地，适用对受害人有利的法律。1999 年《斯洛文尼亚共和国关于国际私法与诉讼的法律》第 30 条第 1 款规定，非合同损害责任，依行为实施地法。若对受害人更为有利，则不适用行为地法而适用结果发生地法，但须以行为人事先本能预见结果的发生为条件。

各国对侵权行为地的界定随着社会的发展而变化。1896 年《德国民法施行法》没有明确界定侵权行为地，2010 年德国修改了其民法施行法，该法界定侵权行为地为行为实施地，受害人请求结果发生地为侵权行为地的，可以在第一审开庭日前或书面预审程序终结前提出。1898 年《日本法例》第 11 条规定原因事实发生地为侵权行为地，2006 年《日本法律适用通则法》第 17 条将其修改为加害行为结果发生地为侵权行为地，"无法预测在其地的结果的发生时，依加害行为进行地法"。美国对侵权行为地界定变化最大，1934 年比尔主持编纂《冲突法重述（第一次）》采纳"既得权"理论对判例予以规则化，界定侵权行为地界定为"使行为人承担责任所必需的最后一个事实发生地"；1971 年里斯编纂《冲突法重述（第二次）》，采用最密切联系原则确定侵权行为地；正在编纂的《冲突法重述（第三次）》（草案）规定了"侵权行为实施地"与"侵权结果发生地"分别位于不同州时，受害人可选择适用任一州的法律。

2007 年《罗马条例 II》第 4 条规定是欧盟涉外侵权法律适用的最新立法成果，该条第 1 款规定，"侵权所产生之非合同之债的准据法应当是侵权结果发生地法，而非导致损害发生的事件所在地法，也不是该事件所产生的间接后果地法"，导致损害的事实、该事实的非直接后果发生于何国在所不问，界定侵权行为地为"侵权直接损害结果地"。尽管欧盟大多数成员国以侵权行为实施地为侵权行为地，但由于跨国侵权案件的因素往往散布在不同国家，适用行为实施地规则确定准据法会带来判决结果的不确定性，统一适用损害结果发生地法有助于调高司法判决的可预见性，同时表明侵权法的价值重心由惩戒不当行为转向合理分配责任。[1]

我国侵权行为地界定存在的问题首先是立法机关应当行使立法权以法律的形式对侵权行为地作出界定而未界定，转由最高人民法院以司法解释的方式作出界定，这与世界各国普遍做法相违背；其次，最高人民法院对侵权行为地的界定明显倾斜于法院利益，当侵权行为实施地与损害结果发生地位于不同国家时由法官行使自由裁量权界定侵权行为地，并且缺乏界定标准和约束，这种做法在世界上独一无二，极易造成自由裁量权的滥用和过度适用法院地法；再次，侵权行为地分为侵权行为实施地与损害结果发生地，应当明确规定二者的主次关系，不应将其置于同等地位，增加侵权行为地确定的不确定性；最后，立法要平衡加害人与受害人利益，不应过分强调受害人的利益。侵权关系中受害人并非都是弱者，没有理由给予涉外侵权中的受害者高于国内侵权中的受害者的保护。一些国家立法规定受害人如要选择适用侵权行为实施地法或侵权结果发生地法，应以加害人预见或应当预见为限，维护加害人对法律选择结果的可预见性，[2] 可谓保护加害人的一项措施。可预见性是侵权责任法发挥预防威慑效能的基本前提，行为人能否事先预测所要适用的法律及法律的内容，关系到行为人对避免行为发生采取何种程度的注意水平和行为水平。如果侵权法律适用规则指向准据法不明或者被交由法院选择，当事人无法预见所要适用的法律，侵权责任法的预防威慑效能根本无从谈起。

（三）双重可诉原则不可轻言放弃

双重可诉原则是指在本法域以外发生的行为，侵权行为地法和法院地法都认为构成侵权行为的方能按侵权行为处理。1870年英国法院审理菲利普斯诉艾尔案，威尔士法官提出在英国境外发生的侵权行为若想在英国法院胜诉，必须满足：①该行为若发生在英国其可诉；②该行为依行为地法属不正当行为，[3] 确立了双重可诉原则。1896年《德国民法施行法》首开双重可诉原则立法先河。我国1986年《民法通则》在借鉴德国立法经验基础上设立双重可诉原则。

---

〔1〕 肖永平、崔相龙："欧盟《非合同之债法律适用条例》评析"，载《暨南学报（哲学社会科学版）》2008年第3期，第4页。

〔2〕 林强："涉外侵权法律选择中的'侵权行为地'界定——从侵权一般冲突规则的解释切入"，载《现代法学》2018年第4期，第167页。

〔3〕 Phillips v. Eyre. L. R. 6 Q. B. 1, 22L. T. （Ex. Ch.）, 1870：869.

　　《法律适用法》起草过程中对双重可诉原则存废展开了争论。一些学者主张废除双重可诉原则，理由有：从世界范围看，多数国家立法没有双重可诉原则的规定，我国立法应当从众；双重可诉原则是一把双刃剑，我国规定了双重可诉原则，外国法院也可以依据对等原则对发生在中国的侵权行为不作侵权行为处理，不利于我国公民、法人的保护；双重可诉原则不利于案件的公正审理，被外国法认定为侵权行为的案件，很可能与外国与案件联系更密切，采用双重可诉原则排除外国法适用有违法律适用的公正性；双重可诉原则的作用在于维护国家主权和社会秩序，实行这一目的不必依赖双重可诉原则，采用其他方式同样能达到这一目的。持相反观点的学者认为，双重可诉原则不可立即废止，理由有：双重可诉原则在侵权领域维护国家主权和社会秩序的作用为其他方式所不可替代；双重可诉原则存废不能以采用国家的多少为圭臬进行判断，应根据本国国情予以取舍，就我国经济发展程度而言，双重可诉原则不能被轻言放弃；双重可诉原则是侵权行为法律适用例外原则，适用范围受到限制，适用过程中从严掌握，有利无害。[1]

　　《法律适用法》未对双重可诉原则作出规定，学界主流观点认为双重可诉原则被摈弃，我国不再区别对待发生地在国外的侵权行为，不再对发生在国外的侵权行为重叠适用法院地法律和侵权行为地法律，不再予以侵权行为人"双重可诉"的特别保护，在国外遭遇侵权行为的受害人将可以更多地选择在国内法院起诉。[2] 相反的观点认为双重可诉原则与《法律适用法》第 44 条及其他特殊侵权法律适用条款没有抵触之处，仍然有效。

　　双重可诉原则确立至今已有百余年历史，百年沧桑，双重可诉原则在英国等国家出现了由盛及衰的变化，在德国等国家则不断得到强化。英国在 Eyre 案确立了双重可诉原则后，先后通过 Machado 案、[3] Boys 案、[4] Red Sea Ins. Co. Ltd. 案[5]对其进行了修正，逐步以最密切联系原则替代了双重可诉原则。1995 年《英国国际私法（杂项规则）》仅规定诽谤案件仍然适用双重可诉原

---

　　〔1〕　齐湘泉："《涉外民事关系法律适用法》起草过程中的若干争议及解决"，载《法学杂志》2010 年第 2 期，第 11 页。

　　〔2〕　曾二秀："我国侵权法律选择方法与规则解析"，载《学术研究》2012 年第 10 期，第 61 页。

　　〔3〕　Machado v. Fontes. 2Q. B. 231，76L. T.（C. A.），1897：588.

　　〔4〕　Boys v. Chaplin. 2All E. R. 2 Lloyd's Rep. 487（H. L.），1969：1085.

　　〔5〕　Red Sea Insurance v. Bouygues S. A. A. C. 190（P. C.），1995：190.

则，但对想在英国胜诉的原告提出了更高的要求。[1] 2010 年德国修改了《民法施行法》，修改后的《民法施行法》对双重可诉原则进行了完善。[2] 日本同德国一样，2007 年修改 1898 年《日本法例》时，进一步强化了双重可诉原则。[3]

　　各国经济发展水平不平衡，侵权责任法差异巨大，特别是侵权损害赔偿数额呈现天壤之别。美国得克萨斯州法院审理的日本公民小林莎野茄诉日本丰田汽车公司、日本公民大田英昭性骚扰侵权案，原告提出了天价的赔偿数额，在法院调解下，被告无奈同意赔偿原告 1.07 亿美元，这种结果在美国以外的其他国家难以被接受。双重可诉原则可以一定程度上防止本国法律不认为是侵权行为的行为被作为侵权行为处理，防止超出本国法律认可的损害赔偿，因此仍然充满活力，有着不可替代的作用。

　　我国是发展中国家，实行"走出去"战略和"一带一路"倡议以来，我国不断加大海外投资，扩大对外贸易，由此引发的涉外侵权案件不断增加。为维护我国公民、法人合法权益，不仅不能废除双重可诉原则，相反，应当借鉴德国、日本立法，强化双重可诉原则。至于有学者提出《民法通则》仅规定法院地法不认为是侵权行为的不作为侵权行为处理，未规定中国法作为法院地法认为是侵权行为，而侵权行为实施地法不认为是侵权行为的情况下，中国法院会否受理受害人的起诉；双重可诉原则是否只适用于中国公民或法人提起的诉讼，是否只适用于在我国法院提起的诉讼，是否也适用于我国法院对外国法院作出的侵权之诉的判决的承认和执行等都不明确等问题，[4] 应在总结实践经

---

　　[1] 李晓宁："双重可诉原则的发展变化及对我国的立法启示"，载《唐山师范学院学报》2010年第 1 期，第 129 页。

　　[2] 1896 年《德国民法施行法》第 12 条规定，对于德国人在外国所为的不法行为的请求，不得大于德国所承认之请求。2010 年《德国民法施行法》第 40 条第 3 款规定，不得提出受其他国家法律支配的请求权。只要该项请求：①实质上大大超出了受害人所需要的适当赔偿，②明显出于对受害人进行适当赔偿之外的其他目的，或者③与对联邦德国有约束力的国际公约的责任法规定相抵触。

　　[3] 1898 年《日本法例》第 11 条第 3 款规定，在外国发生的事实，虽依日本法律为侵权者时，除非是日本法律认许的损害赔偿或其他处分，受害人不得请求之。2006 年《日本法律适用通则法》第22 条规定，①对侵权行为应依外国法，应适用该外国法的事实依日本法不为违法时，不能要求该外国法中的赔偿损失及其他民事权利。②对侵权行为应依外国法，即使应适用该外国法的事实依该外国法及日本法为违法时，被害人只能要求日本法中的赔偿损失及其他民事权利。

　　[4] 蔡斌："涉外侵权行为法律适用的发展及其在我国的理论与实践"，载《广东广播电视大学学报》2009 年第 4 期，第 53 页。

验的基础上，通过完善双重可诉原则立法解决。

（四）当事人选择法律的时间不应限制

《法律适用法》引意思自治原则进入涉外侵权领域，这是有着深远意义的重大进步。该法第44条在规定"当事人协议选择适用法律的，按照其协议"的同时对选择法律的时间作出限制，要求"侵权行为发生后"，则不尽合理。这是因为事前选择比事后选择更为科学，一旦当事人事前以协议方式确定了侵权准据法，会以"被选定的侵权准据法引导着采取最优注意、从事最优行为，从而达到社会最优。相反，事后选择方式显然并不具有该预防功能，无法创造财富，也不具有市场资源配置的功能，而只是原告和被告当事人之间实体和诉讼两大成本的财富再分配"[1]。事后选择准据法难以达成协议，过错方同意选择准据法无疑等于同意受害人将自己送上法庭，过错方很难有这样的宽宏大量。放开当事人需要选择法律的时间，有利于选法协议的达成。

第四节　我国涉外侵权法律适用实践

《法律适用法》对涉外侵权法律适用的规定无论是在立法理念上还是立法技术上都取得了很大的进步，应当予以肯定。司法实践中，由于案件本身的复杂性和法律关系的多样性，我国调整涉外侵权法律适用的法律在实施上仍然出现了不少问题，需要在总结司法实践经验的基础上不断对其加以完善，从而增强其合理性和科学性。

一、法院地法适用滥觞

通过 iCourt 的 Alpha 数据库搜集到 2011 年至 2018 年涉外侵权案件各级法院的裁判文书 1122 份，涉及侵权责任纠纷、海上侵权责任纠纷、机动车交通事故纠纷、财产损害赔偿纠纷以及知识产权纠纷。这些案件中，适用中国法律的有 1116 件，约占全部案件的 99.46%，适用中国港澳台地区相关规定的有 3 件，约占 0.27%；适用日本法的有 1 件，约占 0.09%；适用国际公约的有 1

---

〔1〕 李婧："我国涉外侵权法律适用规则的完善——基于私人自治与政府规制的经济学思考"，载《河南社会科学》2017 年第 1 期，第 96 页。

件，约占 0.09%；同时适用国际公约和中国法律的有 1 件，约占 0.09%。[1]统计数字表明，我国涉外侵权审判极少适用外国法律、国际公约等相关规定，存在法院地法适用滥觞现象。

《法律适用法》第 44 条采用多边主义法律选择立法，试图通过全面、灵活的法律选择实现内外国法律的平等地位，但现实却不尽如人意，除极少数案件适用了域外法，绝大多数案件适用了中国法。

涉外侵权过度适用法院地法并使之常态化不利于我国对外民商事交往，也违背了《法律适用法》的立法宗旨。涉外侵权案件的法律关系错综复杂，我国的立法又有一定的灵活性，这为法官在法律的框架内选择最适当的法律创造了驰骋的空间。从案例中可以看出，对有的案件适用外国法对当事人权利义务的分配可能更公正。法官在涉外侵权案件审判中热衷于适用法院地法，主要原因是法官长期生活在特定的国内法环境中，文化背景、法律意识、司法理念具有强烈的国内法倾向，知识结构单一化，法官在不能像适用中国法一样熟练地适用外国法时，就技术性地排除外法域法律，导致我国在涉外侵权案件的审理中呈现出法院地法适用滥觞现象。解决法院地法适用滥觞的出路在于提升法官的专业素养，树立人类共同体的法律观，以更加开明的态度处理涉外侵权争议，平等对待不同的法律体系，以实现法律适用结果的合理性。

二、管辖权规则与法律适用规则混同

涉外、涉港澳台民事案件管辖权是法院对具有涉外、涉港澳台因素的民事案件的审判权限和各级各类法院受理第一审涉外民事案件的权限和分工，属程序性规则。法律适用规范是国内法或者国际条约规定的指出不同性质的涉外民事法律关系应适用何法域法律确定当事人权利与义务的规范，具有程序法和实体法双重性质。管辖权规则与法律适用规则性质不同，调整的对象不同，不能混同使用。实践中，管辖权规则与法律适用规则不分混同使用的情况并非个案。《民事诉讼法》第 28 条规定，因侵权行为提起的诉讼，由侵权行为地或者被告住所地人民法院管辖，一些法官适用该条规定确定准据法，其具体做法有两种：一种是仅以法人住所地或者被告住所地在内地为由适用《法律适用法》第 44 条。在钟健龙诉中银保险有限公司珠海中心支公司等人身损害赔偿纠纷

---

[1] 李慧敏：“涉外侵权关系法律适用的实证研究”，载《长江论坛》2018 年第 6 期，第 79 页。

案中，法院认定原告系澳门特别行政区居民，被告为内地居民，本案为涉澳侵权案件，应根据《法律适用法》第 44 条的规定确定准据法。"涉案被告住所地在广东省，因此，本案应适用内地法律作为本案的准据法"〔1〕。本案中，法官定性案件性质、选择法律适用规则都正确，但适用内地法律的理由阐述上以管辖权确定的标志为依据，混淆了管辖权规则与法律适用规则，同时也否定了适用《法律适用法》第 44 条的合理性。另一种是以被告住所地、侵权行为地均在内地为由适用《法律适用法》第 44 条。以上两种情形都是把确定管辖权依据的标志"被告住所地"作为确定涉外侵权案件准据法的连接点，混淆了两种不同性质的法律，这种混淆直接导致了《法律适用法》第 44 条适用的依据缺失。产生这种现象的原因是法官缺乏法律适用法基础性的常识性的知识，难以担当涉外民事案件的审判，需要进行系统性培训，提高审判能力。

三、共同属人法的适用不尽如人意

《法律适用法》第 44 条对一般侵权责任的法律适用设计了递进选法规则：当事人事后意思自治选择了准据法时适用当事人选择的法律；当事人未选择应适用的法律，当事人经常居所地位于同一法域适用共同属人法；当事人既未选法，又无共同经常居所地，适用侵权行为地法。实践中，法院几乎不关注经常居所地法的适用，出现当事人未选择应适用的法律的情况，跳过经常居所地法，直接适用侵权行为地法。在哈特姆·法蒂（Hatem Fathi）诉吴国豪机动车交通事故责任纠纷案中，原告哈特姆·法蒂是外国人，被告吴国豪系中国公民，2014 年 8 月 13 日，哈特姆·法蒂向义乌市人民法院提起诉讼，称：2014年 6 月 25 日 23 时 30 分，吴国豪醉酒驾驶浙 G×××××号小型轿车途径稠州北路479 号中段撞上哈特姆·法蒂驾驶的浙 G×××××号小型轿车，两车都部分受损，交警大队事故中队认定吴国豪负事故全部责任，原告无责。〔2〕法院依据《法律适用法》第 44 条"侵权责任，适用侵权行为地法律"的规定认定本案适用中国法律。本案不能排除适用共同属人法的可能性。哈特姆·法蒂在义乌市的居住时间判决书中未涉及，从已在义乌市购车的事实推定应当居住一年以上。吴国豪为本地人，双方当事人的共同居所地很可能就在义乌市。无论如何，法

---

〔1〕　广东省珠海横琴新区人民法院民事判决书，（2017）粤 0491 民初 536 号。
〔2〕　浙江省义乌市人民法院民事判决书，（2014）金义民初字第 2200 号。

院应当在判决书中明晰不适用经常居所地法的理由。

厦门紫翔电子科技有限公司、王保清诉陈青青名誉权纠纷案同样存在此类问题。[1] 厦门紫翔电子科技有限公司 2006 年在中国设立，是台港澳商人的合资企业，王保清系台湾居民，在公司任厂长，陈青青是大陆居民。厦门紫翔电子科技有限公司的经常居所地在大陆，王保清任厂长在大陆居住时间应当在一年以上，本案存在适用经常居所地法的可能。法院在本案判决书中阐述适用中国法律的理由是侵权行为发生后，各方对法律适用没有约定，应当适用侵权行为地法律，故本案适用中华人民共和国法律。显然，法院没有考虑共同属人法的适用。

在中国境内发生的侵权案件，适用经常居所地连接点援引法律与适用侵权行为地连接点援引法律得到的结果可能都指向中国法律，但二者所依据的事实完全不同，这其中还涉及经常居所地的界定、侵权行为地的认定等法律问题，因此，法院应当对为什么不适用侵权行为地法的前置法律经常居所地法作出说明。

2011 年至 2018 年 7 月中国裁判文书网发布的机动车交通事故责任纠纷民事判决书有 120 份，全部适用中国法律。其中适用《法律适用法》第 44 条选法的判决有 117 份，有 3 份判决书没有法律选择过程直接适用中国法律。在适用《法律适用法》第 44 条选法的 117 份判决书中，适用当事人选择的中国法律有 2 起；阐述当事人未协议选择本案适用法律，各方无共同经常居所地，故本案应适用侵权行为地法律即中国法律予以裁判的有 8 起；[2] 其余判决书均未说明当事人经常居所地情况直接适用侵权行为地法，规避了共同属人法的适

---

〔1〕 福建省厦门市海沧区人民法院民事判决书，（2013）海民初字第 2507 号。

〔2〕 ①刘品江与张志钧机动车交通事故责任纠纷案，广东省珠海横琴新区人民法院民事判决书，（2017）粤 0491 民初 222 号；②方树华与中国人民财产保险股份有限公司义乌市分公司、顾利其机动车交通事故责任纠纷案，浙江省义乌市人民法院民事判决书，（2015）金义民初字第 2824 号；③关带等诉黄承柏等公司机动车交通事故责任纠纷案，广东省江门市新会区人民法院民事判决书，（2017）粤 0705 民初 3539 号；④Adilsaeed Mohammed Abdalla 诉王怀英等机动车交通事故责任纠纷案，湖北省武汉市洪山区人民法院民事判决书，（2015）鄂洪山民三初字第 00930 号；⑤赵容根、赵根长等与李军、中国太平洋财产保险股份有限公司中山中心支公司机动车交通事故责任纠纷案，广东省珠海横琴新区人民法院民事判决书，（2015）珠横法民初字第 826 号；⑥李桂枝等诉杨在胜等公司机动车交通事故责任纠纷案，北京市大兴区人民法院民事判决书，（2016）京 0115 民初 18317 号；⑦陈树洪与中国人民财产保险股份有限公司珠海市分公司、叶剑明机动车交通事故责任纠纷案，广东省珠海横琴新区人民法院民事判决书，（2015）珠横法民初字第 189 号；⑧何忠宏诉沈范柱等机动车交通事故责任纠纷案，江苏省苏州工业园区人民法院民事判决书，（2014）园民初字第 1639 号。

用，违反了《法律适用法》第 44 条规定的递进选法规则。

四、侵权行为地的界定应进一步规范

通过分析收集到的法院判决书可以看出，我国涉外侵权适用侵权行为地法的案件中，不区分加害行为地和损害结果发生地的占 48%。这些案件中，法院裁判文书对法律适用过程的阐释过于笼统，公式化、形式化，未能说明适用侵权行为地法的事实依据并作出解释。在圣沛黎洛（SanPellegrinos）诉薛立新计算机网络域名纠纷案一审民事判决书中，[1] 法院认定本案涉及的是涉外不正当竞争侵权责任，应依据《法律适用法》第 44 条确定准据法。双方经常居住地并不一致，且未协议约定适用法律，故应适用侵权行为地法律。法院对案件性质认定和准据法的确定准确无瑕疵，但在解释侵权行为地时却出现了低级错误。法院认为本案"系争域名在中国注册，可认定中国为该部分争议纠纷的侵权行为地之一，故应适用中国法律"。"系争域名在中国注册"只能证明域名在中国注册这一事实，既不能作为加害行为地，也不能作为损害结果发生地，与侵权行为地不能等同，不能作为认定侵权行为地的标准。

区分加害行为地和损害结果发生地的案件占 52%，这些案件或是采用侵权行为实施地或是采用损害结果发生地作为具体的侵权行为地。在 Power Links International 等诉远东电缆有限公司欺诈纠纷案中，[2] 法院认为，原告远东公司与被告 PLI 没有共同经常居所地，也未就适用的法律达成合意，故应适用侵权行为地法律。本案涉及保函欺诈问题，被诉侵权行为造成或者可能造成损害的实际结果承受人为远东公司，故应以中国为侵权行为地。本案采用了"损害结果发生地"作为侵权行为地，是一起较好地确定侵权行为地案例。在一些案件中，法官在认定侵权行为地时，存在明显适用内国法的倾向，长此以往，我国司法公正性将受损害。应当规范侵权行为地的界定，制定相应的界定侵权行为地的规范，做到有法可依。

五、特殊侵权法律适用规范应当独立适用

《法律适用法》除规定一般侵权行为的法律适用外，还规定了人格权侵权、

---

〔1〕　江苏省无锡高新技术产业开发区人民法院民事判决书，（2013）新知民初字第 0103 号。

〔2〕　江苏省高级人民法院民事判决书，（2016）苏民终 932 号。

知识产权侵权等特殊侵权行为的法律适用。一般侵权法律适用规范与特殊侵权法律适用规范竞合时，应优先适用特殊规范，特殊规范不足以确定涉外侵权案件准据法时，适用一般规定确定准据法。但在司法实践中，特殊侵权案件适用一般侵权法律适用规范确定准据法，或者一般侵权法律适用规范与特殊侵权法律适用规范共同适用确定准据法的情况屡见不鲜。虽然大多数情况下选法的结果都是适用中国法，但其裁判文书的表述和法律适用的逻辑推理过程错误无疑，也违反了《法律适用法》第2条"涉外民事关系适用的法律，依照本法确定。其他法律对涉外民事关系法律适用另有特别规定的，依照其规定"的规定。青岛海事法院审理的延成海运公司（Yun Sung Marine Corp）等诉金盛船务有限公司（Jinsheng Shipping Limited）等船舶碰撞损害赔偿纠纷案即存在上述问题。[1]

2007年5月12日，原告延成海运公司所有的"金玫瑰（Golden Rose，韩国国籍）"轮航行至渤海湾口老铁山水道附近被被告所有的"金盛（JIN SHENG，圣文森特国籍）"轮撞沉，造成重大损失，延成海运公司向青岛海事法院提起诉讼，请求法院判令被告承担赔偿责任。法院认定本案为船舶碰撞损害赔偿纠纷，依据《民法通则》第146条、《海商法》第273条、《法律适用法》第44条规定确认应适用中华人民共和国法律审理本案。上述三部法律都规定侵权行为适用侵权行为地法，本案船舶碰撞地点在渤海湾口老铁山水道附近，位于中国领海，故准据法为中国法律。本案系特殊侵权案件，适用《海商法》第273条援引准据法足矣，不需要画蛇添足引用《民法通则》第146条、《法律适用法》第44条的规定。将一般侵权法律适用规范的适用范围扩大化，削弱了特殊侵权法律适用规范的功能，有时还会导致法律适用结果的变化，影响案件的公正审理。如果上述三部法律指向的法律不同，则人为制造出法律适用规范冲突，甚至导致准据法选择错误。

六、发生在公海、公空侵权行为的法律适用

各国立法规定的涉外侵权是指超越了某一国家或特定法域的地理空间发生于某一特定地点的行为，或者是发生在本法域内不同国籍、不同住所地或者不同经常居所地自然人、法人之间的行为，侵权行为必须与一定的法域和一定的

---

〔1〕 青岛海事法院民事判决书，（2007）青海法海事初字第420号。

地理位置相联系。公海、公空有地理位置但不属于任何国家或地区的法域范畴，科学技术的进步延伸了人类的双脚，搭乘轮船、飞机涉足公海、公空已是寻常之事。发生在公海、公空的侵权行为适用何国法律，各国立法很少涉及。还有极特殊的侵权案件，既没有侵权行为地实施地，也难以觅寻损害结果发生地，例如，2014 年 3 月 8 日发生的马来西亚航空公司 MH370 号航班失联事件，[1]至今没有找到飞机失事地点，也未查明飞机失事原因，此类案件如何确定侵权行为地，如何确定应适用的法律，这是实践提出的必须直面并予以解决的问题。

在原告羊某某诉被告英国嘉年华邮轮有限公司、第三人浙江省中国旅行社集团有限公司侵权一案中，[2] 法院适用最密切联系原则确定本案适用中国法律的实践为难以确定侵权行为地案件提供了有益的借鉴。

法院对该案适用最密切联系原则确定准据法的法理阐述为：本案发生在航行在公海的蓝宝石公主号邮轮上，属特殊侵权纠纷，不能将船舶本身确定为侵权行为地，亦不能将邮轮当时所在的海域认定为侵权行为地，无法适用《法律适用法》第 44 条确定准据法，适用最密切联系原则确定准据法科学、公平，亦符合侵权损害赔偿的填补原则。法院综合考虑与案件有联系的连接点，认为溺水事故发生后，原告被送往中国上海、北京等地医院救治；原告的住所地、经常居住地均为中国，原告至今及日后的护理、生活应该在中国；旅游合同签订地和邮轮旅客运输的出发港、目的港均在中国。被告虽为英国公司，但在中国上海港开展邮轮业务已有多年，并设有办事处。涉案邮轮事故前后近三年时间里主要以上海港为母港从事营运活动。从数量因素上看，案件中较多的连接点集中于中国，从质量因素上看，上海港为涉案邮轮母港，原告为中国公民，受伤后在中国治疗、在中国生活和被护理，这些因素与本案具有最直接、真实的联系因素，无论从法律适用的公平、正义考量，还是从连接点的质量、数量

---

〔1〕 2014 年 3 月 8 日，马来西亚航空公司 MH370 号航班在执行由吉隆坡飞往北京的航线途中失去联系。该航班总共运载 239 人，其中包括 227 名旅客（2 名婴儿）及 12 名机组人员。航班的乘客来自于 14 个国家或地区，中国有 153 名成人和 1 名婴儿。

〔2〕 2015 年 8 月 1 日，原告（7 岁）和其母同第三人签订出境旅游合同，搭乘被告所属蓝宝石公主号邮轮（船旗国英国）出境旅游。8 月 5 日下午 2 时许，邮轮航行至公海海域时，原告在邮轮泳池溺水致残，经司法鉴定为致残程度一级，完全护理依赖。

考量，本案准据法应为中国法律。[1]

《法律适用法》第 2 条规定最密切联系原则是涉外民事关系法律适用的基本原则，在涉外侵权案件中，具体的法律规定无法确定应适用的法律时，可以依据最密切联系原则确定准据法。此外，依据《民法通则》第 142 条第 3 款"中华人民共和国法律和中华人民共和国缔结或者参加的国际条约没有规定的，可以适用国际惯例"的规定，本案可以考虑适用国际惯例。

---

〔1〕 谢振衔、郭灿："外籍邮轮人身损害赔偿责任纠纷的法律适用"，载《人民司法》2019 年第 5 期，第 79~83 页。

第六章

知识产权国际保护理论、立法与实践

知识产权跨国交流与国际合作已是人类文明成果传播的重要手段，知识产权作为国际贸易标的物具有商品属性，以法律形式对知识产权予以适度保护，鼓励发明人、创造者、制作商的积极性，是促进知识产权流转良性发展的必然选择。我国《法律适用法》借鉴国际知识产权保护立法，尊重国际通行做法，对涉外知识产权法律适用作出了规定，填补了知识产权法律适用立法的空白，把知识产权保护提高到一个新阶段。

《法律适用法》制定过程中，设立知识产权法律适用规则是共识，关于如何设立则存在分歧。一种观点是单设一章，集中规定知识产权法律适用；另一种观点是不设单章，知识产权归属和内容法律适用放到物权章，知识产权转让和许可使用法律适用放到债权章，知识产权侵权法律适用放到债权章的侵权部分。全国人大常委会在听取各方面意见基础上决定知识产权法律适用独立成章，单独规定，凸显我国高度重视知识产权的法律保护。

第一节　知识产权保护理论与立法

一、知识产权保护理论

知识产权又称作无形财产权、智慧财产权、智力成果权，是指权利人对其所创作的智力劳动成果或工商业经营成果所享有的专有权利。17 世纪中叶法国学者卡普佐夫（Carpzov）提出一切来自知识活动领域的权利称之为"知识产权"，20 世纪中叶知识产权作为法律概念在国际上被广泛使用。知识产权分为工业产权和版权，前者包括专利权和商标权，后者又称著作权。随着科学技术发展和社会进步，集成电路布图设计权、植物新品种权、地理标志权和商业秘密等非物质性客体也被纳入知识产权的保护范围。

知识产权作为一种特殊的财产权，以无形性、法定性、独占性、地域性和时间性特征区别于有形财产权。知识产权的客体是具有非物质性的发明创造、作品等智力成果或者商誉等工商业经营成果，不同于有形财产可以通过占有推定所有，也不同于有形财产存在、使用和消灭的状态，只能经过法律确认方能成为法律保护的权利。知识产权的取得、范围、期限和终止等都需要经过法律的确认和授权，一般来讲，专利权和商标权需要经过权利人向主管机关提出申请，主管机关根据内国法律通过特定的程序审查后决定是否授予；著作权虽不需经过申请和审查即可自动获得保护，但其自动保护也是源于法律规定。

涉外知识产权是指知识产权法律关系的主体、客体或法律事实诸要素中含有涉外因素。涉外知识产权除了具有知识产权的一般特点外，还具有以下三个特点：其一，知识产权的主体突破了国籍限制，外国人可以在内国取得主体资格；其二，知识产权通常受到两个或两个以上国家法律的保护，权利人一般先在一国取得知识产权，然后通过申请在另一国或多国取得知识产权；其三，知识产权可能同时受到国内法和国际法的双重保护。[1]

知识产权保护制度起源于封建社会，1236 年英王亨利三世颁发给波尔多的一个市民 15 年垄断使用制作色布技术的特权是专利制度的雏形。封建社会的统治者通过颁发政令授予特定的人以特权，使其在统治者权力所及的领域内获得一定的垄断效益，统治者亦从中受益。统治者授予的特权只在其领地内有效，知识产品一旦超出统治者的属地便不再得到保护。

自由资本主义时期，为了最大限度地攫取商业利益，各国都希望无偿地使用外国发明创造者的智慧成果，不承认、不保护依据外国法律产生的知识产权，同样也不要求外国承认和保护其依内国法产生的知识产权。垄断资本主义阶段，西方国家把大量的技术、资金、产品投入其他国家和地区时，开始意识到知识产权保护的地域性是一把双刃剑，保护的同时也是限制。为使知识产权在国外也同样受到保护，各国开始协调和解决知识产权地域性和趋势渐劲的国

---

〔1〕 章尚锦主编：《国际私法》，中国人民大学出版社 2000 年版，第 139 页。

际性之间的矛盾，经济发展的要求催生了知识产权保护制度。

进入 20 世纪以后，知识产权保护制度渐趋成熟，并呈现出现代化、国际化、体系化、战略化特征，具有非物质性特点的无形财产在社会生活、经济生活中占据极其重要的位置，足以与有形资产相媲美，《关税及贸易总协定》将知识产权贸易与货物贸易、服务贸易并列为三大贸易，足见知识产权的重要性。人类进入信息与数字化时代以来，知识产品带来了巨大经济价值，国际社会越来越重视知识产权的保护。在国际知识产权制度的发展变革历程中，相对公平正义理念始终存在。根据国际知识产权保护标准而获得的知识产权，是一种有期限、有例外、有选择的垄断权，与此同时，它也体现了维护公共利益和激励创造的功能追求。[1]

知识产权的保护程度决定于经济发展水平，各国经济实力相差悬殊决定了知识产权保护立法参差不齐，为解决法律冲突，国际社会建立了统一实体法调整与法律适用法调整"二元"制法律制度。1883 年《保护工业产权巴黎公约》（以下简称《巴黎公约》）问世以来，数十个保护知识产权的国际条约被制定出来；与此同时，知识产权法律适用严格的属地主义被打破，越来越多的国家在本国法律适用法中规定了知识产权冲突的法律适用，通过法律适用规范援引准据法保护知识产权。

二、知识产权法律保护的国际立法

知识产权的国际保护呈现特殊性，其保护方法以国际统一实体规范直接调整为主，以法律适用规范援引准据法间接调整为辅。知识产权国际保护已经形成了较为全面、完整的法律体系。19 世纪末，西欧国家缔结了世界上第一个知识产权保护条约——《巴黎公约》，此前国际上对知识产权的保护主要通过国家签署双边条约来实现。继《巴黎公约》之后，世界各国主要采用国际条约调整各国经济发展不平衡产生的知识产权保护法律冲突，制定出 1886 年《保护文学和艺术作品伯尔尼公约》、1891 年《制止商品来源虚假或欺骗性标记马德里协定》与《商标国际注册马德里协定》、1925 年《工业品外观设计国际注册海牙协定》、1958 年《保护原产地名称及其国际注册里斯本协定》、1961 年

---

〔1〕　刘亚军、杜娟："国际知识产权保护变化中我国利益实现的现实选择"，载《甘肃社会科学》2018 年第 5 期，第 127 页。

《保护表演者、录音制品制作者和广播组织的罗马公约》、1961 年《保护植物新品种国际公约》、1967 年《建立世界知识产权组织公约》及 1968 年《建立工业品外观设计国际分类洛迦诺协定》等。这些国际条约多以实体规范为主要内容，规定了不同种类的知识产权保护的基本原则、标准或要求，有些条约以程序方面的知识产权保护为内容，或者兼顾实体与程序两方面内容。

1994 年成立的世界贸易组织（以下简称 WTO）加大了知识产权国际保护的力度，在 WTO 多边体制下制定了《与贸易有关的知识产权协议》（以下简称"TRIPS 协议"），这是迄今为止对各国知识产权法律和制度影响最大的国际条约。"TRIPS 协议"参考和吸收了以往绝大多数实体性和程序性公约的规定，设定了 WTO 成员必须达到的知识产权保护最低标准，全方位地提高了整个世界知识产权保护水准。"TRIPS 协议"对知识产权执法标准及执法程序作出规范，对侵犯知识产权应承担的民事、刑事责任及保护知识产权的边境措施、临时措施等都作了明确规定，这在知识产权保护历史上还是第一次。"TRIPS 协议"被引入 WTO 争端解决机制解决各成员之间产生的知识产权纠纷，将违反协议规定直接与单边及多边经济制裁挂钩，这是遏制知识产权侵权的重要举措。

尽管"TRIPS 协议"及相关知识产权保护条约在实施和执行过程中发挥了应有的作用，但仍有许多法律问题没有涉及，社会发展也不断产生新的法律问题，这些问题需要通过新的立法加以解决。为了适应时代和科技的发展，世界知识产权组织（以下简称 WIPO）体系下通过了《世界知识产权组织版权条约》（以下简称 WCT）、《世界知识产权组织表演和录音制品条约》（以下简称 WPPT）、《北京条约》、《马拉喀什条约》、《专利法条约》和《新加坡条约》等国际条约，强化知识产权的国际保护。美国、欧盟等 40 国通过谈判签署了《反假冒贸易协定》（以下简称 ACTA），ACTA 是一个旨在建立全球知识产权执法标准的国际条约，目的在于构建打击盗版物品、基因药品和网上版权侵权等侵权行为的国际法律框架，并在现存国际组织 WTO、WIPO 和 UN 之外设立一个治理机构。2011 年 ACTA 对外开放签字，美国、加拿大、韩国等 8 个国家签署，2012 年 1 月欧盟 22 个成员国在条约上签字。根据规定，只要有 6 个国家批准，该协议便可在批准国生效。[1]

知识产权国际保护的另一种方式是签署区域性或双边自由贸易协定、投资协定，这种保护方法有不断增强的趋势。2015 年 10 月 5 日通过的《跨太平洋伙伴关系协定》（以下简称 TPP）在商标、地理标志、专利保护方面都提出了较“TRIPS 协议”更高的保护义务，提高了知识产权保护标准，影响广泛。

2007 年《罗马条例Ⅱ》第 8 条专门规定了知识产权侵权纠纷的法律适用规则，“因侵犯知识产权而产生的非合同义务，应适用知识产权请求保护国法律。因侵犯具有统一性的共同体知识产权而产生的非合同义务，对于没有被该共同体的相关法律文件调整的任何问题，应适用侵权行为实施地法。根据本条所适用的法律不得因第 14 条规定的协议而减损”。从上述规定可以看出，知识产权侵权案件适用被请求保护地法，采用了世界通行规则；共同体相关法律优先侵权行为实施地法适用，以解决网络侵权、侵犯知识产权的行为发生在多国可能产生的侵权行为地不确定问题；第 3 款排除当事人意思自治，“可以推断是出于对适用权利请求保护地法原则或地域性原则的强调”[2]。《罗马条例Ⅱ》规定的知识产权侵权法律适用并无特别之处，值得肯定的地方在于采用区域性条约的形式实现了法律适用的统一。

三、学术组织的民间立法与知识产权保护示范法

学术组织和民间团体在知识产权保护方面有着特殊的、不可替代的作用，这是因为在全球治理的背景下，政府作为政治集团同样有着自身的利益追求，而民间团体相对中立，其制定的示范法或知识产权保护规则易被接受，从而通过国家立法程序成为法律。“TRIPS 协议”作为国际知识产权保护体系的核心规则，就是由美国 12 家跨国公司发起，与欧洲和日本同行联动起草并为世界贸易组织接受，成为主导全球知识产权规则。[3]“TRIPS 协议”的成功极大地激发了学术组织民间立法的积极性，数个知识产权保护示范法被制定出来，在

---

[1]　马忠法："国际知识产权法律制度的现状、演进与特征"，载《安徽师范大学学报（人文社会科学版）》2018 年第 3 期，第 63 页。

[2]　于飞："欧盟非合同义务法律适用统一化——以《罗马条例Ⅱ》为中心"，载《法律科学》2009 年第 1 期，第 147 页。

[3]　刘雪风："全球知识产权治理研究——以 TRIPS 协议的制定过程为研究视角"，载《中国社会科学院研究生院学报》2011 年第 2 期，第 74 页。

世界范围内产生了深远的影响。

（一）《ALI 原则》

2001 年底，美国法律协会为有效解决跨国知识产权纠纷开始着手制订《ALI 原则》，[1] 经过 6 年多的努力，于 2007 年 3 月通过了《ALI 原则》文本。《ALI 原则》虽以普通法系国家的学者和专家为主制定，但最后草案文本通过之前广泛征求了大陆法系国家学者和专家的意见，其宗旨在于制定一个能为各国法官审理跨国知识产权案件提供指导的原则，因此，《ALI 原则》在形式和内容上均具有示范作用。

《ALI 原则》第三部分以三章篇幅对知识产权法律适用作出了规定，这些规定没有放弃知识产权法律适用的属地主义，主要依赖地域性连接点指引准据法，但在继受传统属地规则基础上进行了明显的突破。①《ALI 原则》将意思自治原则作为知识产权争议选择方法，而且在某些法律关系中将其作为首选方法，除格式合同中的法律选择条款外，对当事人协议选择的法律是否与当事人及纠纷有某种程度的联系不作要求，只要其根据被选择国家的法律的规定有效即可。[2]《ALI 原则》对当事人选择准据法的要求是当事人的缔约能力由其住所地法支配；所选择的法律不得违背法院地公共政策和社会利益，不应对第三人的相应利益造成损害；当事人既可以选择部分法律关系适用的法律，也可选择全部的法律关系适用的法律；注册类权利的注册、范围、效力、期限等事项，只能适用注册国法律，不允许当事人选法。②《ALI 原则》引入了最密切联系原则，规定在当事人未选择准据法或选择无效的情况下，知识产权转让或许可使用合同纠纷适用与该合同有最密切联系国家的法律，若无特殊情况，最密切联系地一般推定为权利出让方或许可方住所地。③《ALI 原则》在法律选择方法上采用"分割论"，将知识产权划分为注册性和非注册性两大类权力，知识产权存在、效力、持续、归属、侵权争议，对需注册登记的权利适用登记地法，对非注册权利则适用被请求保护地法；因不公平竞争而引发的非合同义务，适用实质损害结果发生地法或可能发生损害后果的地点的法律。这种选择方法使得法律选择的工作变得更加烦琐，却能够更大限度地保护权利人的

---

[1] 美国法学会（American Law Institute, ALI）在 2001 年底即着手起草《知识产权：跨国纠纷管辖权、法律选择和判决原则》（以下简称《ALI 原则》），2007 年通过了最终文本（共 4 部分，36 条）。

[2] 何艳："知识产权国际私法保护规则的新发展——《知识产权：跨国纠纷管辖权、法律选择和判决原则》述评及启示"，载《法商研究》2009 年第 1 期，第 114 页。

利益。

（二）《知识产权国际私法原则》

美国和欧洲学者积极参与知识产权保护立法活动对亚洲产生了很大的影响，借鉴西方国家的经验，2010 年 10 月 14 日，韩国和日本两国国际私法学会共同发表了《知识产权国际私法原则》（以下简称《日韩共同提案》）。《日韩共同提案》对国际知识产权诉讼的管辖权、法律适用和判决的承认与执行作了详细规定，有关知识产权法律适用规定主要有：与知识产权的成立、有效性、权利的内容、终止等知识产权自身相关的事项适用被请求保护国法；因不正当竞争行为产生的非合同义务适用由该行为引起的或可能引起的有直接性和实质性损害的国家法律；知识产权侵权及救济方法适用被请求保护国法；当事人可以对全部或部分争议随时协商并协议选择准据法，但涉及知识产权的存在、有效性、撤销和可转让性等方面的法律适用协议，只在相关当事人之间具有约束力，且不得损害第三方当事人的权利。对于当事人之间的法律选择协议是否有效，根据当事人所指定的法律来判断。[1]

《日韩共同提案》在规定知识产权法律适用一般性规则的同时，还规定了最密切联系原则的适用。当事人在知识产权转让或实施许可合同中没有选择准据法的，适用最密切联系地法。适用最密切联系国家法应考虑的因素为：被许可的权利是否具有独占性，知识产权的当事人的经常居住地与主要实施地之间的关系，实施知识产权应承担的明示性或暗示性义务，法官基于上述因素综合考虑认为被许可人或受让人的经常居住地与案件联系更为密切的，应适用许可人或受让人的经常居住地。《日韩共同提案》对通过互联网等多媒体或类似手段进行的侵权情形作出了特别规定，发生于不特定且多个国家的知识产权侵权纠纷，适用最密切联系国家的法律。适用最密切联系国家的法律应考虑的因素为：侵权人的经常居所地、引发侵权的主要行为地、侵权行为主要结果地、权利人的主要利害中心地等。

（三）《知识产权冲突法原则》

2004 年，德国组织一批研究知识产权国际私法问题的学者建立马克斯·普朗克知识产权冲突法研究专家组，对知识产权争议管辖权、法律适用和判决的

---

〔1〕　朱伟东："韩日《知识产权国际私法原则》述评——兼与《ALI 原则》《CLIP 原则》比较"，载《国际经济法学刊》2012 年第 3 期，第 227 页。

承认与执行开展研究。专家组经过 7 年努力，四易其稿，于 2011 年 12 月 1 日通过《知识产权冲突法原则》（以下简称《CLIP 原则》）。《CLIP 原则》第三部分对知识产权法律适用作了全面的规定，确立了知识产权法律适用遵循法院地法原则、被请求保护地法原则和当事人意思自治原则三大原则。具体而言，对于知识产权的程序性事项，如获取证据等，适用受理案件的法院地法；对于知识产权的存续、效力、注册登记、范围、内容、期限、终止及与此类问题相关的其他事项，在无特殊规定的情况下，适用被请求保护地法；对于知识产权许可、转让合同、职务作品、委托作品、知识产权救济措施以及知识产权担保合同，可以由当事人选择适用的法律。[1] 知识产权原始所有权及共同所有知识产权转让，转让或许可能否对抗第三人，共有人的知识产权份额能否转让等事宜，适用被请求保护国法律。

随着知识产权功能的开发，很多国家允许知识产权用作债务抵押或融资担保，《CLIP 原则》在第三部分第 8 节对知识产权担保合同所产生的权利义务作了详细的规定。当事人可以选择担保合同适用的法律，当事人没有选择时，由合同缔结时担保设立人的经常居住地法调整，如果根据案件的具体情况，合同明显与另一国家的法律有更密切的联系，则适用该国家法律。而需要特别说明的是，对于用作担保的知识产权的存在、有效性、范围、知识产权能否设立担保以及知识产权或知识产权担保权益的善意取得、知识产权的登记要求及登记效力、知识产权的优先权等问题均适用被请求保护国法律。

《CLIP 原则》注意到互联网时代侵权行为的扩散性、损害结果发生地的不确定性、信号接收地的普遍性等特征，在涉及网络等媒体的侵权案件中，法院可适用与侵权行为有最密切联系的国家法律。为了避免法官借自由裁量权滥用法院地法，《CLIP 原则》对法官提供了确定最密切联系地的考虑因素，包括：侵权人经常居住地、侵权人的主营业地、导致损害的主要原因行为的实施地、侵权行为导致的主要损失所在地。[2] 在设施或服务提供者提供设施或服务可供多名使用者用于侵权或非侵权目的时，如果服务或设施提供者对于导致侵权发生的个别行为没有干预，对于服务和设施提供者的侵权责任应适用该人与服务

---

〔1〕 朱伟东：“马普所《知识产权冲突法原则》简述——欧洲跨境知识产权诉讼的最新发展”，载《国际经济法学刊》2013 年第 3 期，第 168 页。

〔2〕 张建：“国际知识产权冲突法的制度革新与立法考量——以《ALI 原则》和《CLIP 原则》为中心”，载《河南工程学院学报（社会科学版）》2017 年第 4 期，第 52 页。

或设施相关的行为重力中心所在地国法律。不过，只有该国法律至少规定下列事项时才可以适用：在实际获悉存在某一源发性侵权行为或在存在明显侵权行为时未能采取措施而应承担的责任，或因积极诱导侵权行为方式所应承担的责任。[1]

四、中国知识产权保护国内立法

我国近代意义上的知识产权制度始于清朝末年，以 1898 年《振兴工艺给奖章程》、1904 年《商标注册试办章程》、1910 年《大清著作权律》颁布为标志。北洋政府 1915 年颁布《著作权法》、1923 年颁布《商标法》；国民政府 1928 年颁布《著作权法》、1930 年颁布《商标法》、1944 年颁布《专利法》，我国现代知识产权制度基本形成，但限于中国当时的历史条件，这些知识产权法律规范并没有发挥其应有的作用。

新中国成立后，我国注重知识产权立法，1950 年政务院颁布《商标注册暂行条例》并批准了《保障发明权与专利权暂行条例》，1963 年国务院发布《商标管理条例》和《中华人民共和国发明奖励条例》等。总体说来，在当时的特殊历史条件下，我国这一时期的知识产权制度建设远离国际条约，是不完备的。[2]

改革开放以后，我国加强了知识产权立法工作，1986 年《民法通则》将知识产权作为民事权利的一种予以保护。我国先后颁布了《中华人民共和国专利法》《中华人民共和国商标法》《中华人民共和国著作权法》《计算机软件保护条例》《中华人民共和国植物新品种保护条例》《集成电路布图设计保护条例》《中华人民共和国知识产权海关保护条例》《音像制品管理条例》《中华人民共和国反不正当竞争法》《奥林匹克标志保护条例》《信息网络传播权保护条例》等一系列法律法规，制定了实施细则，与时俱进地对部分法律进行了修改，最高人民法院根据司法审判需求颁布相应的司法解释，形成了具有我国特色的知识产权保护法律体系。

我国加入了一系列知识产权国际公约，成为知识产权国际保护体系中的重要成员。我国于 1980 年加入《建立世界知识产权组织公约》、1985 年加入

---

〔1〕　朱伟东："马普所《知识产权冲突法原则》简述——欧洲跨境知识产权诉讼的最新发展"，载《国际经济法学刊》2013 年第 3 期，第 167 页。

〔2〕　吴汉东主编：《知识产权法通识教材》，知识出版社 2007 年版，第 19~21 页。

《巴黎公约》、1989 年加入《商标国际注册马德里协定》、1992 年加入《保护文学和艺术作品伯尔尼公约》、1992 年加入《世界版权公约》、1993 年加入《保护录音制品作者防止未经许可复制其录音制品公约》、1994 年加入《专利合作条约》、2001 年加入"TRIPS 协议"。我国加入 WTO 之前及之后，对知识产权法律进行了较大规模的废、修、立，以与 WTO 的"TRIPS 协议"相一致。我国于 2004 年、2005 年分别成立了"国家保护知识产权工作组"和"国家知识产权战略制定工作领导小组"，强化知识产权制度建设，加强知识产权保护。2008 年我国制定了《国家知识产权战略纲要》，2006 年到 2011 年，我国连续颁布《中国保护知识产权战略纲要》，将知识产权保护问题提升到国家战略高度。在加入 WTO 前后，我国集中清理了 2300 多部法律法规及最高人民法院司法解释，对这些法律法规、司法解释中与 WTO 规则不相符的部分进行了废止或者修正，形成了体系相对完备的知识产权保护体系。[1]

知识产权法律适用立法是知识产权保护的重要组成部分，随着知识产权贸易的发展和知识产权国际合作的深入，知识产权保护进入了实体法调整和法律适用法调整并重的历史时期。2010 年《法律适用法》第七章对知识产权法律适用做了规定，进一步完善了我国涉外知识产权保护立法。

第二节　知识产权归属和内容法律适用立法与实践

知识产权国际保护体现了正义价值，正义价值具体体现在初始权利的取得和分配、权利的正当行使和权利受到侵害的法律救济途径等方面，[2] 许多国家在这几个方面制定了相应的法律，以确实保护权利人利益。

一、各国知识产权归属和内容的法律适用

知识产权是指申请人以符合法定条件的知识产品申报知识产权，通过法定程序获得专有权利。知识产权归属是指特定的知识产权归谁所有，涉及知识产

---

〔1〕 傅婧宸："国际贸易中的知识产权及其保护研究"，载《科技经济导刊》2017 年第 30 期，第 177 页。

〔2〕 梁志文："反思知识产权之合法性基础——以正义论为视角的分析"，载《电子知识产权》2007 年第 9 期，第 22 页。

权的取得、效力范围、期限和终止等问题。知识产权的内容是智力成果，包括发明专利、实用新型专利、外观设计专利、商标、服务标记、厂商名称、货源名称或原产地名称、文学、艺术作品等。知识产权具有法定性和地域性，各国对知识产权归属和内容法律适用规定的不同，对相同的法律适用规则理解存在不同，产生了法律冲突和理论争议，有必要进行深入的讨论。

（一）知识产权归属和内容法律适用的立法模式

知识产权归属和内容法律适用的立法模式有两种：一种是单一立法模式，不对知识产权归属和内容进行区分，统一适用法律适用规范援引的法律，1978年《奥地利国际私法》第 34 条第 1 款"无形财产权的产生、内容及消灭，依照使用行为或者侵害行为发生地国法律判定"的规定即为单一立法模式。另一种是分割立法模式，将知识产权归属和内容的不同事项加以区分，分别确定适用不同的法律。一般而言，知识产权的内容、范围、有效期、保护方式等问题适用保护国法，知识产权的产生、存在、权属、效力等事项有条件地适用来源国法。从各国立法来看，大多数国家立法采用单一立法模式，但分割立法模式外却越来越受到推崇和拥护。[1] 20 世纪初，法国学者毕耶和尼波耶就提出在知识产权的保护上应该适用被请求保护国的法律，而权利的产生和存续，则仍应受原始国法或称来源国法的支配。日本学者认为，专利权的成立、转移和失效受其来源国的法律支配。英国学者认为，知识产权的权属问题应适用来源国法；知识产权的内容、有效期和保护方式等事项应适用保护国法。

分割论的合理性在于克服了知识产权法律适用规范连接点过于僵硬的缺点，对于具体的事项分别确定适用来源国法或保护国法，一定程度上适应了知识产权案件复杂性和特殊性，坚持了以保护国法确认和保护知识产权的基础性原则，又避免了在保护国境内对来源于不同国家的知识产权的使用和保护给予不同待遇的情况发生。

分割论的缺陷在于：①现实中，涉外知识产权法律关系相当复杂，往往涉及知识产权的成立、效力、归属、内容等多个方面，在具体案件中想要把它们划分得十分清楚，确非易事，既缺乏统一标准，有时又难以得到当事人双方的同时认可；②人为将一个整体性法律关系分割成不同部分，有可能加剧法律冲

---

〔1〕 王承志："涉外民事关系法律适用发法（草案）——知识产权法条分析"，载《中国国际私法学会 2010 年年会暨涉外民事关系法律适用法研讨会论文集》（上），第 96~97 页。

突；③分割论的适用无疑加大了法官的工作量，导致司法成本的增加。

（二）知识产权归属和内容法律适用立法分析

20 世纪下叶以来，许多国家规定了知识产权归属和内容的法律适用，其中多数国家规定适用被请求保护国家或地区的法律。2017 年《瑞士联邦国际私法》第 110 条第 1 款规定，"知识产权，适用被请求保护知识产权的国家的法律。" 2004 年《比利时国际私法典》第 93 条规定，知识产权适用被请求保护国家的法律。1999 年《哈萨克斯坦共和国民法典》第 1120 条中规定，知识产权适用保护该权利的请求被提起地国法律。知识产权归属和内容适用被请求保护国法，究其原因，主要在于保护国主义与知识产权地域性相吻合。知识产权国际条约的制定很大程度上突破了知识产权的地域性，但由于国际条约高度的原则性和抽象性以及缔约国的有限性，知识产权的地域性还是其主要特征之一，被请求保护国法仍是解决知识产权归属和内容法律冲突最主要的法律适用规则。

对于被请求保护国如何理解，学界存在不同的观点。多数学者认为被请求保护国就是当事人寻求受到该国法律保护的国家，将被请求保护国理解为提起诉讼的国家，这种理解是片面的，如果反将被请求保护国定义为提起诉讼的国家，不如直截了当规定知识产权归属与内容适用法院地法，以避免可能产生的歧义。被请求保护国不应被简单地理解为提起诉讼的国家，当案件争议涉及注册类知识产权归属与内容时，对被请求保护地最为合理的解释是注册登记国。所以，被请求保护国应作广义解释。

知识产权注册登记国也是权利授予国，知识产权的取得需要履行法定程序，除版权外，申请人的权利请求只有被批准、被授予，才能拥有权利。权利授予国法也就是权利成立地法律，或称权利注册地法、登记地法、原始国法；知识产权非经注册或登记即可成立的，权利授予国法是来源国法，或称起源国法。适用权利授予国法解决知识产权法律冲突历久弥新，1804 年《法国民法典》第 2305 条就规定了"工业产权由注册或登记地法规定"；1928 年《布斯塔曼特国际私法典》第 108 条规定，"工业产权、著作权以及法律所授予并准许进行某种活动的一切其他经济性的类似权利，均以其正式登记地为其所在地"，第 115 条规定，著作权和工业产权应受现行有效的或将来缔结的特别国际公约的规定支配，如无上述国际公约，则此项权利的取得、登记和享有均应依授予此项权利的当地法。20 世纪下叶以来，许多国家仍然将来源国法作为知识产权归属和内容的准据法，1979 年《匈牙利国际私法》第 20 条、1978 年

《奥地利国际私法》第 34 条第 1 项均作了类似的规定。

来源国法规则在著作权领域也被广泛适用，这与著作权属于非注册性权利相关。对于发表的作品，来源国通常就是作品发表地国；作品尚未发表的，以作者的国籍国为作品来源国，《罗马尼亚关于调整国际私法法律关系的第 105 号法律》第 60 条"知识产权著作权的成立、内容和消灭适用作品以出版、演出、展览、广播或其他适当方式首次公开发表的国家的法律"的规定即为典型代表。

知识产权归属和内容法律适用呈现多元化特征，除被请求国法和来源地国法外，还有适用其他法域法律的主张：①适用行为地法。在知识产权领域，行为地可以有多种划分，权利申请地、权利批准地、权利转让地、权利侵害地等都是行为地，各国在规定知识产权归属和内容适用行为地法时，一并对行为地进行了界定，确保法律适用具有确定性。1996 年《列支敦士登国际私法》第 38 条第 1 款规定，无形财产权的产生、内容与消灭适用使用或侵害行为实施地国法律；1995 年《意大利国际私法制度改革法》第 54 条规定，无形财产受财产使用地国法律支配；1978 年《奥地利国际私法》第 34 条规定，无形财产权的创立、内容和消灭，依使用行为或侵权行为发生地国家的法律。②适用本国法。以单边法律适用规范形式规定知识产权关系适用本国法是属地主义的极端表现，早期的法律适用立法中还有一些国家这样规定，现在世界上采用这种规定的国家很少，但仍然存在。1995 年《朝鲜人民民主共和国涉外民事关系法》第 23 条规定，"与知识产权有关的权利如著作权和专利权，受朝鲜人民民主主义共和国的法律支配。如果朝鲜人民民主主义共和国的法律没有相应的规定的，适用相关国际条约的规定。"在著作权领域，著作权的归属和内容适用作者本国法有合理性。著作权有显著的人身性，著作权的取得较其他知识产权的取得要宽松，除美国外，不需要登记或注册程序，更多地体现著作权人的人格权和身份权，因此，适用作者本国法解决著作权取得、内容和效力的法律冲突理论上成立，实践中可行。③适用财产所在地法。知识产权是无形财产权，也被称为"准物权"，具有物权属性，因此，有国家规定知识产权适用财产所在地法。2005 年《阿尔及利亚民法典》第 17a 条规定："无形财产，以致使取得或丧失占有、所有权或其他物权的事件发生时该财产的所在地法。文学或艺术作品的第一次发表地或表演地，视为其所有权的所在地。专利以证书出具地国为所在地。商标或工业样品以注册地或交存地国为所在地。商号以公司的总部所在地为所在地。"④适用最密切联系的法。比利时对知识产权的法律适用进行了分割，分别规定了法律适用。2004 年《比利时国际私法典》第 93 条规定，"知识产权适用被请求保护国家的法律。但是工业产权原始所有人的确定适用与该智力活动有最密切联系的国家的法律。如果该项智力活动是基于合同关系而发生的，除非有相反的证据，合同关系准据法所属国视为与该智力活动有最密切联系的国家。"

二、我国知识产权归属和内容法律适用立法模式

我国知识产权归属和内容法律适用的专门立法，始于《法律适用法》。《法律适用法》制定过程中，知识产权归属和内容的法律适用立法模式，存在统一模式和分割模式之争。学界普遍主张采用分割模式，学者们的观点曾得到立法机关的赞许，2002 年 12 月 23 日九届全国人大常委会第三十一次会议首次审议的《法律适用法（草案）》即采用了分割模式。[1] 遗憾的是分割模式立法未能坚持到底，2010 年 10 月 28 日十一届全国人大常委会第十七次会议通过《法律适用法》时采用了统一模式，即现行《法律适用法》第 48 条"知识产权的归属和内容，适用被请求保护地法律"的规定。

知识产权归属和内容法律适用的规定，采用统一模式立法或者采用分割模式立法各有利弊。《法律适用法》对知识产权法律适用的规定采用了"知识产权"这一集合性的法律概念[2]，未对"知识产权"进行著作权、商标权、专利权、其他知识产权等具体权利类型的区分，统一适用被请求保护地法律，缺乏法律适用的针对性。知识产权有多种类型，不同类型的知识产权有不同的特征，采用集合性的方式规定知识产权的法律适用忽视了不同知识产权的特性，虽然符合国际社会的通行做法，但不利于在司法实践中具体操作。近年来，欧盟以及一些国家认识到统一模式立法的弊端，改用了分割模式立法，针对不同种类的知识产权分别作出了法律适用的规定，我国采用落后的集合性方式立法，与先进立法还有一定的距离。

---

〔1〕《中华人民共和国涉外民事关系法律适用法（草案）》第一次审议稿中规定：第五章知识产权中第 57 条著作权的取得和著作权的内容效力，适用作者本国法律。第 58 条专利权的取得和专利权的内容效力，适用专利权授予地法律。第 59 条商标权的取得和商标权的内容效力，适用商标注册登记地法律。第 60 条专利权、商标权、著作权以外的其他知识产权的取得、内容和效力，适用权利主张地法律。通过合同取得的商业秘密，适用该合同应当适用的法律。

〔2〕 肖永平：《法理学视野下的冲突法》，高等教育出版社 2008 年版，第 314 页。

采用高度概括性、集合性概念立法虽有不足之处，但并非一无是处，任何模式立法都有利有弊，肯定一切和否定一切都不可取。采用集合性方式立法，制定出来的法条具有包容性，适用范围广，可应对各种类型知识产权的法律适用的需要；知识产权种类繁多，每一种知识产权都规定具体的法律适用，难以作到；社会发展，新型的知识产权还会产生，采用集合性方式立法，现行法律可以直接适用于新型知识产权关系的调整；成文法的立法特点在于抽象性、概括性，《法律适用法》亦如此，可由其他法律作出解释性规定，弥补集合性立法的不足。

《法律适用法》第48条仅规定了知识产权归属和内容的法律适用，对知识产权其他权能的法律规定阙如，这不能不说是立法的缺憾。《法律适用法》的几部草案中，都规定了知识产权成立、内容和效力的法律适用，这些内容未被纳入《法律适用法》，影响《法律适用法》的科学性。

三、我国知识产权归属和内容法律适用实践

知识产权归属和内容的法律纠纷在实践中通常表现为对知识产权归属的异议或者知识产权内容是否应受到法律保护的争议。从审判实践来看，知识产权归属和内容是否应受到保护的争议，往往不是作为案件唯一的或最主要的争议点，一般是作为知识产权侵权责任的先决问题出现，我国《法律适用法》将知识产权归属和内容与知识产权侵权责任分别规定在第48条和第50条，应依照上述两条款分别确定应适用的法律。但是在司法实践中，经常出现不加区分而直接依照知识产权侵权责任选择一个准据法的情况。

（一）《荷中仙》的著作权归属与侵权责任

2018年4月20日，北京市高级人民法院发布2017年度知识产权司法保护十大案例，其中之一是《醉荷》著作权纠纷案。[1] 本案中，被告彭某临摹了原告项某的美术作品《醉荷》，并在临摹复制品上标注"绢画作品《荷中仙》

---

〔1〕 项某2007年6月出版发行了其创作的工笔人物画册《彩炫笔歌——项某工笔人物画》，其中收入了美术作品《醉荷》。2014年10月1日，人民网上发布了题为"心似莲花 胸怀天下'鬼才田七'欧洲巡回展莫斯科拉开帷幕"的文章，介绍了彭某在莫斯科举办画展的情况，其中展出有一幅美术作品《荷中仙》。同年11月，人民网又发布了题为"心似莲花 胸怀天下 柏林中国文化艺术展倒计时100天"的文章，文章前面附有作品《荷中仙》，并标注圈"绢画作品《荷中仙》作者：田七"。项某认为彭某《荷中仙》临摹了《醉荷》，向法院提起诉讼，请求法院判令彭某公开刊登声明赔礼道歉，赔偿经济损失43万元，精神损害抚慰金5万元，销毁侵权复制品《荷中仙》。

作者：田七"，且带该作品参加莫斯科和柏林的画展。本案一审法院审理认为，彭某侵害了原告美术作品享有的署名权、修改权、复制权、展览权，应当为此承担销毁侵权复制品，公开赔礼道歉，赔偿经济损失 10 万元责任。[1]

　　彭某不服一审判决，上诉至北京知识产权法院，要求撤销一审判决，改判驳回项某的诉讼请求。彭某认为，一审法院认定涉案美术作品《荷中仙》临摹《醉荷》形成，明显属于认定事实不清，《荷中仙》系临摹《项维仁人物线描画稿》署名为"绿风"的线描图作品。《荷中仙》的细节与《醉荷》不同，《荷中仙》在色彩选择方面存在表达的唯一性，难以得出临摹彩色绘制《醉荷》的结论。一审法院认定涉案美术作品《荷中仙》系《醉荷》的复制品，作者的临摹行为系复制行为，属于适用法律错误。作者在创作涉案的《荷中仙》临摹作品过程中在绢布上临摹，有属于自己的创造性劳动，具有一定的独创性，《荷中仙》是一幅新作品，作者有著作权。

　　二审法院审理认为，《荷中仙》与《醉荷》相比，两者在画面内容、人物造型、荷叶花瓣儿形状、元素布局、构图线条、色调等方面均一致，据此可以认定《荷中仙》临摹《醉荷》形成。彭某主张临摹《项维仁人物线描画稿》中的《绿风》黑白美术作品，经查，彭某主张的这些区别均非常细微，这些细微区别无法否定《荷中仙》与《醉荷》整体上高度近似。2007 年 1 月项某公开发表涉案的美术作品《醉荷》，应当认定彭某具有接触该作品的客观条件和可能性，法院不予支持彭某《荷中仙》临摹自《绿风》的主张。

　　二审法院审理认为，本案的双方当事人均为中国公民，涉案的侵权民事关系的法律事实发生在俄罗斯莫斯科、德国柏林，属于涉外民事案件。法院认为：本案双方未明确选择应适用的法律，原告在一审中虽然没有明确列明其法律适用的选择，但其起诉状所列理由完全系从《中华人民共和国著作权法》的规定出发，在一审法庭辩论时明确依据《中华人民共和国著作权法》第 22 条的规定；彭某亦是依据《中华人民共和国著作权法》对其行为进行了辩论，即双方当事人均引用了《中华人民共和国著作权法》。因此，可以认定双方当事人已经就本案应适用的法律作出了选择，本案适用中华人民共和国著作权法。[2]北京知识产权法院依法作出终审判决，驳回彭某的上诉请求，维持

---

〔1〕 北京市朝阳区人民法院民事判决书，（2015）朝民（知）初字第 9141 号。
〔2〕 北京知识产权法院民事判决书，（2015）京知民终字第 1814 号。

原判。

本案审判结果并无不当，但法律适用过程存在可商榷之处。本案被告彭某主张《荷中仙》临摹《绿风》，享有著作权，未侵害项某《醉荷》的著作权，法院应当先行解决《荷中仙》是否享有著作权。《荷中仙》是否享有著作权是先决问题，是一个独立的法律问题，应当依据《司法解释（一）》第 12 条"涉外民事争议的解决须以另一涉外民事关系的确认为前提时，人民法院应当根据该先决问题自身的性质确定其应当适用的法律"的规定，适用被请求保护地法律确定《荷中仙》是否属于有著作权的作品。

法院界定本案性质为涉外侵权，虽然没有适用侵权行为地法，但提出了侵权行为地认定问题。根据判决书的描述，侵权行为发生在侵权作品《荷中仙》在俄罗斯莫斯科、德国柏林画展展出之时，故定性本案为涉外案件。法院对侵权行为地的认定有瑕疵，不全面，本案侵权行为地有多个，致害行为地在中国，在彭某完成临摹作品《荷中仙》之处，损害结果发生地分别位于俄罗斯莫斯科和德国柏林，在彭某参加画展之地，应当将中国、俄罗斯和德国一并认定为侵权行为地。

（二）重叠适用法律适用规范，缺乏准据法确定过程

知识产权争议案件中，知识产权归属和内容的争议与知识产权侵权责任的追究往往会在一起案件中同时出现，此种情况出现时，处理方法是将知识产权归属和内容作为先决问题确定准据法，解决知识产权归属和内容的争议；明晰知识产权归属后，适用《法律适用法》第 50 条规定确定准据法，解决侵害知识产权行为的法律责任。实践中，出现了同时重叠适用《法律适用法》第 48 条和第 50 条的现象。

香奈儿股份有限公司（Chanel，以下简称"香奈儿公司"）等诉胡俊玲等侵害商标权纠纷案的法律适用，一审法院认为，本案原告为外国法人，且其主张被告在中国境内有侵害商标专用权之行为，故本案为涉外知识产权民事纠纷案件。根据《法律适用法》第 48 条"知识产权的归属和内容，适用被请求保护地法律"、第 50 条"知识产权的侵权责任，适用被请求保护地法律，当事人也可以在侵权行为发生后协议选择适用法院地法律"的规定，本案适用中华人

民共和国的法律。[1] 二审法院维持一审法院判决。[2]

叶佳修诉广州市增城云宫酒店著作权侵权纠纷案同样存在重叠适用《法律适用法》第 48 条和第 50 条问题。一审法院认为，本案系涉及台湾地区著作权侵权纠纷，根据《民诉法解释》第 551 条的规定，可以参照适用涉外民事诉讼程序的特别规定。《法律适用法》第 48 条规定，知识产权的归属和内容，适用被请求保护地法律；第 50 条规定，知识产权的侵权责任，适用被请求保护地法律，当事人也可以在侵权行为发生后协议选择适用法院地法律。由于当事人并未协议约定适用准据法，而本案被请求保护地为中国大陆地区，故案涉知识产权的归属、内容以及侵权责任均应适用我国法律。[3] 二审法院认为"一审判决认定事实清楚，适用法律正确，本院予以维持"。[4]

在香奈儿公司等诉胡俊玲等侵害商标权纠纷案中，不存在商标权归属和内容争议，香奈儿公司 1981 年 4 月 15 日申请注册了"CHANEL"商标及另外两个商标，1995 年 11 月 21 日申请商标续展，有效期分别到 2021 年 4 月 14 日和 2025 年 11 月 20 日，上述三个注册商标核定使用商品类别均为第 18 类，商标专用权的归属和内容明确，无需适用《法律适用法》第 48 条确定商标权归属和内容的准据法，适用《法律适用法》第 50 条确定侵权行为应适用的法律足矣。

在叶佳修诉广州市增城云宫酒店著作权侵权纠纷案中，叶佳修是台湾居民，涉案的音乐作品均为在台湾创作，叶佳修音乐作品在大陆是否享有著作权，需要作为先决问题确认；确认叶佳修享有音乐作品著作权，再确定侵权责任的准据法，不可并用《法律适用法》第 48 条和第 50 条。

从上述两个案例可以看出，涉外、涉港澳台案件的法律适用，不乏法官先确定适用中国法律，然后为中国法律的适用寻找法律依据，罗列与案件相关的法律适用规范，满足涉外、涉港澳台案件审判程序要求的情况。这种情形下的法律适用，《法律适用法》及相关法律中法条的援引流于形式，没有法律选择过程的说明，更无准据法确定的阐释，法律术语的解释，条文之间逻辑关系的阐发，法律适用凭借法官的自由裁量，严重背离了《法律适用法》的宗旨。

---

[1] 天津市滨海新区人民法院民事判决书，（2017）津 0116 民初 537 号。
[2] 天津市中级人民法院民事判决书，（2018）津 02 民终 644 号。
[3] 广东省广州市黄埔区人民法院民事判决书，（2016）粤 0112 民初 5243 号。
[4] 广州知识产权法院民事判决书，（2018）粤 73 民终 35 号。

第三节　知识产权转让和许可使用的法津适用

知识产权转让是指知识产权所有人将其拥有的知识产权转让给受让人，受让人向其支付一定的费用，在转让完成后，转让人对该知识产权不再享有权利，受让人则成为该知识产权的所有人。知识产权的许可使用是指知识产权的所有人或持有人将其依法拥有的知识产权许可给被许可人，由被许可人在约定的时间和地域范围内以约定的方式使用或实施该知识产权指向的作品、发明创造或商标等知识产品，由被许可人向许可人支付一定的使用费，作为使用或实施的回报。[1]

知识产权转让和许可使用是对知识产权利用的两种主要方式，是知识产权财产权权能的具体体现。知识产权转让和许可使用已成为知识产权所有者特别是跨国公司运营知识产权的重要方式，也是知识产权贸易的主要途径。知识产权转让和许可使用既是各国图谋经济发展的有效方式，又是社会分工精细化、专业化导致的必然结果，在全球经济一体化、倡导人类命运共同体、提倡社会文明的智慧成果共享的今天，知识产权转让及许可使用依法合理而有序进行，最直接的经济效益在于能够节省科技发展的时间、资源、人力、资金等各种成本，加快经济发展速度，创造更多的物质财富，满足人类社会日益增长的物质和文化需求。

一、知识产权转让和许可使用的法律适用

知识产权集公共性和独占性为一体。知识产权的公共性在于知识产权必须公开，为世人所知，在知识产权保护期内，他人不得使用，保护期过后，知识产权进入公共领域，成为全人类共同财产；知识产权的独占性在于知识产权权利只授予发明人、申请人或最先使用者，未经允许，他人不得使月，未经允许使用知识产权，构成侵权，侵权人承担赔偿责任。知识产权转让和许可使用，是人类社会平衡社会公共利益和保护知识产权创造者积极性的一种法律制度安排，目的在于促进知识产权的交流与合作，实现知识产权的经济价值，使知识

---

〔1〕　吴汉东主编：《知识产权法通识教材》，知识产权出版社 2007 年版，第 347、349 页。

产权权利人和整个社会从中受益。

各国经济发展不平衡，科学技术发展也不平衡，发展中国家与发达国家在知识产权占有量方面的差距越来越明显，发达国家在知识产权市场占有垄断地位。发达国家为了维护知识产权独占的垄断权，限制本国高新技术出口，阻碍外国知识产权产品进口，限制竞争，或为获取高额利润，或为保护本国企业利益。发展中国家希冀低成本获得外国知识产权，加速本国经济发展，缩短与发达国家的距离，主张人类智力成果共享，开放知识产权贸易市场，促进知识产权的跨国流动。政治、经济利益使然，各国知识产权转让和许可使用的法律规定既有共通性，又有差异性，存在法律冲突，需要适用法律适用法进行调整。

知识产权转让和许可使用具有债权特征，属知识产品贸易，这种贸易的标的虽是无形财产，但同有体货物贸易一样，都是通过合同方式完成。知识产权贸易合同虽是特殊类型的合同，但其法律适用仍然要遵循合同法律适用的一般规则，适用当事人选择的法律。各国规定知识产权转让和许可使用合同适用当事人选择的法律主要采用以下方式：①不对知识产权贸易合同与其他合同进行区分，统一规定合同适用当事人选择的法律，德国、日本、韩国等国家采用这种方式。②将知识产权贸易合同作为特殊合同，特别规定适用一般合同法律适用规定确定准据法。1999年《哈萨克斯坦共和国民法典》第1120条规定，以知识产权为标的的合同适用本章关于合同之债的条款所规定的法律。2000年《立陶宛国际私法》第1.52条规定，知识产权的合同性债权债务关系的准据法，依照合同准据法确定。③规定知识产权转让和许可使用的法律适用以属地法则或者属物法则为主，以意思自治原则为补充。1987年《瑞士联邦国际私法》第122条第1款规定，"知识产权合同，适用知识产权转让人或特许人的惯常居所地国家的法律"；第2款规定，"当事人的法律选择应予允许"。④明确规定知识产权转让和许可使用合同适用当事人意思自治选择的法律。

当事人未对知识产权转让和许可使用合同的准据法作出选择时，"多数国家法律规定，适用与合同具有最密切联系地的法律"[1]，部分国家依据特征性履行确定准据法，例如，2000年《立陶宛国际私法》第1.52条规定，合同当事人未作法律选择的，依照转让或者使用知识产权的合同当事人的固定住所地

---

〔1〕 徐红菊、徐晔瑶："论涉外知识产权转让合同的法律适用"，载《大连海事大学学报（社会科学版）》2015年第2期，第70页。

或者作业地国法确定。

知识产权具有物权特征，许多国家定性知识产权为物权，规定知识产权转让和许可使用适用物之所在地法或者财产所在地法。1992 年《罗马尼亚关于调整国际私法关系的第 105 号法律》第 61 条规定，工业产权的成立、内容和转让适用交存或注册国法律，或者提交地或注册申请地国法律。1995 年《意大利国际私法制度改革法》第 54 条规定，无形财产受财产使用地国法律支配。1996 年《列支敦士登国际私法》第 47 条规定，无形财产权的合同适用该无形财产权被转让或给予的国家的法律。如果该合同涉及多个国家，则适用取得者（许可证持有人）惯常居所所在地国法律。

经济不发达国家为了保护民族工业，防止发达国家的技术垄断，多采用属地原则，规定知识产权转让和许可使用适用本国法。1972 年《墨西哥关于技术转让与使用专利权与商标权的法律》第 7 条第 2 款规定，"第 2 条所指的、在本国境内生效的文件、合同或协定，应受墨西哥法律管辖"[1]。阿根廷也有类似立法，如果国际技术转让合同要求适用外国法律或者服从外国法院或仲裁机构的管辖，则国家不给予这种合同的转让标的物以注册。

知识产权转让和许可使用的法律适用，存在着单一制和分割制理论分歧。单一制认为知识产权合同与其他领域的合同关系并无不同，只不过知识产权转让和许可使用合同的载体是知识产权这一无形财产权利。合同是一个整体，很难被区分开来，人为的分割会提高诉讼成本，降低对司法效率的追求。为保证合同关系法律适用的统一性，应当把知识产权合同法律关系当作一个整体来对待，根据合同关系法律适用原则统一适用一个国家的法律。分割制主张根据知识产权转让和许可使用合同自身的特点将其分割成不同的部分，缔约人的权利能力和行为能力、合同成立的条件、合同的内容、合同的法律效力等分别适用不同的法律，包括内国法和外国法，以保护合同中不同的法律关系适用与之相适当的法律，实现对个案公正的追求。各国立法对单一制和分割制理论有不同的采纳，这也是知识产权转让和许可使用合同法律冲突产生的原因之一。

---

〔1〕 1972 年《墨西哥关于技术转让与使用专利权与商标权的法律》第 2 条规定，在本国领土内生效的、为下述目标拟定或订立的一切文件、合同或协定，均应在上述登记处登记册上进行登记：①允许使用商标；②允许使用发明者的专利权、改善专利证、外形设计与模式；③采用设计图、示意图、说明模型、说明书、公式、技术规格、训练人员和其他方式提供技术知识；④为安装或制造产品提供基本或详细的设计；⑤一切方式的技术援助；⑥公司经营管理。

实践中，一些国家按照知识产权自身的两大分类将知识产权贸易分为涉外工业产权贸易和涉外版权贸易，分别确定应适用的法律。

知识产权转让和许可使用还要受国际条约的约束。1994年乌拉圭回合贸易谈判达成的"TRIPS协议"成功地将著作权、专利权、商标权等各项知识产权制度融为一体并与国际贸易捆绑在一起，要求缔约国之间相互给予国民待遇、最惠国待遇。"TRIPS协议"对知识产权权利范围的拓展、保护期限的延长、对保留条款的限制及对权利的限制等方面的规定，对知识产权转让和许可使用都有影响。

二、我国知识产权转让和许可使用法律适用立法

知识产权转让和许可使用的法律适用决定于对知识产权性质的认定。我国在立法上既没有把知识产权认定为物权性质，也没有把知识产权认定为债权性质，而是把知识产权作为一种独立的权利来看待。在实体法上，我国分别制定了专利法、商标法、著作权法等法律，在法律适用法上，《法律适用法》把"知识产权"列为专章，分别规定了知识产权归属和内容、转让和许可使用、侵权责任的法律适用。

我国学术界将知识产权称为"准物权"，在知识产权转让和许可使用上，学者们多未考虑知识产权的物权性质，而是将其看作债权，主张依据债权法律适用规则确定知识产权转让和许可使用的法律适用。《法律适用法》接受了学术界关于知识产权转让和许可使用属债权性质的观点，根据债权法律适用规则调整知识产权转让和许可使用法律关系。《法律适用法》第49条规定，当事人可以协议选择知识产权转让和许可使用适用的法律。当事人没有选择的，适用本法对合同的有关规定。

《法律适用法》允许当事人选择知识产权转让和许可使用适用的法律，而且对当事人意思自治的范围和选择的法律未作明确的限制性规定，但事实上，当事人在知识产权转让和许可使用的法律选择上还是要受到限制的，只有在不损害我国社会公共利益，且不违反我国法律对涉外民事关系强制性规定的前提下，当事人选择的法律才是有效的法律。知识产权的跨境流转涉及国家安全，为了避免关键技术流失到国外，各国都制定了出口管制法、国家安全法等法

律，对关键技术、尖端技术实施严格的保密，以维护技术垄断。[1] 我国在支持知识产权转让和许可使用的跨境交流与合作的同时，也要求知识产权转让和许可使用不得危害我国的国家安全和社会民生，所以，当事人选择知识产权转让和许可使用适用的法律时，必须以不危害我国社会公共利益为限。

三、我国知识产权转让和许可使用法律适用实践

《法律适用法》颁布以来，涉及知识产权转让和许可使用法律适用的案件并不多见，从收集到的有限案例中，仍可看到存在需要讨论的法律问题。

（一）《法律适用法》第 49 条的适用名不副实

《法律适用法》第 49 条调整知识产权转让和许可使用法律关系，调整对象具有特定性，不可扩张适用。实践中，特许经营协议、代理销售合同等合同中往往涉及知识产权内容，但并非以知识产权转让和许可使用为目的，发生的争议在经营或者销售范围内，与知识产权转让和许可使用并无联系，此种情况不应援引《法律适用法》第 49 条确定准据法，应援引第 41 条确定准据法。

广州市唯金空调科技有限公司（以下简称"唯金公司"）与加拿大艾迪斯经销与销售公司（以下简称"艾迪斯公司"）特许经营合同纠纷案中，唯金公司特许艾迪斯公司在加拿大独家代理销售该公司产品，且只能使用委托人的 UTL 图形及商标。双方当事人履行独家代理协议过程中因货物质量和维修配件问题发生争议，艾迪斯公司向广州市南沙区人民法院提起诉讼，请求判令唯金公司赔偿损失。一审法院依照《法律适用法》第 41 条、第 49 条适用当事人共同确认选择中国法律作为本案适用的准据法[2]，二审法院认为"原审判决认定事实清楚，适用法律正确，本院予以维持"[3]。

东莞市耳康实业投资有限公司（以下简称"耳康公司"）等诉李军特许经营合同纠纷案的法律适用情况同唯金公司与艾迪斯公司特许经营合同案如出一辙。耳康公司为甲方与李军等人签订了耳康实业城市代理商合作合同，约定甲方授权乙方作为代理商，使用甲方商标、商号开展耳保健服务产品经营，乙方于合同签订之日向甲方一次性缴纳履约保证金 300 000 元整。乙方经营不

---

[1]　冯晓青：《企业知识产权战略》，知识产权出版社 2008 年版，第 61 页。
[2]　广东省广州市南沙区人民法院民事判决书，（2016）粤 0115 民初 4764 号。
[3]　广州知识产权法院民事判决书，（2017）粤 73 民终 918 号。

善，出现亏损，提出解除合同，退还保证金。甲方不允，发生争议，乙方起诉。一审法院认为，本案是涉港特许经营合同纠纷，根据《法律适用法》第41条、第49的规定，当事人没有选择处理合同争议所适用的准据法，应当适用履行义务最能体现该合同特征的一方当事人经常居所地法律或者其他与该合同有最密切联系的法律。李军、耳康公司、陈立军的住所地在中国内地，合同履行地亦在中国内地，中国内地法律与合同有最密切联系，故应以中国内地法律作为本案争议适用的准据法。一审法院依内地法律作出判决。耳康公司提出上诉。二审法院审理认为，本案的争议焦点是耳康公司应退还的保证金数额，"一审判决认定事实清楚，适用法律正确，程序合法，本院予以维持。"[1]

上述两起案件都属于特许经营合同纠纷，虽涉及商标和商号的授权使用许可，但商标和商号的许可使用并无争议，法院也认定案件性质为特许经营合同纠纷。法院确认准据法时都援引了《法律适用法》第49条，将涉外、涉港特许经营合同作为知识产权许可纠纷处理，改变了案件性质，或者说法院适用《法律适用法》第41条确定了准据法，第49条成为陪绑。

上述两起案件当事人都提出上诉，二审法院审理认为一审法院适用法律正确。事实上，二审法院并没有对一审法院确定准据法的过程进行审查，草率得出结论。二审法院不对一审法院确定准据法的过程进行审查的情况普遍存在，并非个别现象，应当引起注意，妥善解决。

（二）《法律适用法》第49条优先第41条适用

赵政庆等与螺霸压缩机有限公司（以下简称"螺霸公司"）技术委托开发合同及技术转让合同纠纷案涉及《法律适用法》第49条优先第41条适用问题。该案中，赵政庆等与螺霸公司签订技术转让及产品研发合同，赵政庆等向螺霸公司转让单级喷油双螺杆空气压缩机主机图纸、技术，螺霸公司支付赵政庆等图纸、技术、研发费用及二人雇请技术人员费用，税后共计3 600 000元。赵政庆等履行合同后，螺霸公司拒绝支付转让费。赵政庆等提起诉讼。

一审法院认为，本案为技术委托开发合同和技术转让合同纠纷，合同的主要内容及特征涉及技术的委托开发及转让，依据《法律适用法》第41条和第49条确定准据法。本案双方当事人未协议选择合同适用的法律，而履行技术研发及转让义务的一方当事人即赵政庆、黄义璋，其经常居住地位于上海，本

---

〔1〕 广东省东莞市中级人民法院民事判决书，（2017）粤19民终3136号。

案应适用赵政庆、黄义璋经常居住地法律即中国法律。[1] 本案法律适用存在两个问题：一是本案是技术转让合同，技术研发仅是技术转让的前提条件，且是赵政庆等的单方义务，法院认定"本案为技术委托开发合同和技术转让合同纠纷"并不准确；二是《法律适用法》第49条是调整知识产权转让和许可使用合同的特别条款，应当优先第41条适用。第49条不足以调整的法律关系，适用第41条调整。本案倒置了第49条与第41条的关系，直接适用第41条进行调整，使第49条成为点缀。

螺霸公司不服一审判决提起上诉，上诉法院认为"一审判决认定事实清楚，适用法律正确，应予维持"[2]，一审法院存在的法律适用问题没有得到纠正。

第四节　知识产权侵权责任法律适用及理论探讨

一、知识产权侵权法律适用的立法

知识产权侵权是指违反法律规定或者当事人的约定，擅自使用或利用知识产权所有人或相关权利人专有、专用权利的行为。知识产权侵权责任是指侵权行为人对因故意或过失侵害他人知识产权并造成损害而应承担的赔偿责任。近年来，知识产权侵权案件，无论国际还是国内都是频频发生，数量居高不下，究其原因，主要是利益驱动。知识产权的研发和创造需要投入大量的资金、人力和物力，知识产权的使用可以创造巨大的社会财富，带来丰厚的利润，侵权行为人盗用知识产权，不进行任何投入就可以攫取知识产权权利人应获得的利益，造成权利人损失，利益的诱惑是侵权的动因。社会的发展，带来了通信工具和传播手段日新月异的变化，这为知识产权侵权提供了便利条件和物质基础。知识产权无形性的特点，现代通信设备的高效传播功能，使得知识产权极易遭受侵害。保护知识产权，在某种意义上说，就是保护本国的经济发展，保护本国国家、公民利益，所以，各国对本国知识产权的保护高度重视，采用刑

---

〔1〕　湖北省襄阳市中级人民法院民事判决书，（2015）鄂襄阳中民初字第00001号。
〔2〕　湖北省高级人民法院民事判决书，（2015）鄂民三终字第00646号。

事、行政和民事手段打击知识产权侵权，制裁跨国知识产权侵权行为。各国对知识产权的保护力度不同，对知识产权保护水平存在差异，对知识产权侵权责任的处罚规定不一，存在法律冲突，需要通过法律适用法解决。各国知识产权侵权责任法律适用规则规定的不同，主要有适用侵权行为地法和适用被请求保护国法之分。

侵权责任适用侵权行为地法是侵权责任法律适用一般规则，知识产权侵权虽然是一种特殊侵权行为，基于"场所支配行为"理论，侵权行为地法在涉外知识产权侵权领域依然适用，许多国家的立法如是规定。1992 年《罗马尼亚关于调整国际私法关系的第 105 号法律》第 62 条规定，"对有形或无形损害提起赔偿的权利适用著作权或工业产权的损害发生地国法律"。1996 年《列支敦士登国际私法》第 38 条第 1 项规定，"无形财产权的产生、内容与消灭适用使用或侵害行为实施地国法律"。2001 年《韩国国际私法》第 24 条规定："知识产权的保护适用侵害地的法律"。

知识产权侵权责任适用侵权行为地法有其合理性，知识产权侵权在侵害权利人权利的同时也侵害了侵权行为地国家的社会秩序、善良风俗，适用侵权行为地法有利于维护侵权行为地国家公共秩序。依据属地管辖原则，侵权行为地国家享有对案件的管辖权。从司法审判角度来看，法官知法，熟悉本国法律，适用本国法，有利于争议的快速解决。随着社会的发展，知识产权侵权责任适用侵权行为地法规则的不足也显现出来：一是各国对知识产权保护范围规定的不同，权利人依据本国法律认定的侵权行为，"侵权行为地"国家有可能作出相反的认定；二是涉外知识产权侵权有隐蔽性，侵权行为地难以确定；三是侵权行为实施地与损害结果发生地分离，侵权行为地实施地位于一国，损害结果发生地有数个或者数十个，容易产生挑选法院的情况，因此，许多国家放弃侵权责任适用侵权行为地法规则，采用其他法律适用规则。

侵权责任适用被请求保护国法是一项古老的规则，这一法律适用规则为国际社会确认和推崇，为许多国家立法接受和采用，成为涉外知识产权侵权法律适用的主要规则和主流理论。追溯历史，1883 年《巴黎公约》规定了国民待遇原则和专利独立保护原则，工业产权的保护和法律救济适用保护国法；1886 年《保护文学和艺术作品伯尔尼公约》明确规定了保护国法适用于文学艺术作品的保护程度和权利救济方式、对作者死后其精神权利的保护、精神权利的救济方式、作品的保护期、媒体对于时事报道转载的许可、电影作品的权属问题等。[1] 在国际公约的影响下，许多国家国内立法规定侵权责任适用被请求保护国法。2004 年《比利时国际私法典》第 93 条规定，"知识产权适用被请求保护地国家的法律"；2005 年《乌克兰国际私法》第 37 条规定，"对知识产权的保护领域的法律关系，适用该权利需要保护的国家法律"；1999 年《哈萨克斯坦新国际私法立法和新国际民事诉讼法》第 1120 条第 1 款规定，"知识产权适用保护该权利的请求被提起地国法律"。

知识产权侵权责任适用侵权行为地法或适用被请求保护国法为多数国家认可，为使知识产权侵权法律适用更具合理性，一些学者提出将意思自治原则从合同领域引入知识产权侵权领域，允许当事人协议选择法律，或者选择适用法院地法。学界的理论研究成果为一些国家的立法所采纳，规定知识产权侵权，当事人可以选择适用法院地法。1987 年《瑞士联邦国际私法》第 110 条第 1 款和第 2 款规定："①知识产权由在那里请求保护知识财产的国家的法律支配。②有关因侵权行为产生的请求，在侵害事件发生后，当事人可在任何时候约定适用法院地法"。在立法中作出同样规定的还有 2000 年《立陶宛国际私法》，该法第 1.53 条第 2 款规定，"侵害知识产权的损害发生后，当事人可以协议选择以受理案件的法院地国法为准据法"。知识产权侵权责任允许当事人选择适用法院地法律，增加了法律的可选择性，扩大了法律选择范围，增强了法律适用的合理性。在把知识产权侵权争议规定为专属管辖的国家，允许当事人选择适用法院地法也为法院地法的适用提供了法律依据。

二、我国知识产权侵权法律适用立法

我国《法律适用法》第 50 条规定，"知识产权的侵权责任，适用被请求保护地法律，当事人也可以在侵权行为发生后协议选择适用法院地法律"，这是我国首次就知识产权侵权责任法律适用专门立法。从该条规定可以看出我国知识产权侵权责任法律适用立法具有以下特点：①偏重知识产权的物权属性，依据属地原则确定知识产权侵权的法律适用；②采用侵权行为法律适用一般规则解决知识产权侵权法律冲突，规定知识产权侵权责任适用被请求保护地法律，

---

〔1〕 赵秀文主编：《国际私法学原理与案例教程》，中国人民大学出版社 2006 年版，第 242～243 页。

而被请求保护地法多数情况下是侵权行为地法；③借鉴、吸收瑞士等国家的立法经验，将意思自治原则引入知识产权侵权领域，允许当事人选择适用法院地法；④采用无条件选择性法律适用规范规定知识产权侵权的法律适用，增强了法律适用的灵活性。

对"被请求保护国法"，学界有不同的理解。有学者认为，请求保护国法这一准据法表述公式可有多种含义，从立法管辖权的角度来说，它可以是权利申请国法或权利授予国法，从司法管辖权的角度，它可以是法院地法。[1] 有学者认为，被请求保护地或行为地法在涉外知识产权案件中通常就是法院地。如果知识产权的取得、内容和效力适用被请求保护国或行为地法，这意味着法院适用的准据法就是内国法。该被请求保护国或行为地可能正是某一项智力成果未取得知识产权的国家，对此智力成果在该国被"侵犯"或"无偿使用"，该国当然没有理由提供"救济"，最终导致"有诉无济"的结局……这种法律适用条款，其实质就是直接规定知识产权适用"内国法"的单边法律适用规范，只是碍于知识产权的发展和整个国际社会日趋紧密的联系，不得不作出的一种灵活安排。[2] 有学者认为"被请求保护地"和"法院地"系两个概念，两者不能等同。[3]

"被请求保护地法"应从当事人的角度作出判定，更应从对被请求保护国立法管辖权或者司法管辖权角度进行考量。被请求地法可以是法院地法，但不必然是法院地法，如果被请求地法是法院地法，《法律适用法》规定的"当事人也可以在侵权行为发生后协议选择适用法院地法律"毫无意义。《法律适用法》规定知识产权侵权责任可以选择适用"被请求保护地法律"和法院地法，显然二者不是同一法律。至于"被请求保护权地法律"是何种法律，有待于立法机关或者司法机关作出进一步的解释。

三、我国知识产权侵权法律适用实践

涉外知识产权案件中，知识产权侵权案件数量最多、占比最大。《法律适用法》生效后，知识产权侵权应援引第 50 条确定准据法。司法实践中的情况

---

〔1〕 罗静："知识产权法律冲突及法律适用理论探究"，载《湖湘论坛》2007 年第 3 期，第 94 页。

〔2〕 赵相林等：《国际民商事关系法律适用法立法原理》，人民法院出版社 2006 年版，第 317 页。

〔3〕 孙妍妍："论涉外知识产权案件'被请求保护地'的认定"，载《时代法学》2015 年第 4 期，第 102 页。

却不尽如人意，法官习惯性地直接适用中国法律，忽视知识产权侵权法律适用的特别规定，援引《法律适用法》第44条确定准据法等情况屡见不鲜，即使根据《法律适用法》第50条确定准据法，也存在说理不足等问题。

（一）案件性质不做界定，径直适用中国法律

我国涉外知识产权案件的审理尽管存在这样或者那样的法律问题，准据法确定尚不尽如人意，但多数案件还是能够界定案件性质，确定法律适用规则，通过法律适用规则援引准据法。不可忽视的问题是在相当数量的案件中法官不对案件性质进行界定，未依据法律适用规则确定准据法，而是径直适用中国法律。松下电器产业株式会社（以下简称"松下公司"）诉珠海金稻电器有限公司（以下简称"金稻公司"）、北京丽康富雅商贸有限公司（以下简称"丽康公司"）侵害外观设计专利权纠纷一案，松下公司为日本公司，金稻公司、丽康公司为中国公司，该案为涉外案件。一审法院未对案件性质作出界定，将该案作为国内知识产权侵权案件审理，直接适用中国法律进行审判。[1] 金稻公司、丽康公司不服一审判决提出上诉，二审法院同样不界定案件性质，把涉外案件当成国内案件审理，径直适用中国法律。[2] 这样一个涉外因素明显，两级法院对案件性质不进行界定，把涉外案件作为国内案件审理的案件，却被最高人民法院作为2016年中国法院十大知识产权案件进行推广，可见我国司法部门涉外知识产权法律适用意识还有待提高。[3]

（二）以《法律适用法》第44条代替第50条适用

《法律适用法》第50条特别规定了知识产权侵权的法律适用，以区别于第44条一般侵权责任的法律适用。《法律适用法》第44条和第50条的关系，前者是一般性规定，适用于特殊侵权以外的侵权行为，后者是特别规定，特定适用于涉外知识产权侵权纠纷。根据《中华人民共和国立法法》第92条"……特别规定与一般规定不一致的，适用特别规定……"的规定，涉外知识产权争议应当优先适用《法律适用法》第50条规定，第50条不足以调整的知识产权侵权案件，再适用第44条调整。

司法实践中，倒置《法律适用法》第44条与第50条的关系，以第44条

---

〔1〕　北京知识产权法院民事判决书，（2015）京知民初字第266号。

〔2〕　北京市高级人民法院民事判决书，（2016）京民终245号。

〔3〕　"2016年中国法院10大知识产权案件（附判决全文）"，载 http://www.sohu.com/a/136190935_221481，最后访问日期：2019年10月23日。

代替第 50 条的适用的情况并非个案。在 3M 公司（3M Company）等与常州华威新材料有限公司等侵害商标权纠纷上诉案中，法院认为，《法律适用法》第 44 条规定"侵权责任，适用侵权行为地法律，但当事人有共同经常居所地的，适用共同经常居所地法律"，在本案中，侵权行为地在中华人民共和国境内，因此，本案适用的法律是中华人民共和国的相关法律。[1] 在阿克苏诺贝尔涂料国际有限公司诉东莞市合兴化建有限公司侵害商标权纠纷案中，法院认为，原告阿克苏诺贝尔涂料国际有限公司登记注册于荷兰，为荷兰公司法人。本案为涉外侵害商标权纠纷，由于原、被告双方未就处理争议选择所适用的准据法，依据《法律适用法》第 44 条关于"侵权责任，适用侵权行为地法律，但当事人有共同经常居所地的，适用共同经常居所地法律"的规定，本案侵权行为地在中华人民共和国，因此，本案应以中华人民共和国的法律作为准据法。[2]

适用《法律适用法》第 44 条与适用第 50 条得到的判决结果可能相同，但不能以此作为违反立法法的理由，特别法优于普通法原则在知识产权侵权案件中应当得到贯彻。

（三）侵权行为地与被请求保护地不能等同

侵权行为地与被请求保护地并不等同，其理由前已叙及。司法实践中，有法院没有深刻理解"被请求保护地"的含义，将侵权行为地与被请求保护地直接等同。在陈德雄与路易威登马利蒂（Louis Vuitton Malletier）侵害商标专用权纠纷上诉案中，法院在判决书中对本案的法律适用作了这样的说明："根据《中华人民共和国涉外民事关系法律适用法》第 50 条的规定，知识产权的侵权责任，适用被请求保护地法律。本案被诉侵权行为发生地在我国领域内，即被请求保护地为我国领域内，故应以我国法律作为本案准据法"[3]。就此案而言，被请求保护地或侵权行为地重合，被请求保护地法与侵权行为地法都指向中国法律，准据法确定并无不妥，但"被诉侵权行为发生地在我国领域内，即被请求保护地为我国领域内"的解释缺乏适当性和严谨性。首先，该解释没有摆脱侵权行为适用侵权行为地法的窠臼和束缚，侵权行为适用侵权行为地法观

---

〔1〕 浙江省高级人民法院民事判决书，（2015）浙知终字第 152 号。
〔2〕 广东省东莞市第一人民法院民事判决书，（2017）粤 1971 民初 26389 号。
〔3〕 广东省高级人民法院民事判决书，（2017）粤民终 1107 号。

念根深蒂固，法官没有意识到知识产权侵权是特殊侵权行为，法律适用与一般侵权行为不同，有其特有的规则，应当适用特有的规则而不是混合适用特有规则和一般规则确定准据法。其次，被请求保护地可以是侵权行为地，也可能是法院地、权利注册地、权利来源地、当事人国籍国、当事人住所地、当事人经常居所地等，侵权行为地可以是侵权行为实施地，也可能是损害结果发生地，可以是在本国，也可能在外国，侵权行为地与被请求保护地不能混同，更不能推定侵权行为地为被请求保护地。最后，《法律适用法》第 50 条规定知识产权适用被请求保护地法而不适用侵权行为地法有其立法考虑，除有与国际社会立法接轨因素外，更重要的原因在于被请求保护地的多样性，可适用法律的广泛性，适用被请求保护地法加大了知识产权保护力度。立法者在知识产权法律适用法律制度设计上力求周密严谨，执法者在审判实践中应依法而行，不可僭越。

后 记

本书在国家社科基金重点项目"涉外民事关系法律适用法实施研究"（项目编号：1031-22514019）最终研究成果基础上修改而成。"涉外民事关系法律适用法实施研究"是在中国政法大学横向科研课题"涉外民事关系法律适用法立法的创新、继承、发展与完善"（项目编号：1031-23211229）基础上培育而成，本书仍为1031-23211229项目研究成果。

参加本书撰写的人员有：

齐湘泉　第二章（第三节与刘宏合写）、第三章；

齐　宸　第一章、第四章、第五章、第六章；

刘　宏　第二章第三节（与齐湘泉合写）。

本书写作大纲由齐湘泉拟定；清华大学李旺教授，中央财经大学王克玉教授，北方工业大学田晓云教授，中国政法大学朱子勤教授、张玲副教授，大庆师范学院何铁军教授参加了大纲的讨论并提出修改意见；李旺、王克玉、文媛怡、姜东、刘素在本课题下发表了相关论文，何铁军出版了专著；中国政法大学任雪参加了第四章第一稿、芮寒寒参加了第五章第一稿、刘晨旭参加了第六章第一稿部分内容的撰写工作；中国政法大学文媛怡、刘素参加了结项报告校对工作。

中国政法大学张帆、姜东、安朔、邹佳利、谢春彤参加了资料收集、数据整理工作。

全书由齐湘泉统稿。